高等职业教育公共基础课系列示范教材

劳动教育和职业素养

主　编　张　元　李立文
副主编　闫朝辉　张非非　李红强
参　编　刘松杨　李兴军　苏　琳　王　永
　　　　李惠红　廖红梅　周智平　刘　强
　　　　吴慧婷　何　芳　王　津　江　辉
　　　　陈燕娜　陈　静　盘亮星　郑伟浩
主　审　刘志文

机械工业出版社

本书以培养学生的劳动素养和职业精神为目标，以强化认知和提高技能为关键，以案例分析和课堂训练为载体，共分四个部分十个模块。第一部分"树立劳动观念"由"弘扬劳动精神""投身劳动实践"两个模块构成，第二部分"秉承职业精神"由"涵育职业品格""恪守职业道德""树立职业形象"三个模块构成，第三部分"提升核心能力"由"融入职业文化""锤炼职场技能"两个模块构成，第四部分"掌握通用知识"由"知悉职场法规""保障职业健康""建设职业环境"三个模块构成。四个部分环环相扣，通过全面的系统训练，将受训者逐渐锻炼成为一个集认知、技能与素养于一体的优秀职业劳动者。

本书可作为高等职业院校、技师学院职业教育公共基础课教材，也可供个人读者阅读使用。

图书在版编目（CIP）数据

劳动教育和职业素养 / 张元，李立文主编. —北京：机械工业出版社，2021.7（2022.6重印）
高等职业教育公共基础课系列示范教材
ISBN 978-7-111-68704-7

Ⅰ.①劳… Ⅱ.①张…②李… Ⅲ.①大学生-就业-高等职业教育-教材 Ⅳ.①G717.38

中国版本图书馆CIP数据核字（2021）第139410号

机械工业出版社（北京市百万庄大街22号　邮政编码100037）
策划编辑：陈玉芝　　　　责任编辑：陈玉芝　王振国
责任校对：李　伟　　　　封面设计：马精明
责任印制：刘　媛
涿州市京南印刷厂印刷
2022年6月第1版第2次印刷
184mm×260mm・18.5印张・452千字
标准书号：ISBN 978-7-111-68704-7
定价：48.00元

电话服务　　　　　　　　　网络服务
客服电话：010-88361066　　机　工　官　网：www.cmpbook.com
　　　　　010-88379833　　机　工　官　博：weibo.com/cmp1952
　　　　　010-68326294　　金　书　网：www.golden-book.com
封底无防伪标均为盗版　　　机工教育服务网：www.cmpedu.com

序[一]

近年来,国家出台了一系列推动技能人才培养的政策和措施。2019年国务院正式印发了《国家职业教育改革实施方案》和《职业技能提升行动方案(2019—2021年)》,推动了职业教育培训改革发展和技能人才的提升。进入21世纪以来,职业教育培训日益成为国家经济发展战略、人力资源战略、创新驱动战略等国家战略的重要组成部分。

为了向职业院校学生介绍职业发展、就业指导、创业创新方面的新情况、新趋势、新知识、新政策,使其尽快适应职场、适应新就业形态,规划好职业生涯,并帮助其实现创业就业,有关专家编写了《职业发展与就业指导》《劳动教育和职业素养》《创新创业教育》《心理健康教育》等高等职业教育公共基础课系列示范教材。

在本系列教材编写中,编者坚持以习近平新时代中国特色社会主义思想为指导,全面贯彻党的教育方针,落实立德树人根本任务,积极培育和践行社会主义核心价值观,弘扬劳动光荣、技能宝贵、创造伟大的时代风尚,引导广大青年走技能成才、技能报国之路。本系列教材吸收和借鉴了国内外职业生涯规划与就业创业指导方面的专业理论和工作经验,坚持突出职业教育培训的特点,以人为本,以就业为导向,以能力为中心,以服务学生职业发展需要和可持续发展为宗旨,紧密联系实际,突出理论性与实践性的结合,既注重理论知识的系统性,又根据学生的身心特点、认知水平来定位内容的深度与广度,以够用、管用、好用为准,融理论知识和素质能力教育为一体,注意处理好内容的"深""浅"尺度,分别借助教育学、管理学、社会学、心理学等的相关理论阐明学生职业发展、就业指导、创新创业、职场心理调适的规律和方法,着重在职业意识、职业素质、职业生涯规划、求职就业能力方面引导和帮助学生树立正确的人生观、价值观、择业观,科学规划职业生涯,合理定向定位定岗,务实有效求职就业、创业创新。

希望本系列教材的出版能更好地满足学生多元化的需求,并对增强其求职就业能力有所帮助。

[一] 本序作于2020年12月14日。本序作者刘康时任中国就业培训技术指导中心暨人力资源和社会保障部职业技能鉴定中心主任,现任人力资源和社会保障部职业能力建设司司长。

前　言

　　劳动是推动人类社会进步的根本力量。2018年9月10日，习近平总书记在全国教育大会上的重要讲话提出了培养德智体美劳全面发展的社会主义建设者和接班人的总要求。劳动教育从以往促进青少年全面发展的途径，提升为国民教育体系中与德育、智育、体育、美育并举的重要组成部分。

　　2020年3月，中共中央、国务院出台了《关于全面加强新时代大中小学劳动教育的意见》，对新时代大中小学加强劳动教育进行了全面、系统的部署，强调"劳动教育是国民教育体系的重要内容，是学生成长的必要途径，具有树德、增智、强体、育美的综合育人价值"。

　　2020年5月，教育部印发了《高等学校课程思政建设指导纲要》，提出："课程思政建设内容要紧紧围绕坚定学生理想信念，以爱党、爱国、爱社会主义、爱人民、爱集体为主线，围绕政治认同、家国情怀、文化素养、宪法法治意识、道德修养等重点优化课程思政内容供给，系统进行中国特色社会主义和中国梦教育、社会主义核心价值观教育、法治教育、劳动教育、心理健康教育、中华优秀传统文化教育。""深化职业理想和职业道德教育。"

　　职业教育以培养数以亿计的高素质劳动者和技术技能人才为己任，旨在促进学生修养德行、启迪智慧、锻炼能力、崇尚劳动、强健体魄、升华审美，更是契合了崇尚工匠精神、崇尚创新、崇尚技能的时代要求。

　　因此，职业院校具有落实落地劳动教育的天然优势。《关于全面加强新时代大中小学劳动教育的意见》要求："职业院校以实习实训课为主要载体开展劳动教育，其中劳动精神、劳模精神、工匠精神专题教育不少于16学时。"早在2019年，《教育部关于职业院校专业人才培养方案制订与实施工作的指导意见》（教职成〔2019〕13号）就已经提出："严格按照国家有关规定开齐开足公共基础课程。""结合实习实训强化劳动教育，明确劳动教育时间，弘扬劳动精神、劳模精神，教育引导学生崇尚劳动、尊重劳动。""学校还应当组织开展劳动实践、创新创业实践、志愿服务及其他社会公益活动。"教育部门颁布的高职各专业教学标准中都载明，高职院校"根据党和国家有关文件规定，将思想政治理论、中华优秀传统文化、体育、军事理论与军训、大学生职业发展与就业指导、心理健康教育等列入公共基础必修课，并可将党史国史、劳动教育、大学语文、高等数学、公共外语、信息技术、创新创业教育、健康教育、美育、职业素养等列入必修课或选修课。学校根据实际情况开设具有本校特色的校本课程"。

本书以培养人生存所依赖的劳动素养和职业精神为目标，以强化认知和提高技能为关键，以案例分析和课堂训练为载体，共分四个部分十个模块。第一部分"树立劳动观念"由"弘扬劳动精神""投身劳动实践"两个模块构成，第二部分"秉承职业精神"由"涵育职业品格""恪守职业道德""树立职业形象"三个模块构成，第三部分"提升核心能力"由"融入职业文化""锤炼职场技能"两个模块构成，第四部分"掌握通用知识"由"知悉职场法规""保障职业健康""建设职业环境"三个模块构成。四个部分环环相扣，通过全面的系统训练，将受训者逐渐锻炼成为一个集认知、技能与素养于一体的优秀职业劳动者。

本书由天津职业技术师范大学张元教授、广州市技师学院李立文高级讲师共同主编，并负责大纲编写和全书统稿；闫朝辉（石家庄技师学院）、张非非（成都工贸职业技术学院）、李红强（广州市机电技师学院）担任副主编；参与编写的人员有刘松杨（广州市交通技师学院）、李兴军（广州市职业技术教育研究院）、苏琳（广州市公用事业技师学院）、王永（烟台工贸技师学院）、廖红梅（广东省轻工业技师学院）、周智平（广东省岭南工商第一技师学院）、李惠红（广东交通职业技术学院）、刘强（广州工商学院）、吴慧婷（广州市技师学院）、何芳（广东工程职业技术学院）、王津、陈静（山东交通技师学院）、江辉（成都工贸职业技术学院）、陈燕娜（宁波卫生职业技术学院）、盘亮星、郑伟浩（广州市机电技师学院）。各模块编写分工如下：模块一的单元一、单元二、单元三分别由李立文、吴慧婷、王津编写；模块二由李红强、郑伟浩编写；模块三的单元一、单元二由李兴军编写，单元三由江辉编写；模块四的单元一、单元三由廖红梅编写，单元二由周智平编写；模块五的单元一、单元三由张非非编写，单元二由刘强编写；模块六的单元一、单元二分别由李惠红、陈静编写；模块七的单元一由刘松杨编写，单元二、单元三由苏琳编写；模块八的单元一、单元二由闫朝辉编写，单元三由何芳编写；模块九的单元一由闫朝辉编写，单元二、单元三由陈燕娜编写；模块十的单元一由盘亮星编写，单元二、单元三由王永编写。本书由华南师范大学刘志文教授担任主审。全书插图由广州市技师学院黄钰清提供。

由于编者能力有限，本书的疏漏和不足之处在所难免，恳请广大读者批评指正，以使本书更臻完善。

编　者

目　录

序
前言

第一部分　树立劳动观念

模块一　弘扬劳动精神 ……………………………………………………… 2
　　单元一　劳动和劳动教育 ……………………………………………… 4
　　单元二　树立正确的劳动观 …………………………………………… 11
　　单元三　提升劳动素养 ………………………………………………… 21

模块二　投身劳动实践 ……………………………………………………… 30
　　单元一　生产劳动 ……………………………………………………… 32
　　单元二　生活劳动 ……………………………………………………… 39
　　单元三　社会服务劳动 ………………………………………………… 49

第二部分　秉承职业精神

模块三　涵育职业品格 ……………………………………………………… 56
　　单元一　提高职业认知 ………………………………………………… 58
　　单元二　端正职业心态 ………………………………………………… 67
　　单元三　提升职业素养 ………………………………………………… 79

模块四　遵守职业道德 ……………………………………………………… 87
　　单元一　职业道德建设 ………………………………………………… 89
　　单元二　坚守职业理想 ………………………………………………… 98
　　单元三　弘扬工匠精神 ………………………………………………… 105

模块五　树立职业形象 ……………………………………………………… 116
　　单元一　塑造良好形象 ………………………………………………… 118
　　单元二　注重职场礼仪 ………………………………………………… 124
　　单元三　养成职业习惯 ………………………………………………… 129

第三部分　提升核心能力

模块六　融入职业文化 ·· 140
　单元一　角色转换及融入职场 ·· 142
　单元二　职场沟通及团队合作 ·· 149

模块七　锤炼职场技能 ·· 164
　单元一　时间管理和目标管理 ·· 166
　单元二　职场调适和应对压力 ·· 175
　单元三　学会创新和解决问题 ·· 182

第四部分　掌握通用知识

模块八　知悉职场法规 ·· 192
　单元一　劳动合同 ·· 194
　单元二　劳动权益 ·· 210
　单元三　假务管理与劳动权益 ·· 224

模块九　保障职业健康 ·· 234
　单元一　劳动保护 ·· 236
　单元二　职业危害和职业病 ·· 241
　单元三　公共卫生与防疫 ··· 248

模块十　建设职业环境 ·· 255
　单元一　职场安全和应急避险 ·· 257
　单元二　低碳环保和绿色节能 ·· 265
　单元三　质量意识 ·· 277

第一部分

树立劳动观念

模块一　弘扬劳动精神

● **哲人隽语**

　　正是在改造对象世界中，人才真正地证明自己是类存在物。这种生产是人的能动的类生活。通过这种生产，自然界才表现为他的作品和他的现实。因此，劳动的对象是人的类生活的对象化：人不仅像在意识中那样理智地复现自己，而且能动地、现实地复现自己，从而在他所创造的世界中直观自身。

——马克思《1844年经济学哲学手稿》

　　培养什么人，是教育的首要问题。我国是中国共产党领导的社会主义国家，这就决定了我们的教育必须把培养社会主义建设者和接班人作为根本任务，培养一代又一代拥护中国共产党领导和我国社会主义制度、立志为中国特色社会主义奋斗终身的有用人才。这是教育工作的根本任务，也是教育现代化的方向目标。

　　……要在学生中弘扬劳动精神，教育引导学生崇尚劳动、尊重劳动，懂得劳动最光荣、劳动最崇高、劳动最伟大、劳动最美丽的道理，长大后能够辛勤劳动、诚实劳动、创造性劳动。

——习近平在全国教育大会上的讲话（2018年9月10日）

● **模块导读**

劳动，是人类创造物质或精神财富的特殊实践活动。劳动是人类社会存在和发展的最基本条件。劳动创造世界、改变未来，同时也改变着劳动者自身。卢梭曾说过："在人的生活中最主要的是劳动训练。没有劳动就不可能有正常的人的生活。"劳动创造了美，它是脑力劳动和体力劳动的完美结合。

习近平总书记在2018年9月全国教育大会上的讲话中指出："坚持中国特色社会主义教育发展道路，培养德智体美劳全面发展的社会主义建设者和接班人。""要在学生中弘扬劳动精神，教育引导学生崇尚劳动、尊重劳动，懂得劳动最光荣、劳动最崇高、劳动最伟大、劳动最美丽的道理，长大后能够辛勤劳动、诚实劳动、创造性劳动。""要努力构建德智体美劳全面培养的教育体系，形成更高水平的人才培养体系。"

本模块主要介绍了劳动和劳动素养等概念，引导学生通过树立科学的劳动观、弘扬艰苦奋斗的劳动精神、养成良好的劳动习惯、培养奉献敬业的劳动态度来促进自身的全面发展。

学习目标

分类	具体内容
知识	1. 深入理解劳动的概念，了解劳动与人类、社会发展的关系 2. 理解劳动教育的概念，了解劳动教育的基本内涵 3. 了解劳动教育的历史渊源及教育理论
技能	1. 能够列举树立正确劳动观的途径 2. 能够列举提升劳动素养的途径 3. 能够按照正确的劳动观开展学习和生活
态度	1. 端正对劳动的思想认识和劳动态度 2. 认同开展劳动教育的重要性 3. 具有崇尚劳动、尊重劳动的态度

劳动教育和职业素养

单元一　劳动和劳动教育

典型案例

在抗疫一线绽放美丽青春
——记贵州"95后"援鄂医疗队护士张瑞敏

2020年5月12日是国际护士节,也是"95后"护士张瑞敏参加工作后迎来的第三个职业节日。参与了今年贵州驰援湖北抗击疫情,她对这身白色护士服承载的责任有了更深刻的认识。

2017年从贵州医科大学护理学专业毕业后,张瑞敏成为贵州医科大学第二附属医院重症医学科的一名护士。作为贵州省第一批派往湖北支援抗疫的医疗队队员,2020年1月27日,接到通知不到24小时,张瑞敏与医院的6名同事便踏上了征程。尽管是医院派出的年龄最小、工龄最短的医护人员,她却表现得勇敢而坚强。

"当时是春节,由于疫情严重,所有同事都放弃休息在医院坚守。接到护士长的电话后,我立马就答应了。"张瑞敏说,自己是一名党员,又年轻,就应该冲在一线。到了湖北,经过3天培训后,张瑞敏被安排到鄂钢医院重症医学科工作,这里收治的都是危重症患者。张瑞敏参与收治的危重症患者有15名。在重症病房,她的排班大多数是从下午6点到凌晨2点。"不少病人需要插管,这是一项感染风险较高的操作,他们身体虚弱,几乎全靠护士护理。"张瑞敏说,最初也很担心,但却没有退缩,这些病人没有家人在身边,自己必须承担起救治和照顾他们的责任。每天上班要穿着3层密不透气的防护服,一站就是好几个小时,时常汗水把衣服都打湿了,冬天里贴着身体的湿衣服让人觉得"透心凉"。虽然很辛苦,但看到不断有危重症患者康复,张瑞敏倍感欣慰。

"把生命从死神手中抢回来,看着他们不断康复,特别有成就感,所有的辛苦和努力都没白费。"张瑞敏说。从出征湖北到平安归来,张瑞敏在鄂钢医院、鄂州市中心医院工作了53天。从未如此长时间离开过家人,第一次在他乡度过生日,第一次因为没抢救回病人哭泣……抗疫一线的点点滴滴见证着她的成长。

疫情发生以来,不少医护人员是像张瑞敏一样的年轻人,支援湖北抗击疫情,他们将美丽青春绽放在祖国最需要的地方。(新华社记者骆飞,有删节)

分析: 庚子新春,新冠肺炎疫情肆虐,有这样一群人,他们听令而行、闻令而动,逆流而上、冲锋在前;他们舍小家、顾大家,身披白甲,撑起生命之帆;他们挺身而出,战斗在抗疫最前沿,用血肉之躯筑起了一道防疫长城,守护了我们的家园,守护了我们的健康;他们用忠诚践行初心,用奉献履行使命,用生命保护生命,用大爱战胜磨难,汇聚起排山倒海的磅礴力量,谱写出可歌可泣的英雄篇章,赢得了国际社会的广泛赞誉和支持。他们是在大灾大难面前涌现出来的抗击灾难的民族勇士,他们有一个共同的英雄称号——逆行者!"医者仁心、治病救人"的职业精神在逆行者身上树立起伟岸丰碑。他们之间有抗击非典时家喻户晓、人人敬仰的耄耋老人钟南山院士，17年前，他已感动中国，17年后，他与李兰娟等一大批院士、教授和数万名白衣战士，不仅再次感动中国，而且感动世界；他们中间有为改善医院收治患者条件奋战3个通宵将生命定格在51岁的医院院长刘智明；他们中间还有"疫情不散，婚礼不办"却倒在一线的医生彭银华；当然，他们还有更多像张瑞敏一样的年轻人，冒着可能被感染的风险，承担超负荷的危险任务，以"不计报酬、无论生死"的铮铮誓言和辛勤汗水，给我们阐释了什么是担当作为，什么是大爱无疆。

一、劳动简述

（一）劳动的概念

人类对劳动的认识经历了一个历史的发展过程。亚当·斯密考察了劳动的抽象的一般性，确认劳动是财富的源泉，把劳动者当作发财致富的手段，但未能揭示劳动的本质。黑格尔第一次在哲学上对劳动概念做出明确规定，认为劳动是主体和客体的对立统一联系，劳动概念是实践概念的具体化，比实践概念具有更强的目的指向性。黑格尔所说的劳动实际上只是一种精神活动。

劳动是人类特有的创造物质或精神财富的社会实践活动，包括体力劳动和脑力劳动。它是推动人类社会进步的根本力量，是财富和幸福的源泉。也是人通过有目的的活动改造自然对象并在这一活动中改造人自身的过程。

（二）劳动与自然

马克思和恩格斯创立了唯物史观，从而使人类认识史上第一次有了真正科学的劳动观。马克思说，劳动"是人和自然之间的物质变换即人类生活得以实现的永恒的自然必然性"。人自身作为一种自然力而与自然物质相对立。人为了在对自身有用的形式上占有自然物，使之符合和满足人的需要，就必须以自身的活动直接或间接地作用于外部自然，引起强调和控制人与自然之间的物质变换过程。通过劳动过程，人不仅使自然物发生形式变化，而且在自然物上实现自己的目的。劳动的自觉目的性表明人不是消极地适应自然界，而是能动地支配自然界，这是人与动物的本质区别。通过劳动，人自身的自然与外部自然之间实现了物质、能量变换，使人的生命得以维持和延续，也使人自身的自然得以改善和改变。因此，劳动是人类生存的最基本的条件。

（三）劳动与人类

"人猿相揖别。只几个石头磨过，小儿时节。"（毛泽东《贺新郎·读史》）。正是劳动，将人与猿彻底区别开来。恩格斯在《劳动在从猿到人转变过程中的作用》中指出，"其实劳动和自然界一起才是一切财富的源泉，自然界为劳动提供材料，劳动把材料变为财富。但是劳动还远不止如此。它是整个人类生活的第一个基本条件，而且达到这样的程度，以致我们在某种意义上不得不说：劳动创造了人本身"。马克思在《1844年经济学哲学手稿》中指出，"正是在改造对象世界中，人才真正地证明自己是类存在物。这种生产是人的能动的类生活。通过这种生产，自然界才表现为他的作品和他的现实。因此，劳动的对象是人的类生活的对象化：人不仅像在意识中那样理智地复现自己，而且能动地、现实地复现自己，从而在他所创造的世界中直观自身。"劳动不仅创造了世界，还创造了人类本身。劳动是人类赖以生存、发展的决定力量。

（四）劳动与社会

马克思在《德意志意识形态》一书中指出："我们首先应当确定一切人类生存的第一个前提，也就是一切历史的第一个前提，这个前提是：人们为了能够'创造历史'，必须能够生活。但是为了生活，首先就需要吃喝住穿以及其他一些东西。因此第一个历史活动就是生产满足这些需要的资料，即生产物质生活本身，而且正是这样的历史活动，一切历史的一种基本条件，人们单是为了能够生活就必须每日每时去完成它，现在和几千年前都是这样。"在马克思看来，劳动是"一切历史的基本条件"，有了人类的劳动，有了满足人类生存必需的前提，才产生了生活和历史。

从哲学上讲，劳动是人们改变劳动对象使之适合自己需要的有目的的活动。劳动在不同的社会制度下具有不同的社会属性。在奴隶制度、封建制度和资本主义制度下，劳动者的劳动表现为奴隶劳动、农奴劳动和雇佣劳动，是不同性质的受剥削的劳动。在社会主义公有制下，劳动者成了国家和企业的主人，不再受剥削。进入共产主义社会后，劳动不仅是谋生的手段，而且将成为人们生活的第一需要。

劳动是自然的过程，也是社会的过程。人类所特有的劳动只有在一定的社会关系、社会结合形式中才能实现，同时劳动又促使人们更加密切地联系，成为个人与社会之间相互作用的基础和纽带。随着劳动的发展，在人们之间形成了丰富的社会关系体系。

劳动作为自然过程和社会过程的统一，在人本身表现为人的自我创造活动。劳动过程的最简单的要素包括，有目的的活动即劳动本身、劳动对象以及劳动工具为主的劳动资料。以劳动资料为凭借、作用于劳动对象的人的有目的活动，是体力劳动与脑力劳动的结合。

（五）劳动与发展

习近平总书记指出，"劳动是推动人类社会进步的根本力量""劳动是一切成功的必经之路"。这些论述深刻阐释了劳动创造的哲学意义，重申和强调了劳动创造的历史价值和重要意义，丰富和发展了马克思主义劳动观。劳动不仅创造了人类，而且创造了社会，并推动着社会历史向前发展。从马克思认为"劳动是任何一个民族存在和发展的基础"到习近平提出"人民创造历史，劳动开创未来"，进一步揭示了劳动与社会发展的本质联系。所以，全面建成小康社会、建成富强民主文明和谐美丽的社会主义现代化国家、实现中华民族伟大复兴，根本上需要依靠劳动，依靠劳动者创造。党的十九大报告在对决胜全面建成小康社会做出全面部署的同时，也明确了从2020年到本世纪中叶分两步走全面建设社会主义现代化国家的新目标。这一目标描绘了建成富强民主文明和谐美丽的社会主义现代化强国的宏伟蓝图，并对新时代中国特色社会主义发展做出战略安排。而劳动是通向未来的必经之路，只有通过全国各族人民辛勤劳动、诚实劳动、创造性劳动，才能让美好愿景变成现实，从而最终实现中华民族的伟大复兴。

二、劳动教育

教育的本质在于立德树人，需要回答"如何培养人"及"为谁培养人""培养什么样的人"的问题。如果说前者强调的是手段，那么后者就决定了教育的价值属性和目的所在。2018年9月，习近平总书记在全国教育大会上强调"要在学生中弘扬劳动精神，教育引导学生崇尚劳动、尊重劳动，懂得劳动最光荣、劳动最崇高、劳动最伟大、劳动最美丽的道理，长大后能够辛勤劳动、诚实劳动、创造性劳动"，提出了"培养德智体美劳全面发展的社会主义建设者和接班人"的目标和要求。社会主义建设者和接班人有其质的规定性，而这体现在党和国家的教育方针上。

（一）劳动教育的定义

对劳动教育的定义见仁见智，概括起来有德育说、智育说、德智并育说、全面发展说等多种。

1. 德育说

《辞海》对劳动教育的定义是："劳动教育是德育的内容之一，对学生进行热爱劳动和劳动人民、珍惜劳动成果、树立正确的劳动观点和劳动态度、通过日常生活培养劳动习惯和技能的教育活动。"这个定义强调了劳动教育的德育属性，直接将劳动教育定义为德育的一部分，侧重热爱劳动和劳动人民的情感、正确劳动观念和态度的培养，把劳动习惯和技能的教育看作是日常生活培养的结果，并不突出劳动教育的智育价值。

2. 智育说

《教师百科辞典》对劳动教育的定义是："劳动教育就是向受教育者传播现代生产的基本知识和技能，培养他们具有正确的劳动观点、劳动习惯和热爱劳动人民、劳动成果的感情。劳动教育十分重视劳动过程中的智力因素，把平凡的劳动同创造性劳动结合起来，把简单的劳动与富有知识的劳动结合起来。"这个定义强调了劳动教育的智育属性，将劳动教育的主要价值定位为传播现代生产基本知识和技能，提高社会劳动生产的智力水平。

3. 德智并育说

《中国百科大辞典》在劳动技术教育词条下对劳动教育和技术教育做了分别解释："劳动教育是以劳动实践为主，结合进行思想教育。技术教育是使学生掌握一定的生产知识及技术和劳动技能。其实施有利于培养学生的劳动观点、劳动技能和劳动习惯，为普通教育和职业教育打下基础。"也就是说，劳动教育更偏重德育，技术教育更偏重智育，两者相结合共同培养劳动观点、劳动技能和劳动习惯。

4. 全面发展说

苏霍姆林斯基认为，"劳动教育是对年轻一代参加社会生产的实际训练，同时也是德育、智育和美育的重要因素"，其劳动教育的理想追求是"使每一个人早在少年时期和青年早期就能领悟到劳动能使他的自然天赋更全面、更明显地发挥出来，劳动会带给他精神创造的幸福"。陶行知把劳动教育视为"在劳力上劳心"的实践活动。他说:"中国教育之通病是教用脑的人不用手,不教用手的人用脑,所以一无所能",劳动教育的目的就在于"谋手脑相长,以增进自立之能力获得事物之真知及了解劳动者之甘苦"。当代学者陈勇军认为,"劳动教育的本质含义是指通过参加劳动实践活动所进行的一种有目的、有计划、有组织的培养受教育者多种素质的教育活动,是融德育、智育、体育、美育为一体的全面提高学生素质的综合性教育。"

5. 新时代高校劳动教育定义

高校劳动教育是高等教育人才培养体系的重要组成部分,是顺应新时代劳动发展趋势对学生进行系统的劳动思想教育、劳动技能培育与劳动实践锻炼,全面提高学生劳动素养的过程。其目的是引导新时代大学生在劳动创造中追求幸福感、获得创新灵感,培养具有社会责任感、创新精神和实践能力的高级专门人才。

(二)党和国家历代领导人论劳动教育

毛泽东同志在《关于正确处理人民内部矛盾的问题》一文中指出:"我们的教育方针,应该使受教育者在德育、智育、体育几方面都得到发展,成为有社会主义觉悟的有文化的劳动者。"这就表明要想成为有文化的劳动者,我国的教育方针必须实现教育与劳动的相结合,才能促进人的全面发展。毛泽东同志指出,在过去,劳动与教育是相互分离的,这不符合社会发展的需要。现在,将劳动与教育相结合是顺应时代发展的迫切要求,这是一个基本原则。他在1958年的一次谈话中也明确表示认同教育同生产劳动相结合的思想。毛泽东同志强调不仅要对普通百姓进行劳动教育,对在工作中取得优异成绩的先进个人仍然需要进行"正能量"的劳动教育。要让先进工作者明白不能稍微有点成绩就骄傲自满的道理;也要有正确的劳动态度,不能因为自己是模范而要求别人劳动,而要做到正因为自己是模范才要多劳动,起到带头作用。

邓小平同志曾多次提到教育与生产劳动相结合这一思想,他在《办教育一要普及二要提高》一文中强调:拥有丰富科学文化知识的劳动者是社会主义建设所需的人才,所有的劳动者也都需要有文化,同时还要求高校认真开展勤工俭学等一系列有利于促进劳动教育事业发展的活动,让学生轮流参加有偿劳动或义务劳动。邓小平同志十分尊重劳动、尊重人才、珍视劳动、珍视人才,他认为我们国家综合国力的强弱,经济发展的速度,越来越取决于劳动者的素质,取决于知识分子的数量和质量。1978年邓小平同志《在全国教育工作会议上的讲话》中指出:"现代经济和技术的迅速发展,要求教育质量和教育效率的迅速提高,要求我们在教育与生产劳动结合的内容上、方法上不断有新的发展。"他还强调,如果学生所学内容和未来的就业岗位不吻合,理论不能结合实际情况,就没有履行好我国的教育方针。

江泽民同志在1993年六一前夕给北京市自忠小学题词"少年儿童是国家的未来,从小要立下热爱祖国、奋发图强的志向,养成求知不懈、热爱劳动的习惯。"他在《振兴民族的希望在教育》一文中指出,教育与生产劳动相结合是我国教育方针的重要组成部分,教育与劳动的结合对青年学生的健康成长大有裨益。江泽民同志在2002年9月8日在庆祝北京师范大学建校100周年大会上的讲话中强调:"进行教育创新,首先要坚持和发展适应国家和社会发展要求的教育思想。要坚持党的教育方针,坚持教育为社会主义事业服务,坚持教育与社会实践相结合"。

胡锦涛同志也强调：要"坚持学习理论与指导实践相结合"。教育在某种程度上可以说是让受教育者学习理论知识的一种方法，而劳动就是实践的一种途径。2010年，胡锦涛同志在全国教育工作会议提出了"丰富社会实践，加强劳动教育，着力提高学习能力、实践能力、创新能力，提高综合素质"的要求，他也指出，知识的海洋浩瀚无穷，要想将所有知识都学习完是不可能的事情，受教育者应该依据自身知识掌握情况与工作情况，制定由浅入深的学习计划，循序渐进。不光要学习科学文化知识，还要从实践劳动中去学习、去感悟。

习近平总书记多次强调教育要与生产劳动相结合。2013年"五一"前夕，习近平总书记在同全国劳动模范代表座谈时指出，人民创造历史，劳动开创未来。他强调，必须牢固树立劳动最光荣、劳动最崇高、劳动最伟大、劳动最美丽的观念。2014年习近平总书记在全国职业教育工作会议上指出，劳动光荣、技能宝贵的时代风尚是一种需要推崇的时尚。2015年习近平总书记在庆祝"五一"国际劳动节暨表彰全国劳动模范和先进工作者大会上强调，全社会大力弘扬劳模精神、劳动精神，引导广大人民群众树立辛勤劳动、诚实劳动、创造性劳动的理念。同时还指出不要轻视劳动者，不能有不劳而获的心态。2018年，习近平总书记在全国教育大会上强调，"培养德智体美劳全面发展的社会主义建设者和接班人""要在学生中弘扬劳动精神，教育引导学生崇尚劳动、尊重劳动，懂得劳动最光荣、劳动最崇高、劳动最伟大、劳动最美丽的道理，长大后能够辛勤劳动、诚实劳动、创造性劳动。"习近平总书记指示，教育要与生产劳动相结合不仅是马克思主义的基本观点，也是我国教育的基本方针。

（三）新时代劳动教育的特征

社会在发展，教育在进步。在新的时代，劳动教育必然会在与社会的互动中保持时代性，呈现出自己的鲜明特色。

1. 劳动教育理念的科学化

观念是行为的先导，理论是行动的指南。劳动教育必须成为与德智体美并行的教育。习近平总书记强调"德智体美劳"的高标准、全素质，"凡是不利于实现这个目标的做法都要坚决改过来"。因而，劳动教育需要得到重视而不能"在学校中被弱化，在家庭中被软化，在社会中被淡化"，它事关个人发展、民族复兴和国家富强。劳动教育需要价值化而不能工具化，要从培养学生良好的劳动价值观和促进学生全面发展的角度出发，设计规划劳动教育，而不能只满足于简单的劳动技能、劳动知识的教育。

2. 劳动教育特质的时代化

劳动在不同的时代具有不同的特质。在农业文明时代，生产劳动主要是以经验或技术的方式进行。在工业文明时代，生产劳动是以技术加科学的方式进行，强调制造。而在信息时代，科技制胜，生产劳动演变成以科学技术的方式进行，人才成为第一资源，创新成为发展的第一动力，劳动更在于"智造"而非"制造"。因而，劳动教育需要适应时代发展特点，引导学生尚进尚新，以"有本领"的面貌实现自己的时代担当。

3. 劳动教育形式的多样化

劳动教育的实施要科学规划、做好设计。在纵向上，要理顺大学、中学、小学的劳动教育关系，根据不同教育目标设计不同的教育形式；在横向上，要形成国家与社会重视劳动教育、学校做好劳动教育、学生热爱劳动教育的良好局面，统筹安排好学校、社会和家庭劳动教育的形式与关系。在具体形式上，要适应时代特点，在传统体力劳动的基础上更加重视创造性的非体力劳动形式，如科学技术的发明创造、公益活动、志愿服务，以及其他非物质劳动形式，如数字劳动、体育劳动等。

（四）开展劳动教育的意义

1. 劳动教育是遵循马克思主义教育思想的必然要求

对照人类社会的发展史，无论是人类解放和自身发展，还是获得财富都离不开劳动，幸福也需要通过劳动创造。马克思提出了生产劳动与教育相结合的劳动教育思想，并确定为办好社会主义教育的一条重要原则。不同于普通的教育思想，他从唯物主义角度阐述了系统全面的劳动教育思想，把劳动教育提升到普遍规律的高度之上，强调人的解放需要开展劳动教育，劳动有助于人们获得生产生活经验和增强个人奋斗的主动性。

2. 劳动教育是立德树人的重要途径

立德树人既是教育的根本任务，也是检验教育成效的根本标准。立德树人的目的在于培养"德、智、体、美、劳"全面发展、合格的社会主义建设者和可靠的接班人，劳动教育则是实现立德树人目标的一个重要过程。首先，劳动教育丰富了教育工作的内涵，促使学生端正劳动态度并树立正确的劳动观念，能够培养学生对于劳动和劳动人民的思想感情，逐步养成热爱劳动、善于劳动以及勤于劳动的素质。其次，劳动教育和道德教育紧密联系，劳动教育也是加强德育的过程。因此，道德教育与劳动教育相结合也是德育的一种方法。我国历来注重劳动教育的重要作用和实际意义，将劳动视为形成良好道德品质的重要途径，"德之根在心，人之本在劳"，两者结合就是立德树人的根本。

3. 劳动教育的实际作用和现实需要

马克思高度肯定了劳动对于创造人和创造历史的重要意义。因此，劳动教育是劳动和教育的有效结合，一方面发挥了劳动的实践效用，通过利用和总结实践经验实现了理论和实践相结合、知行合一，人们得以在实践中学习、在学习中实践；另一方面发挥了教育的效用，增进了学生对于劳动生产知识和技术的认识与理解，提高了学生的劳动实践能力以及分析和解决问题的水平。因此，劳动教育与德育、智育、体育、美育密不可分，有助于完善教育工作，培养"德、智、体、美、劳"全面发展的人才。"以劳动托起中国梦"是习近平对于历史和现实的清晰判断，只有加强劳动教育才能培养出一大批勤于劳动和善于劳动的人才，才能符合新时代教育发展的根本要求，也是实现个人梦想和国家梦想的一个重要选择。

在现实生活中，由于社会物质生活的丰富和传统的家庭教育的方法有失偏颇，学生应该做的事情都由家长包办了，部分大学生连起码的洗衣、扫地、整理物品、料理个人的日常生活小事都做不来，都不会做。贯彻落实党的教育方针，把"劳"作为培养目标之一，是当前社会现实的需要，更是年轻一代实现中华民族伟大复兴"中国梦"的需要。

模块一 弘扬劳动精神

思考训练

1. 简述劳动与自然、劳动与人类、劳动与社会的关系。
2. 简述新中国成立以来对劳动教育认识的发展。
3. 2018年全国教育大会将育人目标从"四育"拓展为"五育",五育分别是指什么呢?

阅读链接

[1] 学习强国. 习近平论教育工作 [EB/OL]. https：//www.xuexi.cn/lgpage/detail/index.html？id=709724584102395295&amp；item_id= 709724584102395295, 2020-08-05.
[2] 刘向兵. 新时代高校劳动教育论纲 [M]. 北京：社会科学文献出版社, 2019.
[3] 李珂. 嬗变与审视：劳动教育的历史逻辑与现实重构 [M]. 北京：社会科学文献出版社, 2019.
[4] 苏霍姆林斯基. 苏霍姆林斯基论劳动教育 [M]. 北京：教育科学出版社, 2019.

单元二　树立正确的劳动观

典型案例

美好的青春岁月志愿服务正当时
——大学生抗疫志愿者李智灏

在滨州市中心医院门诊大厅预检分诊台和家属院区,总能看到一个年轻的身影,他戴着口罩、防护眼镜,文质彬彬、耐心地给每一位外来人员登记信息,测量体温。更多时间,他则到医院电梯等人员密集地点进行消毒工作,这个身影便是此次参加抗击疫情志愿活动的长沙医学院2019级临床专业学生李智灏。

战"疫"有我,主动请战甘当逆行。"不计报酬,奋勇向前!我愿意在这危难时刻,奉献自己的青春和热血来换取人民的健康。"这是李智灏向医院门诊部提交的志愿书中写下的话。这个假期,当很多人守在家中躲避疫情时,李智灏却义无反顾地成为这场战役的"逆行者"。2020年1月30日,待在惠民县家中的李智灏坐不住了。"每天起床看着那些持续上升的数字,看着新闻报道,看到有很多人义无反顾地冲向第一线抗击疫情,同时,家乡各级政府、单位下发了要求广大团员青年要做抗击疫情志愿者的通知,我心中就在想,作为医学院的在校大学生,是不是更应该在力所能及的范围内为抗击疫情做点贡献、践行大医精诚的专业使命呢?"于是,李智灏满怀信心地向家乡的滨州市中心医院门诊部递交了志愿书。他说:"写志愿书时,那些医护工作者抗击疫情的优秀事迹像印在我的脑海中一样，挥之不去，国家有难，作为大学生的我们义不容辞。"很快，他便收到了医院门诊部领导的批准，虽然家里人有些担心，但他还是说服父母，成为一名协助医护工作人员做好疫情防控工作的志愿者，同时，他还把自己的1000元压岁钱捐献给了滨州市中心医院团委，用于医院奖励抗击疫情一线的优秀青年职工。

防疫有责，子承父业奋进同心。"作为一名医科大学生，救死扶伤就是我的职责所在，共同抗击疫情同样也是我的使命担当，而且我的父母作为医务工作者每天奋战在防疫的一线和前沿，古来就有上阵父子兵的典故，我就更加不能退缩！"在李智灏志愿请战时他这样说道。作为全市抗击疫情的中坚力量，滨州市中心医院疫情防控工作有着很大的难度，前来就诊的患者人员也来自四面八方，流动较大，因此，做好疫情防控、把好往来关口十分重要。李智灏志愿加入抗疫工作以来，自告奋勇，主动前往最危险、最辛苦的岗位，全力协助医护人员承担起了登记往来车辆人员、实时测量体温和部分区域消毒等工作。"大多数人还是听从劝说的，但还是有很多爷爷奶奶很固执，他们不戴口罩就要进入医院，怎么劝说都不听。"虽然年纪小，但李智灏劝说起来却很有效，问起他的诀窍，他说："对待老人主要是耐心，带着微笑反复说，他们看我年纪小，也就不好意思继续坚持了。"

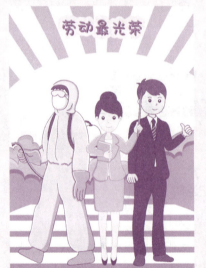

李智灏说："总想用实际行动为社会做点实事，这次疫情的发生，既是机会，同时也是考验。"在日记的扉页，他这样写道："时刻发扬青年学生的先锋模范作用，为抗击疫情尽自己的微薄之力！"

分析：读完李智灏的故事，我们仿佛看到了新时代的活雷锋，他时刻想着用实际行动为社会"做"点实事。当疫情到来之时，很多人或是因为疫情而退缩，或是以安逸的心态享受宅在家中的生活，而他主动争取、不畏病毒，到疫情防控风险很大的医院一线进行志愿实践活动，体现的就是一种无私奉献的劳动精神，是一种身体力行、服务他人并为社会创造价值的有意义的主动实践，折射出李智灏的劳动价值观。

一、劳动观简述

（一）劳动观的定义

劳动观有广义和狭义之分。广义的劳动观既包括探讨使劳动合乎规律性的劳动科学观，也包括使劳动合乎目的性的劳动价值观。狭义的劳动观主要指的是劳动价值观。劳动价值观就是关于劳动满足人之需要的状态和程度的总的看法和根本观点。它主要包括：人们在劳动过程中表现出来的情感态度和价值取向，人们对劳动与自身关系的认识，如何看待个人劳动与社会劳动之间的关系等和劳动有关的认识问题，对人们的劳动选择和劳动行为起着引导和支配的作用。

（二）马克思主义劳动观

马克思、恩格斯在对人的本质、资本主义社会劳动异化以及人的解放等问题进行深刻思考的基础上形成了丰富的有关劳动价值的观点，马克思主义劳动观主要包括以下几个方面的内容：

1. 劳动本质论

马克思指出："人的本质是一切社会关系的总和。"首先，劳动创造了人本身。劳动在人成为人的过程中起了决定性作用，恩格斯在《劳动在从猿到人的转变中的作用》一文中通过阐述早期人类的手、口、脑等的进化问题，科学地说明人与动物的区别在于创造工具、使用工具并由此获得物质生产资料。其次，劳动的社会性从根本上决定了人的社会性本质。人不可能单独地进行劳动操作，而是需要与其他人配合，要相互合作和依赖，这就是我们所说的人的劳动必须在社会关系中进行。最后，人们在物质生产过程中形成了一定的生产关系和其他各种社会关系，这就使得人在其现实性上成为一切社会关系的总和。在庞大而复杂的社会关系体系中，生产关系是最基础的一种关系，人类社会的其他的社会关系，诸如政治关系和思想关系都是在此基础上形成的。

2. 劳动价值论

马克思的劳动价值论包括商品二因素、劳动二重性、价值形式、货币论、价值规律和劳动本质等内容。劳动价值论在唯物史观的指导下创立，又验证和丰富了唯物史观的科学原理，马克思的劳动价值论不仅揭示了劳动的基本定义，分析了劳动的基本结构，概括了劳动的各种形式，更是从物质资料的生产出发，从商品着手，剖析了生产劳动的二重性——具体劳动和抽象劳动，从而揭示了劳动与价值之间的关系以及剩余价值的来源，为以后继续分析人类社会的劳动和劳动关系提供了科学的理论基础。马克思的劳动价值论从资本主义现实的角度出发，揭示了资本主义社会产生、发展和最终灭亡的规律；从人类社会发展总体出发，利用分析资本主义社会得出的劳动理论和发展的规律，进而探索人类劳动的本质以及劳动在人类历史的地位和作用，为马克思劳动观的形成打下坚实基础。

3. 劳动异化论

马克思在《1844年经济学哲学手稿》（简称《手稿》）中对人与劳动的异化有深刻的分析，《手稿》指出资本主义社会的劳动呈现多方面异化状态，包括：劳动者与劳动产品之间的异化、劳动者与劳动活动之间的异化、劳动者与人的类本质之间的异化和人与人本身的异化。

劳动者与劳动产品之间的异化是指在资本主义社会中，社会的生产资料被人数较少的资本家占有，直接从事生产的劳动者要将劳动成果交给资本家，资本家以工资的形式给劳动者仅够维持生存的小部分，劳动者对劳动成果没有所有权和支配权，这时的"劳动产品，作为异己的东西，作为不依赖于生产者的独立力量，是同劳动对立的。"劳动者与劳动活动之间的异化是说劳动本应该是一种人的自由自觉的活动，是人本质力量的体现，在劳动的过程中人们是能够感受到快乐和幸福，是不该受到他人强迫的自发的活动。但是在资本主义生产的压迫下，劳动对于劳动者来说，则是一种不得不出卖劳动力来换取生活的强制的不幸的行为。马克思认为，正因为人是类存在物所以人们的活动才是自由自觉的，但资本主义社会中生产资料私有制下的异化劳动将这种关系颠倒了，在异化劳动中正因为人是类存在物才把本应该是自由自觉的劳动变成了仅用来谋生的手段。人与人相异化是前三个异化的最终结果。一个人从其他人异化出去，以及他们中的每个人都从人的本质异化出去。因而，在异化劳动的条件下，每个人都按照他本身作为劳动者所处的那种地位和角度来观察别人。强迫性分工是指与私有制相联系的一种非自愿的、强加于人类个体或者群体身上的旧式劳动分工。在这种分工下，劳动就将成为一种异己对立的力量，反过来压迫着、控制着和统治着劳动者。分工最终使得精神生活和物质生活、享受和劳动、生产和消费由不同的人来分担。而且在这种旧式分工下，人们终身被束缚在一种职业里，与劳动职能固定地结合在一起。劳动者必须做着既定的工作，自由自在的劳动和发展根本无法谈及。

4. 劳动解放论

马克思认为，人类解放的本质就是能够自由自觉地进行劳动，这才是真正的劳动解放。人具有自然属性和社会属性，因此，劳动解放包含自然和社会两个层面。从自然层面来看，劳动的解放是指人作为主体的劳动能力的提高，能够不断克服自然条件的限制，生产力不断发展。从社会层面来看，劳动的解放是指劳动克服、消除消极因素，消灭异化劳动，实现充分地体现人的自主性和创造性的自主自由的劳动，并且彻底消灭私有制——劳动异化的根源。他认为只有通过社会主义革命和运动，才能消灭私有制和异化劳动，破除生产资料被少数人占有的状况，从而使社会全体成员共同平等地参与到社会劳动中去，同时能够平等地分享劳动果实。只有这样才能极大地调动劳动者的生产积极性和创造性，促进生产力的发展，使人类劳动得到解放，进而实现人的自由全面发展。

二、劳动观的历史变迁

在新时代劳动观提出之前，中国劳动观的变迁大致经历了4个阶段：古代社会劳动观，体力劳动受到鄙视，劳动者地位低下，但同时倡导勤奋劳动，精益求精；民国时期劳动观，受到西方思潮的影响，提倡劳动体验并融合到了教育理念和实践中；新中国成立伊始劳动观，受大力发展工农业的社会背景影响，劳动光荣观念深入人心，劳动者地位空前提高；改革开放初期劳动观，平均主义的分配方式被破除，"勤劳致富"成为主流劳动价值观。市场经济阶段，劳动以外的生产要素参与分配，非劳动收入也获得巨大财富，劳动的价值一度被冲淡，但诚实勤劳致富的主流价值没有受到根本影响。

（一）古代社会劳动观

"君子劳心，小人劳力，先王之制也"（《左传·襄公九年》），"君子勤礼，小人尽力"（《左传·成公十三年》）。由于礼制和等级观念的影响，春秋战国时期的思想家普遍鄙视劳动特别是体力劳动，认为君子劳心、勤礼，小人则做好各种生产劳动即可。这里的劳心几乎特指对政权的管理，并非指从事科学研究或发明创造的体力劳动。这种观点在整个古代社会造成了深远的影响，学而优则仕成为历代读书人的梦想。

随着农耕文明的逐渐发展，耕与读开始被置于同样重要的位置。"读而废耕，饥寒交至；耕而废读，礼仪遂亡"（张履祥《训子语》），"以耕读之家为本，乃是长久之计"（《曾国藩全集·家书》）。知识分子们开始认识到，耕田可以事稼穑，丰五谷，养家糊口，以立性命；读书可以明事理、知礼仪，修身齐家，以立高德。两者不可偏废，需勤勉劳作，刻苦学习。

随着社会分工、手工业的出现，古人对技艺的提升也有所关注。"技可进乎道，艺可通乎神"，庖丁解牛、核舟记就是强调心无旁骛、技艺精湛的古代"工匠精神"范本。

（二）民国时期劳动观

经历了晚清时期"中学为体、西学为用"的思潮洗礼，民国时期的知识分子开始结合西方的教育理念对中国传统教育进行总结和改良。其中著名教育家黄炎培，在国内最早推行实用主义，创建了中国一整套相对完整的职业教育理论体系，"劳工神圣，是吾人良心的主张""不应轻视工友"，强调只有尊重劳动，才能尊重职业教育，才能尊重职业，对劳动的尊重既是职业教育入门的第一课，更是学生树立正确价值观、涵养职业精神的必修课。著名教育学家陶行知的生活教育理论，强调教育即生活、行与知结合，强调在广阔天地将教育与社会生活紧密联系在一起，强调学生要提高动手能力、树立劳动意识等，与黄炎培的理论异曲同工。

（三）新中国成立伊始劳动观

新中国成立伊始，国家百废待兴，促进工农业发展是促进国民经济发展的重要途径。社会由上至下倡导"爱劳动""劳动光荣"的主旋律。人民群众劳动热情高涨，工人和农民的地位得到提升，大家在集体主义信念的引领下，以"为人民服务"为宗旨，积极投身劳动大潮。各中小学生从事生产劳动的宣传工作情况列入教育部的专题工作报告，尊崇劳模、向劳动英雄学习成为中小学生劳动宣传教育的重要内容。

（四）改革开放初期劳动观

立足于客观经济发展规律，以"解放思想 实事求是"为引领，国家提倡"勤劳致富""先富带动后富"，突出"按劳分配"，激发个体主观能动性，致力于生产效率的提高。人民的劳动积极性被激发，家庭联产承包、个体工商户、私营企业等成为促进经济发展的重要动力。随着改革开放的深入，市场经济的进一步深化，各种生产要素参与分配，劳动不再是唯一的分配标准，收入不均衡现象开始出现。企图通过投机取巧、不劳而获或轻松劳动致富的观念有所抬头。国家则开始通过加强法制建设，规范市场主体、维护市场秩序，逐渐巩固诚实勤劳致富的主流劳动价值。

在中国历史长河中，劳动观在不断地变化发展，在大部分的时间里，劳动都被放在了一个重要的位置。它是推动社会进步的不竭动力，是职业的基础，是事业的根基。与职业教育所倡导的诚实劳动、工匠精神、技能伟大一脉相承，且越来越得到国家和社会的重视。

三、习近平新时代劳动观

（一）习近平新时代劳动观的起源

价值观念的形成离不开对前人的理论成果的继承与特定的时代背景的影响。习近平新时代的劳动观正是在对马克思主义劳动观及中国共产党人劳动价值观继承的基础上，深受中华优秀传统劳动伦理、中国共产党劳动文化的影响，并结合自身早年的劳动经历，立足于新时代中国特色社会主义建设的实际情况形成的。

1. 马克思主义劳动观

习近平新时代劳动观的形成，主要以马克思、恩格斯、列宁、毛泽东、邓小平等人劳动价值观为理论根基。马克思以人类最基本的劳动问题为出发点，分析了劳动的本质，并在此基础上发现劳动与历史的关系，确立了历史唯物主义、发现劳动价值论、指明了"共产主义社会"是复归人真正劳动的美好王国，为习近平劳动观的形成和发展奠定了理论之基；恩格斯在对马克思劳动观继承的基础上，进一步分析了劳动与人、劳动与社会的关系问题；列宁的农村雇佣劳动观、劳动教育观、劳动保障观为习近平新时代价值观的形成提供了补充；毛泽东提出立足于实际，一切从实际出发，实事求是，发挥马克思主义的真理性，为习近平劳动观的形成提供了方法论；邓小平有关劳动基准问题规定、全面保障劳动者权益、发挥工会的作用等观点，为习近平劳动观的进一步完善提供了新的思路。

2. 中国优秀传统劳动观

在习近平总书记的一系列经典讲话中，始终将中国优秀传统文化视为"中华民族的基因""民族文化血脉"和"中华民族的精神命脉"，这充分彰显了中国优秀传统文化的魅力，体现了习近平总书记对中华优秀传统文化的继承和发展的决心。习近平新时代劳动观的形成和发展离不开中国优秀的传统劳动观的深厚滋养：中国传统劳动观中"以天下苍生为使命"的劳动追求潜移默化地影响着习近平为人民服务的决心；中国传统文化中"持之以恒的劳动观"为习近平不懈奋斗劳动观的形成奠定了理论根基；中国传统劳动观中"珍惜劳动成果"影响了习近平勤俭节约劳动观的形成。总之，中国优秀传统劳动观是习近平劳动观的形成和发展的理论土壤，习近平同志在对中国优秀传统劳动观继承发扬的过程中，使之立足于时代发展，不断丰富习近平劳动观的内涵。

3. 自身成长经历

个人的成长经历会潜移默化地影响其价值观的形成。青年时期是人生成长的一个重要阶段，是人生观、价值观、世界观养成的重要时期。在这一时期，习近平总书记度过了他难忘的七年知青岁月。这段艰苦岁月磨炼了他的性格、锻炼了他的意志，并为其后来的从政生涯奠定了良好的价值观基础。此外，习近平的父亲习仲勋对习近平的影响也非常的深远，父亲习仲勋从小就告诉他要团结，"做每件事不要只考虑自己愿不愿意，还要考虑别人愿不愿意，因为你生活在人群中，什么事都以自己为主，就是不行的。"父亲对习近平的谆谆教诲对他后来参与集体劳动具有积极的影响。

（二）习近平新时代劳动观的主要内容

习近平在继承马克思主义劳动观的基础上，以中国优秀传统劳动观为土壤，在自身实践经历的影响下逐渐形成了新时代的劳动观。通过对习近平新时代劳动观的内容进行梳理与归纳，并对现有成果进行参考和借鉴，将习近平劳动观的主要内容概括为：劳动价值论、劳动精神论、劳动主体论、劳动关系论四个方面。这四个方面既相互独立，又不可割裂，它们是相互依存的关系，共同构成了习近平新时代劳动观。

1. 劳动价值论

在习近平总书记的一系列经典论述中，多次提到了劳动的重要作用。无论是"劳动是推动人类社会进步的根本力量""劳动是一切成功的必经之路",还是"人民创造历史,劳动开创未来",无不体现了习近平总书记对劳动的推崇。习近平总书记新时代的劳动价值观可以概括为三个方面:价值认同——劳动"四最";价值要求——坚持"三依靠";价值构建——增加和谐因素。他强调全社会要树立劳动"四最"理念,即"劳动最光荣、劳动最崇高、劳动最伟大、劳动最美丽"劳动观;要紧紧依靠人民群众的辛勤劳动、诚实劳动、创造性劳动来创造美好生活、实现美好梦想、铸就美好未来;要努力构建共同的价值,增加和谐因素、大局意识,妥善处理个人与集体利益的关系,维护和谐劳动关系。习近平新时代劳动价值观是立足于现实的科学考量,是站在全新的角度对劳动崇高地位的阐述,夯实和发展了劳动价值观,为全面实现小康、实现中国梦打下坚实基础。

2. 劳动精神论

伟大的精神铸就伟大的民族。习近平总书记十分重视精神在劳动中的引领作用,他在十九大报告中指出要大力弘扬劳模精神和工匠精神。在后来的致全国个体劳动者大会上,习近平总书记又提出要大力弘扬企业家精神,通过对优秀劳动精神的弘扬和学习,让诚实劳动、勤勉工作蔚然成风。

习近平总书记指出劳模精神丰富了民族精神和时代精神,是我们极为宝贵的精神财富,步入新时代,我们要继续大力弘扬劳模精神、发挥劳动模范的作用;工匠精神是一种职业精神、一种劳动精神、一种工作精神,这种精神要求我们以专注、细致、创新来追求卓越;企业家为我国经济增长、创新创业、改善民生等方面做出了重要的贡献,要弘扬企业家精神,发挥企业家的示范作用。

3. 劳动主体论

人民是历史的创造者,是劳动的主体。习近平总书记始终牵挂着广大人民群众,形成了"亿万劳动群众是主体力量"的劳动主体观,涵盖了各个领域的劳动者。在这一劳动主体观中,工人阶级是劳动的主力军;农民和农民工是劳动的坚实力量;知识分子是劳动的重要力量;青年是劳动的有生力量。

工人阶级作为中国特色社会主义的主力军,是中国共产党最坚实的阶级基础,在中国特色社会主义革命、建设和改革中发挥了重要的作用。为了更好地在新时代发挥工人阶级主力军的作用,习近平同志在 2015 年的庆祝"五一"国际劳动节大会上的讲话中指出:"各级党委和政府要把全心全意依靠工人阶级的根本方针贯彻到经济、政治、文化、社会、生态文明建设以及党的建设各方面"。

农民和农民工是劳动的坚实力量。新中国成立以来,广大农民为国家的建设和发展做出了巨大的贡献,没有他们的辛勤劳动,中国难以在短时期内摆脱贫困的面貌,实现工业化的发展。在社会主义现代化建设的进程中,农民身份发生了转变,形成了一批具有"农民"和"工人"双重身份的新型农民工。习近平同志多次强调农民工是建设国家的重要力量,全社会一定要关心农民工、关爱农民工。与此同时,为了保障农民工的权益,以习近平同志为核心的党中央制定了一系列方针和政策。

劳动不仅包括体力劳动,还包括脑力劳动。在科学技术迅猛发展的 21 世纪,需要大批具有现代化知识的脑力劳动者。习近平同志充分肯定了知识分子在推动经济发展、社会建设等方面的重要作用,他指出:"在我们党领导革命、建设、改革 90 多年的历程中,广大知识分子为党和人民建立了彪炳史册的功勋。"同时，他还指出了目前部分知识分子存在的缺乏创新、弄虚作假、责任缺失、家国情怀淡化等问题，提出广大知识分子一定要立足国际，放眼世界，敢于创新，要增强务实精神以及天下为公、担当道义的情怀。

青年人是国家的未来和希望。国家劳动能力的强弱与青年的劳动能力有着直接的关系。党的十八大以来，习近平总书记在不同场合的讲话中都对青年寄予了的高度重视，指出"全面建成小康社会，广大青年是生力军和突击队。"习近平总书记在2016年的"五一"国际劳动节中对青年的劳动问题进行了进一步论述。首先，广大青年投身劳动要自觉践行社会主义核心价值观。因为只有树立坚定的理想信念，才不会迷失自我。其次，青年要不断增强在具体劳动实践中的学习，只有不断学习才能增强劳动的本领，才能创造更多的劳动价值。再次，广大青年要自觉奉献青春，积极参与劳动实践，在劳动中绽放青春光彩。最后，广大青年应当具有初生牛犊不怕虎的劲头，大胆创新，敢为先锋。

4. 劳动关系论

习近平认为，"劳动关系是最基本的社会关系之一。"劳动关系的和谐程度将关系到国家、社会、企业乃至个人的发展。在2011年8月15日召开的全国构建和谐劳动关系先进表彰暨经验交流会中，习近平总书记详细讲述了他的和谐劳动关系观。

首先，提出"三是"概念，即"构建和谐劳动关系，是建设社会主义和谐社会的重要基础，是增强党的执政基础、巩固党的执政地位的必然要求，是坚持中国特色社会主义道路、贯彻中国特色社会主义理论体系、完善中国特色社会主义制度的重要组成部分，其经济、政治、社会意义十分重大而深远。""三是"明确了构建和谐劳动关系的必然性和重要性。其次，指明了构建和谐劳动关系的目标是形成规范有序、公正合理、互利共赢、和谐稳定的劳动关系。在具体实践中要坚持从职工最关心最直接最现实的问题出发，要坚持促进企业发展与维护职工权益相统一，要坚持从不同的企业类型的实际出发的原则。最后，提出了构建和谐劳动关系的主体，要"形成党委领导、政府负责、社会协同、企业和职工参与的工作格局"。习近平同志的一系列论述表明了形成社会主义和谐劳动关系的重要性，只有形成和谐的劳动关系，才能在此基础上进一步促进国家发展。

四、新时代劳动价值观的自我塑造

自党的十八大以来，习近平总书记高度重视劳动，在多个场合做出了有关"劳动"的重要论述。2018年4月30日习近平总书记在"五一"国际劳动节来临之际给中国劳动关系学院劳模本科班学员回信中提出了劳动"四最"，即"劳动最光荣、劳动最崇高、劳动最伟大、劳动最美丽"，强调全社会都应该尊敬劳动模范、弘扬劳模精神，让诚实劳动、勤勉工作蔚然成风。以习近平总书记劳动价值观思想为基点，探讨新时代职业院校学生劳动价值观的塑造具有重要意义。

（一）明晰劳动的本质与价值，懂得"劳动最伟大"

职业院校学生劳动价值观核心内容之一就是要在大格局、宽视野之下认识劳动的本质与价值，学会尊重劳动、崇尚劳动，懂得"劳动最伟大"。劳动的本质所探讨的是劳动是什么的问题，劳动指的是劳动者通过运用生产工具作用于劳动对象进而创造出社会精神财富和物质财富的实践活动，它是人和人类社会生存和发展的基础和前提，对人和社会的发展方向具有决定性作用。劳动价值是由人类自身机体所产生的,是人的劳动能力的价值体现,是由人在劳动过程中所释放出来的。劳动价值主要包括以下三个方面:本源性价值、育人价值和实践性价值。

劳动的本源价值是指劳动创造了世界历史、推动了人类社会发展与进步,人的全面发展是依靠辛勤劳动来实现的。进入新时代,我们要立足于时代背景,结合习近平总书记有关劳动的重要论述,全面深刻地认识到劳动的价值,认识到中华人民共和国70多年来取得的伟大成就、伟大胜利是由劳动创造的,懂得珍惜劳动人民所创造的劳动成果,从而珍惜今天来之不易的幸福生活。劳动的育人价值是指劳动具有树德、增智、强体、育美的综合育人功能,对学生个人成长具有极大的促进作用。新时代职业院校学生要正确认识劳动的育人价值,树立正确的劳动价值观念。劳动的实践性价值是指新时代劳动价值观培育不能只停留在思想层面,更要落实到具体的行动中。劳动实践活动是我们形成正确的劳动观念,有效提高其劳动能力的另一有效途径。

(二)肯定劳动者的地位与作用,懂得"劳动最光荣"

职业院校学生劳动价值观核心内容之二即要平等看待各行各业劳动者,肯定劳动者的主体地位与现实作用,懂得"劳动最光荣"。随着国家科学技术的迅速发展,高科技人才得到日益重视,国外文化思潮不断涌入,导致部分学生的劳动价值观发生了转变,甚至扭曲。很多学生把从事体力劳动看作是不体面的工作,从内心深处看不起甚至鄙视体力劳动者,比如农民工、服务员、快递人员等。树立正确的劳动价值观,纠正错误的思想观念,懂得"劳动最光荣"至关重要。

一方面,明确劳动者在价值创造中的主体地位。中国作为世界第一大工业国和世界第一大农业国,工人阶级和劳动群众是建设中国特色社会主义的主力军,为建设中国特色社会主义做出了巨大的贡献,任何时期任何人都不能够随意抹杀劳动者的重要地位。另一方面,要明白不能以所获报酬的多少和工作的类别来判断个人的社会地位与作用。每个人所从事的劳动和取得的劳动报酬是存在差异的,但他们都为实现两个一百年奋斗目标、实现中华民族伟大复兴的中国梦贡献出了自己的一分力量,要懂得尊重各行各业的劳动者,肯定其所发挥的作用。

(三)弘扬新时代工匠精神和劳模精神,懂得"劳动最崇高"

职业院校学生劳动价值观的核心内容之三是要理解工匠精神和劳模精神的内涵并大力进行继承和弘扬。新时代的工匠精神主要是指爱岗敬业的职业精神、精益求精的品质精神、协作共进的团队精神和追求卓越的创新精神。新时代的劳模精神是工人阶级先进性的集中体现,是工人阶级主人翁意识的集中凸显、社会主义核心价值观的生动诠释、时代精神的生动体现、民族精神的重要组成部分,是文化自信的重要支撑,是实现伟大复兴中国梦的重要力量。弘扬新时代工匠精神和劳模精神,懂得"劳动最崇高",需要做到以下几点。

首先,职业院校学生要树立远大理想,将个人梦想融入中国梦,勇于担当时代责任。应当胸怀远大理想,志存高远,将小我融入大我,以服务祖国和服务人民为目标,在服务的过程中完成梦想,实现人生价值。其次,要做到勤奋专注。工匠精神要求我们无论做什么工作

劳动教育和职业素养

都要勤奋专注，勇于钻研、脚踏实地。对职业院校的学生来说，不仅要专注于自己的学业，更要认真学习技术技能，不断提高自己的学习能力和技术水平。再次，要做到精益求精。发扬精益求精的精神就是要以认真的态度对待学习、工作和生活，以高标准、严要求激励自己。最后，应具有甘于奉献的精神。要学会奉献，具有奉献意识，做到先人后己，先集体后个人，先大家后小家，多贡献少索取，重付出轻回报，树立以奉献为荣、以奉献为乐的价值观。

（四）以创造性劳动意识为目标，懂得"劳动最美丽"

职业院校学生劳动价值观的核心内容之四是以创造性劳动意识为目标，懂得"劳动最美丽"。劳动创造美，不仅仅是指劳动者最终创造出的劳动产品，更多的是培养劳动者在劳动中的创新意识和创新思维。

首先，在职业院校大力倡导"大众创业、万众创新"的风气影响下，广大学生要树立创新创业的价值取向。其次，学生要积极参与学校组织的各项劳动，在劳动的过程中思考如何将学到的理论知识与劳动实践相结合，进而实现创造性劳动。再次，在日常生活中、家务劳动中，要随时开拓思维、勇于革新，从身边的小事做起，积极探索提升劳动效率的新途径，在劳动过程中培养自己的创造性劳动意识。最后，要踊跃参与各类创新创业大赛，将头脑中的创造性想法转化为创造性实践活动，并在准备大赛的过程中培养创造性劳动意识。总之，要在参与各项劳动实践的过程中逐渐树立创造性劳动意识，养成创造性劳动的习惯，感受劳动带来的精神愉悦感，真正懂得"劳动最美丽"的深刻内涵。

思考训练

1. 请阐述马克思主义劳动观的劳动解放论思想。
2. 请就"君子勤礼，小人尽力"这种观点谈谈你的看法。
3. 如何进行新时代劳动价值观的自我塑造？

阅读链接

[1] 田守雷. 从新中国劳动价值观的演变看劳动精神的培养 [J]. 工会博览，2019（33）：27-31.
[2] 李珂. 嬗变与审视：劳动教育的历史逻辑与现实重构 [M]. 北京：社会科学文献出版社，2019.
[3] 马克思，恩格斯. 马克思恩格斯文集：第十卷 [M]. 中共中央马克思恩格斯列宁斯大林著作编译局，编译. 北京：人民出版社，2009.
[4] 张丽. 论新时代大学生劳动价值观的核心内容 [J]. 智库时代，2020（5）：62-63.

单元三　提升劳动素养

典型案例

"杂交水稻之父"——袁隆平

袁隆平说："我毕生的追求就是让所有人远离饥饿。"这位年逾九旬的老人，逝世前还奋斗在科研第一线。2019年9月他被授予"共和国勋章"，领奖后的第一件事就是回到田里去看看杂交水稻。

袁隆平1930年出生于北京，1953年毕业于西南农学院农学系，被分配到湖南安江农校教书。1960年，他在农校试验田中意外发现一株"天然杂交稻"，受到启发，从此开始了杂交水稻研究。但要大面积推广杂交水稻，必须攻克制种难关。袁隆平当时虽然只是一个普通教师，但面对严重的饥荒，他立志用农业科学技术击败饥饿威胁，下决心投入水稻雄性不育试验。一年又一年过去，他在试验田里一穗一穗地观察，不顾风吹日晒，经过无数次失败，却绝不轻言放弃。

1966年，袁隆平发表了《水稻的雄性不孕性》，引起了国家科委的高度重视，并致函湖南省科委与安江农校，支持袁隆平的水稻雄性不育研究活动。1971年，湖南省农业科学院成立杂交稻研究协作组，袁隆平调入该协作组工作。1973年，袁隆平宣布中国籼型杂交水稻"三系"配套成功，标志着我国水稻杂交优势利用研究取得重大突破。1974年，袁隆平和他的团队育成第一个杂交水稻强优组合南优2号，比常规水稻平均增产20%。1975年研制成功杂交水稻制种技术，为大面积推广杂交水稻奠定了基础。

1987年7月16日，袁隆平的学生李必湖、邓华凤，在安江农校籼稻三系育种材料中，找到一株光敏不育水稻，为杂交水稻从"三系法"过渡到"两系法"开拓了新局面。历经九年的艰苦攻关，两系法杂交水稻实验于1995年取得成功，比同熟期的三系杂交水稻增产5%~10%，而且米质也相对较好。两系法杂交水稻为中国独创，它的成功是作物育种上的重大突破，再次体现了以袁隆平为首的中国杂交水稻科技工作者的创造智慧和辛勤劳动，使中国的杂交水稻研究继续保持世界领先水平。

1997年，袁隆平又提出了超高产杂交水稻形态模式和选育技术路线，开始了"中国超级杂交水稻"的研究。面对这道世界级难题，袁隆平带领团队开始了艰难的攻关研究。2000年，实现第一期大面积示范亩产 700 公斤的指标，以后产量不断提高，逐步实现亩产 800 公斤、900 公斤、1000 公斤、1100 公斤，突破了日本专家估算的水稻理论极限产量，各项国内、国际大奖纷至沓来。

作为名满天下的"世界杂交水稻之父"，袁隆平的心只专注于田畴。他说今生还有两个愿望，一是向亩产 1200 公斤发起冲刺，二是挑战耐盐碱的"杂交海水稻"。从事杂交水稻研究以来，袁隆平已经在稻田里辛勤劳作了半个多世纪，他不畏艰难，甘于奉献，勇于挑战，善于创新，为解决中国人的吃饭问题做出了重大贡献。他的杰出成就不仅属于中国，而且影响了世界。

分析：袁隆平在自身专业领域取得了巨大成就，造福了无数挣扎在饥饿中的国家和人民，赢得了全国乃至全世界范围内的认可和尊重。成就的取得主要得益于他"劳动是最快乐的事"的劳动观念，勤劳朴素、诚恳扎实的劳动态度，勇于开拓、挑战权威的创新意识，不断钻研、精益求精的专业能力，慷慨无私、团结奋进的团队精神，不畏艰难、甘于奉献的意志品格，以及几十年如一日的劳动习惯等。正是这一系列的综合素质，使他攻克了一个又一个难关，实现了一个又一个不可能，铸就了袁隆平的传奇人生。

一、劳动素养的概念

（一）广义与狭义的劳动素养

劳动素养是指经过生活和教育活动形成的与劳动有关的人的素养，包括劳动观、劳动能力、劳动习惯等维度。一个具有良好劳动素养的人，不仅要有对于劳动的正确认识及积极态度，还要有对于劳动理论知识与劳动实践策略的娴熟了解和掌握，并具有良好的劳动习惯。因此，广义的劳动素养包含劳动观，而狭义的劳动素养专指劳动能力和劳动习惯等。在本模块单元二中，已经对劳动观进行了详细阐述，本节只讨论狭义的劳动素养及有关问题。

（二）劳动能力

要完成劳动任务，需要一定的理论知识，要能构建和实施劳动策略，还要掌握一定的劳动技术，能够自主制定劳动方案并将其转化为现实。劳动能力是个体从事劳动的能力，是在从事劳动时所体现出来的探索、认知、改造水平，是在完成劳动任务时所体现出来的综合素质，包括脑力劳动和体力劳动，是脑力劳动和体力劳动的总和。劳动能力的高低，直接决定着能否圆满地完成劳动任务。

需要注意的是，当今时代的人类劳动形态已经并且正在发生巨大变化，脑力劳动的比重空前增加，服务业在 GDP 中的占比已经远远高于第一、第二产业，复合型劳动已成为最为常见的劳动形态。在科学技术日新月异和产业加速升级的今天，尤其要重视创新能力，即在劳动过程中，善于发现和解决问题，具有创新劳动方式、提高劳动效率的意识和能力。可以预见，未来的社会发展对人的劳动能力将会提出更高水平、更加全面的要求。

案例 1-1

精益求精

1. 鲁班十六岁那年，听说终南山有位手艺精湛的木匠师傅，他决定前去拜师学艺。经过长途跋涉，他来到终南山顶上木匠师傅的门前，见一位老汉正在屋内睡觉，心想，这一定是木匠师傅了。师傅一直睡到太阳快落山时才睁眼坐起来。鲁班赶忙跪拜在地说："我叫鲁班，想学习木匠，请老师收我为徒吧！"师傅问道："你是想学三个月还是三年？"鲁班答道："想学三年。"师傅又问："学三年和学三个月有什么不同吗？"鲁班说："学三个月的，手艺扎根在眼里；学三年的，手艺扎根在心里。"老师听后非常满意，同意收他为徒，并把自己高超的手艺全部传授给他。经过多年的刻苦钻研，鲁班精通了多种技术，发明了多种木工工具，成为古代建筑工匠的祖师，他的名字已经成为古代劳动人民勤劳智慧的象征。

2. 年轻的内蒙古女车工赵晶深知，只有认真刻苦、勤恳诚实，才能不断提高技能水平。经过几年如一日的深入钻研和反复练习，就连业余时间也大多用来与工友进行技术交流，她能熟练使用的刀具多达十几种，加工精密度也不断提高，从0.1mm到0.01mm再到0.002mm。凭借精密加工的本事，赵晶先后攻克了30余个型号、数百种零件的加工难题。像鲁班一样，赵晶也在劳动中有许多发明创造，她独创的操作方法，在保证设计精度的同时，将零件的产品合格率提高到99.7%。这一操作方法突破了机床极限，对行业合并工序、提高生产效率、提高产品质量具有重要意义。以赵晶名字命名的大师工作室先后通过了内蒙古自治区和国家评审，"女刀客"赵晶已成为名副其实的国家级大师。

☆想一想：为什么鲁班和赵晶能够练就高超技能？创新在他们的技能成才道路上起到了怎样的作用？

（三）劳动习惯

劳动习惯是个体通过经常重复或练习，逐步形成的自动化的、不易改变的行为倾向，将引发个体在一定劳动情境下的自觉行为。在个人生活中，良好的劳动习惯能使我们仪容整洁、生活规律、拥有良好的精神面貌；在家务劳动中，良好的劳动习惯能为我们营造舒适的家居环境、和谐的家庭关系；在专业学习中，良好的劳动习惯能使我们的学习更加轻松、愉快、规律、高效，自然而然地取得好的成绩；在学校集体中，良好的劳动习惯能帮助我们共同完成劳动任务、培养深厚真挚的友谊；在未来的职业生涯中，良好的劳动习惯能帮助我们赢得他人的好感和尊重，取得事业的成功，拥有美好的人生。

二、劳动素养各维度之间的关系

（一）正确的劳动观是增强劳动能力、养成劳动习惯的指导和动力

劳动观影响个体在劳动中主观能动性的发挥，对其认知活动、情感体验和行为意志直接产生积极或消极的影响。正确的劳动观能使其正确认识劳动本身和劳动过程中的人、观点、事物，产生积极的情感体验，形成相应的行为模式。正确的劳动观将指导我们学习劳动知识、练习劳动技术、优化劳动策略，推动我们自觉主动地进行劳动创新与创造，并在遇到挫

折时坚定意志继续努力，逐步增强自身的劳动能力、养成良好的劳动习惯。

案例 1-2

神奇的五分钟

卡尔·华尔德曾经是美国近代诗人、小说家和出色的钢琴家爱尔斯金的钢琴教师。有一天，卡尔给爱尔斯金授课的时候，忽然问他："你每天总共要练习多长时间钢琴？"

爱尔斯金说："大约三四个小时。"

"你每次练习间隔的时间都很长，对吗？"

"我想是这样，每次差不多一个小时，至少也是半个小时以上。我觉得这样才好。"

"不，不要这样！"卡尔说，"你将来长大以后，每天不会有很长的空闲时间。你应该养成一种用极少时间练习的习惯，一有空闲就几分钟几分钟地练习。比如在你上学之前，或在午饭之后，或在工作的休息中间，哪怕5分钟也去练习一下。把短时间的练习分散在一天里，如此，弹钢琴就成了你日常生活中的一部分了。"

14岁的爱尔斯金因为听了卡尔的忠告，使自己日后得到了不可估量的益处。

当爱尔斯金在哥伦比亚大学教学的时候，他想兼职从事创作。可是上课、阅卷、交际等事情把他白天和晚上的时间完全占满了。差不多有两个年头，他一直不曾动笔，一直苦恼的是"没有时间"。

有一天，他突然想起了卡尔·华尔德先生告诉他的话，于是到了下一个星期，他就重新开始实践"短时间练习法"，有5分钟左右的空闲，他就坐下来写作，每次100字或短短的几行。

出人意料，在那个学期终了的时候，爱尔斯金竟写出了厚厚的一堆手稿。

后来，爱尔斯金用同样积少成多的方法，创作了长篇小说。他的授课工作虽然每天都很繁重，但是他每天仍有许多可利用的短暂余暇用来写作和练习钢琴。爱尔斯金惊奇地发现，每天无数个几分钟的时间，足够他完成创作和弹琴两项工作，而且最后都取得了丰硕的成果。

☆想一想：从爱尔斯金的经历来看，观念、能力和习惯之间有什么样的关系。

（二）必要劳动能力是端正劳动观、优化劳动习惯的基础和保证

无论是脑力劳动还是体力劳动、简单劳动还是复杂劳动、商品生产劳动还是公益服务劳动，我们只有在劳动实践中才能真正提升包括劳动观、劳动能力、劳动习惯在内的劳动素养。客观上，参与劳动实践的前提是需要我们已经具备必要的劳动能力，才能凭借原有的劳动能力进行认知、实践和创造，从而建构和提升新的劳动能力，并在此过程中启发思考、深化体验、养成习惯，形成正确的劳动观和良好的劳动习惯。

（三）良好的劳动习惯是践行劳动观、巩固劳动能力的结果和体现

在劳动实践中，我们形成并践行劳动观，提升并且巩固劳动能力，在积极、稳定的劳动观指导下，在熟练掌握、反复运用劳动能力的基础上，自然养成良好的劳动习惯。因此，劳动习惯是践行劳动观、巩固劳动能力所带来的自然而然的结果。同时，劳动习惯作为劳动素养中直接指向行动的最显著的外在表征，是相对隐性的劳动观和劳动能力的鲜明体现。

通过考察一个人的劳动习惯，可以推断他是否具有正确、积极的劳动观和相应的劳动能力（图1-1）。

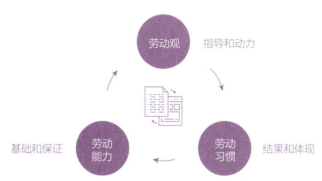

图1-1 劳动素养各维度及其关系图

三、提升劳动素养

（一）在劳动教育课程中提升劳动素养

《中共中央国务院关于全面加强新时代大中小学劳动教育的意见》（以下简称《意见》）提出将"整体优化学校课程设置，将劳动教育纳入中小学国家课程方案和职业院校、普通高等学校人才培养方案，形成具有综合性、实践性、开放性、针对性的劳动教育课程体系。"劳动教育课程目标更加明确，即能够理解和形成马克思主义劳动观，具备满足生存发展需要的基本劳动能力，形成良好劳动习惯；劳动教育课程载体更加多样，《意见》指出职业院校以实习实训课为主要载体开展劳动教育，其中劳动精神、劳模精神、工匠精神专题教育不少于16学时，除劳动教育必修课程外，其他课程结合学科、专业特点，有机融入劳动教育内容，同时对每学年设立劳动周、劳动月的举措予以制度性安排；劳动教育内容更加系统，《意见》要求高职学校注重围绕创新创业，结合学科和专业特点，结合产业新业态与劳动新形态，开展包括实习实训、专业服务、社会实践、勤工助学等在内的劳动教育。

作为高职院校学生，要充分认识劳动教育课程对提高自身劳动素养的关键作用，高度重视、认真学习劳动教育课程内容，树立尊重劳动、崇尚劳动、热爱劳动、劳动创造价值的观念，正确认识劳动领域的有关问题，锻炼提高各项劳动能力，自觉培养良好的劳动习惯，在劳动教育课程的指导下不断提升劳动素养。

（二）在专业学习中提升劳动素养

职业院校以培养高素质劳动者和技术技能人才为目标，直接服务行业企业和区域发展，各专业教学均服从和服务于这一目标。通过在校期间的专业理论学习和技能训练，可以掌握劳动知识、锤炼劳动技能、学习劳动策略、丰富劳动体验。通过到合作企业进行见习和实习，可以培养精益求精、尽职尽责、团结协作的职业精神，践行"敬业爱岗、诚实守信、办事公道、优质服务、奉献社会"的职业道德，充分感受劳动的乐趣，享受收获劳动果实的喜悦，养成吃苦耐劳的品质，以及独立担当的品格，进而形成尊重劳动、热爱劳动的真挚情感，充分认识到付出才有回报，克服不劳而获的心理。

对职业院校学生来说，无论学习的是哪个专业，正确的劳动观念和积极的劳动情感都是选择职业、面对人生的思想基础，扎实的专业知识和过硬的专业技能都是将来就业和立足社会的主要依托，良好的劳动习惯是职业发展、取得成功的必要条件。我们要将专业学习当作提升自身劳动素养的宝贵契机，学会在专业学习中发现劳动教育因素，有意识地提升自身劳动素养。

（三）在劳动实践中提升劳动素养

劳动实践是劳动教育的目的和归宿，参加劳动实践是提升劳动素养的必由之路。通过劳动实践，有助于加深对劳动的认识，提高完成劳动任务的能力，养成良好的劳动习惯，体会劳动的获得感和成就感，从而逐步提升劳动素养。在我们的学习和生活中，有这样几种非常常见的劳动实践。

1. 家务劳动实践

包括自我服务和为家人服务的劳动。俗话说"一屋不扫何以扫天下？"家务劳动是我们身边最简单、最常见的劳动形式，如果连家务劳动都不想做、做不好，怎能有自信去应对未来瞬息万变的社会生活和日益复杂的职业劳动呢？况且家务劳动看似普通，但也千头万绪、蕴含很多技巧，如果认真去做，也会发现很多值得思考和学习之处。此外，在我们的成长历程中，家人已经为我们付出很多，如今我们已经步入成年，应该发挥自己的聪明才智和青春力量，承担作为家庭成员应尽的责任。

2. 校内劳动实践

主要指校内的公益性劳动，不包括专业学习和生产实践。学校是我们学习的主要场所和生活的重要场所，营造整洁、舒适、美丽、安全的校园环境有利于校园内的每一个人。通过完成学校安排的劳动任务，我们能够增强作为集体中的一员的责任感和归属感，能够体会到劳动的艰辛和成功的喜悦，能够在规律性的劳动中养成相应的劳动习惯。通过主动为学校、为集体付出劳动，我们能够在服务他人的过程中体会自身价值，在劳动实践中形成积极的劳动情怀。

3. 校外劳动实践

主要有公益性质的志愿服务活动、调研性质的社会实践活动和兼职取酬的生产、服务劳动。在公益性质的志愿服务活动中，我们能够关心困难群体、关注社会热点，思考和发现自己能为他人和社会提供哪些帮助、带来哪些变化，从而确认和发展自己的劳动能力，体验服务他人、服务社会的价值感，树立通过劳动做出贡献的意识和信心。在调研性质的社会实践活动中，我们能够走进社会大课堂，了解社会现实规律和存在的问题，在真实的情境中检验自身劳动素养，在理想与现实的差距中发现不足，有针对性地做出改变和提高。在兼职取酬的生产、服务劳动中，我们能够亲身参与社会生产、服务劳动过程，将自己的劳动力转变为商品价值，获得真实的劳动成果和相应的劳动报酬，接触劳动领域更复杂多样的各类问题，从而更加清晰地感受到劳动价值，更加深入地思考劳动问题，更加激发辛勤劳动、诚实劳动、创造性劳动的积极性。

（四）在业余生活中提升劳动素养

在学生时代，我们拥有相对充裕的业余时间可以自由支配，而对业余时间的支配方式往往在不知不觉间拉开了人与人之间的差距。作为未来的技能型人才，我们要积极利用业余生活中的劳动教育元素，努力提升自身劳动素养。例如，可以通过聆听劳模报告、浏览网页、微信、宣传栏等了解劳动模范和大国工匠的先进事迹,感受榜样的力量,培养崇敬劳模、学习劳模、崇尚劳动、热爱劳动的情感;可以通过参加兴趣小组、学生社团活动,培养创造性思维能力和动手能力;可以在班会、团组织、社团活动中开展与劳动有关的主题演讲、知识竞赛、征文比赛、辩论赛、情景剧大赛等,主动探索和反思劳动的意义与价值;可以积极参加技能竞赛和劳动成果展示评比活动,在竞争中感受劳动带来的喜悦;可以参加手工制作、电器维修、班务整理、室内装饰、宿舍内务整理等实践活动,提高劳动能力,养成良好的劳动习惯……在日常生活的点点滴滴中,让"崇尚一技之长,不唯学历凭能力"的思想观念和劳动文化深入人心;在业余时间的日积月累中,让自己的劳动素养逐步提升。最终,成为具有正确劳动观念、高超劳动能力和良好劳动习惯的高素质劳动者和技术技能人才。

案例 1-3

梅花香自苦寒来

林海,无锡商业职业技术学院旅游管理学院烹饪工艺与营养专业2010级专科生。家境贫寒的他有着一种朴素的执着,"我们不可以选择出身,但我们可以靠努力来改变自己的人生。"从走进大学的第一天起,他便为自己定下了成为一名"高技能高理论的烹饪师"的职业目标,脚踏实地地开启了他的专业成长和素质提升之路。

在专业理论学习中,林海注重学习效率,讲求学习方法,认真学习每一门课程,不放过任何一个知识点。在技能训练方面,林海相信只有熟能生巧、成功没有捷径,每天都是第一个到实训室练习,晚上最后一个离开,扎实掌握每一项专业技能。此外,他还利用课余时间,积极拓展理论知识,参加专业实践。无数个周六、周日,当同学们休息聊天的时候,他正在自习室或图书馆伏案读书;当同学们逛街踢球的时候,他正在外出学习的路途中;当同学们沉迷网络的时候,他正在谦虚请教有经验的师傅。一分耕耘、一分收获。在校期间,林海的学习成绩一直名列专业第一,一次性通过了中式烹调师、中式面点师、西餐烹调师、营养配餐员(中级)等等级考试。

在生活中,他始终诚恳真挚、为人随和、乐于助人,在同学中建立了良好的人际关系。遇到学习上的难题、生活中的困难、思想上的困惑,同学们首先都会想到他。清晨的卫生打扫与检查,陪护病中的同学,与舍友一起学习及参加各项活动,他像兄长一样,成熟、包容,时时处处为他人着想,以他的人格魅力影响和带领周围的同学一起进步。

作为学生干部,他把烦琐的工作看作服务同学、提升自我的机会,满怀热情地带领同学开展各项实践活动。从活动策划、到组织实施、再到总结表彰,一路走来,他经历了无数次的碰壁、冷遇和不理解,但是,一次次的困难没有击倒他,他用年轻的心铸就青年的梦,用自己的言行带领越来越多的同学投身实践行列。在为同学服务的道路上,他不断前进,不断收获,收获知识,收获技能,收获做人的美德与修养。

2012年,林梅即将代表学校参加全国高校烹饪技能大赛,面对专业技术上的重重考验和大赛在即的巨大压力,林海咬紧牙关、坚定信念,全身心地投入赛前训练。除了上课,他几乎都沉浸在实训室中,刻苦训练,废寝忘食。在教师们的悉心指导下,林梅结合理论、反复实践,举一反三,把传统方法与创新理念结合起来,不断寻求新的突破。最终,他获得了2012年度全国职业院校烹饪技能大赛高职组"宴席设计"一等奖、2012年全国职业院校烹饪技能大赛高职组"热菜"一等奖,被评为2012年全国职业院校烹饪技能大赛高职组

劳动教育和职业素养

"技能标兵"、江苏省2012年度"技能标兵"、无锡市2012年度"技能标兵"。

从普通的高职学生到全国的技能标兵,林海用自己的勤奋和汗水换回了高超的专业技能和过人的综合素质,在实现理想的道路上,脚踏实地而又斗志昂扬。他坚信:"只有启程,才可能成功;只有播种,才会有收获;只有拼搏,才赢得辉煌;只有追求,才能品味堂堂正正的人生。"

☆想一想:

1. 林海通过哪些途径提升了自己的劳动素养?
2. 在专业学习、日常生活、担任学生干部、参加技能大赛等过程中,林海还提高了自己哪些方面的能力素养?

四、在劳动中实现全面发展

劳动教育相对于德、智、体、美四育,体现出价值导向和实施过程上鲜明的实践性,我们能够在劳动教育中获得直接的经验和感受,成为构建正确思想观念的鲜明底色,也成为发展其他各方面能力素质的基点和依托。同时,劳动教育通常以任务为载体开展,学生能够综合运用德、智、体、美、劳各方面知识与技能,同时激发进一步学习和探究的积极性。劳动教育无论作为独立课程还是其他课程中的教学方式,都体现着教育的整体性和社会主义教育促进人的全面发展的价值追求。

(一)以劳树德

劳动是培养良好品德的重要途径,许多优秀品质的养成,离开了劳动便无从谈起。例如:劳动可以培养独立自主、自立自强的精神。"自己动手,丰衣足食"的口号曾经激励一代人,通过辛勤劳动克服物质匮乏的困难、改善生产生活条件,最终取得革命的胜利。劳动可以培养勤劳节俭的意识。通过劳动,可以更深刻地认识到美好生活来之不易,在养成勤劳习惯的同时,更加珍惜劳动成果。劳动可以培养责任意识。在集体劳动中,通过尽职尽责完成分内任务、保质保量完成本职工作、不折不扣地完成交办的任务,赢得大家的认可和尊重,将使我们进一步增强责任感和归属感。

(二)以劳增智

著名教育家苏霍姆林斯基认为,"劳动在智力发展中起着特别重要的作用。"复杂的、创造性的劳动,离不开善于钻研、善于思考的头脑。动手设计和组装器械、仪器,离不开对各个部件相互关系的准确理解。而在实际操作中研判问题、解决故障,则同时考验着我们对书本理论的掌握。实践证明,一个人所掌握的技艺越高超,他通常就会越聪明,分析事实现象、总结因果关系、运用客观规律的能力也就越突出。通过不断的实践操作、辛勤的观察思考,可以有效激发人们思维的力量。

(三)以劳强体

体力劳动作为学校体育课程的重要补充,是促进青少年健康成长的重要途径之一。首先,参加体力劳动有助于塑造良好体态。通过参加不同种类的家务等,可以促使体态优美匀称、动作灵活有力。其次,参加体力劳动有利于改善健康状况。适量的体力活动和室外充足的氧气，有助于增强心肺功能，改善血液循环系统、呼吸系统、消化系统的机能状况，增强免疫力。再次，参加体力劳动有助于调节精神状态。体力劳动与脑力劳动有计划地交替进行，能够有效减轻压力、调节精神状态，促进身心和谐发展。

（四）以劳育美

劳动创造美，劳动孕育美。在历史的长河中，许多劳动成果凝聚着人类对美的感知。例如：机械之美，美在实用、美在精准、美在和谐。从第一台蒸汽机车到现在的"复兴号"，无不承载着人们对美好生活的向往。工艺之美，美在功夫积淀、美在炉火纯青、美在文化传承，一件件精致的艺术品展示出历代工匠精雕细琢、追求卓越的精神。在劳动中，要注意发现美、领略美，更重要的是通过自己的思考和实践，去创造美、展示美，在辛勤的汗水中表达出自己对"美"的理解。

对照《中国学生发展核心素养》（图1-2），劳动教育除了直接培养劳动意识、技术运用方面的核心素养以外，对人文情怀、审美情趣、理性思维、勇于探究、乐学善学、勤于反思、信息意识、健全人格、自我管理、社会责任、问题解决等核心素养的生成也具有重要作用，将帮助我们实现更加全面的发展。

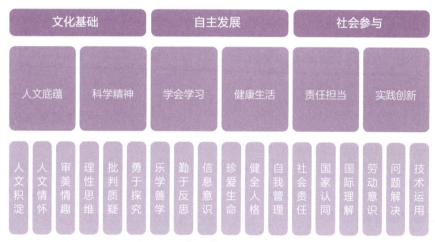

图1-2 中国学生发展核心素养

思考训练

1. 简述劳动素养的含义。
2. 如何从现在做起，努力提高自身劳动素养？
3. 思考从袁隆平、赵晶、林海等先进人物事迹中可以得到哪些启示。

阅读链接

[1] 檀传宝. 劳动创造美好生活 [M]. 北京：中国劳动社会保障出版社，2020.
[2] 魏茂峰，陈玛. 学生劳动生存的教育 [M]. 合肥：安徽人民出版社，2012.
[3] 尚艳琼，江雪茹. 思想道德修养与法律基础案例化教程 [M]. 2版. 南京：南京大学出版社，2018.

模块 二 投身劳动实践

● 哲人隽语

"现在这种教育制度，我很怀疑。从小学到大学，一共十六七年，二十多年看不见稻、粱、菽、麦、黍、稷，看不见工人怎样做工，看不见农民怎样种田，看不见商品是怎样交换的，身体搞坏了，真是害死人"。

——毛泽东 1965 年在杭州会议上的讲话

"劳动教育的目的，在谋手脑相长，以增进自立之能力，获得事务之真知及了解劳动者之甘苦""生活即教育，生活即学校，教学做合一""行是知之始，知是行之成"。

——著名教育家陶行知

"做工自养，是人们最光明、最高尚的生活""办职业教育，万不可专靠想，专靠说，专靠写，必须切切实实'做'""吾们平时所提倡做学主义，他的纲要：做，学。一面做，一面学""从随时随地的工作中间，求得系统的知能"。

——著名教育家黄炎培

● **模块导读**

2020年3月20日,中共中央、国务院印发的《关于全面加强新时代大中小学劳动教育的意见》中指出"实施劳动教育重点是在系统的文化知识学习之外,有目的、有计划地组织学生参加日常生活劳动、生产劳动和服务性劳动,让学生动手实践、出力流汗、接受锻炼、磨炼意志,培养学生正确劳动价值观和良好劳动品质。"并确定了劳动教育内容要求——"根据教育目标,针对不同学段、类型学生特点,以日常生活劳动、生产劳动和服务性劳动为主要内容开展劳动教育。结合产业新业态、劳动新形态,注重选择新型服务性劳动的内容。"

习近平总书记在全国高校思想政治工作会议上指出,"要强化实践育人,坚持教育同生产劳动和社会实践相结合,让广大青少年在投身实践、亲身参与中认识国情、了解社会,在增长才干和磨炼意志中感受劳动所带来的收获和乐趣,进而形成尊重劳动、热爱劳动的真挚情感。"当前,在实践中还存在劳动教育理念与实践相脱离的问题。因此,必须不断探索和推进新时代职业院校劳动教育与生产劳动相结合、与社会实践和志愿服务相结合的路径。

本模块主要介绍了生产劳动、生活劳动和社会服务劳动的意义、组织要求、主要形式、主要内容以及相关劳动项目案例,引导职业院校坚持教育与生产劳动和社会实践相结合,引导广大学生投身劳动实践,通过劳动实践磨炼意志、增长才干,具备服务自我、服务家庭、服务社会的能力。

📖 **学习目标**

分类	具体内容
知识	1. 深入理解生产劳动、生活劳动、社会服务劳动的意义 2. 了解生产劳动、生活劳动、社会服务劳动的相关要求 3. 熟悉生产劳动、生活劳动、社会服务劳动的主要形式及内容
技能	1. 能够熟练运用所学专业知识,参与有一定技术要求的生产劳动,提升专业技能 2. 能够熟练掌握相关劳动工具的使用方法,独立或与他人合作完成一定的家务、班务、校务等劳动,提高自身的生活劳动技能 3. 具备良好的沟通组织能力,能积极参与公益性的社会服务劳动,提高团队协作能力
态度	1. 积极参与各类劳动,具有认真负责、遵守纪律、坚持不懈、团结协作、勤俭节约、珍惜劳动成果等品质 2. 树立自我服务,为他人、集体、社会服务的意识 3. 具有一定的质量意识、安全意识、审美意识、环保意识以及法律意识

劳动教育和职业素养

单元一　生产劳动

典型案例

油田铁人——王进喜

　　王进喜，黑龙江大庆油田工人，全国著名的劳动模范，新中国成立后历任玉门石油管理局钻井队长、大庆油田1205钻井队队长、大庆油田钻井指挥部副指挥。他因用自己的身体制服井喷而家喻户晓，人称"铁人"，曾获百年中国十大人物、100位新中国成立以来感动中国人物、"最美奋斗者"等荣誉。

　　王进喜出生于甘肃省玉门县赤金堡，家境贫苦，新中国成立后成为第一代钻井工人。1960年3月，他率队从玉门到大庆参加石油大会战，发扬"为国分忧，为民族争气"的爱国主义精神，为结束"洋油"时代而顽强拼搏。他组织全队职工把钻机化整为零，用"人拉肩扛"的方法搬运和安装钻机，奋战三天三夜把井架耸立在荒原上。打第一口井时，为解决供水不足，王进喜带领工人破冰取水，"盆端桶提"运水保开钻。打第二口井时突然发生井喷，当时没有压井用的重晶石粉，王进喜决定用水泥代替；没有搅拌机，他不顾腿伤，带头跳进泥浆池里用身体搅拌，经全队工人奋战，终于制服井喷。他率领1205钻井队艰苦创业，打出了大庆第一口油井，并创造了年进尺10万米的世界钻井纪录，展现了大庆石油工人的气概，为我国石油事业立下了汗马功劳，成为中国工业战线一面火红的旗帜。王进喜以"宁可少活20年，拼命也要拿下大油田"的顽强意志和冲天干劲，被誉为油田铁人。他留下的"铁人精神""大庆精神"，成为我国社会主义建设事业的宝贵财富。

　　分析：王进喜是吃苦耐劳的实干家，也是科学求实的典范。在科技领域，他以"识字搬山"的意志克服意想不到的困难，刻苦学习，带领工人们以创造性的劳动，创出一个又一个优异的成绩。1961年2月，王进喜被任命为钻井指挥部生产二大队大队长，负责管理分布在大荒原上的12个钻井队。他经常身背干粮袋，骑着摩托车或步行，深入到各井场，调查研究，检查工作，帮助基层解决各种实际问题。他带领工人们不断地从实际需要出发搞技术革新。为提高钻井速度，他和工人改革游动滑车。为打好高压易喷井，他带领工人研究改进泥浆泵。为提高钻井质量，他和科技人员一起研制成功控制井斜的"填满式钻井法"。他还在多年的钻井工作中摸索出一套高超的"钻井绝技"，能根据井下声音判断钻头磨损情况。他对待工作严细认真，一丝不苟，经常向工人强调："干工作要为油田负责一辈子，要经得起子孙万代的检查"。

　　大庆石油会战取得的成绩和王进喜的"铁人精神"，得到了毛泽东主席的高度评价。1964年1月25日，《人民日报》刊出毛泽东的号召——"工业学大庆"。"工业学大庆"活动对于振奋

中国人民自力更生、奋发图强的精神，推进社会主义建设事业，起到了十分巨大的作用。王进喜身上体现出来的"铁人精神"，激励了一代代的石油工人。铁人不仅是工人阶级的楷模，他更是一个为国家分忧解难、"独立自主，自力更生"、为民族争光争气、顶天立地的民族英雄。曾经发出"宁肯少活20年，拼命也要拿下大油田"誓言的王进喜，把自己的一生毫无保留地献给了祖国的石油事业。斯人虽逝，但他身上那股天不怕、地不怕的拼搏奉献精神，永远铭刻在人们心中。

一、生产劳动的意义

生产劳动是劳动的典型方式。马克思主义按照劳动的自然形态，将劳动分为生产劳动和非生产劳动。生产劳动是指创造物质财富的劳动。如工业劳动创造工业产品、农业劳动创造农副产品、建筑业创造各类建筑物等。非生产劳动是指不创造物质财富的劳动。

职业院校坚持教育与生产劳动相结合，是社会主义教育的根本原则。对于深化我国的教育教学改革、提高人才培养质量，服务于加快转变经济发展方式、建设创新型国家和人力资源强国，都具有重要而深远的意义。同时生产劳动不仅仅是职业院校教育教学的一个重要环节，对职业院校学生树立劳动光荣的价值观，形成劳动意识、团结意识、责任意识和掌握劳动技能，在育人方面起着不可估量的作用。

（一）有利于提升学生专业知识的学习效果

列宁曾指出："无论是脱离生产劳动的教学和教育，或者是没有同时进行教学和教育的生产劳动，都不能达到现代技术水平和科学知识现状所要求的高度。"职业院校的生产劳动强调在具体知识的学习和掌握过程中，只有注重与具体的生产实践相结合，实行做中学、学中做，才能更好地加深对专业知识的理解和掌握，更好地获得学习成果，培养自身的创造能力。

（二）有利于促进学生的身心健康发展

职业院校学生在生产过程和劳动实践中，能够更好地促进身心健康和品质健全。在生产劳动实践的过程中，学生既是财富的创造者，又是财富的支配者和财富的享受者，实现了财富创造者、支配者、享受者三者的有机统一，有助于形成靠劳动立足于社会和自然的思想观念和精神品质。同时，职业院校学生通过参与生产劳动实践，切身体会"谁知盘中餐，粒粒皆辛苦"的深刻含义，有助于学生养成尊重他人劳动和珍惜劳动果实的思想品质。

（三）有利于提高学生解决实际问题的能力

教育要与人的生存发展相结合。生产劳动实践让学生必须立足于社会实际、亲临劳动工作现场，且必须自己动手动脑。这一过程有利于培养学生基于所学知识和特定的具体实践相结合，提高广大学生将知识用于解决人类生存的现实问题的自觉性和主动性。如农业类专业的学生应与解决农业生产问题相结合，工业类专业的学生应与解决工业生产问题相结合。

（四）有利于增进学生互帮互助的集体观念

从事生产劳动的劳动者，往往更能切身体会劳作的辛苦和不易，享受收获劳动果实的喜悦和欢乐，对劳动抱有朴素的热爱和深厚的情感。他们往往更能在劳动过程中体会到自然之美、力量之美、创造之美，从而更加深刻地感受到自身的成长和进步，对劳动行为充满自豪和自信，对劳动有着更加深刻的眷恋。尤其是，对集体劳动中蕴含的团结友爱、互帮互助的社会关系抱有更加深厚的情感，对劳动集体呈现的力量和前途抱有更加坚定的信念和向往。

二、职业院校生产劳动的组织要求

2020年3月20日，中共中央、国务院印发的《关于全面加强新时代大中小学劳动教育的意见》中指出劳动教育要坚持"把握育人导向""遵循教学规律""体现时代特征""强化综合实施""坚持因地制宜"五大基本原则。因此，职业院校在组织学生开展生产劳动时，可以参考以下几点要求开展实施。

（一）坚持生产劳动与专业实训相结合

我国近现代著名教育家黄炎培先生说过，"从随时随地的工作中间，求得系统的知能。"职业院校办学是以培养符合社会需求的技术应用型人才为目标，与中小学校的办学层次、办学目标有着很大差别。中小学生的生产劳动实践，大多数处于认知性、参与性、体验性的层面。比如，去农场里喂喂家禽、去菜地里拔拔草等。因此职业院校组织学生开展的生产劳动，不能只停留在参与体验层面，应该要蕴涵更多的专业技能和劳动知识。同时，《关于全面加强新时代大中小学劳动教育的意见》指出劳动教育要坚持体现时代特征的基本原则，"适应科技发展和产业变革，针对劳动新形态，注重新兴技术支撑和社会服务新变化。深化产教融合，改进劳动教育方式。强化诚实合法劳动意识，培养科学精神，提高创造性劳动能力。"劳动教育与专业教育的结合、生产劳动与实习实训的结合，可以实现在专业知识学习和实践的过程中，强化劳动技能的培育，渗透劳动思想的教育。让学生从生产劳动实践中，不仅能体验到体力劳动的精神价值，还能开动脑筋以及巩固和拓展专业知识技能，实现体力劳动与脑力劳动相结合、简单劳动和复杂劳动相结合。正如陶行知先生在探讨劳力和劳心的关系时所倡导的，要引导学生"在劳力上劳心。"

（二）坚持生产劳动与现实条件相结合

职业教育是直接通向工作和劳动岗位的教育，产教融合承担了培养职业院校学生顺利走向工作岗位且能胜任工作的重任，是学校和产业之间有效衔接的桥梁。同时，产教融合也是职业院校开展生产劳动的重要途径。然而产教融合的推进深受当地经济发展水平、产业结构以及职业院校自身发展条件的影响。中共中央、国务院印发的《关于全面加强新时代大中小学劳动教育的意见》中指出劳动教育要坚持因地制宜的基本原则，"根据各地区和学校实际，结合当地在自然、经济、文化等方面的条件，充分挖掘行业企业、职业院校等可利用资源，宜工则工、宜农则农，采取多种方式开展劳动教育，避免'一刀切'。"因此，职业院校通过深化产教融合，改进劳动教育方式，在开展生产劳动实践过程中，一定要与现实条件相结合，不能千篇一律、照搬照抄。应该结合当地产业现状开展符合自身特色的生产劳动项目。

（三）坚持生产劳动与创新创业相结合

创新创业教育中，劳动扮演着重要的角色。创新创业的过程本身就是劳动的过程，创造性劳动就是一种生产劳动。没有不通过生产劳动就可以获得成功的创业。创新创业过程是体现智力劳动和复杂劳动的生产实践过程，这就要求职业院校培养学生的创新精神、创业意识过程中，有必要融入强化劳动观念、劳动习惯和劳动技能，让学生在创新创业学习和实践中体会到劳动带来的获得感和成就感，进而树立劳动光荣、创造伟大的正确观念。同时，生产劳动与创新创业相结合，有助于培养、激发学生的创新性和创造性，其目的都是提升学生的创造性劳动水平。创新创业教育是进行创新思维培养和创业能力锻炼的教育，具有创新性、创造性、实践性的特征，对职业院校学生创造性劳动的激发具有明显的促进作用。

（四）坚持生产劳动与安全教育相结合

职业院校组织生产劳动必须确保学生的人身安全、设备设施的安全。生产劳动的主要形式是让学生亲自动手操作，而生产操作过程中的工具、材料、设备设施以及工作环境都可能存在一些不安全因素。因此，在组织学生生产劳动时，务必要规定各个项目的操作流程和安全规范，制定必要的安全检查制度和安全防范措施。在开展生产劳动实践前，一定要加强学生的安全教育，要求学生树立劳动安全意识、自我保护意识和环境保护意识；教育学生正确使用劳动工具、设备设施，自觉穿戴必要的劳动保护用品，养成严格遵守劳动规程的良好习惯。

三、职业院校生产劳动的主要形式和内容

根据职业院校生产劳动教育的组织原则，职业院校在开展劳动教育过程中，可按产业分类并与地方产业相结合来实施劳动教育，通过安排专业实习实训、顶岗实习、工学交替和创新创业等形式，在生产劳动实践中提升技术技能，提高劳动素养，增加劳动美感。

（一）实习实训

实习实训课为职业院校生产劳动教育的主要载体，从"以劳树德""以劳增智""以劳强体""以劳育美"出发，在实习实训教学中不断优化实习实训教学体系、逐步完善实习实训过程管理与考评体系、积极发挥企业协同育人的作用，推动劳动教育与实习实训的高度融合，促进职业技能与职业精神高度融合。

通过在实习实训中开展生产劳动认知教育、生产劳动观念教育、生产劳动技能教育、生产劳动法律法规教育和生产劳动习惯养成教育，不断探索实习实训中劳动教育的内容、途径和方式，使学生在实践劳动中更深入地理解专业知识，更熟练地掌握专业技能，具备技术革新和技能创新的意识，不断提升综合素质和劳动能力，弘扬劳动精神、工匠精神和劳模精神；体会劳动创造美好生活，体会劳动不分贵贱，热爱劳动，尊重普通劳动者；强化劳动观念，端正劳动态度，增强法律意识，保护自身劳动合法权益，形成热爱劳动的良好习惯，进而形成正确的劳动价值观。具备满足生存发展需要的基本劳动能力，形成良好劳动习惯。

劳动教育和职业素养

（二）顶岗实习

顶岗实习是学生掌握操作技能，学习企业管理，养成正确劳动态度的一种实践性教学形式，是学生在校完成基础课程和实习实训课程之后，到专业对口的实习单位直接参与生产过程，综合运用本专业所学的知识和技能，以完成一定的生产任务，并进一步获得感性认识的过程。学生参加顶岗实习前，应加强劳动法律法规、就业指导、职业生涯规划等内容的学习，了解劳动与经济、社会、职业和健康的关系，了解顶岗实习三方实习协议的内容，明确学校、实习单位和学生三方的责任、权利和义务，同时，学生应及时跟踪市场需求的变化，主动适应区域、行业经济和社会发展的需要。通过顶岗实习培养正确的劳动态度。

（三）工学结合

工学结合是指将学生的课堂学习与参加实际工作结合在一起，使他们能学到课堂中学不到的东西，并接受一定的职业训练，取得一定的工作经历，从而顺利地进入职业生涯，有利于今后更好地发展。工学结合的目标指向集中在学生职业素养的提高上，但是工学结合人才培养模式与劳动力市场直接有关，因此地方经济发展的不平衡使不同地区学校实施这一模式的难易程度相差较大。职业院校在实施工学结合的过程中，需要进一步深化产教融合、校企合作，双主体育人，依托原有基础，内建外联，因地制宜扎实推进实习实训劳动教育基地建设，丰富基地劳动实践教育内涵，使学生增强诚实劳动意识，积累职业经验。选择合法经营、管理规范、实习设备完备、符合安全生产法律法规要求的实习单位共建企业实习实训劳动教育基地，运用企业的职业文化育人，强化安全生产、劳动流程、劳动规范、劳动保护等的教育，引导学生建立职业精神，形成良好的劳动习惯。

（四）创新创业

职业院校要注重围绕创新创业，结合学科和专业积极开展实习实训、专业服务、社会实践、勤工助学等，重视新知识、新技术、新工艺、新方法的应用，创造性地解决实际问题，使学生增强诚实劳动的意识，积累职业经验，提升就业创业能力，树立正确择业观，具有到艰苦地区和行业工作的奋斗精神，懂得空谈误国、实干兴邦的深刻道理；注重培育公共服务意识，使学生具有面对重大疫情、灾害等危机主动作为的奉献精神。

职业院校创新创业教育普遍关注学生创新能力、创业技能的培养，推崇与社会实践的具体结合。相对而言，职业院校学生所掌握的技能与社会实践更为契合，在培养学生创新能力方面更具优势。因此，创新创业教育是职业院校劳动教育的主要组成部分之一。

四、案例介绍

（一）活动任务和目的

某创意工作室接到新的客户订单，需要对一款手摇风扇进行二次创作，通过对手摇风扇扇叶进行改良，设计新外观后利用3D打印机进行零件的打样和产品的组装。假如你是该工作室的设计师并担任该项目的产品经理，请根据客户要求，完成该项工作的实施。

通过活动的开展，让学生亲身参与实践，发展学生的实践创新能力、实践能力以及合作、分享的能力，端正劳动态度，形成良好的劳动习惯。

（二）活动内容

根据以下任务描述，学生分组按任务要求完成手摇风扇的设计、制作和组装（图 2-1、表 2-1）。

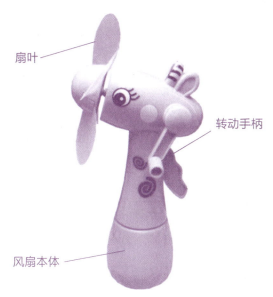

图 2-1 手摇风扇实物

表 2-1 手摇风扇设计任务分解表

任务描述	具体要求	评价指标
任务一：产品外观创新设计	学生根据提供的产品实物图片，完成手摇风扇外观造型设计，具体要求如下： 1. 手摇风扇外观要与图 2-1 所示"手摇风扇实物"有明显差别，不可雷同，具体尺寸自定 2. 风扇扇叶自行设计，不做太多要求 3. 造型要美观，曲面要饱满、光顺 4. 外观设计要符合人机工程学，方便使用者使用产品 5. 外观设计要方便接下来"任务二"的内部运动机构的装配、拆卸 6. 外观设计不可妨碍"转动手柄"转动 7. 外观整体结构稳固 8. 符合 3D 打印制作工艺	造型美观、不可雷同 结构设计合理 整体装配关系明确 经济实用，符合人机工程 面向快速成形制造工艺的产品创新
任务二：产品内部创新设计	手摇风扇内部运动机构设计。学生根据设计的外部，完成手摇风扇内部运动机构设计，即以旋转"转动手柄"作为动力来源实现扇叶的转动；具体要求如下： 1. 不能改变旋转"转动手柄"作为风扇扇叶转动的动力形式要求，但"转动手柄"位置可以根据需要改变 2. 具体尺寸自定	1. 机构传动方式设计合理 2. 传动部件设计完整 3. 可调控角度 4. 装配关系明确 5. 稳固可折叠 6. 特色功能 7. 符合 3D 打印工艺

劳动教育和职业素养

（续）

任务描述	具体要求	评价指标
任务三：产品设计说明书	通过图文介绍的方式，对创新设计后的手摇风扇进行设计理念的说明及功能介绍 产品设计说明书文字叙述条理清晰，语言简洁；整体排版工整，布局合理	1. 设计理念要点 2. 功能介绍 3. 条理清晰 4. 排版布局
任务四：3D打印与后处理	1. 根据"任务一""任务二"完成的数字模型，结合赛场提供的3D打印成型设备、配套的设备操作软件、加工耗材等条件，进行手摇风扇全部零件的3D打印成形加工 2. 向3D打印成形设备输入数字模型，选择并设定加工参数，按照要求进行3D打印成形加工。对3D打印完成的制件进行基本的后处理：打磨、拼接、修补等。剥离支撑材料，对产品各零件进行表面打磨。产品试装配，零件之间不准粘接	1. 完整性 2. 品质优良 3. 工艺合理 4. 支撑去除 5. 可装配
任务五：职业素养	主要考核学生在整个活动过程中的以下方面： 1. 设备操作的规范性 2. 工具、量具的使用 3. 现场的安全、文明生产 4. 完成任务的计划性、条理性，以及遇到问题时的应对状况等	1. 设备操作规范性 2. 正确使用工具、量具 3. 安全、文明生产 4. 其他

（三）活动总结

本次实践活动，通过由学生自主设计和制造风扇的扇叶，体验产品从设计到加工的完整流程，结合新技术、新工艺的发展趋势，将劳动教育融入专业实习实训课，使实习实训教学成为学习劳动知识和技能的主课堂，培养职业院校学生的劳动价值观，形成良好的劳动品质。

思考训练

1. 请提交一份实习实训课程中的作品，并撰写作品介绍，谈谈你从中获得的生产劳动经验。
2. 请结合你的自身经历，谈谈在生产劳动实践中应遵循哪些安全规程。
3. 请你结合所学专业知识，联合本校同学组建创业团队，撰写一份创业计划书。

阅读链接

[1] 赵章彬.高等职业院校劳动文化建设与创新研究[M].北京：中国农业大学出版社，2019.
[2] 刘志敏.产教融合实训基地优秀案例集（一）[M].北京：中国财政经济出版社，2020.
[3] 张志，乔辉.大学生创新创业入门教程[M].北京：人民邮电出版社，2016.

单元二　生活劳动

典型案例

甘当人民勤务员的掏粪工人——时传祥

时传祥,是一位"宁肯一人脏,换来万家净"的掏粪工人,山东省齐河人,中共党员,曾在北京市崇文区清洁队工作,1975年5月19日去世。时传祥出生在一个贫苦农民家庭。他14岁逃荒流落到北京城郊,受生活所迫当了掏粪工。新中国成立后,新中国给了他做人的尊严,工人阶级当家做主使他扬眉吐气,他对党充满感激。1952年时传祥在北京市崇文区清洁队工作,他用一颗朴实的心记住了一个通俗的道理:掏粪也是社会主义建设事业的一部分。他把掏粪当成十分光荣的劳动,以身作则,以苦为乐,不分分内分外,任劳任怨,满腔热情,全心全意为人民服务。他的毫不利己、专门利人的崇高精神,曾受到了党和人民的高度赞扬。1959年,时传祥被选为全国劳动模范。在1959年全国群英会上受到国家主席刘少奇和总理周恩来的接见。国家主席刘少奇热情地握住他粗糙的手,询问他的工作情况。刘少奇说道:"我们都要好好地为人民服务。你当清洁工是人民的勤务员,我当主席也是人民的勤务员。这只是革命的分工不同,都是革命事业中不可缺少的一部分。"1966年国庆节前,毛泽东特意把他接进中南海小住。国庆节当天,时传祥作为北京市观礼团副团长受到毛泽东主席的接见,他被当作贵宾请上了天安门,参加国庆观礼活动,这是他有生以来第一次登上天安门,周恩来总理在招待宴会上为其敬酒。当年担任北京市副市长的万里,也曾背起粪桶,跟着时传祥学习背粪,给环卫工人鼓气,一时间在北京城内传为佳话。清华大学的一些学生也曾拜时传祥为师,主要是学习他身上那种吃苦耐劳的精神和"宁肯一人脏,换来万家净"的崇高思想境界。2019年9月25日,时传祥被评选为"最美奋斗者"。

分析:时传祥是在中国新旧社会交替的时代涌现出来的典型人物。受尽苦难与翻身解放的巨大反差,更加坚定了加入共产党,为人民服务的宗旨的正确性。当时社会虽然变了,人们的传统观念却不是一朝一夕所能改变。刚解放的时候,一些人认为自己当家做主了,再也不用干低贱伺候人的掏粪工作。时传祥却认为,再脏再累的活也得有人去干,能以一人脏,换来万家净,这是十分光荣的。

时传祥的可贵之处在于,他认识到为人民服务没有高低贵贱之分,都是光荣的,并发自内心地做好在一些人眼中认为是低贱的工作。党和政府对清洁工人的关心,也是他干好工作的重要动力。毛泽东、刘少奇、周恩来、朱德等中央领导都曾亲切接见时传祥,鼓励他做好这一与人民日常生活息息相关的工作。在如今的现代化的大都市中,掏粪工是个已经消失了的职业,但只要存在着社会分工,行业之间就必然存在着差异,也

劳动教育和职业素养

> 仍然会存在着苦、累、脏的工作,这些工作同样要有人去从事。因此,时传祥"宁肯一人脏,换来万家净"的精神对于今天来说,也仍然没有过时。新时代也需要弘扬"时传祥精神",让其成为凝聚人民、动员人民、激发人民创造力的精神力量和共同的价值追求,成为实现中华民族伟大复兴的强大精神力量,成为中华民族不断取得进步、成就、荣耀的中国精神价值体系中的重要组成部分,铸就和谐社会的美好愿景,已成为时代的共识。作为老一代英模人物所提倡的这种劳动精神和职业道德,在改革开放和中国特色社会主义现代化建设的今天,"时传祥精神"光照后世,永载史册,为全国各行各业所尊重和奉行。

一、生活劳动的意义

习近平同志指出:"人类是劳动创造的,社会是劳动创造的。"纵观历史,劳动在人类社会发展进步的过程中起到了不可替代的作用。正是一代代劳动人民投身各种劳动实践中,才创造出我们今天高度发达的现代文明。在我们的日常生活中,虽然还有许多劳动没有直接参加社会生产,却也为我们创造着舒适的生活条件和美好的生活环境。生活劳动就是重要的一种。

与职业劳动不同,生活劳动不是直接的社会生产活动,也不产生外显的经济价值。同时,生活劳动又以重复、简单的劳动居多。与职业劳动相比,生活劳动常常得不到应有的尊重。在中国乃至全世界的大多数传统家庭中,做家务这些生活劳动一直被看成女性的义务。但随着社会发展,女性占据了社会生产的"半边天",在社会经济活动中发挥越来越重要的作用,生活劳动的分工也开始出现了变化,生活劳动的价值才逐步被人们所认识和重视。生活劳动虽然不能直接创造财富价值,但它可以创造生活价值,节约社会资源,仍是现代社会生活不可缺少的一部分。

(一)营造美好生活环境的需要

高尔基说过:"我们世界上最美好的东西,都是由劳动、由人聪明的双手创造出来的。"我们每个人都喜欢干净整洁、绿树成荫、阳光明媚、空气清新、出行便捷的生活环境和学习工作环境。然而,幸福从来不会从天而降,世间万事都要靠奋斗。要创造美好生活、得到幸福,必须不懈奋斗。《朱子家训》开篇就提出,家务是孩子每天要做的第一件事——"黎明即起,洒扫庭除,要内外整洁……";《弟子规》也有内外整洁的标准——"房室清,墙壁净,几案洁,笔砚正。"从中我们不难看出,古人对于家庭劳动及其教育意义的高度重视。作为公民,我们对国家和社会负有责任;作为班级成员,我们要努力维护集体荣誉;作为家庭中的一分子,我们应承担家庭成员应尽的责任。因此,作为年轻一代的职业院校学生,我们当然更应该积极参加生活劳动,为营造美好生活环境参与力所能及的生活劳动。

(二)锤炼独立生活能力的需要

随着我国社会的快速发展,社会和家庭的财富也日益增长。同时我国实行的计划生育政策,让年轻一代学生在家享受着父母和长辈的呵护和关爱,一些独生子女学生长期处于"饭来张口、衣来伸手"的成长环境,不珍惜劳动成果、不想劳动、不会劳动的现象普遍存在。在生活和学习中遇到困难、挫折时,没有父母长辈的照顾,缺乏独立生活能力的弊端就会显现出来，他们就会容易产生消极、抱怨、退缩的情绪和行为。我国著名教育家陶行知先生在他的《自立歌》中写道，"滴自己的汗，吃自己的饭，自己的事自己干。靠人靠天靠祖先，都不算好汉"。

古语云，"一屋不扫，何以扫天下"。生活劳动不仅让我们有更多机会锻炼自己的动手能力，同时也是我们掌握独立生活的本领，走向社会、服务社会的基本需要。特别在我们的家庭生活和校园生活中，有许多地方可以让我们施展聪明才智，我们也需要认真投入到家务劳动或者校务劳动中。只有在家务、班务、校务劳动实践中得到锻炼，我们才能更好地应对未来瞬息万变的社会生活和日益复杂的职业劳动，成为全面发展的人。

（三）涵养和谐家庭关系的需要

劳动一直是人类幸福生活的源泉。在原始社会中，生活劳动与生产劳动是紧密联系在一起的。家庭成员不论男女老少，都是家庭重要的生产力，都会参与生活劳动。到了农业社会，生活劳动逐步与农业生产劳动分离，但人们也认为孩子从事生活劳动有助于形成良好的家庭氛围，对人格养成大有裨益。付出劳动是一种正确的家庭观念，能够激发家庭正能量，赢得尊重、理解，获得爱。家的概念是中国的传统文化，它是一种生存智慧，一种凝聚力，一种特有的民族特点。

生活劳动不仅是我们应尽的义务，也能给我们的生活以丰厚的回报。就像职业劳动创造社会财富一样，生活劳动也创造生活价值，使得家庭生活更为便捷、舒适、整洁、温馨、美好。生活劳动还让我们有更多机会锻炼自己的动手能力，掌握独立生活的本领。和家人一起做家务，可以让我们更真切地理解家人的辛劳，增进与家人的感情，促进和谐家庭关系。

（四）节约社会资源成本的需要

每个公民都积极参加生活劳动，不仅可以创造美好的生活环境，还能节约大量的社会运行成本。比如：生活垃圾处理的问题。随着人们生活水平逐步提高、各项消费不断增加，人们将面对日益增长的垃圾产量和环境状况恶化的局面，是当前世界各国共同关注的迫切问题之一。习近平同志指出："劳动是财富的源泉，也是幸福的源泉。人世间的美好梦想，只有通过诚实劳动才能实现；发展中的各种难题，只有通过诚实劳动才能破解；生命里的一切辉煌，只有通过诚实劳动才能铸就"。如果每个公民都能够积极参加生活劳动，按照国家垃圾分类管理的要求，在家里把生活垃圾严格分类并按照规定投放，就能够最大限度地实现垃圾资源利用，减少垃圾处置量，改善生存环境质量，节约社会运作成本，并且能变废为宝，为国家间接地产生经济效益。同时，职业院校学生在家还可以主动承担更换灯泡、开关、水龙头等水电维修工作，定期完成空调滤网、风扇、洗衣机、抽油烟机等家电保养清洁工作。这些生活劳动不仅可以发挥自己动手能力强的特长，同时也减轻了小区物业人员的工作量，间接地节约了社会的人力资源。

二、职业院校生活劳动的组织要求

职业院校组织学生开展生活劳动实践时，应当根据学生的年龄、性别、专业的不同，有针对性地布置生活劳动项目。

劳动教育和职业素养

（一）家庭劳动与校内劳动相结合

职业院校学生在校期间要积极参与班级、宿舍、校园公共区域的劳动，为创建美好班级、美丽校园、温馨宿舍做出应有的贡献。同时职业院校学生也要积极参加家庭劳动，不能在校有老师监督、有操行评分的要求就积极表现，要做到在校、在家一个样。只有真正树立劳动意识，才能真正自觉劳动，才能真正锤炼独立生活的能力，形成吃苦耐劳的优良品质。

（二）自我服务与服务他人相结合

职业院校学生除了"自己的事情自己做""自扫门前雪"，做好个人生活服务的同时，还要不断强化新时代的劳动责任感、使命感和荣誉感，把个人价值实现与国家社会需求相结合，激发敢于担当、乐于奉献、服务集体、服务家庭的劳动品格。

（三）专业技能与生活技能相结合

职业院校除了开展日常的生活劳动外，开展的生活劳动项目更应该体现职业院校的办学层次和专业水平，可以把专业技能融入生活劳动项目中，促进生活技能的专业化，实现生活技能的与时俱进。例如：学习信息类专业的学生，可以设置家庭宽带网络，组建智慧家居系统；学习机械类专业的学生，可以承担家庭的水电安装、汽修保养美容；学习营养健康专业的学生，可以给亲人长辈配置营养食谱等。

三、职业院校生活劳动的主要形式和内容

陶行知曾说"劳动教育的目的，在谋手脑相长，以增进自立之能力，获得事务之真知及了解劳动者之甘苦"。职业院校的学生在生活劳动教育方面，更应以体力劳动为主，侧重基本生活知识和技能积累，在实践中学会认知、学会生活、学会生存、学会共处。日常生活中，衣食住行方面的劳动实践可作为职业院校生活劳动教育的主要内容，根据职业院校学生的生活规律，家庭和校园成为生活劳动实践的两大场所，在生活劳动教育过程中，可将其分为家庭生活劳动和校园生活劳动两种形式。

（一）家庭生活劳动

家庭是劳动教育的主阵地之一，家庭生活劳动习惯多由日常养成。《朱子家训》说："黎明即起，洒扫庭除，要内外整洁。"小到扫地洗碗，大到维修维护，从小处着手，在经常性的家庭生活劳动中培养劳动意识，养成良好的劳动习惯。

职业院校学生的家庭生活劳动习惯养成主要从以下三方面展开（表 2-2）：

一是食物选择与食品制作，即烹饪技能。学习食材的准备和烹饪制作技能，理解饮食文化是自我身份认同和家庭身份认同的一部分。

二是与生活起居相关的知识和能力，即专业技能。学会合理地使用水、电、天然气、洗涤用品等资源，并可通过掌握的专业技能独立应对家庭水电设备的日常维护和保养，节约社会人力资源。

三是家庭消费和理财能力，即财经技能。了解消费者的权利和义务，掌握获取最新消费信息的方法，了解金钱与家庭生活的关系等。

表2-2 家庭生活劳动开展指南

序号	技能属性	劳动项目	实施要求	评价建议
1	烹饪技能	中式烹饪	烹饪原料的分类、常见动物性烹饪原料、常见禽品、刀工基础知识、烹饪原料的初步加工、烹饪原料的选择、保藏与品质检验等内容	以自评为主，从劳动技术、劳动态度、劳动效果等方面进行评价，也可以请同学互评
2	烹饪技能	西点制作	原材料选取、搭配、造型、烘烤蒸制的温度、时间控制等	以自评为主，从劳动技术、劳动态度、劳动效果等方面进行评价，也可以请同学互评
3		果盘制作	从水果的色泽、形状、口味、营养价值、外观完美度等多方面对水果进行选择，并协调搭配在一起，用以自己食用或者招待客人	以自评为主，从劳动技术、劳动态度、劳动效果等方面进行评价，也可以请同学互评
4	专业技能	常用家电维护与保养	能对家用空调、风扇、洗衣机等家电进行维护保养	以自评为主，从劳动技术、劳动态度、劳动效果等方面进行评价，也可以请同学互评
5		灯管、灯泡更换	利用掌握的电工电子技术，通过标识的参数辨别已损坏的元器件，购买新元器件，安全地完成更换	以自评为主，从劳动技术、劳动态度、劳动效果等方面进行评价，也可以请同学互评
6		水、电、气表认知	读懂水电气表上的各类参数，与家庭水电气开销进行比对，了解家庭水电气使用情况	以自评为主，从劳动技术、劳动态度、劳动效果等方面进行评价，也可以请同学互评
7		水管维修	维修各种厨房水管、浴室水管、阳台水管漏水、爆裂故障，完成水龙头的更换等各式问题	以自评为主，从劳动技术、劳动态度、劳动效果等方面进行评价，也可以请同学互评
8		门锁更换	通过掌握的金工技术和木工技术，能够独立更换常见的门锁	以自评为主，从劳动技术、劳动态度、劳动效果等方面进行评价，也可以请同学互评
9		抽水马桶维护与保养	掌握马桶的基本维修维护知识，结合专业技能对家用抽水马桶进行维护与保养，下水道疏通等	以自评为主，从劳动技术、劳动态度、劳动效果等方面进行评价，也可以请同学互评
10		五金挂件安装技术	掌握冲击钻等工具的使用方法，能够独立安装各种窗帘、浴帘、晾衣竿、五金挂件等	以自评为主，从劳动技术、劳动态度、劳动效果等方面进行评价，也可以请同学互评
11		家庭网络组建	掌握计算机网络基本知识，能够独立设置家庭网络，包括调制解调器、无线路由器等的设置与应用	以自评为主，从劳动技术、劳动态度、劳动效果等方面进行评价，也可以请同学互评
12	财经技能	家庭消费常识	通过对自己家庭经济来源、日常消费的了解，初步知道经济收入是消费的基础，根据家庭经济收入，设计合理的开支计划表	以自评为主，从劳动技术、劳动态度、劳动效果等方面进行评价，也可以请同学互评
13		银行业务办理	熟悉个人银行业务的种类和特点，熟悉相关柜面操作流程和基本程序，了解各类凭证和单证	以自评为主，从劳动技术、劳动态度、劳动效果等方面进行评价，也可以请同学互评

(续)

序号	技能属性	劳动项目	实施要求	评价建议
14	财经技能	信贷	熟悉基本的信贷业务,提高对信贷业务的认识,了解房贷、个人消费贷(含个人教育贷款、汽车贷款、个人医疗贷)等的申办流程,掌握申办技巧	以自评为主,从劳动技术、劳动态度、劳动效果等方面进行评价,也可以请同学互评
15		理财	了解金融理财常识,提高规避投资风险的认识,达到资产管理中保值、增值的需要	以自评为主,从劳动技术、劳动态度、劳动效果等方面进行评价,也可以请同学互评

(二)校园生活劳动

职业院校学生大部分时间生活在校园,可根据该特点科学地设计在校学生的生活劳动项目,激发学生劳动的内在需求和动力,培养学生形成自觉参加劳动的意识,把劳动教育理论化、生活化。结合校园日常生活需求,可依托表2-3所列的三种劳动项目,注重培育学生公共服务意识,继续强化与他人合作劳动的能力。

表2-3 学校生活劳动开展指南

序号	劳动项目	实施要求	评价建议
1	美化教室环境	班务劳动,打扫教室卫生、擦黑板、板报策划制作和教室美化等	以自评为主,从劳动技术、劳动态度、劳动效果等方面进行评价,也可以请同学互评
2	美化校园环境	校务劳动,公共区域卫生打扫、绿化区养护、校园垃圾分类、校园宣传策划制作	以自评为主,从劳动技术、劳动态度、劳动效果等方面进行评价,也可以请同学互评
3	美化住宿环境	寝室劳动,寝室地面和公共区域卫生打扫、劳动工具摆放、洗漱品摆放、洗漱台擦洗;盆桶摆放、天花板清扫;卫生间擦洗、鞋子摆放等	以自评为主,从劳动技术、劳动态度、劳动效果等方面进行评价,也可以请同学互评

四、案例介绍

以下以电风扇清洁、家用水龙头更换为例说明。

案例 2-1　电风扇清洁体验

(一)活动任务

夏天即将来临,电风扇已经成为一种生活必需品,但是教室里的电风扇已经有好长一段时间没有使用,外罩和扇叶堆积了厚厚的灰尘,对使用造成了一定困扰。恰逢本校园劳动周,作为班级卫生委员,你将带领同学们对教室和宿舍的电风扇进行清洁,请按照要求完成这项工作内容。

（二）活动目的

通过对电风扇的清洁保养，让学生进行家用电风扇、教室顶扇的清洁体验活动，在活动中锻炼独立、动手、沟通、应变等能力，在实践中体验工作的艰辛，体现劳动的价值，懂得尊重劳动、珍惜生活。

（三）活动内容（表2-4）

表2-4　家用电风扇清洁任务书

任务描述	具体要求	评价指标
任务一　撰写家用电风扇清洁作业指导书	根据现有的电风扇品牌和型号，收集相关结构说明书，完成清洁步骤的编制，详细讲解家用电风扇清洁前的拆卸流程、清洗方法	1. 指导书完整性 2. 指导书规范性 3. 指导书合理性
任务二　分小组完成电风扇的清洁	完成外罩和扇叶的拆卸、清洗	1. 无浮灰 2. 无水渍 3. 安装无误 4. 通电可用
任务三　撰写劳动实践报告	根据本次清洁体验活动，撰写《劳动实践报告》	1. 完整性 2. 规范性

（四）活动总结

结合日常生活中常用家电的保洁工作，激发学生劳动的内在需求和动力，培养学生形成自觉参加劳动的意识，提高职业院校学生动手能力，同时培养学生策划、组织等方面的能力。

拓展知识

表2-5　家用电风扇清洁流程

步骤	参考示意图
1. 在拆除面罩之前，需断电并准备好一把十字螺钉旋具，用十字螺钉旋具把面罩上的紧固螺钉逆时针拆卸掉	
2. 拆卸掉螺钉，面罩自动脱落，裸露出扇叶	

（续）

步骤	参考示意图
3. 顺时针旋下扇叶中间的紧固旋钮，然后取下扇叶	
4. 将紧固后盖的旋钮沿逆时针方向旋开，取下后盖	
5. 擦拭完电风扇主体和电动机部分，并将需要冲洗的部件（扇叶、旋钮和前后盖）搬到清洁池。在清洗过程中，扇叶的中间凹槽可用废旧的牙刷进行清理	
6. 清理完毕后，用干抹布擦拭干净，自然风干，根据拆卸的步骤，逆序组装电风扇	

案例 2-2　　家用水龙头更换体验

（一）活动任务

爷爷家的洗手间水龙头由于频繁使用导致漏水，这个周末刚好你有空，你能去附近的五金店购买合适型号的水龙头并帮爷爷更换上吗？

（二）活动目的

通过更换家用水龙头，掌握相关工具的应用，在过程中锻炼独立、动手、沟通、应变等能力，在实践中体验工作的艰辛，体现劳动的价值，懂得尊重劳动、珍惜生活。

（三）活动内容（表2-6）

表 2-6 家用水龙头更换任务书

任务描述	具体要求	评价指标
任务一 购买合适的水龙头	根据需求，了解水龙头的型号，找到附近的五金店，购买合适的水龙头	了解水龙头型号的辨别方法
任务二 更换水龙头	学习水龙头的更换方法，按照步骤完成水龙头的更换	1. 方法正确 2. 更换后可用，无渗水、漏水情况 3. 场地卫生整洁
任务三 撰写劳动实践报告	根据本次更换体验活动，撰写《劳动实践报告》	1. 完整性 2. 规范性

（四）活动总结

通过本次活动实践，掌握水龙头的更换方法，充分发挥职业院校学生动手能力强的特长，即起到锻炼学生的动手能力、掌握生活中常见的维修维护技能的作用，又以自我服务的方式节约了社会成本。

拓展知识

表 2-7 家用水龙头更换流程

步骤	参考示意图
1.更换水龙头前，准备好一个新水龙头、生料带、扳手和手套等	
2.找到出水口上端水阀，将水源总阀门关闭，以方便开始后续工作	
3.用扳手卡住水龙头（有挡板的应先拔出），对准卡扣，逆时针旋转扳手。注意拧动的时候力度要适中，避免用力过度，拧爆水龙头或导致水管爆裂	

(续)

步骤	参考示意图
4.用扳手拧到一定松度之后，就可以直接用手拧下来，这时可能会看到墙壁与水龙头接口处有残留的水和一点锈迹，用抹布擦干净并清理水龙头接口	
5.接下来，将新的水龙头沿着接口用生料带进行顺时针缠绕。注意，缠绕时需均匀且具有一定厚度，便于安装且不容易漏水	
6.先用手以旋转的方式把新水龙头安装到墙壁接口处，再用扳手顺时针慢慢拧紧，调整好水龙头的角度，以看不到生料带为宜	
7.安装完成后，打开水源总阀门，测试新水龙头是否工作正常、接口外是否渗水，如有渗水则说明生料带缠绕过少，要拧下来重新缠绕生料带	

思考训练

1. 请你策划并制作一期以"生活劳动教育"为主题的班级板报。
2. 假如你有 10000 元积蓄，请以此制作一份你的消费、投资计划书。
3. 请根据家用空调说明书的指引，撰写一份空调过滤网清洁的劳动报告。
4. 请你亲自动手清理家中洗手盆或洗碗盆下水管道里的污垢，并写一份劳动心得。

阅读链接

[1] 人力资源和社会保障部教材办公室.家政服务员（初级）[M].北京：中国劳动社会保障出版社，2020.
[2] 武宏达.水电工从入门到精通[M].北京：化学工业出版社，2019.
[3] 中国就业培训技术指导中心.保洁员（初级）[M].北京：中国劳动社会保障出版社，2010.

单元三　社会服务劳动

典型案例

驻村干部的优秀代表、脱贫攻坚一线的先进典范——黄文秀

　　黄文秀，1989年4月出生，广西百色人，生前任广西壮族自治区百色市委宣传部理论科副科长、派驻乐业县新化镇百坭村第一书记。她2011年6月加入中国共产党，2016年7月毕业于北京师范大学，法学硕士，同年同月被录用为广西定向选调生，自愿回家乡百色老区工作。黄文秀的家庭并不富裕，父亲身患重病，重重压力之下，黄文秀却总是乐观开朗、积极向上。2018年3月，黄文秀同志积极响应组织号召，到乐业县百坭村担任驻村第一书记。从进村开始，黄文秀就努力融入当地生活，挨家挨户走访，学会了桂柳方言，驻村一年，她把全村所有的贫困户走访了一遍又一遍，在一篇文章中她写道："在我驻村满一年的那天，我的汽车仪表板的里程数正好增加了两万五千公里，我简单地发了一个朋友圈：'我心中的长征，驻村一周年愉快'。"一年多时间，她帮助村里引进了砂糖橘种植技术，教村民做电商；协调给每个村建起了垃圾池。在黄文秀任上，百坭村103户贫困户顺利脱贫88户418人，全村贫困发生率下降20%以上，村集体经济项目收入翻倍。黄文秀驻村笔记中写道："每天都很辛苦，但心里很快乐。"在2018年百色市第一书记年度考核中，黄文秀被评为优秀等次。2019年6月17日凌晨，黄文秀在连夜从百色返回乐业县百坭村组织抗洪救灾工作途中，遭遇山洪，不幸因公牺牲，将30岁的生命永远定格在扶贫路上。

　　2019年7月，黄文秀被中华全国总工会授予全国五一劳动奖章，2019年9月被授予第七届全国道德模范"全国敬业奉献模范""最美奋斗者"荣誉称号，2019年10月被追授为"全国优秀共产党员"称号。2020年1月1日，黄文秀被评为"2019十大女性人物"。2020年5月17日，黄文秀被评为"感动中国2019年度人物"。

　　分析：习近平总书记对黄文秀同志先进事迹做出重要指示。他强调，黄文秀同志研究生毕业后，放弃大城市的工作机会，毅然回到家乡，在脱贫攻坚第一线倾情投入、奉献自我，用美好青春诠释了共产党人的初心使命，谱写了新时代的青春之歌。广大党员干部和青年同志要以黄文秀同志为榜样，不忘初心、牢记使命，勇于担当、甘于奉献，在新时代的长征路上做出新的更大贡献。

　　中共中央宣传部追授黄文秀"时代楷模"称号。全国妇联做出决定，追授黄文秀全国三八红旗手荣誉。决定指出，黄文秀用短暂而优秀的一生诠释了一名年轻女干部的担当和作为，诠释了人生的价值和追求，是新时代女性以实际行动坚守共产党员初心的典范，是新时代女性牢记使命为人民服务的榜样。感动中国2019人物黄文秀的颁奖辞是：有些人从山里走了，就不再回来，你从城里回来，却再没有离开。来的时候惴惴，怕自己不够勇敢，走的时候匆匆，留下最美的韶华。百色的大山，你是最美的朝霞，脱贫的战场，你是醒目的黄花。

> 黄文秀同志是全国驻村第一书记的优秀代表，是脱贫攻坚一线涌现的先进典型。她不忘初心、牢记使命、扎根基层、心系群众、埋头苦干、任劳任怨、无私奉献，为百坭村的脱贫攻坚倾注了心血和汗水，充分彰显了一名共产党员的使命担当。她坚定的理想信念、崇高的精神品格、务实为民的责任担当，是我们学习的楷模。

一、社会服务劳动的意义

2020年3月20日，中共中央、国务院印发的《关于全面加强新时代大中小学劳动教育的意见》中确定了劳动教育内容要求——"根据教育目标，针对不同学段、类型学生特点，以日常生活劳动、生产劳动和服务性劳动为主要内容开展劳动教育。结合产业新业态、劳动新形态，注重选择新型服务性劳动的内容。"对于职业院校来说，这里的新型服务性劳动主要是指学生在校内或校外所开展的公益服务、志愿者服务、勤工俭学等形式的社会服务劳动。职业院校要鼓励和支持学生亲身参与社会服务劳动，让广大学生投身实践中认识国情、了解社会，传递爱心、传播文明，增长才干、磨炼意志，提升沟通和社交能力，感受服务劳动所带来的收获和乐趣，养成敢于担当、乐于奉献的价值观。

毛泽东同志曾提出，要培养"有社会主义觉悟的有文化的劳动者"。因此，社会服务劳动对培养学生服务国家和人民的社会责任感、勇于探索的创新精神以及善于解决问题的实践能力，自觉成为中国特色社会主义合格建设者和可靠接班人，都具有不替代的重要作用。

二、社会服务劳动的组织要求

社会服务劳动作为新时代劳动教育中的一项主要内容，需要职业院校高度重视和主动作为。职业院校组织学生开展社会服务劳动时应注意以下几方面：

（一）要坚持培育和践行社会主义核心价值观为指导思想

对学生从事的社会服务劳动项目要严格审核及把关，注重培育公共服务意识，使学生具有面对重大疫情、灾害等危机主动作为的奉献精神，促进学生形成正确的世界观、人生观和价值观。

（二）要精心组织策划，强化安全保障

职业院校应配备社会服务劳动的指导老师，加强社会服务劳动的管理和评价，加强对学生社会实践的安全教育，强化安全风险意识，制定劳动实践活动风险防控预案，完善应急与事故处理机制。

（三）要拓展社会实践活动渠道

职业院校可以联合工会、共青团、妇联等群团组织以及各类公益基金会、社会福利组织，搭建活动平台，共同支持学生深入城乡社区、福利院和公共场所等参加志愿服务，开展公益劳动，参与社区治理。

三、社会服务劳动的主要形式和内容

社会服务劳动以智力劳动为主，侧重于用知识、技能、工具、设备等为他人和社会提供服务，以自身劳动成果奉献他人，造福社会，陶冶情操，美化心灵，学会共处、学会奉献、学会担当。为细化、丰富社会服务劳动的服务内容，职业院校学生可以按校园服务和社会服务两种类型开展劳动教育，充分发挥职业院校学生的热情和专业特长，定期开展公益性劳动，增加公益服务意识，培育志愿者精神，彰显奉献精神。

（一）校园服务

校园服务劳动可依托校园内的志愿服务活动，通过创建校园劳动教育岗位，广泛开展校园勤工俭学、劳动体验等。职业院校可将校园分为不同的卫生责任区、绿化责任区，组织青年志愿者轮流执勤做校园清洁的参与者和监督者，依托图书馆志愿服务、校园文明执勤岗、饭堂文明监督岗，动员和招募青年志愿者参与营造整洁、文明、健康的学习和生活环境，将志愿服务和劳动教育融合发展成为学校人才培养的重要内容。校园服务劳动的主要项目见表2-8。

表2-8 校园服务劳动的主要项目

序号	服务项目	实施要求	评价建议
1	环境卫生志愿服务	通过组织青年志愿者轮流执勤，完成校园清洁，美化环境并养成个人良好的卫生习惯	以自评为主，从劳动技术、劳动态度、劳动效果等方面进行评价，也可以请同学互评
2	图书馆志愿服务	协助图书馆管理员做好日常管理工作（包括书刊排架、网络维护、卫生清洁等）；协助图书馆老师维持读者借阅秩序，巡视图书馆，规劝、纠正读者不文明行为，为广大读者营造和谐文明的借阅学习环境；协助完成图书馆各类活动，如：阅读推广活动，新生入馆宣传，图书馆新服务、新措施宣传等	以自评为主，从劳动技术、劳动态度、劳动效果等方面进行评价，也可以请同学互评
3	校园文明执勤监督岗	在规定的时间内按时到岗，负责校园内指定范围的卫生督察，监督同学中的乱扔乱丢现象；督察同学间的不文明语言和行为并给予引导、纠正；在规定的时间内按时到岗，维持饭堂就餐秩序，督促学生做到文明就餐，不浪费粮食和自来水，并注意食堂卫生	以自评为主，从劳动技术、劳动态度、劳动效果等方面进行评价，也可以请同学互评
4	志愿消防员	认真学习消防法律、法规和消防专业知识，熟悉学校消防重点部位，熟悉消防设施和消防器材的使用方法。积极开展消防安全宣传教育，制止和劝阻违反消防安全法律、法规、规章制度的行为	以自评为主，从劳动技术、劳动态度、劳动效果等方面进行评价，也可以请同学互评
5	专业技术服务	为学校后勤保障团队提供专业技术服务，包括水电维修维护等；同时根据专业特点，可为师生提供专业服务，如美容美发、计算机保养维护等	以自评为主，从劳动技术、劳动态度、劳动效果等方面进行评价，也可以请同学互评

劳动教育和职业素养

（二）社会服务

社会服务劳动可依托校外的志愿服务平台，通过创建校外劳动教育基地，与社区互动，在公共场所、基层社区开展公益劳动，定期或者不定期深入社区活动中心、孤儿院和敬老院等场所进行志愿服务；同时，根据专业特点，开展专业服务进社区等活动，如家电维修维护、防艾禁毒宣传、环保宣传和社区大型活动策划等。社会服务劳动的主要项目见表2-9。

表2-9 社会服务劳动的主要项目

序号	服务项目	实施要求	评价建议
1	家电维修维护	通过掌握的专业技能、生活技能，深入社区，为社区群众有故障的电器进行维修与维护	以自评为主，从劳动技术、劳动态度、劳动效果等方面进行评价，也可以请同学互评
2	家政服务	开展进孤儿院、敬老院等活动，通过掌握的生活技能，不定期为孤儿、老人做力所能及的事情，如整理清洁、洗衣拖地等	以自评为主，从劳动技术、劳动态度、劳动效果等方面进行评价，也可以请同学互评
3	交通维护服务	协助交警部门、社区，在学校周边、交通枢纽等地开展交通疏导、维持秩序等志愿服务，为城市交通、安全出行保驾护航	以自评为主，从劳动技术、劳动态度、劳动效果等方面进行评价，也可以请同学互评
4	防艾禁毒宣传	学习预防艾滋知识和禁毒知识，以绘画、舞台剧等多种形式在社区参与防艾禁毒宣传	以自评为主，从劳动技术、劳动态度、劳动效果等方面进行评价，也可以请同学互评
5	消防检查与宣传	深入社区，开展家庭消防安全知识宣传活动，同时根据掌握的消防知识和消防用品应用，结合社区居民日常用火、用电和用气情况，宣传正确灭火方法及灭火器的使用方法	以自评为主，从劳动技术、劳动态度、劳动效果等方面进行评价，也可以请同学互评
6	洁美家园行动	参与社区开展的以改善社区环境卫生为主要内容的志愿活动。参与卫生大扫除、清洗乱涂画和"小广告"、清理卫生死角、捡拾垃圾（果皮、纸屑）等志愿活动	以自评为主，从劳动技术、劳动态度、劳动效果等方面进行评价，也可以请同学互评
7	环保督察	协助社区管理人员，参与社区开展的垃圾分类宣传、垃圾分类站桶指导工作	以自评为主，从劳动技术、劳动态度、劳动效果等方面进行评价，也可以请同学互评
8	科学宣传活动	以社区居民为服务对象，组织开展以普及科技知识、法律维权知识、劳动技能知识等为主题的宣传教育活动，提高居民科学文化素质和劳动者素质，争做社区义务科普员、辅导员	以自评为主，从劳动技术、劳动态度、劳动效果等方面进行评价，也可以请同学互评
9	社区活动策划	通过协助社区管理人员，组织开展以义演、公演为主要形式的文艺会演，为社区居民提供以邻里互动娱乐为主要内容的社区文化服务	以自评为主，从劳动技术、劳动态度、劳动效果等方面进行评价，也可以请同学互评
10	社区信息化工作	利用掌握的计算机知识，为社区居民提供信息化解决方案，包括计算机维护、网络维护等	以自评为主，从劳动技术、劳动态度、劳动效果等方面进行评价，也可以请同学互评

案例 2-3　垃圾分类指导

（一）活动任务

目前环境污染越来越严重，在长期的社会生产实践中，人类已经开始意识到，垃圾也是一种可利用的资源。为保护社区生活环境和生活质量，人们已经开始将目光投向了垃圾的合理处理和最大限度地回收利用，以期获得更多的再生资源，维护我们的绿色家园。

随着垃圾分类工作的推广，现在社区迫切需要招募垃圾分类指导员志愿者对垃圾分类进行宣传、指导、监督和服务工作。假设你已报名参加志愿活动，请根据任务目标完成至少一次的垃圾分类站桶指导工作并撰写劳动实践报告。

（二）活动目的

通过垃圾分类指导志愿服务工作，宣传垃圾减量、垃圾分类的重要意义，向居民宣传生活垃圾处理工作的紧迫性和重要性，建立生活垃圾分类投放、分类收集、分类运输、分类处理全过程管理体系的具体工作任务，提高居民生活垃圾分类方法和效率，逐步培养居民垃圾分类的意识。在志愿服务过程中，在实践中体验工作的艰辛，体现劳动的价值，懂得尊重劳动、珍惜生活、珍爱环境。

（三）活动内容

根据社区对垃圾分类指导员岗位的要求，依次完成以下任务（表2-10）。

表2-10　垃圾分类指导工作任务书

任务描述	具体要求	评价指标
任务一　资料收集归档	收集内容有：垃圾的种类、每天产生的垃圾有哪些、处理方式、家庭生活垃圾所带来的资源耗费	资料是否齐全；资料是否真实可信，有据可查；资料归档是否规范
任务二　采访并撰写报告	拟定采访提纲，按要求对以下人员进行采访，了解情况并撰写采访报告。 1.采访社区负责人，了解小区生活垃圾的收集和处理情况 2.向社区负责人提出对小区垃圾分类收集的意见和建议，提出你的推广方案 3.以小组为单位，为小区设计垃圾处理的方法，推荐给小区物业管理人员	1.采访提纲的完整性、合理性 2.报告的完整性、规范性
任务三　垃圾分类指导员岗前小测验	1.生活垃圾的分类 生活垃圾一般可分为四大类：____、____、____、____。 2.请将以下生活垃圾按类别分类：厨余垃圾、塑料垃圾、金属、玻璃、陶瓷、橡胶、废纸、纺织物、干电池、纸巾和厕纸 | 类别 | 组成 | | --- | --- | | 有机垃圾 | | | 危险废物 | | | 可回收垃圾 | | | 其他垃圾 | | 3.最常用的处理垃圾的方法有：____、____、____。 4.变废为宝。垃圾的用处有： （1）____　（2）____　（3）____　（4）____	1.答案的正确性 2.答案的合理性 3.答案的真实可信性，需有据可查

劳动教育和职业素养

（续）

任务描述	具体要求	评价指标
任务四 垃圾分类指导员岗位职责撰写	根据你所搜集的资料，帮助社区垃圾分类工作负责人撰写一份《垃圾分类指导员岗位职责》，要求体现垃圾分类指导中的工作流程、工作职责等内容	1. 完整性 2. 规范性 3. 合理性
任务五 亲身参与垃圾分类指导工作并撰写劳动报告	协助社区（校园）管理人员，参与社区（校园）开展的垃圾分类宣传、垃圾分类站桶指导工作，并根据你的劳动体验，撰写一份《劳动实践报告书》	1. 完整性 2. 规范性

（四）活动总结

以志愿服务活动为载体，通过对垃圾分类的学习以及服务他人的社会实践活动，强化学生的社会责任感，培养学生的公共服务意识，体验劳动的意义和价值，获得成就感、自信心，促进职业院校学生形成正确的世界观、人生观、价值观。

拓展知识

小贴士

1. 有机垃圾——即在自然条件下易分解的垃圾，主要是厨余垃圾，如果皮、菜皮、剩饭、剩菜等。

2. 可回收垃圾——即废弃的纸张、塑料、玻璃、金属、织物等，还包括报废车辆、家电、家具、装修废弃物等大型的垃圾。绝大多数的干垃圾均可分类回收后加以利用。

3. 有害垃圾——主要是指废旧电池、荧光灯管、水银温度计、废油漆桶、腐蚀性洗涤剂、医疗垃圾、过期药品、放射性废物等。

4. 其他垃圾——包括除上述几类垃圾之外的砖瓦陶瓷、渣土、卫生间废纸、纸巾等难以回收的废弃物，通常根据垃圾特性采取焚烧或者填埋的方式处理。

思考训练

1. 收集了解你所在城市的志愿服务平台，提交你所在城市志愿服务队的名单及其口号。
2. 亲自参与一次志愿服务活动，并撰写一份总结。
3. 请你策划一份以"洁身自爱、远离毒品"为主题的禁毒宣传进社区的活动方案。

阅读链接

[1] 李平. 志愿服务培训教材 [M]. 北京：中国石化出版社，2015.
[2] 共青团广州市委员会，广州市团校，广州志愿者学院. 防疫志愿服务培训教材 [M]. 广州：南方日报出版社，2020.
[3] 陈少平. 新时代大学生社会实践教程 [M]. 厦门：厦门大学出版社，2020.
[4] 《垃圾分类小百科》编写组. 垃圾分类小百科 [M]. 北京：北京联合出版公司，2019.

第二部分

秉承职业精神

模块三　涵育职业品格

● **哲人隽语**

　　一滴水只有放进大海里才永远不会干涸，一个人只有当他把自己和集体事业融合在一起的时候才能最有力量。

——雷锋

　　单个的人是软弱无力的，就像漂流的鲁滨逊一样，只有同别人在一起，他才能完成许多事业。

——叔本华

　　精神健康的人，总是努力地工作及爱人，只要能做到这两件事，其他的事就没有什么困难。

——弗洛伊德

● **模块导读**

职业是一种社会现象，成为人们认识、选择、从事和发展的对象。职业所反映出的很多特质和其自身发展规律是不以人们意志为转移的客观存在，所以认识职业是科学选择职业、适应职业的重要前提，也是开展职业管理、职业教育、职业指导等工作的基础。良好的职业心态是营养品，会滋养我们的人生，积累小自信，成就大雄心，积累小成绩，成就大事业。有相当数量的人，分不清个人心态和职业心态，凭自己的情绪，用自己的个人心态来对待工作。正确区分个人心态与职业心态，能够更好地胜任自己职场的要求。良好的职业素养是衡量一个职业人能否胜任所处岗位、体现个人在职场中能否适应的重要指标。本模块主要介绍了职业相关概念，以及与产业、行业之间的关系等概念，引导大学生职业心理自我认知，保持良好职业心态，全面提升职业素养，从而更好地适应职业生活。

学习目标

分类	具体内容
知识	1. 了解职业的基本特点、变迁规律和基本内涵 2. 熟悉职业心理经典理论，掌握职业心理测评基本原理 3. 了解职业素养的内涵，熟悉职业素养的结构
技能	1. 掌握职业与产业行业的分类 2. 学会职业测评的基本方法
态度	1. 理解职业平等与职业精神 2. 学会调试自身职业价值观

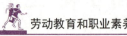 劳动教育和职业素养

单元一　提高职业认知

> **典型案例**
>
> ### 红旗渠新工匠：守望诚信的李江福
>
> 　　生于河南省林州市红旗渠畔的茶店镇辛店村人李江福，30多年来，他主持建造了1000多项工程，从未延误过工期，从未发生过质量问题，从未拖欠过农民工一分钱。1988年，李江福以信用担保，帮一个亲戚贷款12万元在中州铝厂承接工程，不料，这个亲戚因故打了退堂鼓。25岁的李江福为了能够还上贷款，毅然辞去"铁饭碗"，当起了"包工头"。2005年，在濮阳某学院行政办公楼工程施工过程中，李江福发现部分框架填充墙砌体砂浆标号偏低，他说，水泥没有生命，但可以检验良心。砌好的五道墙马上拆除重砌！虽然损失了5万多元，换来的却是河南省建设工程质量最高奖——"中州杯"奖。2007年，李江福承建一项工程，开发商拖欠工程款导致100多万元农民工工资没有着落。为此，他卖掉了刚刚住了几年的房子，赶在大年三十之前把工资足额发放到每个农民工手里……他用诚信践行诺言，为社会交上答案，更为自己赢得了全国劳动模范、全国道德模范、全国诚信之星、中原大工匠等荣誉称号。
>
> （资料来源：2019年10月12日《农民日报》）
>
> 　　**分析**：李江福是新时代奋斗者，既有精神的传承，又有家风的传递。如果说一项殊荣是幸运，那这难以计数的殊荣则是李江福靠诚信精心锻造的人生名片。给人星火者，必心怀火炬。是什么让李江福心中有大爱、脚下有力量？李江福说："三个精神之源影响了我的人生和事业：与人为善、诚信不欺的家风的熏陶；自力更生、艰苦创业、团结协作、无私奉献的红旗渠精神的滋养；听党话、跟党走、脚踏实地、共同致富的新乡先进群体精神的浸润。"雷锋说过，一朵鲜花打扮不出美丽的春天，一个人先进总归是单枪匹马，众人先进才能移山填海。我们要一齐努力讲诚信，也要用行动来影响和带动更多人成为诚信的传播者，让诚信的"种子"遍地开花。

一、职业基本功能

（一）职业是社会劳动分工和合作的行为

　　社会分工是人类文明的标志之一，没有社会分工，就没有交换。社会分工的优势就是让擅长的人做自己擅长的事情，显著提高生产效率。社会分工的直接影响是产生了不同职业，使得社会成员各司其职，互相配合。

　　职业是劳动者参与社会分工，利用专门的知识和技能，为社会创造物质财富和精神财富，获取合理报酬，作为物质生活来源，并满足精神需求的活动。从国家管理角度看，每一种职业都是一种社会分工；从社会生活的角度看，职业是劳动者获得的社会角色；从个人的角度看，职业是劳动者谋生的途径，承担一定的义务和责任，同时获得相应的收入。

每一种职业（群体）在社会分工中都有自身的位置和作用，使别人依赖它们，需要它们，文明程度越高的社会，职业相互依存越密切。不同的工种、岗位或特定的职业赋予劳动者以不同的工作内容、职责、声誉和社会地位，以及不同的劳动规范和行为模式，于是劳动者便有了特定的社会标记和专门的劳动角色。

在生活中，我们经常使用"工种""岗位"等概念，实质上就是将职业按不同需要或要求进行的具体划分。工种是根据劳动管理的需要，按照生产劳动的性质、工艺技术的特征或者服务活动的特点而划分的工作种类。岗位是企业根据生产的实际需要而设置的工作位置。企业根据劳动岗位的特点对上岗人员提出的综合要求形成岗位规范，它构成企业劳动管理的基础。职业、工种和岗位之间有着密切的内在联系。一般来说，一个职业包括一个或几个工种，一个工种又包括一个或几个岗位。因此，职业与工种、岗位之间是一个包含和被包含的关系。

（二）职业促进社会运行和个体价值实现

对社会而言，职业是促进人类社会顺利运行的基本要素。现代社会结构不仅包括政治、经济、文化、教育、军事、外交等领域，而且每个领域中又有各种不同的层次和结构。由此，构成了纷繁细致的社会分工和千差万别的社会职业，各职业领域只有通力合作，才能确保社会生活的平稳运行和发展。

对于个人而言，职业始终在三个层次上体现出价值：谋生、个性发展和自我实现。首先，职业是谋生的手段。个人通过就业实现生存的需要，获得个人最基本的安全感。谋生的过程中，个人也通过职业活动为社会创造财富。其次，职业使人获得社会地位并不断发展。一个人的社会地位，往往与其身份密切相关，而身份中最关键的是他的职业身份。最后，职业为个人发展自我个性，实现自我价值提供了空间。人生价值的实现，无论从哪方面看，都离不开职业活动。通过职业活动，一方面满足了个人对社会、集体与单位的归属感，并提供了个人为社会做贡献的场所；另一方面也满足了个人对归属、爱、尊敬与被尊敬的需要。换而言之，我们的生活往往以职业为中介，个人的价值以职业为载体。

（三）职业必须依赖于专门化的技术技能

职业一般由其基本要素（劳动对象、劳动资料）、技术要素（劳动技能）、空间要素（活动场所）、时间要素（活动时间）、衍生要素（职业地位、职业声望）等构成，具有社会性、目的性、稳定性、群体性、规范性等特征，最为突出的特点还是其专门化的技术技能。

自职业诞生以来，社会上就不存在没有技术的职业。不同的职业有不同的技术技能要求，俗话说"隔行如隔山"就是这个意思。有的职业技术简单一些，不需要经过专门的培训或者仅仅经过简单的培训与学习就可以掌握。有的职业技术要素就复杂一些，需要经过专门的学习与培训才能满足职业的要求。随着时代的发展，新诞生职业的知识含量、技术含量越来越高。不仅信息产业、管理、咨询服务业等新职业，如计算机系统分析师、金融分析师、投资咨询师、心理咨询师、保险精算师、收益精算师、税务代理师和理财师等，对从业者的教育背景、知识技能的要求很高，而且那些"灰领"职业，也要求从业者具有良好的专业知识与操作技能。如数字视频策划制作师除需要掌握数码、策划等方面的专业知识以外，还需要掌握视频节目策划、视频拍摄、视音频编辑合成、剪辑、DV影片输出与刻录等方面的技能。

劳动教育和职业素养

二、职业变迁特性

（一）职业变迁具有连续性

职业变迁是一个连续性的过程，并非一蹴而就，它取决于社会生产力的发展。这一点，可以从职业生命周期来解读。所谓"职业生命周期"是把职业当作一个"生命体"来进行研究的。职业作为一个生命体，它也有自己一定的生命周期，具有诞生、发展、成熟与衰退的过程，这个过程就形成了职业的生命周期。

1. 职业的诞生

随着社会生产力的发展，一些劳动行为逐渐固定下来由一定的劳动者去完成，并成为这些劳动者的主要工作，于是新的职业产生了。这个时期的特点是：职业刚刚产生，从事这一职业的劳动者比较少，职业所需的劳动技能还不是很稳定，职业管理不成熟。

2. 职业的发展

伴随着职业的规范化发展，从业者的劳动技能也得到了改进。这个时期的特点是：从事该职业的劳动者无论是数量和比例都得到增加；与该职业有关联的职业的就业人数也在逐渐增加，并且迅速增加；该职业与相关职业逐渐形成一个职业群；从业者的劳动技能进一步完善，职业的技术要求逐渐规范；与职业有关的培训体系初步建立，职业正逐步纳入国家和社会管理的体系中。

3. 职业的成熟

在职业的成熟期，职业得到进一步细分，派生出更多的职业类型，从业人数继续增加。这一时期的特点是：职业拥有稳定的从业劳动者，稳定的劳动对象；该职业与相关职业形成一个稳定的职业群；职业技能趋于成熟，与职业有关的教育与培训体系十分完善；与职业有关的各方面管理规范，职业管理制度化、标准化。

4. 职业的衰退

在这个阶段，职业不能适应生产力发展的需求，逐渐被淘汰。这一时期的特点是：从业人数逐渐减少，在就业人口中的比例逐渐降低，该职业的从业者或者转移到其他职业中，或者失去工作，如报社、印刷厂的"拣字和排字工人"。当然，职业在这个阶段也可以通过一定的途径重新获得生机，主要途径有：提升劳动技能、改进劳动工具、满足其他服务需求等。

（二）职业变迁具有时代性

职业变迁具有明显的时代性特点，进而影响到就业方式的转变。

改革开放前，我国生产力水平低，80%的人口从事农业，城镇人口中大部分从事工业生产。改革开放后，随着经济发展和人民生活需要，第三产业，即商业和服务业迅速发展起来。城镇各种生产、运输设备制造和操作人员大批转岗，从事农、林、牧、渔等职业的实际农民数量减少到1/2以上，而餐馆服务人员、饭店、旅游及健身场所服务人员、社区服务人员和从事各种商业贸易的人数急剧上升。

20世纪50年代到70年代，计划经济体制决定了在就业时个人意志必须无条件服从组织需要。那时常见的词汇是"安排工作""包分配""安置"等，一个极具时代特征的现象是，几代人在同一单位的同一职位"接班"工作。

80年代之后，中国人数十年来积累起来的职业观念，和这个社会一样，发生了翻天覆地的变化。这是一个改革的年代，人人都有刷新一个世界的冲动，但在生存、发展的需求置换了以往的责任和奉献的主题后，其职业描述也就顺理成章地在创造和革新的旗帜下渐渐回归本位。职业，首先就是一个饭碗——虽然它不仅仅是一个饭碗。在变革中成长的人们开始懂得机遇和努力的重要，而社会也比以往更加重视个人的价值。改革开放，使少数人不再安于现状，毅然"下海"。但是，更多的人还是选择安分守己，抱着各自的"铁饭碗"。

到了90年代，"大锅饭"被打破，"分配""安置"不再是就业工作的代名词。门类齐全的现场招聘会此起彼伏，一批拥有较高知识层次和创新能力的复合型人才开始涌现，在呼唤个性的社会氛围中崭露头角。他们的工作不再如从前稳定，开始学会如何去应对竞争，带着"先就业、后择业"的想法去寻找工作，开始学会如何应对竞争。

2015年版《中华人民共和国职业分类大典》在涉及第一产业的"农、林、牧、渔业生产及辅助人员"大类中减少了6个小类、83个职业，随着农业科技化、机械化、现代化进程的推进，农业职业类型的数量有所下降。一批不适应社会化大生产的农业职业类型逐渐消失，与此同时，一些传统农业职业发生了新的变化。例如，啤酒花生产工已消失，传统的农民转化为农机师、农艺师。过去的很多技术、手艺已经不再被需要，靠本行谋生的人纷纷转行，另谋他业。于是，在不知不觉中，一些传统职业在消逝、萎缩，悄悄退出历史舞台。

（三）职业变迁具有规律性

职业是人类社会的生存工具，在人类社会文明进步的历程中，职业始终肩负着传承文明的使命，并在这个过程中不断得到发展和繁荣，体现出规律性。

1. 消费需求定律

即职业的产生与演变随消费需求的产生与演变而变化。有消费需求，才会有工作岗位；没有消费需求，就不会有工作岗位。消费需求状况直接影响着职业的发展状况，早已是不争的社会事实。比如，在过去科技不发达的时候，人们把美好生活的愿望都寄托在神灵身上，于是出现了巫师、风水先生等职业；当现代人需要丰富多彩的精神文化生活的时候，社会上的教师、作家、画家、演员、网络游戏编辑等职业也就应运而生了。

2. 劳动分工定律

即劳动分工状况决定职业的产生与演变。随着生产力的发展，人类社会出现了三次大分工：第一次社会大分工是农业和畜牧业的分离；第二次社会大分工是手工业从农业中分离出来，出现了冶金、建筑等职业劳动者；第三次社会大分工是出现了与生产劳动分离的商人职业群体。

在生产力水平发展到一定程度的时候，它必然要求劳动者做相应的分工，来适应劳动生产的职能划分，从而创造出新职业。也就是说，原来可能一个人既运砖又砌墙，还安装门窗，工作效率很低。为了提高劳动生产率，让运砖的只管运砖，就成了固定的搬运工；让砌墙的只管砌墙，就成了固定的瓦工；让安装门窗的只管安装门窗，就成了固定的木工。这样，搬运工、瓦工、木工都成为一种职业。所以，职业的产生不是自然形成的，而是劳动分工的产物，劳动分工决定着社会职业分工，进而促进了职业的产生。生产力越发达，劳动分

劳动教育和职业素养

工就越细,职业也就越多。

3. 科技创新定律

即科技创新推动职业的变革。每一项科技创新往往意味着新的发明创造和新产品,以及新的生产、生活方式的出现,这些必将增加职业岗位和种类,为个人提供更多的工作机会。比如,电子学的发现和应用,创造出几百种现代职业,很多人转向这些行业、职业。同时,科技创新也淘汰了一些旧职业。比如,汉字激光照排技术的广泛应用,创造了录入员、排版工等新职业,却也因此结束了铅字印刷的历史,淘汰了大量的拣字工。

4. 资源耦合定律

即职业随自然资源条件的演变而演变。人类生存依赖对自然资源的开发利用。在这个过程中,各种职业被不断创造出来,并形成日趋完善的社会生产关系以及社会组织结构。比如,先有土地资源而后有农业生产,从而出现农民职业。同样道理,有森林才有伐木工,有禽兽才有猎人,有江河湖海才有渔民,有工厂设备才有工人,有社会组织才有管理者。从中可以发现,任何社会职业都是在一定的资源环境中产生的,没有资源条件的职业几乎是不存在的。反过来,职业要是失去了相应的自然条件,也必然会萎缩甚至消失。

三、职业发展趋势

(一)国家职业管理不断完善

1. 职业管理形式

职业管理,是指国家、社会组织和劳动者个人为了满足各自的价值需求而对职业资源进行开发利用的行为过程。主要表现在以下三个方面:

1)国家职业管理:以各级政府机构为代表的国家行政体系,按照政体模式和宗旨,对社会职业现象进行宏观管理,拥有制定职业发展战略、方针、政策、法律、法规的决策权、行政权和检查监督权。

2)单位职业管理:各个用人单位需要在国家的职业管理法制环境下,根据组织发展对劳动力的需要,对职业岗位和人力资源构成的职业资源进行中观管理,拥有职业资源的开发使用权。

3)个人职业管理:个人需要在满足组织需要和自身需要之间,找到职业生活的平衡点。这个过程就是对自我职业生涯的管理,而不是被动地接受组织的管理,表明个人拥有职业选择权。

2. 职业管理体制

1)条形管理系统。这是在国家宏观职业政策指导下,由国家各专业行政管理部门按照行政隶属关系,对本系统员工实施职业对口管理。比如,卫生部门负责医疗卫生系统职工的职业发展规划与教育培训,政府各级卫生主管部门也都设立相应的职业管理机构,具体组织实施本系统的职业管理工作;农业部门负责农业系统及农村劳动力的职业发展规划及教育培训。这些系统都是从上而下连贯的,都有自己的组织机构及组织制度,有自己的管理方法和运行模式,成为我国职业管理体制的重要组成部分。此外,各级党工团妇和各行业总会,也都肩负着本系统的职业管理责任。

2）块状管理格局。这是由政府综合管理部门按照行政区划的覆盖面，对全体社会公民提供职业管理与服务。我国每一级政府都有职业管理组织机构及组织制度，通过贯彻实施国家职业发展的方针、政策、法律、规范、原则等，对辖区内的公民职业生活进行宏观管理和调控，从而形成块状的管理局面。当然，这种块状不是孤立的、分散的，而是块块相连的，最后由小块变大块、由大块变成一片，这就是全国的职业管理网络。

3. 职业管理部门

1）人力资源和社会保障部门。政府各级人力资源和社会保障主管部门，主要是根据国家的职业方针、政策、法律，结合经济发展和企业的需要，制定和实施社会职业、工种、工人等级标准及管理制度，负责向职前和在职人员提供相关的职业管理服务。上述两类部门虽然都有各自的分工，但是彼此之间的业务协作，基本覆盖了职业管理的区域范围。

2）教育部门。从中央到地方各级教育主管部门，都把职业教育纳入国家教育体系，进行统筹规划和管理，除了制定、实施职业教育法规制度外，还具体负责基础、初等、中等和高等职业学校教育，大批量地为社会培养和输送各级各类的后备劳动者。

3）社会化管理态势。所谓社会化管理态势，是指由社会力量共同参与的管理方式。这是包括了上述两种职业管理方式在内的全社会参与的职业管理体系。其中星罗棋布的企业等社会组织，在社会化管理模式中占有极其重要的地位。因为企业等用人单位是职业岗位的创造者和劳动力的使用管理者，对职业管理负有义不容辞的责任。此外，还有各社会团体的职业教育服务，以及劳动者个人的自主管理等。这些社会组织和团体交错形成了无所不在的社会化管理模式，充分发挥了国家、单位、个人三个管理层次的综合作用。

值得一提的是，以人力资源和社会保障部为首的职业管理机构，制定了职业分类制度、职业资格证书制度和职业技能鉴定制度，使得国家职业管理日趋完善，不断发挥着积极的作用。

（二）职业世界分化变迁加速

生活在不断变化，社会在飞速发展，这种发展和变化必然淘汰掉许多旧的职业，同时催生出许多新的职业。职业种类将越来越多，分工不断趋于精细，职业之间的差异不断加大，许多新兴职业应运而生。尤其是计算机的普遍使用，不仅带来一场新的技术革命，也激起一场深刻的职业变革，而且这种变革的速度在不断加快。

1. 旧职业渐行渐远

近年来，随着经济生活的变化，过去的很多技术、手艺已经不再被需要，于是，靠这些行业谋生的人纷纷转行，另谋他业。不知不觉中，一些传统职业在消失、萎缩，逐渐退出历史舞台。比如旧时的制衣做鞋、修钢笔、裱糊手艺人以及材料抄写工、穿梭在小巷里卖热水的烧水工、送煤工等，现在都很少见了。再如，红极一时的寻呼台传呼员，由于手机的极大普及，在寻呼台关闭后也纷纷转了行。

2. 新职业纷至沓来

社会变迁使人们的需求层面得到了提升，这些提升了的需求使更为细化的专业服务应运而生，从而催生一个又一个新职业。分析新近诞生的新职业，不难发现，新职业带着鲜明的市场经济的色彩。在经济高速增长、产业结构发生重大变化的时候，新职业明确地体现出了职业结构发生的变化。

新职业带有三大明显的特征：首先是专业知识与操作技能相辅相成，不少新兴职业之所以走俏，与我国重点开发制造业、电子信息产业、现代服务业的政策密切相关。其次是迅速发展的高科技产业、创意产业已经成为催生新职业的主要领域。例如，版图设计师、印前制作员、数字视频合成师、集成电路测试员、网络课件设计师、霓虹灯制作员、计算机乐谱制作师等新职业无不与高新技术相关。最后，也有一些老职业在重新崛起，如拍卖师、典当师。在计划经济向市场经济转变后，这些职业重新兴起，并向着更加规范的轨道发展。

（三）社会职业竞争日趋激烈

随着社会职业的发展，职业的专业性、技术性、创造性特点越来越明显，对劳动者素质能力的要求越来越高。体力劳动类职业和各种职业中的体力要求将大大降低，而逐渐被脑力劳动和创意性工作所代替。

在传统的职业模式中，一个人的职业一生很少发生变动，即使有变化也是在组织内部，通常与一位雇主保持长期的雇佣关系；职业发展路径和阶段可以看得见、摸得着，比较标准化，可以预期。在新的组织环境中，由于上升的空间受到限制，雇员们更加频繁地在组织的不同部门间流动、在不同组织和不同专业间流动，流动模式更加多样化，不稳定的因素也越来越多。同时，随着科学技术的发展和社会产业结构的变化，部分新兴职业将越来越兴旺，而另一部分职业将逐渐被淘汰，这是社会发展的必然结果。这就使人才在行业间、部门间的流动不断增多，也促使劳动者不断接受教育，更新知识，掌握新技术，提高适应时代发展的能力，不断迎接市场的竞争和挑战。

四、产业、行业与职业

（一）产业分类

产业基本划分为三大类：

第一产业是指农、林、牧、渔业（不含农、林、牧、渔服务业）。

第二产业是指采矿业（不含开采辅助活动）、制造业（不含金属制品、机械和设备修理业）、电力、热力、燃气及水生产和供应业、建筑业。

第三产业即服务业，是指除第一产业、第二产业以外的其他行业。第三产业包括：批发和零售业，交通运输、仓储和邮政业，住宿和餐饮业，信息传输、软件和信息技术服务业，金融业，房地产业，租赁和商务服务业，科学研究和技术服务业，水利、环境和公共设施管理业，居民服务、修理和其他服务业，教育，卫生和社会工作，文化、体育和娱乐业，公共管理、社会保障和社会组织，国际组织，以及农、林、牧、渔业中的农、林、牧、渔专业及辅助性活动，采矿业中的开采专业及辅助性活动，制造业中的金属制品、机械和设备修理业。

（二）行业分类

行业分类就是有规则地按照一定的科学依据，对从事国民经济生产和经营的单位或者个体的组织结构体系的详细划分，如林业、汽车业、银行业等。

国民经济行业分类是划分全社会经济活动的基础性分类，2017年10月1日起实施的《国民经济行业分类》（GB/T 4754—2017）共有20个门类、97个大类、473个中类、1380个小类（表3-1）。

国民经济行业分类标准规定了全社会经济活动的分类与代码,适用于在统计、计划、财政、税收、工商等国家宏观管理中对经济活动的分类,并用于信息处理和信息交换。

表 3-1 产业行业对照

产业分类	《国民经济行业分类》（GB/T 4754—2017）	
	行业门类	类别名称
第一产业	A	农、林、牧、渔业
第二产业	B	采矿业
	C	制造业
	D	电力、热力、燃气及水生产和供应业
	E	建筑业
第三产业（服务业）	A	其中：农、林、牧、渔专业及辅助性活动
	B	其中：开采专业及辅助性活动
	C	其中：金属制品、机械和设备修理业
	F	批发和零售业
	G	交通运输、仓储和邮政业
	H	住宿和餐饮业
	I	信息传输、软件和信息技术服务业
	J	金融业
	K	房地产业
	L	租赁和商务服务业
	M	科学研究和技术服务业
	N	水利、环境和公共设施管理业
	O	居民服务、修理和其他服务业
	P	教育
	Q	卫生和社会工作
	R	文化、体育和娱乐业
	S	公共管理、社会保障和社会组织
	T	国际组织

（三）职业分类

职业分类是指采用统一的标准和方法,按照统一的分类原则,对社会从业者所从事的工作进行全面和系统的划分。职业分类广泛应用于社会统计、信息服务等方面,也对就业选择和职业培训有着重要影响。

我国第一部《中华人民共和国职业分类大典》颁布于 1999 年。2015 年,人力资源和社会保障部颁布了《中华人民共和国职业分类大典（2015 年版）》（简称《大典》）,新版《大

劳动教育和职业素养

典》职业分类结构为 8 个大类、75 个中类、434 个小类、1481 个职业，见表 3-2。在八个大类中，第一、二大类主要是脑力劳动者，第三大类包括部分脑力劳动者和部分体力劳动者，第四、五、六、七大类主要是体力劳动者，第八类是不便分类的其他劳动者。

表 3-2 《中华人民共和国职业分类大典（2015 年版）》类目表

大类	名称	中类	小类	细类（职业）
第一大类	党的机关、国家机关、群众团体和社会组织、企事业单位负责人	6	15	23
第二大类	专业技术人员	11	120	451
第三大类	办事人员和有关人员	3	9	25
第四大类	社会生产服务和生活服务人员	15	93	278
第五大类	农、林、牧、渔业生产及辅助人员	6	24	52
第六大类	生产制造及有关人员	32	171	650
第七大类	军人	1	1	1
第八大类	不便分类的其他从业人员	1	1	1

（四）产业、行业与职业的关系

产业、行业、职业三者之间既有相同点，联系密切，又是有区别的。产业、行业、职业都是社会分工的产物，是社会生产力不断发展的必然结果。这是它们在本质上的共同点。在社会发展中，随着新技术的出现，产生了新产品及相应职业的从业人员。随着新产品的生产及相应从业人员数量的不断扩张，新的行业逐渐形成。当新行业发展到一定规模时，就会与其他相关行业进行整合，依据发挥作用的程度并入或形成新的产业、行业和职业。

职业的不同之处是它们在国民经济领域中，从着眼点的层次上是由高到低，概念上涉及的范围是由大到小。产业的着眼点是生产力布局的宏观领域，体现的是以产业为单位的生产力布局的社会分工，产业由行业组成。行业的着眼点是企业或组织生产产品的微观领域，体现的是以行业为单位的产品生产上的社会分工，行业由企业或组织组成。职业的着眼点是组织内工作人员的具体工种，体现的是以人为单位的劳动技能上的社会分工，职业是由人的技能组成。

思考训练

1. 按照职业的定义，哪些工作看起来很像职业，但又不能称之为职业？
2. 人工智能会让什么职业消亡，又有什么新职业会兴起？
3. 面对职业世界的发展变迁，我们该做些什么？

阅读链接

[1] 耿强.新职业为何不断涌现[J].人民论坛，2019（16）：61.
[2] 孟凡华.第十三批新职业：新型技能人才培养的风向标[J].职业技术教育，2019，40（15）：1.
[3] 桑雷，马蕾.新职业关系下高职毕业生素质需求及优化策略[J].职教论坛，2012（21）：55-57.
[4] 张祺午.新职业新方向——基于已发布新职业的统计分析[J].职业技术教育，2009，30（33）：50-55.
[5] 李维利，刘文江.职业指导[M].北京：北京师范大学出版社，2013.
[6] 孙永建.高校毕业生非理性就业观研究[D].北京：中共中央党校，2014.
[7] 王仲秋.我国就业结构合理性的人口学分析[D].成都：西南财经大学，2012.

单元二　端正职业心态

典型案例

杨利伟自述心理素质培养

神舟五号发射之前，发生了美国"哥伦比亚号"航天飞机失事的重大航天事故。总装首长打电话问我们航天员怎么看。当时，所有航天员都表示，航天事故不会影响我们迈向太空的脚步。因为我们都深深明白，航天本身就是一项高风险事业，失败和挫折不可避免。正是基于对自己事业的透彻理解，我在执行任务期间，才能始终保持良好的心理状态。

"神舟"系列飞船由全国3000多家工厂直接参与研制，电子元件器件超过10万个，可以说，航天员良好的心理素质，很大程度上来自于对工程技术人员的充分信任。同样道理，在面临各种困难、风险和挫折时，只要能够克服猜疑心理，相信领导、信任战友，就能从互相信任中获得精神上的安慰和支持，使心态趋于健康平和。

航天员的训练课中有一项很重要的内容，就是相互之间的"心理相容"训练。通过教育训练，在内部形成一种学习上相互切磋、品德上相互砥砺、工作上相互支持、技术上相互交流的良好氛围，使航天员在潜移默化中逐渐形成兴趣相投、爱好相近、心意相通的和谐心理。

面临险情，大脑中一片空白，这是人的正常心理反应，但对于航天员来说，如果不能及时清醒过来，后果不堪设想。因此，我们在训练航天员时就很注重针对性。比如，我国现有的航天员在升空之前，都没有乘坐过宇宙飞船、航天飞机，于是，我们就建立起模拟发射装置，有针对性地设置险难课题，进行模拟强化训练。久而久之，火箭点火时的场面就经常在脑海里出现，真正到了升空那一刻，面对发射时的振动、载荷、噪声等，就不会茫然失措了。

航天员大队的全体成员曾经都是优秀的空军飞行员，但并不是每个优秀的飞行员都能成为航天员，抛开身体的原因，还有一个决定性因素，就是自信心。一些惨痛的教训证明，

劳动教育和职业素养

在特殊情况下,自信心不足的人往往犹豫不决,容易错过转瞬即逝的处置时机,最终酿成重大事故。因此,我们训练的一项重要内容就是通过处置各种模拟情况,不断强化自信心。

(资料来源:《解放军报》2006年09月05日)

分析:大家熟悉的航天英雄杨利伟,在遨游太空的过程中展示了出色的心理素质,令许多人惊叹不已。职责有分工,岗位各不同。作为军人,无论在哪个岗位、干什么工作,都意味着超常的艰苦和奉献。只有深刻理解了军人的职业特性,做好时刻准备为祖国和人民吃苦受累、牺牲拼搏的心理准备,才能坦然面对各种艰险和困难。作为军人,在面对急难险重任务的时候,对组织、上级和战友的信任,会转化为战胜困难、完成任务的信心和勇气。反之,如果总是怀疑别人,或者担心别人工作失误影响到自己,面对困难时就会感觉形单影只、孤立无援。古人云:"欲胜人者先自胜,凡事之本先治身。"一个对自己都没有信心的人,领导怎么能够放心地把重要任务交给你?事实上,越是自信的人,心理抗荷能力越强,越能对自己有一个较全面、客观的认识和评价,在处理情况时也就能够扬长避短、取长补短、发展自己、完善自己。

一、职业心理经典理论

(一)霍兰德:人格类型论

人格类型理论(Personality Typology Theory)的代表人物是霍兰德,其理论假设是:

1)在我们的文化环境中,大致存在6种人格类型:现实型、研究型、艺术型、社会型、企业型和传统型。每一种特定人格类型的人,会对相应职业类型中的工作或学习感兴趣。

2)现实中存在与上述人格类型相对应的6种环境类型(表3-3)。

3)人们在积极寻找那些适合他们的职业环境,在其中他们能够充分施展自己的技能和能力,并且能够完成那些令人愉快的使命和任务。

4)一个人的行为是其个性特征和环境特征共同作用的结果。

表3-3 人格类型与职业类型匹配模型

类型	劳动者人格特点	对应职业类型
现实型 R	1)愿意使用工具从事操作性强的工作 2)动手能力强,做事手脚灵活,动作协调 3)不善言辞,不善交际	主要指各类工程技术工作、农业工作。通常需要一定体力,需要运用工具或操作机器。主要职业:工程师、技术员;机械操作、维修安装工人、木工、电工、鞋匠等;驾驶人;测绘员、描图员;农民、牧民、渔民等
研究型 I	1)抽象能力强,求知欲强,肯动脑,善思考,不愿动手 2)喜欢独立和富有创造性的工作 3)知识渊博,有学识才能,不善于领导他人	主要指科学研究和科学试验工作。主要职业:自然科学和社会科学方面的研究人员、专家;化学、冶金、电子、无线电、电视、飞机等方面的工程师、技术人员;飞机驾驶人、计算机操作人员等

(续)

类型	劳动者人格特点	对应职业类型
艺术型 A	1）喜欢以各种艺术形式的创作来表现自己的才能，实现自身价值 2）具有特殊艺术才能和个性 3）乐于创造新颖的、与众不同的艺术成果，渴望表现自己的个性	主要指各种艺术创作工作。主要职业：音乐、舞蹈、戏剧等方面的演员、艺术家、编导、教师；文学、艺术方面的评论员；广播节目的主持人、编辑、作者；绘画家、书法家、摄影家；艺术、家具、珠宝、房屋装饰等行业的设计师等
社会型 S	1）喜欢从事为他人服务和教育他人的工作 2）喜欢参与解决人们共同关心的社会问题，渴望发挥自己的社会作用 3）比较看重社会义务和社会道德	主要指各种直接为他人服务的工作，如医疗服务、教育服务、生活服务等。主要职业：教师、保育员、行政人员；医护人员；衣食住行服务行业的经理、管理人员和服务人员；福利人员等
企业型 E	1）精力充沛、自信、善交际，具有领导才能 2）喜欢竞争，敢冒风险 3）喜欢权力、地位和物质财富	主要指那些组织与影响他人共同完成组织目标的工作。主要职业：经理、企业家、政府官员、商人、行业部门和单位的领导者、管理者
传统型 C	1）喜欢按计划办事，习惯接受他人的指挥和领导，自己不谋求领导职位 2）不喜欢冒险和竞争 3）工作踏实、忠诚可靠，遵守纪律	主要指各类与文件档案、图书资料、统计报表之类相关的各类科室工作。主要职业：会计、出纳、统计人员，打字员，办公室人员，秘书和文书，图书管理员，旅游、外贸职员，保管员，邮递员，审计人员，人事职员等

霍兰德以六边形标示出六大类型的关系，如图3-1所示。

1. 相邻关系

如 RI、IR、IA、AI、AS、SA、SE、ES、EC、CE、RC 及 CR，属于这种关系的两种类型的个体之间共同点较多。例如，现实型 R、研究型 I 的人都不太偏好人际交往，这两种职业环境中也都较少有机会与人接触。

2. 相隔关系

如 RA、RE、IC、IS、AR、AE、SI、SC、EA、ER、CI 及 CS，属于这种关系的两种类型的个体之间共同点较相邻关系少。

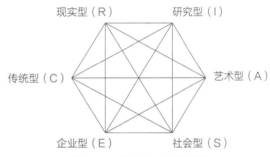

图 3-1 霍兰德人格类型图

3. 相对关系

在六边形上处于对角位置的类型之间即为相对关系，如 RS、IE、AC、SR、EI 及 CA，相对关系的人格类型共同点少，一个人同时对处于相对关系的两种职业环境都兴趣浓厚的情况较为少见。

霍兰德为了测量不同的人格类型，先后编制了职业偏好量表（Vocational Preference Inventory，VPI）和职业兴趣自测表（Self-Directed Search，SDS）两种测量工具。

（二）MBTI 性格类型理论

1. MBTI 性格类型简介

麦尔斯－布里格斯类型指标（Myers-Briggs Type Indicator，MBTI）性格类型方法起源于著名的瑞典心理学家卡尔·荣格。1921年，荣格在其《心理类型学》一书中提出了几种性格分类：第一，从能量获得的途径分为外向（Extroversion，E）和内向（Introversion，I）；第二，从接受信息的方式分为感觉（Sensing，S）和直觉（Intuition，N）；第三，从决策判断的方式分为思考（Thinking，T）和情感（Feeling，F）。之后，凯瑟琳·布里格斯和她的女儿伊莎贝尔·麦尔斯在荣格的理论基础上，将其发展成为一种确定个性倾向的测试工具。MBTI 是目前国际上使用最为普遍的性格类型系统，具有较高的信度和效度，它在实践中被广泛应用于人才选拔、管理培训、恋爱与婚姻咨询等，现已成为企业员工职业定位和职业发展规划的主要手段之一。

2. MBTI 性格类型的四个维度

作为一种迫选型和自我报告式的性格测试问卷，MBTI 被用于衡量和描述人们在获取信息、做出决策和生活取向等方面的偏好。荣格在其心理类型理论中将性格分为三个维度，布里格斯母女将其发展后在三个维度基础上加上了第四个维度，即从行动方式维度分为判断（Judging，J）和知觉（Perceiving，P）。以下是这四个维度所包含的具体内容。

（1）E 型与 I 型　根据能量倾向分类，性格类型的第一个维度是 E-I。能量倾向就是人们的注意力所集中的方向。对于外向（E）型的人，基本刺激来源于外部世界的人或事物，而 I 型的人则来源于自己的内心世界、自我的思考和反省。两者的比较见表3-4。

表3-4　E 型与 I 型的比较

E 型	I 型
注意力集中于外部环境	注意力集中于自己的内心世界
注意力容易分散	注意力集中
喜欢与人交往	喜欢独处
易于接触，友好	安静，不易于接触了解
善于沟通和表达	不善言辞
做事情积极主动	事件意义重大时主动
先行动，后思考	先思考，后行动
兴趣爱好广泛	兴趣专一

（2）S 型与 N 型　性格类型的第二个维度是 S-N，这个维度与人们平时接受信息的方式有关。S 型的人倾向于用五官去获取实实在在的信息，对于自己的具体感觉非常关注，观察仔细，注重细节，比较实际。而 N 型的人更相信自己的第六感，通过想象、无意识等来获取信息，注重整体和事物内在的含义，善于抽象出事物的关联，具有较高的创造性。两者的比较见表3-5。

模块三 涵育职业品格

表3-5 S型与N型的比较

S型	N型
通过自己的感觉获取信息	通过自己的直觉获取信息
喜欢实际的可测量的事物	喜欢事物所代表的内在意义
着眼于现实	着眼于未来
注重细节	注重整体
做事按部就班，喜欢制定规则	做事不按常理出牌，喜欢事物变换
思维连贯	思维跳跃
喜欢从事实际性的工作	喜欢从事创造性的工作

（3）T型与F型　性格类型的第三个维度是T-F，这是人们制定决策的两种不同方式。T型的人通过逻辑对因果关系进行思考来处理信息和做出决定，受情感影响较小，善于理性客观地分析事物。而F型的人依靠自己的感觉做决策，具有同理心，受情感因素影响较大，所以有时会忽略客观事实。两者的比较见表3-6。

表3-6 T型与F型的比较

T型	F型
凭借理性思考做决定	凭借情感做决定
遵照逻辑推理	倾向于个人信念与道德评判
善于分析事物	善于运用同理心，体贴他人
可以从情境中抽离出自己看待问题	将自己放在情境中看待问题
对人际关系不敏感	避免矛盾和冲突
关注事实真理和公正	关注氛围的和谐
理性，自信	情绪化，犹豫

（4）J型与P型　性格类型的第四个维度是J-P，这涉及人们的行为方式，即如何与外部世界互动，你是愿意更有条理还是愿意更随性地生活。J型的人喜欢做事情井井有条，有计划，条理性强，喜欢做出决定，然后按部就班地进行。而P型的人生活随意，喜欢灵活的、充满变化的生活，乐于去享受生活而非指定计划控制它。两者的比较见表3-7。

表3-7 J型与P型的比较

J型	P型
喜欢计划	喜欢随性
按部就班	灵活自发

（续）

J 型	P 型
喜欢做决定	喜欢发现新事物，富有好奇心
喜欢确立目标，然后实现它	常改变目标，喜欢新的体验
正式，严肃，谨慎	随意，平和，开放
急于完成工作	喜欢开始一项工作
外表整洁，环境干净	着装以舒服为标准，不在意环境

以上就是对MBTI测评中的16种性格类型的详细描述，可以通过表3-4~表3-7比较好地理解自己的性格及特点，了解哪些领域的工作适合自己。

3．MBTI与职业匹配

了解自己的性格类型对于确定自己的职业生涯有非常重大的意义。在表3-8中，每种性格类型都有各自的职业倾向，当然，列举的只是一部分典型职业，而非全部。我们应该理解这些职业所具有的特点，而不要陷于这些具体的职业名称中。通过MBTI测试，充分了解自己的性格类型，更好地了解自己，了解自己的需求及行为特点，然后才能根据这些特点选择适合自己的职业。

表3-8　MBTI十六种性格类型的特征与典型职业

类型	特征	典型职业
ISTJ	严肃、沉静；专注、执着；注重实际，有条不紊；善于逻辑思考，注意力集中，有责任心	会计、行政管理、天文学家、预算分析员、房地产代理商等
ISFJ	属于照顾者型；友好，沉静，谨慎，富有责任心；坚定而专注；注意细节，关心他人；忠诚；注重和谐与合作	室内装潢设计师、设计师、护士、社工/咨询师、家政人员等
INFJ	属于劝告者型；富有创造性和独创性；细心周到，热情细腻；谨慎，深思熟虑；有计划、有组织；有责任心，稳重	心理咨询师、诗人、作家、社会科学工作者、建筑设计师、网站编辑等
INTJ	独立自主，根据自己的标准生活；自信；富有创造性，有很强的达到目标的动机；有怀疑心，挑剔，坚定；善于分析、理性，能很快洞察事物规律	首席财政执行官、知识产权律师、精神分析师、建筑师、管理顾问、综合网络专业人员、各类科学家
ISTP	娴静而谦逊；自由而独立；具有逻辑性、务实；冲动而孤僻；兴趣趋向于机械方面；行事跟随感觉；富有幽默感	计算机程序员、软件开发员、军人、药剂师、律师助理等
ISFP	注重与周围的环境和谐，回避矛盾；友好，敏感，谦逊，感情投入；喜欢有自己的空间，把握自己的时间；平和而自由	心理咨询师、测量师、海洋生物学者、时装设计师、室内装潢设计师、园艺设计师等
INFP	乐于做符合自己价值观的事情；承担任务并设法完成；偏好以抽象的和富有想象力的方式观察周围的事物；生活随意，灵活	艺术家、心理学家、大学教授、营养学家、人力资源开发、社会科学家、宗教教育工作者等

(续)

类型	特征	典型职业
INTP	独立沉静，少言；思维宽广而富有创新精神；注意力易于转移，具有无穷的创造力；好奇而有上进心；理智随和；适应能力强；有主见，善于分析	计算机软件设计师、系统分析人员、金融规划师、研究开发专业人员、战略规划师等
ESTP	灵活、忍耐力强；注重实际和结果；遇事淡定，不慌张；不喜欢理论和抽象的东西；喜欢处理、分解事物；善于外交谈判；友善而富有魅力	记者、旅游代理、投资、保险经纪人、预算分析师、园艺设计、摄影师、管理顾问等
ESFP	外向，友善，包容；享受物质，热爱生活；喜欢与人交往，易于相处；注意现实的情况，讲究常识和实用性；富有灵活性；对自己与他人都能接受和容忍；有魅力和说服力	团队培训人员、旅游项目经营者、演员、社会工作者、幼教老师、职业策划咨询师、旅游管理/导游、促销员等
ENFP	健谈热诚，友善；精力充沛，富有想象力，颇具创新精神；聪明好奇，能快速解决问题；关心体贴，温柔敏感；有智慧而且乐观，适应能力强	人力资源经理、事业发展顾问、广告创意、演讲家、记者、设计师、卡通制作者等
ENTP	乐观，善于言辞；富有创造力，喜欢挑战；才思敏捷，精力充沛；友好可爱，坦率直言；好奇心强，灵活，不可预见的；有逻辑性，善于分析	投资顾问（房地产、金融、贸易、商业等）、艺术总监、产品开发、营销策划、主持人等
ESTJ	友好直率，精力充沛；能力强，效率高，有条理；讲求实际，注重事实；具有怀疑精神；决策迅速；固执己见，保守；认真可靠	公司首席执行官、军官、项目经理、数据库经理、预算分析师、药剂师、房地产经纪人、保险经纪人、教师等
ESFJ	注重人际关系，并能真实具体地帮助别人；友好积极，精力充沛；健谈亲切，好交际；关心体贴，易于相处；注重实际而且正直；多愁善感，易受伤害；传统尽责，做事有条理；富有责任心	劳工关系调解人、零售经理、商品规划师、团队培训人员、旅游项目经营者、演员、社会工作者、旅游销售经理等
ENFJ	注重人际关系，喜欢与人交往；友好热诚，谈吐亲切；感情投入，易受伤；富有创造力；做事果断，甚至武断；能力强，责任心重，做事有计划	电视制片人、新闻广播员、政治家、编辑、平面造型艺术家、网页编辑、按摩师、护士等
ENTJ	亲切友好，意志坚强；善于推理；诚实理性，对自己及他人要求严格；极力表现自己的能力；能干果断，做事有条理，喜欢长远规划	经理、高级主管、办公室主任、人事经理、法官、管理咨询顾问、政治家、公司执行官等

（三）职业锚理论

职业锚理论是美国著名的职业生涯管理研究者埃德加·施恩教授提出的。他认为，职业生涯发展实际上是一个持续不断的探索过程，在这一过程中，每个人都在根据自己的天资、能力、动机、需要、态度和价值观等慢慢地形成较为明晰的与职业有关的自我概念。随着一个人对自己越来越了解，这个人就会越来越明显地形成一个占主要地位的职业锚。

所谓职业锚，是指当一个人不得不做出选择的时候，他（或她）无论如何都不会放弃的、职业中那种至关重要的东西或价值观。正如"职业锚"这个名词中"锚"的含义一样，职业锚实际上就是人们选择和发展自己的职业时所围绕的中心。一个人对自己的天资、能力、动机、需要以及态度和价值观有了清楚的了解之后，就会意识到自己的职业锚到底是什么。

在1996年，施恩将职业锚的类型拓展为8种：自主/独立型、创造型、技术/职能型、管理能力型、安全/稳定型、服务型、挑战型和生活型。

1. 自主/独立型职业锚

对于自主/独立型职业锚的人来说，自由和独立是他们最大的向往。他们要求最大限度地摆脱组织的约束，追求能施展个人职业能力的工作环境。他们在选择职业时似乎被一种自己决定自己命运的需要所驱使着，他们希望摆脱那种因在大企业中工作而依赖别人的境况。因为当一个人在某家大企业中工作的时候，他（或她）的提升、工作调动、薪金等诸多方面难免要受别人的摆布。有许多人还有着强烈的技术或功能导向。然而，他们却不是到某一个企业中去追求这种职业导向，而是决定成为一位咨询专家，或者自己独立工作，或者作为一个相对较小的企业中的合伙人来工作。

2. 创造型职业锚

创造型职业锚是一个很独特的职业锚，其特点是有强烈的创造需求和欲望，而且意志坚定，勇于冒险。他们要求有自主权、管理权，能施展自己的才干。但是，这些不是他们的价值观，创造才是他们的主要动机和价值观。

对于创造型职业锚的人来说，他们追求建立或创造完全属于他们自己的东西，甚至不惜任何代价，自主创业是这类锚型的人的最终目标。

3. 技术/职能型职业锚

对于技术/职能型职业锚的人来说，他们追求在自己的专业学习领域有十分出色的表现，也愿意今后在自己的专业领域内继续发展。因此，牢固地掌握专业基本理论知识和熟练地掌握专业技能，对他们来说十分重要。例如，认定将来从事医疗研究和临床工作的医学院学生，从事建筑设计的建筑系学生，从事软件设计的计算机系学生等。这些行业的职业技术性都相当强，其中技术/职能型职业锚的学生相对较多。

4. 管理能力型职业锚

管理能力型职业锚的人与技术/职能型职业锚的人完全不同，他们表现出成为管理人员的强烈动机，必须承担较高责任的管理职位是这些人的最终目标。他们喜欢负单纯的管理责任，而且责任越大越好；具有强有力的升迁动机和价值观，以提升、等级和收入作为衡量成功的标准；具有将分析能力、处理人际关系能力和感情能力特别合成的技能，表现出优越的管理才干。

5. 安全/稳定型职业锚

对于安全/稳定型职业锚的人来说，他们追求稳定安全的前途，如工作的安全、体面的收入、有效的退休方案和津贴等。他们依赖组织，寻求组织的认同，有高度的感情安全，没有太大的抱负。

对于那些对地理安全性更感兴趣的人来说，如果追求更为优越的职业，意味着将要在他们的生活中注入一种不稳定或保障较差的地域因素，那么在一个熟悉的环境中维持一种稳定的、有保障的职业对他们来说更为重要。对于另外一些追求安全型职业锚的人来说，安全则意味着所依托的组织的安全性。他们可能优先选择到政府机关工作，因为政府公务员现在看来是一种终身性的职业，这些人显然更愿意让他们的雇主来决定他们去从事何种职业。

6. 服务型职业锚

对于服务型职业锚的人来说，服务是他们心中的核心价值目标。他们喜欢做帮助别人之类的服务型工作，并乐此不疲。例如，乐意从事我国新兴的社区工作、物业管理行业工作，还有传统的第三产业等服务型行业工作的人一般属于此种锚型。

服务型职业锚的员工在工作中追求一套特定的价值观。但这并不意味只有社会工作者或护士才属于这种类型的人。对和谐的工作生活计划感兴趣的人力资源专家、致力于开发某种新药的研究人员也有可能属于这种职业锚型的人。

7. 挑战型职业锚

对于挑战型职业锚的人来说，他们厌烦日常事务性的工作，喜欢各类富有挑战性的工作，不畏惧各种障碍和困难。创造、猎奇、挑战是他们的兴趣所在，如攀登科学高峰、侦破重大案件、参与南极考察等，这些对他们来说都很有吸引力。

挑战型职业锚的人决不会放弃解决任何看起来不可能解决的问题的机会，并由此来战胜对手，或是克服障碍而获得满足。对他们来讲，工作唯一的意义就是战胜不可能，新奇、多样化和难度是他们的终极追求。

8. 生活型职业锚

对于生活型职业锚的人来说，在他们的价值观中，享受生活非常重要，职业对他们来说只不过是生活的一部分而已，工作只是为了更好地提高生活质量。他们希望在现实生活中寻找个人、家庭和职业三者间的平衡和结合。

生活型职业锚的人不会放弃允许平衡个人、家庭和工作需要三者之间关系的职业。此外，他们对组织的轮班、轮休、弹性工作时间等措施反应积极。对他们来说，成功不仅是事业上的成功，更为重要的是，他们如何成功地经营整个生活。因此，与此锚型一致的工作环境必须满足他们家庭、工作和个人发展的平衡需要。

二、职业兴趣及其培养

（一）职业兴趣概述

兴趣是指一个人经常趋向于认识和掌握某种事物，力求参与某项活动，并且有积极情绪色彩的心理倾向。职业兴趣是指一个人在探究某种职业活动或者从事某种职业活动时所表现出来的特殊个性倾向，它使个人对某种职业给予优先的注意，并具有向往的情感。人们对某项职业有兴趣，可能对职业工作过程有兴趣，也可能对由这项职业带来的各种功利感兴趣。淡化职业兴趣中的功利色彩，这种职业兴趣才是长久的，也才是可贵的，也是我们最推崇的职业兴趣。

（二）职业兴趣的形成

1. 有趣

这是由于被一时的新奇、表面的现象所吸引而产生的兴趣。像这种兴趣来得快，去得也快，属于职业兴趣的有趣阶段。

2. 乐趣

由于亲自参与并对某一职业领域有了深入了解或在职业活动中取得了一定的成绩，进而发展到乐趣的水平。这种兴趣具有专一性、自发性和持久性的特点。

3. 志趣

志趣是由乐趣经过实践的锻炼发展而来的，它与人的崇高理想和坚强意志相联系。志趣具有社会性、自觉性和方向性等特点，这是一种高尚的兴趣，对每一个人的工作学习有巨大的推动力。

（三）霍兰德职业兴趣自验（SDS）

霍兰德职业兴趣自测（Self-Directed Search）是由霍兰德根据他本人大量的职业咨询经验及其职业类型理论编制的测评工具，应用比较普遍。测验由7个部分组成，依次为：

1）自己理想的职业。
2）你所感兴趣的活动。
3）你所擅长获胜的活动。
4）你所喜欢的职业。
5）你的能力类型简评。
6）统计和确定您的职业倾向。
7）你所看重的东西——职业价值观。

测验结束后，根据职业兴趣代码和相应职业对照表分析最感兴趣的职业。

三、职业性格及其适应

（一）职业性格概述

性格，就是人对客观现实的稳定态度以及与之相适应的习惯化的行为方式。职业性格是指人们在长期特定的职业生活中所形成的与职业相联系的、稳定的心理特征。不同的职业对从业者的性格要求不同。职业性格在很大程度上影响着一个人事业的成功。如果一个人的性格与他从事的职业相适应，工作起来就会得心应手，心情舒畅，容易取得成功。相反，如果性格与职业不相适应，性格就会对工作的顺利开展起阻碍作用。

（二）职业性格的形成

1. 职业环境与职业性格的形成

职业环境制约着一个人的职业性格，例如单位的经济状况、社会地位、领导作风、员工关系以及单位的规章制度，都会影响着人们职业性格的形成与发展。

2. 职业实践与职业性格的形成

随着不同阶段所从事的职业不同，其中某一种职业活动对职业性格的影响可能会起到主导作用。处在相似社会条件下的人，如果从事同一类型的职业活动，他们就可能表现出相似的职业性格特征。

3. 自我培养与职业性格的形成

从业者的职业性格可以在职业学习和活动中进行调适和培养。性格培养是一个长期的过程，职业性格可以调适，但要改变或培养某种职业性格需要有认真的态度与正确的方法。

（三）职业性格测试（MBTI）

美国的心理学家凯瑟琳·布里格斯和她的女儿伊莎贝尔·麦尔斯，以荣格的《人格分类》

理论为基础开发出 Myers-Briggs Type Indicator（MBTI），在性格领域应用广泛。

MBTI 人格共有四个维度，每个维度有两个方向，共计八个方面。分别是：外向（E）和内向（I），感觉（S）和直觉（N），思考（T）和情感（F），判断（J）和知觉（P）。每个人的性格都落足于四种维度每一种中点的这一边或那一边，把每种维度的两端称为"偏好"。四个维度，两两组合，共有十六种类型，每种类型均有一定差异的性格特征。

四、职业能力及其提高

（一）职业能力概述

能力是指直接影响人们的工作效率，保证人们顺利完成某种工作所必需的个性心理特征。职业能力是指在学习活动和职业活动中发展起来的，直接影响职业活动的效率，使职业活动得以顺利完成的个性心理特征。职业能力分为：

1）一般职业能力。即人们从事不同职业活动所必须拥有的基本能力，包括观察力、记忆力、想象力、注意力和思维能力等。一般职业能力通常表现为语文能力、数学能力、表达能力、交往与合作能力、自我控制能力、适应变化能力、自我反省能力、抗挫折能力、收集处理信息能力、审美能力和创新能力等。

2）特殊职业能力。又称为专门职业能力，在职业活动中，各种职业都有自身所需要的特殊职业能力。如刺绣工人手和眼的灵敏、仔细、快速的协调能力；高级管理人员运筹帷幄的指挥能力；教师流畅而生动的语言表达能力。

（二）职业能力的形成

1）职业能力形成于职业实践活动，并体现在职业实践活动之中，不经过实践、练习、训练就不可能形成职业能力。

2）职业能力是逐步形成、积累发展的，体现出初、中、高级等不同发展与完善水平，广博的职业知识、丰富的职业实践活动、良好的心理品质、适宜的职业发展环境等对职业能力发展和提高有明显的促进作用。

3）职业能力经过累积形成之后，不会很快消失，会保持较长的时间并内化成为个人能力的一部分。

（三）普通能力倾向成套测验（GATB）

普通能力倾向成套测验（General Aptitude Test Battery，GATB），最初是美国劳工部队从1934 年开始用了 10 多年时间研究制定的。它是对许多职业群同时检查各自的不适合者的一种成套测验。由于这套测验在许多国家被广泛使用，因而倍受推崇。这套测验主要是实现对许多职业领域中工作所必需的几种能力倾向的测定。它由 15 种测验项目构成，其中 11 种是纸笔测验，其余 4 种是操作测验。两种测验可以测定 9 种能力倾向。这 9 种能力倾向对完成各种职业的工作都是必要的。即：G- 智能；V- 言语能力；N- 数理能力；Q- 书写知觉；S- 空间判断能力；P- 形状知觉；K- 运动协调；F- 手指灵巧度；M- 手腕灵巧度。

以上 9 种能力中的每一种能力，都要通过一种实践性测验获得。记分采用标准分数，各能力因素的原始分数转换为标准分数后便可绘制个人能力倾向剖析图，并与职业能力倾向类型相对照，被试者就可以从测验结果中知道能够充分发挥个人能力特性的职业活动领域。

劳动教育和职业素养

五、职业价值观及其调适

（一）职业价值观概述

价值观是一种内心尺度，它支配着人的行为、态度、观察、信念、理解等，支配着人认识世界、明白事物对自己的意义和自我了解、自我定向、自我设计等；也为人自认为正当的行为提供充足的理由。职业价值观是职业主体的价值观在职业上的体现，是人们对待职业的一种信念和态度，或者是人们在职业生涯中表现出来的一种价值取向。

（二）职业价值观的类型

德国心理学家斯普兰格把职业价值观分成6类，并列出了与之匹配的职业类型：理论型、经济型、权力型、社会型、审美型和宗教型。国内一些专家把职业价值观分为9类：自由型、小康型、权力型、自我实现型、志愿型、技术型、经济型、合作型和享受型。

（三）职业价值观测试量表（WVI）

WVI职业价值观测试量表是萨帕于1970年编制的，用来衡量价值观——工作中和工作以外的——以及激励人们工作目标。测试量表将职业价值分为三个维度：一是内在价值观，即与职业本身性质有关的因素；二是外在价值观，即与职业性质有关的外部因素；三是外在报酬。共计13个因素：利他主义、审美主义、智力刺激、成就动机、自主独立、社会地位、权力控制、经济报酬、社会交往、安全稳定、轻松舒适、人际关系和追求新意。

我国学者宁维卫在职业价值观的研究中对萨帕的职业价值观问卷（WVI）进行修订，制定了适合中国人的职业价值观问卷，抽取了5个因素进行研究，分别是进取心、生活方式、工作安定性、声望和经济价值。

思考训练

澄清我的职业价值观

一、活动目标：澄清职业价值观

二、活动时间：15min

三、活动准备：A4纸

四、活动步骤

1. 学生完成以下句子：

1）假如我有100万，我想……

2）我想改变世界的第一件事是……

3）我想我父母最希望我……

4）假如我的生命只剩下24h，我会……

5）我给我未来的子女的忠告将是……

6）在学校里我做得最好的是……

7）假如在大火中我只能保存一样物品，那会是……

8）假如我能改变自己的一样东西，那将会是……

9）我一生中最想要的是……

10）我最想活成某个人的样子，那个人是……

2. 学生思考以上句子所反映出的价值观分别是什么，请写下来。请学生按照 4~6 人为一个小组，进行讨论。

3. 教师总结。

阅读链接

[1] 吕建国，孟慧，王佳颖. 职业心理学 [M]. 大连：东北财经大学出版社，2018.

[2] 胡维芳，顾卫东，方翰青. 职业心理理论与实践 [M]. 北京：科学出版社，2014.

[3] 高扬. 高职院校学生职业心理素质调查研究 [J]. 职业技术教育，2011，32（20）：93-95.

[4] 林曼华. 高职学生职业心理分析 [J]. 天津职业院校联合学报，2009，11（2）：115-119，125.

[5] 周晓玲，邱开金. 高职生职业心理与职业心理教育的关系研究 [J]. 心理科学，2008，31（5）：1255-1257.

[6] 陈淑睿. 高等职业院校学生职业心理的特点与教育对策 [D]. 南昌：江西师范大学，2006.

单元三　提升职业素养

典型案例

新时代产业工人的楷模——许振超

2003 年 4 月 27 日，在"地中海法米娅"轮的装卸作业中，许振超和他的工友们开始了向世界装卸纪录的冲刺。经过 6 小时 27 分钟的艰苦奋战，振超团队创出了每小时单机效率 70.3 自然箱和单船效率 339 自然箱的世界集装箱装卸纪录。此后，他们又先后七次刷新集装箱装卸世界纪录，使"振超效率"成为港航界的一块"金字招牌"，也成为中国港口领先世界的生动例证。

许振超初中毕业后到青岛港当了一名码头工人。他操作的是当时最先进的起重机械——门机。许振超勤学苦练，7 天就学会，在一起学习的工人中第一个独立操作。然而，会开容易开好难。为了早日掌握这项技术，每次作业完毕，别人休息去了，许振超还留在车上，练习停钩、稳钩。四五个月后，他开的门机钢丝绳走起来也一条线了，一钩矿石吊起，稳稳落下，不多不少，正好装满一车皮。这手"一钩准"的绝活，很快就被大家传开了。

后来，青岛港组建集装箱公司，许振超当上了第一批桥吊司机。一次，队里的一台桥吊控制系统发生了故障，因为核心技术掌握在国外厂家手里，企业只得高薪聘请外方专家来修理。这件事深深刺痛了许振超。为了攻克这门技术，他着了魔似的钻研，终于发现，所有的技术难点都集中在一块块控制板上，于是他每天下班，都会带上备用控制板，回家后对着台灯仔细观察，一笔一笔绘制电路图。许振超前前后后用了4年时间一共倒推了12块控制板，完成了整整两大摞完整详尽的电路图。凭着这股劲儿，他逐步掌握了各类桥吊技术参数和设备性能，不仅能排除一般的机械故障，还能修复精密部件。多年来他一直坚持自学，他读过的各类书籍有2000多册，写了近80万字的读书笔记。功夫不负有心人，许振超学出了名堂，由一名普通工人成长为名副其实的桥吊专家。

许振超先后当选十一届、十二届、十三届全国人大代表，十一届、十二届全国人大常委，全国总工会兼职副主席。先后获得全国道德模范、中华技能大奖、全国五一劳动奖章、全国优秀共产党员等荣誉，受到习近平等党和国家领导人多次亲切接见。作为新时期中国产业工人的楷模，被中共中央、国务院授予"改革先锋"荣誉称号。他常说：一个人可以没文凭，但不可以没知识；可以不进大学殿堂，但不可以不学习。只有知识才能改变命运，只有发奋学习才能成就未来。

分析：30多年来，许振超干一行、爱一行、精一行，在工作中练就了"一钩准""一钩净""无声响操作"等绝活，并带出了一支优秀团队，他带领团队先后8次刷新集装箱装卸世界纪录，"振超效率"名扬四海，服务品牌享誉世界航运市场。他是一位学习型、创新型、充分掌握现代技能的新时期优秀产业工人。他爱岗敬业，不仅自己大胆进行技术创新，练就了高强的本领，还带出了一支"技术精、作风硬、效率高"的优秀团队，创造出世界一流的工作效率，在平凡的岗位上做出了不平凡的贡献。

一、职业素养

（一）职业素养的概念

在职场中，有些人工作总是充满激情，专业能力强，提升快，成就感强；但有的人却总是做事老板不满意，找不到前进的方向，频繁跳槽，厌倦工作。其实，原因很多，如果用一个词来概括，那就是"职业素养"不同。在职场要想获得成功，最关键的并不在于他的专业知识与能力，而在于他所具有的职业素养。即一个人在职场中能否成功，取决于其职业素养高低。那么，什么是职业素养呢？

职业素养，是指职业内在的规范和要求，是职业人在职业生活中的综合体现。其主要包含职业道德、职业能力、职业行为、职业心理及职业意识等方面。简而言之，职业素养是指职业人在所从事的职业中尽自己最大的能力把工作做好的素质和能力。它不是以做了这件事会给个人带来什么利益或造成什么影响为衡量的标准，而是以这件事与工作目标的关系为衡量的标准。更多时候，良好的职业素养是衡量一个职业人能否胜任所处岗位、体现个人在职场中能否适应的重要指标。

(二)职业素养的分类

职业素养大体可分为显性职业素养和隐性职业素养两个类别。"素质冰山"理论认为,个体的素质就像水中漂浮的一座冰山,水上部分的知识、技能仅仅代表表层的特征,不能区分绩效优劣;水下部分的动机、个性、态度、责任心才是决定人的行为,是鉴别绩效优秀者和一般者的关键因素。大学生的职业素养也可以看成是一座冰山,冰山浮在水面以上的只有1/8,它代表大学生的形象、资质、知识、职业行为和职业技能等方面,是人们看得见的、显性的职业素养,这些可以通过各种学历证书、职业证书来证明,或者通过专业考试来验证。而冰山隐藏在水面以下的部分占整体的7/8,它代表大学生的职业意识、职业道德、职业作风和职业态度等方面,是人们看不见的、隐性的职业素养。显性职业素养和隐性职业素养共同构成了大学生所应具备的全部职业素养。由此可见,大部分的职业素养是人们看不见的,但正是这7/8的隐性职业素养决定、支撑着外在的显性职业素养,显性职业素养是隐性职业素养的外在表现。因此,大学生职业素养的培养应该着眼于整座冰山,并以培养显性职业素养为基础,以培养隐性职业素养为重点。既重视显性职业素养的培训,诸如职业技能培训等,也要重视隐性职业素养的培训,诸如职业意识、职业道德和职业态度等方面的培训,将"冰山"水面上和水面下的部分完全协同起来,更大程度地发挥7/8水下部分的核心作用,从而提升大学生个人核心竞争力。

(三)职业素养的构成

职业素养包括以下10个方面的重要内容:职业道德、职业形象、职业态度、职业技能、表达沟通、团队合作、人际交往、解决问题、学习和创新及组织管理。

1. 职业道德

职业道德是职业人在一定的社会职业活动中遵循的具有自身职业特征的道德准则和规范,并在个人从业的思想和行为中表现出来的比较稳定的特征和倾向。职业道德的基本规范是爱岗敬业、诚实守信、处事公道、服务民众和奉献社会,职业道德的基本素养有遵纪守法、严谨自律、诚实厚道、勤业精业、团结协作、任劳任怨和开拓创新,职业道德的养成唯有在职业道德的训练和实践中才能得以实现。所以,同学们应积极参加社会实践,到实践中去领悟、体会和感受职业道德,才能养成良好的职业道德习惯。

2. 职业形象

职业形象泛指职业人外在、内在的综合表现,外在的职业形象指职业人的相貌穿着、打扮、谈吐等他人能够看到、听到的东西;内在的职业形象指职业人所表现出来的学识、风度、气质、魅力等他人看不到,却能通过活动感受到的东西。职业形象与个人的职业发展紧密相连,在人的求职、社交活动中起关键作用,良好的职业形象对职业成功具有比较重要的意义。

3. 职业态度

职业态度是个人对职业生涯的设想及其对有关问题的基本看法。它包括职业生涯设计、对正在从事或即将从事的职业的看法等。对于大学生而言,学校给予的知识和技能是有限的,而以知识经济为特征的当代社会对学生综合素质的要求却是无限的。

4. 职业技能

职业技能是人们运用理论知识和实践经验完成具体工作任务的活动方式。大学生掌握职

劳动教育和职业素养

业技能，不仅需要老师传授知识，更主要的是需要通过一定的实践操作和训练，掌握一定的职业技能，这是走向职场的基本条件。

5. 表达沟通

表达沟通能力就是通过听、说、读、写等思维载体，利用演讲、会见、对话、讨论、信件等方式将个人的思想、观点、意见或建议用语言或文字准确、恰当地表达出来，促使对方接受自己的能力。表达能力包括语言表达能力和文字表达能力，这是大学生必须具备的基本能力。能够用准确、流畅的语言讲述事实、表达观点；能够撰写计划、总结、调查报告、公函等文书，这是用人单位对大学生表达能力的基本要求。沟通就是信息的传递和理解，沟通技能包括听、说、读、写多种技能。沟通的形式多种多样，最主要的方式是语言沟通，包括口头的和书面的。除了语言以外，非语言方式也是沟通的重要组成部分。非语言沟通也常常被称为身体语言，包括衣着、表情、神态、姿势、动作等。能够准确、高效地将信息传递给信息的接收方，并能正确理解对方的信息，这是大学生就业必须具备的能力要求。良好的沟通能力是大学生在职场通向成功的重要条件。

6. 团队合作

团队合作能力是一种为达到既定目标，在团队中所显现出来的自愿合作和共同努力的能力，是个人在工作中与同事和谐共事的能力，是在实际工作中充分理解团队目标、组织结构、个人职责，并在此基础上与他人相互协调配合、互相帮助的能力。它包括个人善于与团队中其他人沟通协调、能扮演适当角色、勇于承担责任、乐于助人、保持团队的融洽等。目前，越来越多的企业意识到团队合作精神的重要性，特别是经营规模宏大的知名企业，往往更加重视员工的团队意识和合作精神。团队中的每个成员，都必须学会服从，担负起自己的责任，这是构建团队精神的基石。团队合作精神是大学生必须具备的就职条件之一。

7. 人际交往

人际交往是指人们为了相互传递信息、交换意见、表达情感和需要等目的，运用语言、行为等方式而进行的人际联系和人际接触的过程，即通常所说的人际关系。人际交往能力指的是向他人传递思想感情与信息的能力。对于正在学习、成长中的大学生来说，良好的人际交往能力不仅是大学生活的需要，更是将来适应社会的需要。对于一个组织来说，良好的人际交往能力有助于营造良好的组织氛围，而良好的组织氛围可以促进组织成员之间的沟通与交流，可以促进组织内部与组织外部成员之间的人际关系，扩大组织与社会的联系面，使组织掌握更多的社会资源，进而有助于组织目标的顺利实现。因此，在其他条件相同的情况下，用人单位往往更愿意接收和使用人际交往能力强的人。

8. 解决问题

解决问题就是通过发现问题，对问题进行分析，最后运用一定的方法和技能化解矛盾、实现工作的目标。解决问题包括辨识问题和采取措施解决问题。该技能可用于寻求方法解决工作、学习和生活中的问题，运用不同的方法寻求解决方案，确定方法的有效性。在解决问题的能力中，分析判断能力十分重要。分析判断就是为实现一定的目标或解决一定的问题而制定行动方案并优化选择的过程。一个独立处理问题的过程其实就是一个决策的过程，因此，分析判断能力也就是独立处理问题的能力。对于特定的问题，分析判断一般包括以下环节：

1）分析问题：分析问题的性质和特点。

2）确定目标：确定最后希望达到的效果。

3）拟订方案：同一目标的实现往往不止一种方案，通过对不同途径和步骤的排列与组合，拟订数套行动方案备选。

4）评估方案：对备选行动方案的可行性、后果进行综合分析与比较，权衡每个方案的利弊得失。

5）选择方案：从备选的行动方案中选定最后的行动方案。了解了分析判断问题的流程后，大学生就可以有针对性地规范和完善分析判断问题的各个环节，从而提高自己分析判断问题的能力。

9. 学习和创新

学习能力是人们在学习、工作及日常生活中必须具备的能力之一。现代社会对人的学习能力的要求越来越高，应届大学毕业生基本上都要经过系统培训才能具备直接进行业务操作的能力。因此，是否具备良好的学习能力和强烈的求知欲望，是用人单位十分重视的，也是应聘时用人单位要重点考察的内容之一。创新能力是人们革旧布新、创造新事物的能力，包括发现问题、分析问题和解决问题以及在解决问题过程中进一步发现新问题，从而不断推动事物发展变化的能力。创新能力最基本的构成要素是创新激情、创新思维和科技素质。创新激情决定着创新的产生，创新思维决定着创新的成果和水平，科技素质则是创新的基础。

10. 组织管理

组织管理是指成功地运用管理者的知识和能力影响机构的活动，并达到最佳的工作目标。组织管理能力是一种对人心的把握与引导能力，组织管理能力强的人往往在工作上有主动性，对他人有影响力。

二、提高职业素养

每个人不管是在哪个机关部门、哪个企业、哪个岗位上，不管工作内容有多大的差别，均有其对职业素养的要求。很多人忽视了职业素养的提升，结果在工作中遭遇失败。

大学生职业素养就是工作状态的标准化、规范化、制度化，即在合适的时间、合适的地点用合适的方式说合适的话、做合适的事，使知识、技能、观念、思维、态度、心理等符合职业规范和标准。大学生职业素养的作用体现在，工作价值等于个人能力和职业素养程度的乘积，即：工作价值＝个人能力×职业素养程度。

如果一个人有 100 分的能力，而职业素养的程度只有 50%，那么其工作价值显然只发挥了 1/2。美国学者的调查表明：绝大多数人在工作中仅发挥了 10%～30% 的能力。如果接受了充分的职业素养教育与培训，就能发挥 50%～80% 的能力。

（一）提高职业素养的意义

1. 从个人的角度来看

适者生存，个人缺乏良好的职业素养，就很难取得突出的工作业绩，更谈不上建功立业。

2. 从企业的角度来看

唯有集中具备较高职业素养的人员，才能实现求得生存与发展的目的，他们可以帮助企业节省成本，提高效率，从而提高企业在市场上的竞争力。

3. 从国家的角度看

国民职业素养的高低直接影响着国家经济的发展，是社会稳定的前提。

正因如此，职业素养教育才显得尤为重要。

可以说，大学生具备较高的职业素养是 21 世纪的职场生存法则，是提升个人与组织核心竞争力的关键。大学生职业素养还是成功的代名词，也是职场人士最强的竞争力，是生存的硬道理。拥有良好的职业素养，能让你在激烈竞争的职场中脱颖而出。

大学时期是一个人进入社会扮演职业角色前的最后一个时期，而职业素养就是对任何职业人做出的基本行为规范的要求。那么，如果大学生在进入职业角色前夕，还不了解对自己行为规范的要求，可以想象，他是很难扮演好职业人这一角色的。

（二）提高职业素养的途径

1. 要培养职业意识

雷恩·吉尔森说："一个人花在影响自己未来命运的工作选择上的精力，竟比花在购买穿了一年就会扔掉的衣服上的心思要少得多，这是一件多么奇怪的事情，尤其是当他未来的幸福和富足要全部依赖于这份工作时。"很多高中毕业生在跨进大学校门之时就认为已经完成了学习任务，可以在大学里尽情地享受了。这正是他们在就业时感到压力的根源。目前，仍有很多大学生对未来的职业没有规划，就业时容易感到压力。

在一项基于高职学生对职业规划的认知调查显示，高达 2/3 的学生没有明确的职业规划，大部分学生职业方向迷茫，只有不到 1/3 的学生认为自己有明确的职业规划。培养职业意识就是要对自己的未来有规划。因此，大学期间，每个大学生应明确：我是一个什么样的人？我将来想做什么？我能做什么？环境能支持我做什么？要着重解决这些问题，就要认识自己的个性特征，包括自己的气质、性格和能力，以及自己的个性倾向，包括兴趣、动机、需要、价值观等，据此来确定自己的个性是否与理想的职业相符，对自己的优势和不足有一个比较客观的认识，结合环境如市场需要、社会资源等确定自己的发展方向和行业选择范围，明确职业发展目标。

在大学教育中，实践教学是学生了解职业、了解自己与职业适合度的最直接、最有效的途径。同学们可通过暑期社会实践、校内实训实习活动，在职业环境中，了解自己的职业前景，体会自己是否适合这一职业以及本职业的日常行为规范和职业技能要求，增强对职业的认同与热爱，完善自我，挖掘潜能，通过实训体验，自行调整，形成正确的职业意识。

2. 加强知识学习与技能培养

职业行为和职业技能等显性职业素养比较容易通过教育和培训获得。学校的教学及各专业的培养方案是针对社会需要和专业需要而制定的。旨在使学生获得系统化的基础知识及专业知识，加强学生对专业的认知和知识的运用，并使学生获得学习能力，培养学习习惯。因此，大学生应该积极配合学校的培养计划，认真完成学习任务，尽可能利用学校的教育资源，包括教师、图书馆等获得知识和技能，作为将来从事职业的储备。

职业技能是人们掌握和运用专门技术的能力，也是职业人奉献社会、服务群众的生存之本。大学生已具备较强的学习能力，学习阶段是同学们一生中增长技能、积蓄能量的重要时期。同学们必须获得专业知识,考取各类证书;必须拥有人际交往能力、竞争能力、合作能力。大学生必须放弃被动的学习方式,主动采用自主性、研究性、创造性学习方法。课堂上认真接受老师讲授的各类知识,全面掌握专业理论知识和各种社会技能。在模拟的职业环境中获得与现实的实际操作相同的体验,逐步掌握职业岗位必需的基本技能,培养分析问题、解决问题的能力。

3. 在思想政治教育学习活动中培养职业道德

(1) 道德教育是人生的第一道防线,无任何强制性,靠自我管理、自我约束 学生在思想政治教育学习中必须把良好道德品质的养成放在首位,形成"说老实话、办老实事、做老实人"的好习惯,自觉遵守道德法则。

(2) 纪律教育是人生的第二道防线,具有一定的强制性 党纪、政纪、校规、家规都是用来规范人们行为的。学生要在自我管理、自我教育中自觉遵守学生守则,遵守校规校纪,做遵纪守法的进步青年。

(3) 法制教育是人生的最后一道防线,具有强制性 在学习中知法、懂法、守法、不违法。同时通过社会实践活动自觉培养爱岗敬业、奉献社会、服务群众等良好职业道德。

4. 在平时的学习活动中培养职业形象

(1) 外形打扮、手势动作要优雅大方 无论是在校上课学习,还是外出活动,均宜选择简洁大方的发型,不染彩发,不戴首饰;穿着服装既注重色彩的和谐搭配,又注意款式的文雅端庄;面部表情不可僵硬,手势动作要优雅大方。

(2) 主动练习标准的待客、微笑与正确的目光交流方式 在体态方面,自主训练站、坐、走、蹲的正确姿势,以及上下楼梯、进出电梯、上下轿车、引领客人的标准动作。在日常交往和对外活动中,有意训练握手礼、介绍礼、致意礼、名片礼、鼓掌礼等规范的礼仪动作。

(3) 树立正确的人生观和价值观 立足岗位,勤勤恳恳;自觉阅读中外名著、名人传记、警世格言,在知识的海洋里遨游,陶冶情操、内外兼修。

5. 在活动中培养学生良好的沟通能力

(1) 训练沟通能力 人的能力往往体现在沟通上,因此,大学生必须进行科学训练,自我培养积极良好的沟通能力。

(2) 训练语言表达能力 自主创设谈话情景,多用敬语、谦辞等礼貌用语,锻炼口语表达能力。

(3) 培养体态表达能力 体态是人的"第二语言",其中表情、手势、动作、姿势等功能各不相同,能补充、替代语言表达的作用。学生在集体文艺活动中,要自主训练,以恰当的手势、优雅的举止、标准的动作、协调的姿态,有效表达内在的思想和气质。

6. 在社团活动中培养团队协作精神

(1) 强化团队精神 把团队精神作为学生品德素质培养的重要目标。在现有的课程体系中,注入与团队精神相关的教学内容;通过集体活动促进成员间的沟通,自主培养团体情感,增强团队凝聚力。

(2) 内化团队精神 团队精神的内化过程是一种体验、熏染、陶冶、养成的过程。精心组织以增强团队精神为目标的各种集体活动。在各类文体活动中,自我组织、分工合作、共同协调,在活动中尽情体验、感受竞争与合作的关系、个人与集体的关系。

思考训练

1. 简述职业素养的概念、分类和构成。
2. 简述提高职业素养的意义。
3. 结合实际,开展自我分析,可以从哪些方面来努力提高自身职业素养?

阅读链接

[1] 熊蕾.以工匠精神为核心的高职学生职业素养培育机制探究[J].教育与职业,2017(24):76-81.
[2] 张志军,郭莹.高职学生职业核心素养培育路径探究[J].中国职业技术教育,2017(4):52-56,65.
[3] 杨宏.基于就业导向的高职学生职业素养培养研究[D].济南:山东师范大学,2014.
[4] 翁娟钗.高职学生职业素养教育研究[D].福州:福建师范大学,2014.
[5] 王红岩.高职生职业素养培养策略研究[J].黑龙江高教研究,2012,30(2):130-132.
[6] 梁枫.职业素养修炼[M].上海:同济大学出版社,2012.

模块四 遵守职业道德

● **哲人隽语**

　　实际上，每一个阶级，甚至每一个行业，都有各自的道德。

——恩格斯

　　工作的人会欣赏他在这个世界上的作品，而他的工作实际上已经改变了这个世界：他在作品中看到了自己的影子，看到了自身的存在。他在作品中向他人展现了自身人性的客观现实，展现了他所拥有的，对自身抽象且完全主观的看法。

——亚历山大·科耶夫

　　人生在世，是要天天劳作的。因自己的才能、境地，做一种劳作做到圆满，便是天地间第一等人。

——梁启超

● 模块导读

"国无德不兴，人无德不立""德不孤，必有邻"，千百年来，中华民族历来崇尚道德。以和为贵、与人为善、以德服人、克己复礼等美德在中国代代相传，流淌于中国人的血脉里，植根在工作和生活中，体现在日常行为上。

在职业活动中，中华民族历来有"敬业乐群""忠于职守"的传统。高尚的职业道德也是当今中国社会主义核心价值观的基本要求之一。2019年10月，中共中央、国务院印发的《新时代公民道德建设实施纲要》要求，"推动践行以爱岗敬业、诚实守信、办事公道、热情服务、奉献社会为主要内容的职业道德，鼓励人们在工作中做一个好建设者"。这一纲要明确了社会主义职业道德的内涵、倡导践行职业道德，也为我们做好职业道德建设指明了方向。

一砖一瓦砌成事业大厦，一点一滴创造幸福生活。世间一切美好，往往都蕴含着职业道德的光芒，凝聚着劳动者的品德风范。在这个礼赞高尚职业道德的社会主义大家庭，在"劳动最光荣、劳动最崇高、劳动最伟大、劳动最美丽"的新时代，作为高技能人才，让我们努力提高职业道德修养，树立远大的职业理想，弘扬工匠精神，努力做一个能担当民族复兴大任的时代新人，为中华民族的复兴征程注入澎湃活力。

学习目标

分类	具体内容
知识	1. 理解职业道德的概念、内涵及特点 2. 理解社会主义职业道德的内容、核心和基本原则 3. 理解职业理想的概念，了解职业理想的特点 4. 理解职业成功的含义，了解决定职业成功的要素 5. 理解职业信念的含义及重要性 6. 理解工匠精神的内容和内涵
技能	1. 能够解释职业道德的含义、特征及作用 2. 能够阐述社会主义道德基本规范的内涵 3. 能够列举提高个人职业道德修养的方法 4. 能够列举确立职业理想的方法与要素 5. 能够列举职业成功的评价标准 6. 能够坚守职业信念，做好职业规划 7. 能够解释工匠精神的基本内涵
态度	1. 认同高尚的职业道德，摒弃职业中不道德的行为 2. 树立培养高尚职业道德、提高个人职业道德修养的自觉性 3. 能正确地认识职业理想，认同职业信念的重要性，坚守职业信念 4. 认同并崇尚工匠精神，具有践行工匠精神的强烈动机和自觉意识

单元一　职业道德建设

> **典型案例**

雪线邮路上的幸福信使——其美多吉

在四川甘孜藏族自治州，长途邮车驾驶人其美多吉，30年来冒着生命危险，穿行平均海拔3500m以上的雪线邮路上，承担着内地进藏邮件的转运任务，他被誉为"川藏线上的英雄信使"。

1989年，其美多吉因为车开得好又会修车，被甘孜县选中，开上了全县唯一的邮车。30年来，其美多吉坚持每月不少于20次往返于雪线邮路海拔最高、路况最复杂的甘孜县至德格县之间。甘孜与德格之间，高耸着海拔6168m、有着"川藏第一高、川藏第一险"之称的雀儿山。其垭口海拔5050m，是四川最高的公路垭口，川藏线317国道由此穿行而过。雀儿山上路面最窄处不足4m，仅容一辆大车慢行。车辆行走在狭窄的山路上，一面是碎石悬挂，一面是万丈深渊，俗称"鬼门关"。其美多吉每天驾驶着重达12t的邮车，每一次加速、换挡、转向，都是在与死神进行博弈。冬季遇到大雪封山被困，进退两难更是家常便饭。

除了沿途条件艰苦，人身安全也考验着其美多吉。2012年9月，其美多吉在路上遭遇歹徒持刀抢劫，为了邮件安全，他身中17刀，被打断四根肋骨，还伤及头盖骨。熬过了长达一年的痛苦的治疗与康复阶段，他又主动要求重返岗位，再次开起了邮车。

30年来，其美多吉平均每年行驶5万km，行驶总里程达140多万km，相当于绕地球赤道35圈。他驾驶的邮车从未发生过一次责任事故，圆满完成了每一次邮运任务。在其美多吉看来，他送达的每封信、每个包裹承载的是更多人的幸福。

分析：其美多吉爱岗敬业，30年如一日，驾驶邮车在平均海拔3500m的雪线邮路上运送邮件，累计行驶里程140多万km，没有发生过一起责任事故。他意志坚强，遭遇歹徒袭击时挺身而出，用鲜血和生命守护邮件安全，身负重伤后坚持康复锻炼，以坚韧的毅力重新走上工作岗位。他爱岗敬业，以螺丝钉精神紧紧钉在川藏线上，将来自党中央的声音、祖国四面八方的邮件送往雪域的各个角落，用真情奉献为促进藏区经济社会发展做出了积极贡献，被群众誉为"雪线邮路的幸福使者"。他不畏艰险、坚守岗位，他为民奉献、真诚服务，他忠诚担当、专注执着，他团结友善、助人为乐，在其美多吉的身上，闪耀着职业道德的光芒。

一、职业道德的含义及其特点

（一）职业道德的含义

职业道德是指不同职业的人在自己的职业活动中所应该遵循的行为准则，是对从业人员在履职责任过程中的特殊道德要求。职业道德是人们通过学习和实践养成的优良的职业品质，它涉及从业人员与服务对象、职业与职工、职业与职业之间的关系。

职业道德的内涵主要包括以下几个方面：

1）职业道德是一种职业规范，受到社会普遍的认可。
2）职业道德是在长期的职业活动实践中形成的。
3）职业道德依靠文化、内心信念和习惯，通过个体的自我要求和自律实现。
4）职业道德是柔性约束，重在养成和引导。
5）职业道德是对从业人员在职业活动中应尽的义务的要求。
6）职业道德标准多元化。

（二）职业道德的特点

职业道德主要有以下几个特点：

1. 职业性

职业道德的内容与职业实践活动紧密相连。职业道德鲜明地表达了职业义务、职业责任以及职业行为上的道德准则。它反映的是职业、行业以至产业特殊利益的要求，是在特定的职业实践的基础上形成的，因而职业道德往往表现为某一职业特有的道德传统和道德习惯或从事某一职业的人们所特有的道德心理和道德品质。每种职业都有其特定的职业责任和职业义务，从而形成各行业的职业道德的具体规范也有所不同。每一种职业道德都只能规范本行业从业人员的职业行为，在特定的职业范围内发挥作用。

2. 继承性

职业道德是在长期实践过程中形成的，一些优秀的品德会作为经验和传统继承下来。长期形成的、特定的职业环境中产生和发展起来的一些职业传统和比较稳定的职业心理和习惯将被继承和发扬，从而形成了被不同社会发展阶段普遍认同的职业道德规范。如医生要"救死扶伤"、教师要"传道授业解惑"、商贩要"诚实买卖、童叟无欺"、军人要"服从命令"等，这些均已是约定俗成的社会共识，流传千年。

3. 时代性

职业道德具有继承性和连续性，每个时代的职业道德都有许多相同或相近的内容，但不同时代对职业道德的要求也会有所不同。比如，对于一个新时代的技术工人而言，除了必须具备老一辈技术工人的爱岗敬业、吃苦耐劳、持之以恒的精神外，还必须有锐意改革、敢于创新的精神；对于新时代手握公权力的公务人员来说，除了必须做到历朝历代所要求的"公正严明、为民请命"，还必须有坚定的共产主义信仰等道德素质。

4. 多样性

由于职业道德是依据本职业的业务内容、活动条件、交往范围以及从业人员的承受能力而制定的行为规范和道德准则，所以职业道德就是多种多样的，有多少种职业就有多少样职业道德。各种职业道德的要求都较为具体、明确、细致，因此其表达形式灵活多样，凸显行业和职业性。职业道德通常以规章制度、工作守则、服务公约、劳动规程、行为须知、承诺、诺言、标语等形式表现出来，如从医人员入学第一课就要宣誓的《希波克拉底誓言》及我国的《中小学教师职业道德规范》《律师职业道德和执业规范》《中国文艺工作者职业道德公约》等。

5. 纪律性

纪律也是一种行为规范，但它是介于法律和道德之间的一种特殊的规范。它既要求人们能自觉遵守，又带有一定的强制性。就前者而言，它具有道德色彩；就后者而言，又带有一定的法律色彩。也就是说，一方面，遵守纪律是一种美德，另一方面，遵守纪律又带有强制性。例如，建筑工人必须执行安全生产操作规范；军人要有严明的纪律等。因此，职业道德有时又以制度、章程、条例的形式呈现出来，让从业人员认识到职业道德还具有纪律的规范性。

二、职业道德的作用

（一）职业道德是每个人的立业之本

职业道德一方面涉及每个从业人员如何对待职业，如何对待工作，同时也是一个从业人员的生活态度、价值观念的表现，是一个人的道德意识、道德行为发展的成熟阶段，具有较强的稳定性和连续性。良好的职业道德是每一个优秀员工必备的素质，它能够引领个体成长和发展的方向，是激发个体职业发展的潜在力量。缺乏职业道德的人无法形成行动的内驱力，往往做不好工作，难以在社会上生存，也难以在职场上发展。违背职业道德，不仅会受到道德的谴责，使个人前途尽失，更有情节严重者，甚至会受到法律的制裁。

（二）职业道德调节职业活动中从业人员内部及从业人员与服务对象间的关系

职业道德的基本职能是调节职能。一方面，它可以调节从业人员内部的关系。职业道德规范约束着职业内部人员的行为，协调着劳动者之间关系、个人与集体关系、单位与个人关系，能更好地促进从业人员团结合作、齐心协力地为发展本行业、本职业服务。另一方面，职业道德又可以调节从业人员和服务对象之间的关系。如职业道德明确提出劳动者要讲究产品和服务的质量、注重信誉、安全生产、诚信经营等，规范了劳动者的职业行为，维护了社会职业活动的秩序。

（三）职业道德促进企业文化建设

职业道德是企业文化的重要组成部分。从业人员的素质是企业最鲜活的名片。提高企业的信誉主要靠提升产品质量和服务质量，而从业人员职业道德水平高是产品质量和服务质量的有效保证。若从业人员职业道德水平不高，则很难制造出优质的产品和提供优质的服务，也就不能推动企业的发展。职业道德不仅能激励从业者发挥自己的主观能动性、提升职业能力、干好本职工作，还可以增强企业的凝聚力、提高企业的综合竞争力、提升产品和服务质量。因此，职业道德在促进企业文化建设方面也起到了重要作用。

劳动教育和职业素养

（四）职业道德有助于提高全社会的道德水平

职业道德是社会道德的重要组成部分。良好的社会主义道德风尚离不开职业道德建设，良好的职业道德能够促进良好社会道德风尚的形成。十九大以来，党和国家深入实施公民道德建设工程，大力推进社会公德、职业道德、家庭美德、个人品德建设。因此，职业道德建设与国家、社会发展紧密相关。强化职业道德，弘扬社会正气，树立职业道德新风尚，以社会主义核心价值观引领社会主义道德风尚，对促进和谐社会建设起着积极的作用（图4-1）。

图4-1　职业道德和社会道德的关系

三、社会主义职业道德

（一）社会主义职业道德的内容

新中国汲取了中华民族几千年来形成的优秀传统文化，在经历了70多年的发展和社会主义道德实践后，逐渐形成了较为完整的社会主义职业道德体系。社会主义职业道德是社会主义社会各行各业的劳动者在职业活动中必须共同遵守的基本行为准则。它是判断人们职业行为优劣的具体标准，也是社会主义道德在职业生活中的反映。

《新时代公民道德建设实施纲要》明确规定了各行各业都应共同遵守的职业道德的五项基本规范（图4-2），即"爱岗敬业、诚实守信、办事公道、服务群众、奉献社会"。其中，为人民服务是社会主义职业道德的核心，它是贯穿于全社会共同的职业道德之中的基本精神。集体主义是社会主义职业道德建设的基本原则。

图4-2　社会主义职业道德的内容

（二）社会主义职业道德的核心和基本原则

1. 社会主义职业道德的核心就是为人民服务

为人民服务作为公民道德建设的核心，是社会主义道德区别于和优越于其他社会形态道德的显著标志。1944年，毛泽东同志在追悼张思德同志的大会上做了"为人民服务"的演讲，明确提出了"为人民服务"的思想。从此，"为人民服务"就成为中国共产党的宗旨，并写进了党的章程。"与天下同利者，天下持之。擅天下之利者，天下谋之。"中国共产党执政的根基在于人民，血脉在于人民。必须坚持人民至上、紧紧依靠人民、不断造福人民、牢牢植根人民。因此，社会主义职业道德也要以"为人民服务"为核心。每个公民不论社会分工如何、能力大小，都能够在本职岗位，通过不同形式为人民服务。

马克思在学生时代就立下"为人类福利而劳动""为世界大多数人谋利益"的志向，列宁提出要"为千千万万劳动人民服务"，周恩来总理坚持为党和人民"鞠躬尽瘁、死而后已"，无数的无产阶级革命家在他们的工作中坚守着"为人民服务"的初心。在新的形势下，仍必须大力弘扬为人民服务的职业道德观，把"为人民服务"的思想贯穿于各种具体的职业道德规范之中。要引导从业人员正确处理个人与集体、个人与社会、竞争与协作、经济效益与社会效益等关系，提倡尊重人、理解人、关心人，为人民为社会多做好事、办实事，反对拜金主义、享乐主义和极端个人主义，形成促进社会主义市场经济健康有序发展的良好职业道德风尚。

2. 社会主义职业道德的基本原则就是坚持集体主义

社会主义职业道德的基本原则是坚持集体主义。集体主义作为公民职业道德建设的基本原则，是社会主义经济、政治和文化建设的必然要求。在社会主义社会中，人民当家做主，强调国家、集体和个人三者利益根本上的一致性。要把集体主义精神渗入职业活动的各个层面，引导人们正确认识和处理国家、集体、个人的利益关系，提倡个人利益服从集体利益和国家利益、局部利益服从整体利益、当前利益服从长远利益，反对小团体主义、本位主义和损公肥私、损人利己，提倡把个人的理想与奋斗融入广大人民的共同理想和奋斗之中。集体主义贯穿于社会主义职业道德规范的始终，是正确处理国家、集体、个人利益关系的根本准则，也是衡量个人职业行为和职业品质的基本准则，是社会主义社会的客观要求，是社会主义职业活动获得成功的保证。

（三）社会主义职业道德的基本规范

1. 爱岗敬业

中华民族历来有"敬业乐群""忠于职守"的传统。爱岗敬业既是中国民族的传统美德，也是当今中国社会主义核心价值观的基本要求之一。爱岗敬业就是热爱自己的工作岗位，砥砺职业操守、恪守职业本分、干好本职工作，精益求精，尽职尽责。爱岗敬业作为最基本的职业道德规范，是对人们工作态度的一种普遍要求。

热爱自己的工作和所投身的事业是做好一切工作的前提。"凡职业没有不是神圣的，所以凡职业没有不是可敬的。"只有当公民把工作当作自己珍视的领域，视为自己价值得以表达的所在时，他才有可能全身心投入，才有可能不满足于自己所取得的成就。也只有当社会中的绝大多数人都把热爱自己的工作当作自己的核心价值时，产品的生产与再生产的链条才能够得以保持乃至发展，社会才能够进步。

敬业，就是要用一种恭敬严肃、高度负责的态度对待自己的工作。敬业，是从业人员应该具备的一种崇高精神，是做到求真务实、优质服务、勤奋奉献的前提和基础。敬业的基本意思就是恪尽职守，主要包括两个方面的内容：一是要敬重自己所从事的工作，并引以为荣；二是要深入钻研探讨，力求精益求精。热爱工作只是敬业的前提和基础，还没有从愿望转化为行动。敬业除了是对工作的感情之外，还有对工作的劳动与付出。

爱岗和敬业相辅相成，缺一不可。从业人员有了爱岗敬业的精神，就能在实际工作中对工作认真负责、积极进取、忘我工作，把工作中所取得的成果作为自己最大的自我实现，体会到自身的职业价值。每一个岗位，每一种职业都是舞台，每一位从业者都应以初心为"原点"，以坚守为"半径"，画好事业之圆、人生之圆，散发职业之光，展现职业道德的风采。

2. 诚实守信

诚实守信是做人的基本准则，也是社会道德的基本规范。诚实就是表里如一，说老实话，办老实事，做老实人。守信就是守诺言，讲信誉，重信用，忠实履行自己承担的义务。

诚实守信是各行各业的行为准则，是职业道德的基本准则。它是对从业者最基本的道德要求，即从业者应该做到诚实劳动，合法经营，信守承诺，讲求信誉。

"人无信不立"，诚实守信是从业者立身之本、立业之基。诚实守信是为人处世的重要品质，是做人的根本准则，被称为"公民的第二身份证"。在职业活动中，一个诚信的人更容易赢得别人的信任和尊重，从而赢得更多与人合作、共同发展的机会。从业者自身的道德修养、诚信形象对服务对象有着巨大的示范、引领、辐射作用。不讲诚信者，在社会生活的方方面面都会遇到障碍，在各方面被限制自由，如银行、保险、工商注册、购房、出国等都需要先查询个人的征信记录。因此，在大数据的网络时代，每个公民都要珍惜自己的个人诚信档案，失信者将在社会上寸步难行。

诚实守信是社会和谐的基石，是社会正常运行不可缺少的条件。发展社会主义市场经济，需要与之相适应的诚信理念、诚信文化、契约精神，构建起覆盖全社会的征信体系，健全守信联合激励和失信联合惩戒机制，提高全社会诚信水平。不讲信用、欺骗欺诈的现象将成为制约社会主义市场经济发展的一大障碍，会使大众产生对社会的不满、失望情绪，影响职业活动的正常进行，甚至诱发整个社会诚信道德滑坡，严重危害市场经济的健康发展。比如大家熟知的"三聚氰胺"毒奶粉事件，不仅危害了人民的身体健康、引发了国人对国产奶粉的信任危机，大大制约了国家牛奶制造业的发展，而且损坏了我国企业的公信力，造成了严重的社会影响。

3. 办事公道

办事公道是指对于人和事的一种态度，也是千百年来人们所称道的职业道德。古人云："大道之行也，天下为公。"康德说："如果没有了正义和公道，人生在世就不会有任何价值。"办事公道要求从业人员在办事情处理问题时，要以国家和人民的利益为重，要实事求是，站在公正的立场上，公正、客观、不徇私情，按照同一标准和同一原则处理事情。在职业活动中，要公私分明、光明磊落、公道待人、秉公办事。从业者不能凭借自己手中的职权谋取个人私利，损害社会集体利益和他人利益。

4. 服务群众

服务群众是公民道德建设的核心，也是职业道德建设的核心。服务群众就是听取群众意见，了解群众需要，端正服务态度，改进工作作风，满足群众需要，以人民群众的利益为出发点和归宿，为群众办实事、办好事，做群众的贴心人。提高服务质量，端正态度，关心群众，尽职尽责，尽心尽力，有所作为。

以人民为中心，服务群众，作为根本原则，是一种外在约束；作为必备情怀，是一种内在自觉。原则只有转化为情怀，外在要求只有转化为内在自觉，才能得到贯彻和落实。人民性是马克思主义最鲜明的品格。新时代的劳动者应该恪守全心全意为人民服务的宗旨，与人民同呼吸、共命运、心连心。只有心中装着群众，一切以人民群众为重，才能真正做到爱岗敬业、任劳任怨、不求回报、无私奉献，才会勇于争先、敢于担当，用自己美好的职业操守，树立正确的人生观、价值观、事业观。

5. 奉献社会

奉献社会是职业道德的最高境界，奉献社会就是指不计名利得失、积极自觉地为社会做贡献，全心全意为人民服务。这是社会主义职业道德的本质特征。奉献社会自始至终体现在爱岗敬业、诚实守信、办事公道和服务群众的各种要求之中。履行对社会、对他人的职业义务，自觉努力地为社会、为他人做贡献。奉献社会既是一种高尚的道德境界，是职业道德的出发点和归宿，也是中华民族世世代代自强不息的精髓。奉献社会并不意味着不要个人的正当利益，放弃个人的幸福。恰恰相反，一个自觉奉献社会的人，他才真正找到了个人幸福的支撑点。奉献和个人利益是辩证统一的。新时代的"青春之歌"、时代楷模黄文秀在入党申请书中写道："一个人要活得有意义，生存得有价值，就不能光为自己而活，要为他人、为国家、为民族、为社会，用自己的力量，努力做出贡献。"这份庄严承诺，黄文秀始终践行，直至生命最后一刻。

马克思说，历史承认那些为共同目标劳动而让自己变得高尚的人是伟大人物；经常赞美那些为大多数人带来幸福的人。坚守职业道德，在平凡的工作岗位上，忘我工作、无私奉献，不计个人得失，舍小家，顾大家，具有功成不必在我，功成必定有我的崇高精神，我们就能以职业贡献为荣，追求美好生活，实现人生梦想，抵达生命里的辉煌。

新时代是奋斗者的时代。在新中国的建设史上，从"最美奋斗者"到"共和国勋章"获得者，无不在各自岗位上取得了非凡成就，在共和国发展征程上立下了不朽功勋。他们身上散发出来的职业之光，充分诠释出以爱岗敬业、诚实守信、办事公道、热情服务、奉献社会为主要内容的职业道德。

四、加强职业道德修养

（一）坚持自省和慎独

职业道德修养贯穿于每个从业者的从业全过程。职业道德是一般社会道德的特殊形式。因此，个人品德也是职业道德的基础。每一个从业者都代表其从事的行业形象，其个人品德的好坏，直接影响社会对其职业道德的评价。不讲职业道德的行为，多是由于这些工作人员欠缺个人品德修养造成的。他们平时轻视自己的人格，不用个人品德来约束自己，因而也就不可能受到职业道德的约束。

《大学》有言："心正而后身修，身修而后德立，德立而后事成。"所以，从业者要常修从业之德，要"吾日三省吾身"。"内省""慎独"，是职业道德修养的重要方法。"内省"，即指自觉地进行思想约束，时时反省和检查自己的言行。内省是靠个人自觉性来约束的，不自觉或自觉性不高就难以真正进行内在的自我反省。从自身内省中提升职业道德，明大德，守公德，严私德，自觉抵制拜金主义和享乐主义、极端个人主义等错误思想。"慎独"既是一种崇高的道德境界，又是一种道德修养的重要方法。一个人独处，在无人看见的地方要警惕谨慎，在无人听到的时候要格外戒惧，因为不正当的欲望容易在隐晦之处表现出来，不好的意念在细微之时容易显露出来，所以人们更应严格要求自己，防微杜渐，把不正当的欲望、意念克制在萌芽状态。没有"慎独"的修养，那就很难做好本职工作。从业者应当在工作的过程中不断自我净化、自我完善、自我革新、自我提高，正心修身、严于律己，时刻做到慎独、慎初、慎微，以踏实干事、尽忠职责的态度奉献职业，良好的职业道德才会彰显，个人人格魅力才会提升，工作才会有所成就。

（二）加强职业道德理论学习，提升职业道德修养

《左传》有云："太上有立德，其次有立功，其次有立言，虽久不废，此之谓三不朽。"

马克思说:"重视作为我们职业的基础的思想,会使我们在社会上占有较高的地位,提高我们本身的尊严,使我们的行为不可动摇"。由此可见,立德是人生的头等大事。立德不可能一蹴而就,而是每个人一生的追求。加强职业道德建设,应加强理想信念教育,提高从业者的思想素质,补足精神之钙,培养有理想、有道德的优秀员工,用强大的精神力量,推进企业和社会发展。

良好的职业道德需要夯实理论素养之基,职业中的作风问题、失德问题,归根结底还是在于道德素养不高。因此,我们应该认真学习马克思主义的科学理论,尤其要学好毛泽东思想、邓小平理论、"三个代表"重要思想和科学发展观、习近平新时代中国特色社会主义思想,明确职业道德修养的目的,把握职业道德修养的方向,树立马克思主义世界观、人生观、价值观,树立正确的权力观、地位观、利益观、劳动观,筑牢自身思想政治防线,知道在职业中什么可为、什么不可为,自觉做共产主义远大理想和中国特色社会主义共同理想的坚定信仰者和忠实实践者,让保持良好的职业道德成为一种职业自觉。

(三)坚持学习,夯实根基,久久为功

21世纪,一个学习化的时代已经来临。每个人都要有终身学习的理念。在夯实职业道德理论基础的同时,我们要加强业务学习,好读书,读好书,提高文化品位,增强学识修养,让知识增加个人思想内涵,用内涵提升职业精度。自觉热爱本职工作,以知识为基础、为依托做好职业分内工作。

1. 传承优秀传统,知古鉴今,促进职业道德建设

中华传统美德是中华文化精髓,是道德建设的不竭源泉。习近平总书记在《培育和弘扬社会主义核心价值观》中指出:"中华传统美德是中华文化精髓,蕴含着丰富的思想道德资源。不忘未来才能开辟未来,善于继承才能更好创新,对历史文化特别是先人传承下来的价值理念和道德规范,要坚持古为今用、推陈出新,有鉴别地加以对待,有扬弃地予以继承,努力用中华民族创造的一切精神财富来以文化人,以文育人。"中华优秀传统文化是中华民族的根,什么时候都不能丢弃中华传统文化。因此,我们要从中华优秀传统文化中汲取能量,弘扬古圣先贤、民族英雄、志士仁人的嘉言懿行,把继承中华民族传统道德与弘扬时代精神结合起来,坚持解放思想、实事求是,与时俱进、勇于创新,淡泊名利、无私奉献,促进职业道德建设。

2. 要向先进学习、立足岗位学习

以时代楷模为标杆,以身边的劳动模范、能工巧匠、先进工作者为学习典型,大力弘扬改革开放精神、劳动精神、劳模精神、工匠精神、优秀企业家精神、科学家精神,使自己保持昂扬向上、向先进看齐、奋发有为的精神状态。

(四)提高道德选择和道德评价能力

道德选择和道德评价是同道德的实践活动紧密联系在一起的。一般来说,道德选择发生于道德实践之前,可以看成是道德实践活动的准备;道德评价发生于道德实践之后或正在进行之中。同时道德评价和道德选择也是相互渗透的;要评价自己或他人的行为,就必须清楚哪些行为在道德上应负责任;要清楚行为的道德责任,就必须清楚在哪些特定条件下有多少行为选择的自由。因此,从业者在职业活动中要善于明辨是非、善恶、美丑,善于做出选择正确方向的职业道德辨识能力，进而保持良好的职业道德操守。在社会主义市场经济条件下，从业者面临的选择很多，因此，以正确的世界观、人生观、价值观、劳动观来指导自己的选择，就显得尤为重要。

（五）知行合一，践行职业道德

道不可坐论，德不可空谈。职业道德的养成不是一朝一夕的事情，它是日积月累的结果。道德的养成贵在坚持。要成为职业道德高尚的人，就要把正确的道德认知、自觉的道德养成、积极的道德实践紧密结合起来，要始终在职业活动中坚持从现在做起，从自己做起，从点滴做起。积极参与社会实践，在实践中锻炼自己、陶冶自己、完善自己，提升职业道德修养。要在市场经济大潮中自尊自重、自珍自爱，讲品位、讲格调、讲责任，抵制低俗庸俗媚俗。良好的职业道德修养体现在执着坚守上，要有"望尽天涯路"的追求，耐得住"昨夜西风凋碧树"的清冷和"独上高楼"的寂寞，最后达到"蓦然回首，那人却在灯火阑珊处"的领悟。从业者要陶冶情操，养成良好的职业行为。多参加有益的、生动活泼的、丰富多彩的思想道德教育和文体活动，有助于提高自身道德修养和思想，将社会主义道德思想融汇到自己的工作中去，养成良好的职业道德习惯。

思考训练

一、思考题

1. 什么是职业道德？
2. 职业道德有哪些特征？
3. 社会主义职业道德的基本内容有哪些？
4. 培养高尚的职业道德有哪些途径？

二、技能训练题

请结合个人的实际情况，对比自己专业中的行业职业道德规范，找出自己的差距，有针对性地提出对提高自身职业道德素养的建议，并填写到表4-1中。

表4-1　职业道德差距对照

行业职业道德规范	自己与规范的差距	提高自身职业道德素养的建议

阅读链接

[1] 人力资源和社会保障部教材办公室.职业道德[M].北京：中国劳动社会保障出版社，2019.
[2] 尹凤霞.职业道德与职业素养[M].北京：机械工业出版社，2012.

劳动教育和职业素养

单元二　坚守职业理想

典型案例

坚守理想，铸就"中国梦"
——记大国工匠胡双钱

1960年7月，胡双钱出生在一个普通的工人家庭。也许，在父母眼里，"技术"就是一门能够谋生的手艺。父母希望他能学会一门手艺，掌握一项可以安身立命的技术。在父母的教诲下，成为一名技术工人的梦想，早早地在胡双钱心里扎下了根。

1977年胡双钱中学毕业后，他如愿进入了5703厂技工学校（上海飞机制造厂技校）。在技校学习期间，胡双钱跟着老师参与了运10飞机零部件的加工生产，他十分珍惜这次机会，虚心向师傅请教，苦练操作技能，从不轻易放过任何一个问题，经过理论学习和技术钻研，胡双钱很快就能独立操作了。

从技校毕业后，胡双钱被分配到5703厂飞机维修车间，每天可以近距离地接触飞机，他别提有多兴奋了。在车间里，他从不挑活，什么活都干，通过完成各种各样的急件、难件，他的技术能力也在慢慢积累和提高。在此期间，他见证了中国人在民用航空领域的第一次尝试——运10首飞。这成为他一生中最骄傲的事情之一。

然而，喜悦还没散去，运10由于多种原因最终下马。运10下马后，原本聚集了一大批航空人才的上海飞机制造厂渐渐冷清下来。当时，因为没活可干，不少技术人员离开了工厂，到外企、私企就职，胡双钱也收到了邀请，一家私营企业的老板甚至为他开出了3倍工资的高薪，但他拒绝了。在周围一些人的不解中，胡双钱留了下来，选择了坚守。

运10下马后，工厂只能承接一些民用产品。那段时间，胡双钱做过电风扇、大客车座椅等零部件的加工制造。但胡双钱从不懈怠，他就通过制作这些民用产品，苦练技术。

2008年5月11日，中国商飞公司在黄浦江畔成立，中国人的大飞机梦再次被点燃。胡双钱意识到：实现自己梦想的时刻到了。胡双钱为了让中国人自己研制的民机早日在祖国的蓝天上翱翔，他常常一周有六天都在数控机加车间里，打磨、钻孔、抛光……

35年，胡双钱加工过数十万个飞机零件，最大的将近5m，最小的比曲别针还小，但从没出现过一个次品。这令包括中央电视台、新华社、《人民日报》和《东方早报》等各大媒体见多识广的记者们深感震惊。

分析：要做好一件事，不难；要做好一天的工作，也不难。但是，要在35年里，不出任何差错，做好每一件事，却是难上加难。对于这个令人震惊的纪录，胡双钱很淡定，没有什么豪言壮语，有的只是平淡的两个字：用心。

模块四　遵守职业道德

> 有的时候，人生的道理归纳起来其实真的很简单、很质朴，但是，要真正领会，并身体力行，却是很艰难、很可贵。坚守是一种力量，是人生不断前行的动力。我们只有不断坚持，不断进取，不断拼搏，不断超越，才能让我们的人生道路更加宽阔，才能让我们的生命之花更加美丽、绚烂。
>
> 大飞机作为"国家名片"，是中国梦的重要组成部分。打造好这张"国家名片"，实现中国梦，离不开一大批高技能人才，离不开像胡双钱这样的"大国工匠"对职业理想的坚守。

一、确立职业理想

（一）职业理想的概念

职业理想是人们在职业上依据社会要求和个人条件，借想象而确立的奋斗目标，即个人渴望达到的职业境界，对未来所获得成就的一种向往和追求。它是人们实现个人生活理想、道德理想和社会理想的手段，并受社会理想的制约。职业理想是人们对职业活动和职业成就的超前反映，与人的价值观、职业期待、职业目标密切相关，与世界观、人生观密切相关。

（二）职业理想的确立

习近平总书记在纪念五四运动100周年大会上的讲话中指出：中国青年是有远大理想抱负的青年！中国青年是有深厚家国情怀的青年！中国青年是有伟大创造力的青年！无论过去、现在还是未来，中国青年始终是实现中华民族伟大复兴的先锋力量！

作为21世纪的中国青年，要志存高远，争做时代先锋，要为自己确立好职业理想。职业理想的确立是一个动态复杂的过程，与许多因素有关，为此，我们需要了解职业理想的特点和职业理想确立的方法和要素。

1. 职业理想的特点

（1）职业理想具有差异性　职业是多样性的。一个人选择什么样的职业，与他的思想品德、知识结构、能力水平、兴趣爱好等都有很大的关系。政治思想觉悟、道德修养水准以及人生观决定着一个人的职业理想方向。知识结构、能力水平决定着一个人的职业理想追求的层次。个人的兴趣爱好、气质性格等非智力因素以及性别特征、身体状况等生理特征也影响着一个人的职业选择。因此，职业理想具有一定的个体差异性。

（2）职业理想具有发展性　一个人的职业理想的内容会因时因地因事的不同而变化。随着年龄的增长、社会阅历的增强、知识水平的提高，职业理想会由朦胧变得清晰，由幻想变得理智，由波动变得稳定。因此，职业理想具有一定的发展性。孩提时代，想当一名警察，长大后却成了一名教师的事例就说明了这一点。

（3）职业理想具有时代性　社会的分工、职业的变化，是影响一个人职业理想的决定因素。生产力发展的水平不同、社会实践的深度和广度不同，人们的职业追求目标也会不同，因为职业理想，它总是一定的生产方式及其所形成的职业地位、职业声望在一个人头脑中的反映。比如，计算机的诞生，从而演绎出与计算机相关的职业：如计算机工程师、软件工程师、计算机打字员等。目前，新职业基本上都集中在现代服务业，如管理、策划创意、设计和制作等。其特点是不仅要求从业人员有较高的理论知识素养,而且有较强的动手能力,属于高技能人才中知识技能型人才。

2. 职业理想确立的方法和要素

(1) 追求高品位的职业生活　职业生活是人们通过职业活动获得报酬,丰富社会物质生活或精神生活的一种生活方式。高品位的职业生活是指一个人将职业活动视为发展自己、服务社会、创造价值的主要途径和方式。追求高品位职业生活的人能够比较好地确立远大的职业目标,正确把握生活和工作的关系,在职业活动中能够超脱个人眼前利益的羁绊,达到进退有序、举止从容、得失坦然的境界。这样的人是在做职业生活的主人,是在职业生涯中享受生活。高品位的职业生活主要与职业认同度、职业胜任度和职业满意度等要素有关。

1) 职业认同度。职业认同度是指个人对职业的肯定程度。职业认同度越高,个人对职业的接受程度和热爱程度就越高,从事职业活动的态度就越积极;职业认同度越低,个人与职业的矛盾就越突出,参与职业活动的热情就越低,态度就越消极,甚至会厌倦职业生活。因此,职业认同度在一定程度上反映了个人职业生活的幸福程度。

2) 职业胜任度。职业胜任度是指个人的职业能力与职业活动对其要求的匹配程度。一个人如果能够对职业活动得心应手、应对自如,就会对工作产生成就感,相反,就会感到力不从心、心力交瘁。当一个人职业胜任度不高的时候,通常有三种选择:一是维持现状,得过且过;二是发愤图强,提高素质;三是转换职业,重新选择。不管选择三种中的哪一种,都有一个自我蜕变的过程,需要审时度势、从长计议,这样才有利于个人职业生涯的整体发展。

3) 职业满意度。职业满意度是指个人对职业活动和职业环境的积极评价。职业满意度和个人的职业价值取向密切相关:一个人若想得到高薪,就会以此来评判自己的工作和收入的关系;而一个人若想从工作中得到个人价值的体现,就不会计较薪水的高低,反倒会对工作的社会需要程度特别看重。职业满意度因人而异,但有一点是共同的,就是符合自己期望的职业更有可能获得较高的满意度。

(2) 个人理想要与国家和民族的梦想相结合　习近平总书记在纪念五四运动100周年大会上的讲话中指出:"青年的人生目标会有不同,职业选择也有差异,但只有把自己的小我融入祖国的大我、人民的大我之中,与时代同步伐、与人民共命运,才能更好实现人生价值、升华人生境界。离开了祖国需要、人民利益,任何孤芳自赏都会陷入越走越窄的狭小天地。"

每个人都有自己的理想,每一个国家都有自己的追求。国家的追求实际上就是这个国家和民族的人民共同的理想。全面建成小康社会,建成富强民主文明和谐美丽的社会主义现代化强国,实现中华民族伟大复兴的中国梦,就是中华民族当前的共同理想。

周恩来少年时,老师曾问他:"你为什么而读书?"周恩来说:"为中华之崛起而读书!"改革开放之初,美国《时代周刊》将邓小平评为年度人物,其开篇标题就是《中国的梦想家》。习近平则指出,实现中华民族伟大复兴这个梦想,凝聚了几代中国人的夙愿,是每一个中华儿女的共同期盼。历史告诉我们,每一个人的前途命运都与国家和民族的前途命运紧密相连。国家好,民族好,大家才会好。实现中华民族伟大复兴是一项光荣而艰巨的事业,需要一代又一代中国人共同努力。

因此,将个人理想与国家和民族的梦想相结合,既是国家的要求,也是自我发展的需要。将个人理想融入中国梦,要求我们在确立自己的职业理想时,要以国家的梦想为基础,以民族的复兴为目标,这样才能志存高远,使我们将来不管从事什么样的工作,都能为中国梦的实现添砖加瓦,更好地实现自己的人生价值。

从另一个方面看,中国梦的最终实现必须依靠全国人民坚持不懈地埋头苦干,必须依靠每个人在自己的岗位上认认真真地干好自己的那一份工作。从这个意义上说,当我们的职业理想和中国梦融为一体时,我们就会获得生生不息的奋斗动力,就会获得来自国家精神和民族之魂的强大支持。这样,个人的理想实现也就有了坚实的基础和可靠的保障。

(三)正确进行职业定向

所谓职业定向,就是对职业方向的确定,即决定自己将来从事什么样的职业活动。在这个过程中要考虑三个要素:职业兴趣、社会需要和发展趋势、职业选择的环境和背景。

1. 职业兴趣

职业兴趣简单理解就是兴趣在职业方面的表现,是指人们对某种职业活动具有的比较稳定而持久的心理倾向。职业兴趣对人的职业活动具有重要影响。

职业兴趣会引导人们关注或喜欢某种职业,然后接受并胜任这种职业。职业兴趣不仅可以使人的智力和技能得到充分发挥,而且能激发人的潜能,使其在职业活动中情绪高涨,大胆探索,富有创造性。研究表明,一个人如果从事感兴趣的工作,就能较为充分地发挥其才能,如果从事不感兴趣的工作,则只能发挥其才能的一小部分,不但效率难以提高,而且容易厌倦和疲劳。此外,一个人如果有多方面的职业兴趣,那么当需要转换工作岗位时,就能很快进入角色,适应新的环境,胜任新的工作。

2. 社会需要和发展趋势

社会需要和发展趋势是指在一个历史阶段,社会对职业的需求程度和变化趋势。举个例子来说,20世纪90年代初的中国,和计算机相关的职业是社会急需的,凡是进入信息技术行业的人都被认为是精英,这个行业几乎所有的职业岗位都和高科技、高待遇、高声望相关。但随着计算机的日益普及,大量的计算机人才从各级各类学校毕业,其相关职业人才就出现了供过于求的现象。同样的情况也出现在财会、法律等职业上。进行职业定向时,如果一味追逐时尚,看不到社会发展的趋势,在未来的职业生活中就可能处于被动地位。

3. 职业选择的环境和背景

职业选择的环境和背景是指确立职业理想时,需要考虑到自身可利用的资源和条件优势。计划经济时代,个人就业需要服从国家的安排,而市场经济时代,个人就业有很大的自主空间。这基于职业选择的大环境——国家政策。2009年,国家鼓励大学生到农村去做村官,并给出了许多优惠政策,对于有志于此的大学生来说,这正是一个在基层锻炼的好机会。进入21世纪,中国经济高速发展,产业转型升级,国家鼓励高技能人才脱颖而出,这就造就了许振超、高凤林、徐立平等一大批杰出的高技能人才。个人在进行职业定向时,如果能把握国家的就业政策,充分利用国家提供的大舞台,就能够将个人成长、职业生活和国家利益紧密地结合在一起。

劳动教育和职业素养

职业选择的小环境因人而异。譬如：借助所在地区的经济特色和未来走向寻求发展；凭借个人的职业能力，分析究竟有哪些企业可以选择；出于不得已来到一家小企业却被重用；从事一项临时性的工作却对其产生了兴趣。这些都会影响到职业定向。

二、理解职业成功

（一）职业成功的评价标准

对不同的人来说，职业需求不同，职业目标各异，评价成功的标准也就不同。有的人以获得社会地位和社会声望为成功；有的人以拥有一个薪资不低、安稳轻松的职业为成功；有的人以能够支配社会资源、获得很多财富为成功；有的人以勤奋工作、取得成绩为成功；还有的人以自己能够帮助他人，使他人感到高兴和满足为成功。

具体来说，职业成功有以下几种评价标准：

1）财富标准：通过工作获得更多的经济回报，发家致富是现代人较普遍认可的成功标志。

2）晋升标准：晋升到组织等级体系高层或者在专业上达到更高等级。

3）安全标准：工作长期稳定，能够获得职业的安全保障。

4）自主标准：在工作过程中有充分的自主和自由，对职业和工作有最大限度的控制权。

5）创新标准：能够创造出对社会有价值的新成果，完成其他人没有做过或没有做成的事情。

6）平衡标准：在工作、人际关系和自我发展三者之间保持有意义的平衡，其核心是胜任工作、自我满足、他人认同。

7）贡献标准：在工作的过程中，对社会、组织、家庭做出贡献。

8）健康标准：在繁重的工作压力下依然保持身心健康。

一个人是否获得了职业成功，其评价标准并不是恒定不变、人人认同的客观标尺，而是根据自己的内在需要，自我设定的一个追求目标。在设定这个目标时，我们不能盲目攀比、盲目追求，这样才不至于在职业生涯的旅途中迷失方向。

（二）决定职业成功的要素

获得职业成功的要素有很多。对于年轻人，尤其是青年学生来说，职业成功的要素有以下三方面：

1. 目标

目标是职业生涯规划所期望的成果。目标有大小、远近之分。职业理想是我们确立的大目标，也是需要用较长时间甚至是用一生来获取的成果；而职业生涯规划则是将长远的目标分解为若干阶段性的小目标。我们既要基于当前的实际条件，将近期目标定得具有可操作性，又要顺应时代潮流，将自己的职业理想根植于实现中华民族伟大复兴中国梦的宏伟事业。在为理想奋斗的过程中，我们必须脚踏实地、一步一个脚印地实现各阶段目标，这样才能在追求成功的道路上面向未来，不断突破和超越。

2. 信心

信心是相信自己的理想、愿望一定能够实现的心理。要获得职业成功，就必须坚定自己一定能成功的信心。有信心才会有一往无前的勇气，才会有矢志奋斗的意志。信心并不是盲目的。职业成功的信心从近期来看是对现实条件的合理评估，从长远来看是对在党的领导下实现中华民族伟大复兴的信念。我们要坚定自己职业成功的信心，就要永远紧跟着党，在中国特色社会主义道路上奋勇前进。

3. 行动

行动是职业成功的关键。如果不付诸行动，所谓的信心、目标都只是空谈。要行动就必须做到以下4点：第一，从当下做起，从小事做起，从细节做起，在做的过程中学习，在学习的过程中进步，练就过硬本领，提高职业素养；第二，始终保持积极进取的良好心态和顽强拼搏、自强不息的奋斗精神，勇于面对各种困难和挫折，在艰苦的环境中锻炼意志，锤炼高尚品德；第三，具有开拓进取、敢为人先、求真务实的意识，善于探索，乐于思考，勇于创新创造，不断开辟自我发展的新天地；第四，要珍惜时间，懂得时不我待的道理，不要以"我还年轻，来日方长"来安慰自己，而是要充分利用时间，按照科学的职业生涯规划完成自己各个阶段的人生目标。

三、坚定职业信念，做好职业规划

（一）理解职业信念的含义

信念是指人们坚信自己所做的事、所追求的目标是正确的，因而在任何情况下都要有毫不动摇地为之奋斗、执着追求的意向。

所谓职业信念，则是指个体认为可以确信并愿意作为自身行动指南的认识或看法。职业认识常变，而职业信念一旦形成则很难改变。不论选择什么职业定位，在进入新行业后就算遇到再多再大的困难和挫折，都要坚定地走下去。

（二）坚定职业信念的重要性

人的生活分为情感、职场和自我等不同方面，这些方面都需要具有坚定不变的信念，可以说"信念"是具体化的"信仰"，在我们的生活中拥有一个坚定的信念，是我们身心成熟的一个标志。

在职场里面风云变幻，机会很多，陷阱也无处不在，一个人只要拥有强有力的职业信念，就拥有了百折不挠的心理根基，就可以从容应对事业中的许多不测风云。通常说的"事业心"就是"职业信念"。在心理学看来，"事业心"不是人与生俱来的，不是后天教育灌输的，而是通过能力学习和训练得到的一种本领，我们现在都明白这样一点：21世纪的职场成功，很多时候比拼的就是"职场心理"！谁的职业信念更坚定，谁就能更好地完善自己的职业规划，把握自己的事业与人生。

（三）做好职业规划

职业规划是指一个人基于自己的职业理想对自己一生的职业活动做一个计划、一种安排、一套方案，目的是让自己及早确立职业活动的方向、目标以及实现的途径和方法。

进行职业规划前，一定要对自我有一个理性的认知，清楚明白自己的兴趣爱好和技能特长是什么，自己到底想要做什么、能做什么，在现有的学识水平和环境条件下能完成什么样的工作任务，自己最终想要达到的职业目标到底是什么。更重要的一点是在自己的职业生涯规划里面,要明确目标实现的保证措施,尽可能将不同的时间节点上具体要做的事情写下来,定期对照检查,出现问题,及时修正、补救并持之以恒。

做好职业规划,我们可以通过表格的方式来归类整理和不断调整完善(表 4-2)。

考虑到影响职业生涯规划的因素有很多,有些因素的变化是难以预测的,因此要使职业生涯规划行之有效,就要对职业生涯规划进行评估与修订。修订内容包括:职业的重新选择、职业生涯目标的修正、实施措施与计划变更等。

职业指导专家罗双平认为,职业生涯规划越早越好,但这不是绝对的。20 岁的人往往容易好高骛远,而 30 岁的人则比较务实。年龄不是职业生涯规划的障碍,如果设计好目标,努力去实现,一般情况下,3~5 年就可见成效。罗双平称自己就是人到中年以后,才根据社会需要和自身特长重新规划了自己的职业生涯。他 48 岁时开始研究职业生涯设计的理论和技术,用了 5 年时间,成果就得到了社会的认可,自己也很有成就感。

职业生涯规划是一个动态的过程。一个人只有在远大志向的引导下,坚定职业信念,努力学习,不断调整目标与措施,永远追求发展与进步,才能一步一个脚印地充实自己的职业生涯。

习近平总书记说:"青年是国家的希望,民族的未来。青年兴则国家兴,青年强则国家强。"当代青年应志存高远,专于本职,坚守职业理想,将我们自己的个人梦和国家梦、民族梦融为一体,扎扎实实做事,踏踏实实做人,让自己的青春年华在为国家、为人民的奉献中焕发出绚丽的光彩。

表 4-2 职业生涯规划

姓名		性别		年龄		所学专业	
规划内容		具体表述	有利条件	保障措施		自我评价	修订补救
短期规划 (1~5 年)	人生目标						
	职业/岗位目标						
	专业技术目标						
	其他目标						
	实施步骤						
中期规划 (5~10 年)	人生目标						
	职业/岗位目标						
	专业技术目标						
	其他目标						
	实施步骤						
长期规划 (10 年以上)	人生目标						
	职业/岗位目标						
	专业技术目标						
	其他目标						
	实施步骤						

思考训练

1. 简述确立职业理想的方法和要素。
2. 简述评价职业成功的标准。
3. 结合自身的兴趣、所学专业、职业理想等方面,做一个3~5年的职业规划。

阅读链接

[1] 网信浙江.我最喜爱的习总书记的一句话 | 多读书补理想信念之"钙"[EB/OL].http：//zjnews.china.com.cn/zjwx/dt/ wx/2017-10-17/137105.html，2017-10-16.

单元三 弘扬工匠精神

典型案例

高铁研磨师宁允展：毫厘之间见"匠心"

宁允展，男，汉族，1972年3月出生，中共党员，中车青岛四方机车车辆股份有限公司车辆钳工高级技师，高铁首席研磨师。

20多年来，宁允展扎根高铁制造一线，钻研技术、磨炼手艺、破解难题，并为行业企业培育了很多人才。"20多年时间只为把高铁转向架研磨做到极致"成为他事迹的缩影，人们在他的身上看到了精益求精、精雕细琢的"工匠精神"。

2006年，宁允展被选为第一位学习380A型列车转向架"定位臂"精细研磨技术的蓝领工人。转向架是高速动车组九大关键技术之一，定位臂则是转向架的核心部位。高速动车组在高速运行的状态下，定位臂不足10cm^{2}的接触面所承受的冲击力能达到30t。要保证列车的安全运行，定位臂和轮对节点必须有75%以上的接触面间隙小于0.05mm。一根头发丝的粗细在0.08mm左右，这个精度要求，就相当于比一根头发丝还要细。宁允展的工作，就是要在这细如发丝的空间里进行研磨，操作难度和压力可想而知。磨小了，转向架落不下去；磨大了，价值十几万元的主板就报废了。

在车间里，宁允展认认真真地学习，但对于追求完美的他来说，白天的几个小时学习远远不够。学不懂学不透，实操时就无法达到设计要求。为此，宁允展买了车床、打磨机、电焊机和各种五金工具，把自己家平房外的空地改造成"第二厂房"。研磨、报废、再研磨、再尝试……凭借扎实的基本功和夜以继日的潜心研究，仅仅一周，宁允展就攻破

劳动教育和职业素养

了这项外方熟练工人需花费数月才能掌握的技术。他研磨出的定位臂受到外方专家的高度肯定。他也由此成为中国高铁转向架"定位臂"研磨第一人，被同事们亲切地称为定位臂研磨"鼻祖"。宁允展的同事曾说："0.1mm的时候，国内大概有十几个人能干。到了0.05mm，别人都干不了，目前就只有宁允展能干。"高速动车组进入批量生产后，转向架研磨效率跟不上生产进度，宁允展大胆摒弃外方研磨工艺，采用更加精准科学的方法，将研磨效率提升1倍，研磨精度也极大提高。

在宁允展眼中，高铁就意味着高标准严要求，这鞭策着他不断学习。"一定要坚持学习"，只有不断地学习，才能让高铁跑得更快。也正是因为有了千千万万个高铁人精益求精、不断学习的精神，中国高铁才能不断提速、不停奔腾。到今天，由宁允展等中车青岛四方机车厂人手中研磨出的转向架，已经安装在了1500多列高铁列车上，行驶路程超过33亿km。

分析："央企楷模"评委会在给予宁允展的颁奖词中说："细如发丝间，研磨出世界的速度；咫尺匠心间，诠释出极致追求。一念执着，一生坚守，你认认真真打磨工件，认认真真打磨人生。绳锯木断、水滴石穿，利落的身手，源于厚重的积淀。你的技艺那么精湛，压得住岁月，抵得上黄金！"

宁允展用青春、用热血诠释了大美的工匠精神。他爱岗敬业，扎根一线26年；他精益求精，将工作做到极致，将产品做成精品、做成艺术品；他严谨专注，一丝不苟，善钻研、爱钻研，攻坚克难；他无私奉献，带出了一支一流的高铁研磨师队伍。

追求极致，追求完美，哪怕一辈子只做一件事。正是有了许许多多像宁允展一样的大国工匠，中国高铁才能当好"一带一路"建设、"中国制造2025""走出去"等国家战略的先锋军，推动中国制造成为优质制造、中国创造，让中国收获全球敬意。

一、工匠和工匠精神的定义

（一）何谓工匠

工匠，在《辞海》词条中有这样的解释："工匠是指有一定工艺专长的匠人，如石匠、裁缝、泥瓦匠等"。在百度词条中，工匠是指"专注于某一领域并针对这一领域的产品研发或加工过程的工作者"。

新时代，伴随着互联网、人工智能技术的发展，工匠的定义和内涵发生了新的变化。它不仅仅是指传统的手工匠人，还包括了新时代通过终身职业教育培养的众多高技能人才，更包括了许许多多科技工作者。实现中华民族的伟大复兴，不仅仅需要千千万万的能工巧匠，也需要大批走在学科前沿的科学专家，我们把这些人统称为"新型工匠"。

（二）何谓工匠精神

狭义地讲，工匠精神是指匠人在制造产品时追求高品质，一丝不苟，拥有耐心与恒心。广义来说，工匠精神则是从业人员的一种价值取向与行为表现，是从业过程中对职业的态度和精神理念。

十九大报告中提出"建设知识型、技能型、创新型劳动者大军，弘扬劳模精神和工匠精神，营造劳动光荣的社会风尚和精益求精的敬业风气"。报告中的"工匠精神"，既是一种职业精神，也是职业道德、职业能力、职业品质的体现，是从业者的一种职业价值取向和行为表现。

二、中国传统文化中的工匠之道

在我国，工匠精神有着悠久的历史传承和文化积淀。古往今来，中华民族都尊崇和弘扬工匠之道，一些领域的工艺水平在世界上长期处于领先地位。民间的许多传统手工艺制作，比如剪纸、版画、雕刻、造纸、活字印刷、编织、刺绣等也以精巧而著称。许多宏伟庞大的工程，从历经千年风雨仍固若金汤的都江堰到被誉为"世界第八大奇迹"的万里长城；从美轮美奂的敦煌飞天到世界上现存规模最大、保存最为完整的木质结构宫殿——雄伟庄严的故宫，这一个个巧夺天工的建造无一不凝聚着中国劳动人民的智慧和古代工匠们精益求精的工作精神。由此可见，我国自古以来就重视工匠精神，形成了"尚巧、求精"的社会氛围。

（一）尚巧

"巧"是工匠一词的基本内涵。《汉书·食货志》有云："作巧成器曰工"。"巧"构成了工匠区别于其他职业群体的鲜明特征——为工必尚巧，它是工匠最基本的职业要求。"巧"也是工匠身上重要的美德。当人们赞美一个工匠时，经常会用巧夺天工、能工巧匠、鬼斧神工、匠心独运之类的词语来表达对工匠的赞美。"巧"既是对工匠的赞誉，也是对工艺、能力、作品、匠人美德的一种赞美。于是"尚巧"成为一直以来匠人们所践行和传承的工匠之道。

（二）求精

追求技艺的精湛与产品的极致是传统工匠精神的第二大特点。千百年来，工匠是一个中国老百姓日常生活中不可缺少的职业，如木匠、铜匠、铁匠、石匠、篾匠和泥瓦匠等，各类手工匠人用他们精湛的技艺为传统生活场景定下亮丽的底色。美丽的丝绸、精美的陶瓷、精巧的雕刻、数不胜数的发明创造，无不体现着古代中国工匠们过人的智慧和对完美的不懈追求。庖丁解牛、运斤成风、百炼成钢……这些耳熟能详的成语，也是对他们精益求精，追求卓越职业态度的由衷赞美。

（三）道技合一

对技艺和作品精益求精的追求并不是那些高明工匠们的真正目的。娴熟的技巧对于他们而言，只不过是通往"道"的一种途径。他们希望通过手中的技艺领悟到"道"的真谛，从而实现人生意义的超越。

《诗经》中的"如切如磋，如琢如磨"反映的就是古代工匠在切割、打磨、雕刻玉器等

劳动教育和职业素养

时精益求精、反复琢磨的工作态度。《庄子·养生主》中讲述了庖丁解牛的故事:"庖丁为文惠君解牛,手之所触,肩之所倚,足之所履,膝之所踦,砉然响然,奏刀騞然,莫不中音。合于桑林之舞,乃中经首之会。"这位姓丁的厨师杀牛时游刃有余,"道也,进乎技矣",展示了师傅道技合一的状态。

综上所述,中国传统文化中的工匠精神将"巧",即理智与实践相结合的创造精神,作为工匠所应当具备的基本职业要求与美德;在工作过程中,工匠们以严谨细致、一丝不苟的态度,力求做到技艺与产品的精益求精;从而达到一种"道技合一"的理想状态。

三、工匠精神的内涵

在 2015 年央视推出的大型纪录片《大国工匠》中,分别讲述了高凤林等八位不同岗位的劳动者,靠着自己过硬的技术,用灵巧的双手,靠着传承和钻研,凭着专注和坚守,数十年如一日地追求着职业技能的极致,创造了一个又一个的奇迹,缔造了一个又一个的"中国制造"。这部纪录片的片首语这样写道:"他们锲而不舍,身体力行,传承匠人精神;他们千锤百炼,精益求精,打磨中国制造。他们是劳动者,一念执着,一生坚守。"从古代的各种手工匠人和新时代的大国工匠身上所表现出来的职业能力、职业美德,我们可以把工匠精神的内涵归纳为:爱岗敬业、精益求精、执着专注、创新进取。

(一)爱岗敬业——把工作当作修行

爱岗和敬业两者相辅相成、缺一不可。爱岗是敬业的基础,而敬业是爱岗的升华。具体来说,所谓"爱岗",就是要干一行,爱一行,热爱本职工作,脚踏实地,不见异思迁,不"站在这山望那山高"。所谓"敬业",就是指从业者基于对职业的敬畏和热爱而产生的一种全身心投入的认认真真、尽职尽责的职业精神状态。

1. 爱岗敬业是工匠精神的根本

无论怎样定义工作,最关键的还是"爱"和"敬"两个字。短暂的激情靠的是兴趣,持续的激情却需要热爱和敬畏。热爱是一种令人意气风发的热情绪,能让人克服困难、奋发向上。恭敬则是一种使人踏实沉稳的冷情绪,提醒人不能以敷衍了事的态度去对待任何工作。当一个人热爱自己的工作时,就会在工作上少一些计较、多一些奉献;少一些懒惰,多一份责任;少一些抱怨,多一些快乐。中国"深海钳工第一人"管延安曾说:"先有热爱,才有技术,只有热爱了,你才能持之以恒地不断提升,技术才会逐渐提高。先不要想工资多少、待遇如何,你只要把工作干好干精,一切自然会来到你的身边。"工匠能在热爱中找到好多乐趣,发现每一项工作中特有的闪光点。热爱事业的工匠,永远把工作当作一种修行,甚至把它看作"人生"本身,他们会像古代石匠一锤一凿刻出精美绝伦的龙门石窟那样,虔诚地做好每一项工作内容,将毕生岁月奉献给一门手艺、一项事业、一种信仰。

2. 爱岗敬业是工匠精神的力量源泉

一名爱岗敬业的工匠,对自己所从事的职业有一种敬畏之心,有强烈的事业心、专业的工作态度、积极的进取意识,会自觉地在工作中调整自己的行为,利用各种资源使得工作成果最大化。

大国工匠高凤林,中国航天科技集团公司第一研究院国营二一一厂特种熔融焊接工、发动机零部件焊接车间班组长,被誉为"为火箭焊接'心脏'的人",他对工作的理解、热爱与执着就是对"爱岗敬业"最好的诠释。30多年来,高凤林先后参与北斗导航、嫦娥探月、载人航天等国家重点工程以及长征五号新一代运载火箭的研制工作,一次次攻克发动机喷管焊接技术世界级难关,出色完成亚洲最大的全箭振动试验塔的焊接攻关、修复飞机发动机,成功解决反物质探测器项目难题。

绝活不是凭空得,功夫还得练出来。高凤林吃饭时拿筷子练送丝,喝水时端着盛满水的缸子练稳定性,休息时举着铁块练耐力,冒着高温观察铁水的流动规律;为了保障一次大型科学实验,他的双手至今还留有被严重烫伤的疤痕;为了攻克国家某重点攻关项目,近半年的时间,他天天趴在冰冷的产品上,关节麻木了、青紫了,他甚至被戏称为"和产品结婚的人"。2015年,高凤林获得全国劳动模范称号,先后荣获国家科技进步二等奖、全军科技进步二等奖等20多个奖项。

大国工匠高凤林用行动和成就告诉我们:无论从事何种工作,热爱工作岗位、敬畏职业永远排在第一位,这是"工匠精神"的第一要素!即使在工作中有苦有累,即使会遇到困难或挫折,但一个人只要真正爱上自己的工作,心中就会有潮涌激情和坚如磐石的信念,就有"衣带渐宽终不悔,为伊消得人憔悴"的执着和追求,就有可能把工作做到尽善尽美。

（二）精益求精——没有最好,只有更好

精益求精,就是要超越平庸,不断完善。顾名思义,精益求精就是指一件产品或一种工作,本来做得很不错了,但还要做得更好,达到极致。极致是什么?它不是最终的结果,它意味着更好的质量,更优的品质,更高的境界,是人们心中更理想、更完美的状态。追求极致的过程,是从99%到99.9%再到99.99%的过程,就是追求卓越的过程,就是"精益求精"的最高境界。

1. "精益求精的品质精神"是"工匠精神"的核心要义

一个人之所以能够成为"工匠",就在于他对产品品质的追求,只有进行时,没有完成时,永远在路上。在工匠的心中,"没有最好,只有更好",他们高标准对待工作,严要求自己的言行,耐心细致,扎扎实实,不放过任何一个细节,把每一项工作理清悟透,做细做实,坚决拒绝马马虎虎,全力消除"差不多"现象。

在生活中,我们常用的手机软件微信就是一个典型的精益求精的例子。微信是腾讯公司在2011年推出的一款手机应用。这一重构了社交和商业的产品,改变了人们的社交习惯,打通了电商、金融、支付、线上线下等所能想象的所有环节。通过微信,人们可以发送语音、视频、图片、文字,可以通过手机客户端和网页登录。此外,微信还提供公众平台、朋友圈、漂流瓶、摇一摇、消息推送等功能。微信在短短的10年间活跃用户数全球超过10亿人。近年来,微信不断更新,不断完善各种功能,从微信1.0发展到微信8.0,操作界面更加简捷、功能更加完善、服务更加人性化,受到了全世界越来越多用户的青睐。"微信之父"张小龙说:"与其关注竞争对手,我更关注怎么应对时代的变化,满足用户变化的需求。"正是因为张小龙如产品经理一般对微信软件各个细节的"锱铢必较",对产品精益求精,才造就了微信这一手机应用的传奇。由此可见,一切物质产品归根结底都是由人的双手创造的,任何一件精品的诞生都蕴含着严谨认真、一丝不苟、精益求精、追求完美的工匠精神。成功没有捷径,想要精益求精,必须脚踏实地,死磕细节。大国工匠宁允展曾经说过:"我不是完人,但我的产品一定是完美的。做到这一点,需要一辈子踏踏实实做手艺。"

2. 精益求精的精神也是中国制造冲出国门、走向世界的重要保证

为了全面推进实施制造强国,2015年6月,国务院签发和部署了实施制造强国战略第一个十年的行动纲领——《中国制造2025》。这明确彰显了我国要从制造业大国走向制造业强国的信心和决心。而振兴制造业最核心的要素是产品质量的精益求精,是历久常新的工匠精神。只有摒弃"山寨"、提高品质、创立品牌,全面推动"品质革命",才能使"中国制造"加快走向"精品制造"。央视《大国工匠》纪录片中说道:"如果每一件中国制造的背后,都有这样一位追求极致和完美的工匠,中国制造就能跨过'品质'这道门槛,跃升为'优质制造',让更多的中国产品在全球市场闪耀更耀眼的光芒。"

(三)执着专注——坚持一生做一事

执着专注也是优秀工匠的必备特质。执着就是指长久地、甚至用一生来从事自己的事业、无怨无悔;专注就是指专心致志、集中精力去完成一件事。

1. 执着专注的工匠精神意味着时间的沉淀

一名出色的工匠,对一事、一艺、一道始终地专注,投入自己全部的生命和时间,让自己的生命在这过程中得到滋养和绽放。作家格拉德威尔在《异类》一书中曾提出"一万小时定律"。"人们眼中的天才之所以卓越非凡,并非天资超人一等,而是付出了持续不断的努力。1万小时的锤炼是任何人从平凡变成世界级大师的必要条件。"我国德高望重的京剧大师梅葆玖先生曾说过:"一生只为一事来!"1943年,周恩来同志撰写的《我的修养要则》中第一条就是"加紧学习,抓住中心,宁精勿杂,宁专勿多"。美的工程师黄兵从一线试验员做起,十年如一日,只为做一件事,他把最好的青春献给了"一碗米饭",最终获得28项专利。可见,只有树立专一的目标,心怀使命,锲而不舍,付出时间、精力、心血和汗水,不三心二意,不见异思迁,才可能成为一个行业的专家、行家,才可能有所超越、有所创造。

2. 执着专注的工匠精神意味着要拥有淡泊宁静的心态

《尚书·大禹谟》中说:"人心惟危,道心惟微;惟精惟一,允执厥中。"要制造出匠心独运、经久不衰的作品,要坐得住"冷板凳"、耐得住寂寞、抵制得了诱惑。在经济飞速发展的时代里,很多人渴望成名,渴望一夜暴富,渴望轻而易举获得成功,这种浮躁的心态显然是与匠心背道而驰的。而工匠最令人着迷的地方就是不为外物所动摇的专注力。无论世界如何嘈杂,匠人的内心总是安静的,无论世界怎么变化,匠人都执着于自己选择的道路,专注于手中未完的艺术品。一流匠人独守技艺,对所做之事充满热情,不浮不躁,不为金钱而逾越心理底线。

作为从业者,我们也应该专注于所在的行业,专注于自己的工作岗位,一心做好自己的本职工作。只有专注才能专业,只有淡泊才能宁静,只有摒除杂念,专于其中,方能成为自己所从事的行业里不可缺少的人才。

(四)创新进取——守正方能出新

创新是工匠精神的灵魂。创新就是要追求突破、追求革新。"工匠精神"强调执着、坚持、专注,强调把"匠心"融入生产的每个环节,既要对职业有敬畏、对质量够精准,又要富有追求突破、追求革新的创新活力。事实上,古往今来,热衷于创新和发明的工匠们一直

都是世界科技进步的重要推动力量。历代工匠都是技术革新的先行者。他们敢于质疑现状、尝试新知、突破自己,在竞争中为自己赢得更大、更广阔的发展空间;他们不断地为自己设定更高的工作目标,敢于挑战,勇于担当。

1. 创新并不是对传统的简单否定,先有守正方能创新

马克思说:"人们创造自己的历史,但是他们不是随心所欲地创造,而是在自己直接碰到的、既定的、从过去继承下来的条件下创造。"因此,创新强调的是在继承的基础上创新。创新首先要熟练原有的基础,然后试着突破原有的标准、得到更高层次的进化,最后得到新的认识并总结。视频《大国重器》中一位实践专家这样说:"一丝不苟地模仿,让它固定下来,变成自己的行动标准和行动要求,固化之后,形成习惯化,灵活自如地应用,就可以去发现更多的问题,然后去优化它,形成不断的创新。"只有在继承基础上的创新,才能跟上时代的步伐,推动产品的升级换代,满足社会发展和人们日益增长的美好生活的需要(图4-3)。

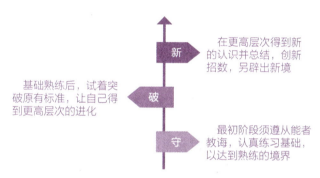

图 4-3　先有"守正"方能"出新"

2. 创新是一个民族进步的灵魂

创新也是一个民族进步的灵魂,是一个国家兴旺发达的不竭动力,是一个企业、一名工匠源源不断的核心竞争力。

新中国成立70年来,我国制造业实现了"由小到大"的转变,目前拥有全球最完整的产业体系和不断增强的科技创新能力,有力推动了国家工业化和现代化进程,显著增强了综合国力,为我国成为世界大国形成重要支撑。神舟飞船上天,蛟龙号下海,复兴号自主研发,都是创新的工匠精神的生动表现。《中华人民共和国国民经济和社会发展第十三个五年规划纲要》中强调:"发挥科技创新在全面创新中的引领作用,加强基础研究,强化原始创新、集成创新和引进消化吸收再创新。"如果没有敢闯敢拼的创新精神,任何事业都不会有大的突破、大的发展、大的跨越。因此,创新进取也是我国从"中国制造"向"中国智造"转变的必备法宝。

梁建英,中车青岛四方机车车辆股份有限公司副总经理、总工程师。她主持研制的CRH380A,创造了时速486.1公里的世界铁路运营试验最高速;她带领一支上千人的高铁研发团队,成功研制了从"和谐号"到"复兴号",从运营时速200km到350km各个速度等级的高速动车组,实现从"跟跑"到"领跑"的精彩蝶变,将中国高铁打造成一张亮丽的"国家名片"。在引进时速200km动车组并解决产品"水土不服"难题的过程中,她曾经说过:"产品是可以买的,但技术创新能力是买不来的。我们的国外合作方会告诉你如何去做,但

是问为什么这样做,原理是什么等问题,对方会守口如瓶。"梁建英体会到:"巨人的肩膀不好站,必须让自己成为巨人才行。"由此可见,在我们实现中华民族伟大复兴的新征程路上,唯有创新,才不至于受制于人;唯有创新,才能更好地生存;唯有创新,才能拥有核心竞争力;也唯有创新,才能走得更远。

作为新时代的劳动者,每个人的工作只有岗位不同,没有贵贱之分。人人皆可成才,实现自我价值,人人也都能创新,为社会创造价值。

(五)新时代工匠精神中的团队协作精神

党的十九大报告中提出"建设知识型、技能型、创新型劳动者大军,弘扬劳模精神和工匠精神,营造劳动光荣的社会风尚和精益求精的敬业风气"。报告中所提的"工匠精神",具有新时代内涵。新时代的中国工匠精神,除了具有一般意义上工匠精神的内涵,还具有自身的特殊性:既是对中国传统工匠精神的继承和发扬,又是对外国工匠精神的学习与借鉴;既是为适应我国现代化强国建设需要而产生,又是劳动精神在新时代的一种新的实现形式。它除了包含我们前面所讲的爱岗敬业、精益求精、执着专注、创新进取,还包括协作共进的团队精神。

"协作共进的团队精神"是现代工匠精神的要义。所谓"协作",就是团队成员的分工合作;所谓"共进",就是团队成员的共同努力、共同进步。"协作共进的团队精神"主要体现于新时代的"工匠精神"之中。因为和传统的工匠不同,新时代工匠尤其是产业工人的生产方式已不再是手工小作坊,而是机器大生产,每个人所承担的工作,只是众多工序中的一小部分。在信息化、智能化、全球化的时代里,信息与知识的增长速度、经济和社会的发展速度一日千里,社会分工更精细化,产品需求更多样化。要把一个工作做到极致,可能涉及多个学科和专业,一人很难深入学习并具有多个专业思维,所以,需要充分发挥不同专业的人才组成的团队的力量。比如"复兴号"列车,一列车厢就有37000多道工序,这37000多道工序,单凭一个人的力量是不可能完成的,必须由车间或班组亦即团队协作来完成。又如2020年6月底完成全球组网的北斗导航团队,每一颗北斗卫星的上天,都牵动着卫星、运载火箭、运控、应用、测绘、发射场等各大系统。只有一支技术高超、经验丰富、多专业背景的人才队伍,才能为北斗导航工程提供强有力的保障。因此,北斗三号工程副总设计师、卫星首席总设计师谢军曾说:"航天事业的成功是一个团队的成功,没有个人英雄。"由此可见,新时代是团结协作、合作共赢的时代。新时代的工匠,不能一枝独秀,单打独斗,闭门造车,工匠个人的成功越来越依赖于团队的合作。

四、弘扬工匠精神的重要意义

党的十八大以来,习近平总书记多次强调要弘扬工匠精神。党的十九大报告提出要"弘扬劳模精神和工匠精神"。党的十九届四中全会《决定》提出"弘扬科学精神和工匠精神"。在新时代大力弘扬工匠精神,对于推动经济高质量发展、实现"两个一百年"奋斗目标具有重要意义。

(一)弘扬工匠精神有助于提高创新能力、加快建设制造强国

我国是世界制造业第一大国,在世界500多种主要工业产品中,我国有220多种工业

产品的产量位居世界第一。但总体而言，我国制造业大而不强，多而不精，不少企业追求"短、平、快"所带来的即时经济利益，而追求卓越、精益求精、用户至上的精神往往被忽略。要加快制造业转型升级，建设制造强国，关键在于提高创新能力，而工匠精神是助推创新的重要动力。把工匠精神融入生产制造的每一个环节，爱岗敬业、追求完美，才有可能实现突破创新。我们要通过弘扬工匠精神，培育劳动者精益求精、勇于创新的精神，为实施创新驱动发展战略、推动产业转型升级奠定坚实基础，加快建设制造强国，推动经济高质量发展。

（二）弘扬工匠精神有助于提升中国品牌国际形象

品牌是企业走向世界的通行证，也是国家竞争力的重要体现、国家形象的亮丽名片。德国是当今世界上最重要的工业强国之一，其产品以精密优良而著称于世界，产生了保时捷、奔驰、宝马、西门子、阿迪达斯等一大批世界知名品牌。其制造业的发达与对工匠精神的重视密切相关。日本制造的强大也与工匠精神密不可分。许多日本人把将一件小事做到极致视为一个人的成功，把匠心作为终生的信仰。因此，日本的很多中小型企业数十年如一日只生产一种产品，专攻一门技艺，其产品也就日趋完美，成就了数以万计的"百年企业"。在我国经济发展的过程中，要提升产品的品牌形象，就要把工匠精神融入设计、生产、经营的每一个环节，做到精雕细琢、追求完美，实现产品从"重量"到"重质"的提升。通过弘扬工匠精神，让每个劳动者恪尽职守，崇尚精益求精，进而培育众多大国工匠，不断提高产品质量，打造更多享誉世界的中国品牌，建设品牌强国。

（三）弘扬工匠精神有助于提升我国企业员工队伍的整体素质

一个国家、一个民族的发展，离不开各行各业劳动者的共同推动。"人是生产力中最活跃、最根本的要素，无论是'中国制造'，还是'中国创造'乃至'中国智造'，都需要一支结构优化、素质过硬的产业工人队伍，需要大规模布局合理、技艺精湛的技能人才，更需要一大批精益求精、追求卓越的工匠。"2019年9月，习近平总书记对我国选手在世界技能大赛取得佳绩做出重要指示强调："劳动者素质对一个国家、一个民族发展至关重要。技术工人队伍是支撑中国制造、中国创造的重要基础，对推动经济高质量发展具有重要作用。"因此，要在全社会弘扬精益求精的工匠精神，激励广大青年走技能成才、技能报国之路，培养出更多优秀的、具有匠心的新时代产业工人。一个推崇工匠精神的国家和民族，必然是脚踏实地的，专注持久的，而这样的国家和民族也将为世界奉献更多精品之作。

五、怀揣匠心、追求职业幸福

我们景仰工匠精神，推崇工匠人生。然而在现实的职场中，每个人都或多到少地会遇到各种问题的困扰。

为什么我在工作中缺乏激情，愈感乏味？

为什么我总是得不到赏识和重用，也得不到应有的薪酬？

为什么我做事总也不能获得上司或同事的认可？

……

这些问题或许会让我们对工作热情衰竭、职场倦怠，或许会让我们意志消沉、裹足不前。其实，这一系列的"为什么"背后都聚焦于同一个问题，那就是个人的职业幸福感的缺失。

（一）职业幸福感的概念

所谓职业幸福感，是指从业者在从事某一职业时基于需要得到满足、潜能得到发挥、力量得以增长所获得的持续快乐体验（图4-4）。换句话说，职业幸福感既是对个人生活质量保障的一个衡量，又是企业、社会对从业者工作的认可度，是自我价值实现的具体表现。比如，从业者获得企业的晋升、加薪，过上体面的生活，因此感到快乐；通过努力钻研，解决某一技术难题，赢得同事的认可或高度评价，从而产生一种自豪感；出色完成工作任务后产生的精神愉悦感及自我实现，这些都是职业幸福感的具体表现。

图4-4 职业幸福感

（二）怀揣匠心，追求职业幸福感

在职业生活中追求职业幸福感，既是每一个劳动者应有的正当愿望，也是应有的权利。然而，怎样才能获得职业的幸福感呢？作家罗兰曾经说过："一个人要觉得自己有用，才会快乐。无论所做的是哪一行，只要对别人有贡献，对社会有好处，就会觉得自己有价值。"

1. 热爱工作，从工作中获得快乐

工匠，可能是世界上最热爱工作的人群之一。他们乐于把自己的奇思妙想化为巧夺天工的作品；他们相信自己的工作有着极其重要的意义；他们觉得自己的工作是一项了不起的事业。因此，他们总是能从工作中获得幸福和快乐。港珠澳大桥的建设者，被誉为中国"深海钳工"第一人的管延安，从事钳工20年，经他安装的沉管设备，已成功完成18次海底隧道对接任务，无一次出现问题。接缝处间隙误差做到了"零误差"标准。"我平时最喜欢听的就是锤子敲击时发出的声音。"，管延安这样说。从他身上，我们可以看出他对工作发自肺腑的热爱，因为热爱，所以坚持；因为坚持，所以成功；因为成功，所以快乐。

有人说："大国工匠们当然快乐，可我只是一个普通劳动者"。伟大出自平凡，平凡造就伟大。人类是劳动创造的，社会是劳动创造的。劳动没有高低贵贱之分，任何一份职业都很光荣。每一个劳动者立足岗位、诚实劳动，无论从事什么行业，就干一行、爱一行、钻一行。工人们精心打磨每一个零部件，生产优质的产品；农民们在田间精心耕作，想方设法提高农作物产量、质量；销售人员笑迎天下客，童叟无欺，提供优质服务……一切平凡的人都可以获得不平凡的人生，一切平凡的工作都可以创造不平凡的成就。习近平总书记在多个场合强调"幸福都是奋斗出来的""奋斗本身就是一种幸福"。当一个人发自内心热爱自己的工作，那么工作就不再是谋生的奴役，更是个人经历幸福人生、完成自我超越、实现社会价值的需要。当个人奋斗能产生效益，当奋斗能带来愉悦，当奋斗成为一种工作中的信仰，就能在自己的岗位上创造职业幸福感、享受职业幸福感。

2. 感恩团队，从团队中获取幸福

新时代是团队协作的时代。新时代的工匠精神，也以协作共进的团队精神为要义。中华民族一直以来强调"敬业乐群"。《礼记》中提到"敬业乐群","乐群"就是指个人在团队中、群体中的适应状态。个人职业幸福感的好坏,往往取决于置身于一个什么样的团队中以及在团队中的融入程度。

在一个团结、奋进、和谐、有为的团队中,从业者如有融洽的同事关系、和谐的上下级关系,个人能在团队中学习,在团队中取得进步,便会感觉快乐。从业者如能认同团队的文化,与团队有着共同的目标和愿景,有着强烈的归属感和主人翁精神,就会在工作中全身心投入,将个人的能力最大程度发挥,获得个人的自我实现。"最美奋斗者"的获得者、航空工业西安飞机工业(集团)有限责任公司国际航空部件厂铆装钳工薛莹曾说:"最美奋斗者不是靠个人单打独斗能够实现的,而是因为我身后有一个最美奋斗的集体。成长在这样的集体中,我倍感幸福。"认同团队、融入团队、感恩团队,从业者就能从团队中收获职业幸福感。

新时代是奋斗者的时代!我们都在努力奔跑,我们都是追梦人!美好的中国梦,属于每一个立足于自己的岗位,胸怀匠心、努力躬耕、追求卓越的劳动者。每一位劳动者都是时代的主角,作为时代弄潮儿的我们,更加需要工匠精神的引领,并成为工匠精神的坚定践行者,为中国文化立根固本,为中国力量凝神铸魂,谱写新时代的劳动者之歌。

思考训练

1. 中国古代的工匠之道有什么内涵?
2. 什么是工匠精神?
3. 新时代的工匠精神与传统工匠精神相比,有哪些时代内涵?
4. 什么是职业幸福感?如何追求职业幸福感?

阅读链接

[1] 人民网.论"工匠精神"[EB/OL].http://theory.people.com.cn/n1/2017/0525/c143843-29299459.html,2017-05-25.
[2] 人民网.论工匠精神与民族复兴[EB/OL].http://opinion.people.com.cn/n1/2016/0510/c1003-28339688.html,2016-05-10.
[3] 宦平.工匠精神读本[M].北京:中国劳动社会保障出版社,2016.
[4] 人力资源和社会保障部教材办公室.工匠精神[M].北京:中国劳动社会保障出版社,2019.
[5] 付守永.新工匠精神:人工智能挑战下如何成为稀缺人才[M].北京:机械工业出版社,2018.

模块五 树立职业形象

● **哲人隽语**

　　大家都说不可以以貌取人，不过的确大家都是以貌取人的，也因此我很注意我的外表形象，我期许自己每一天都以最佳形象来展现。

——撒切尔夫人

　　人的一切都应该是美的：容貌、衣裳、心灵、思想。

——安东·巴甫洛维奇·契诃夫

　　一个人的穿着打扮，就是他的教养、品位、地位的最真实的写照。

——莎士比亚

● 模块导读

　　形象是人们在一定条件下由其内在特点所决定的外在表现的总体印象和评价，这些印象和评价在职场上体现为职业形象，是人们在职场中公众面前树立的形象。形象是一个人学识、修养、气质和品位的展示，良好的职业形象不仅是企业的门面，同时能够提升个人品牌价值，做好职业形象的自我管理对个人的求职、工作、晋升和社交都起着至关重要的作用。

　　马克思在《1844年经济学哲学手稿》中提出的"劳动创造了美"以及"人也按照美的规律来建造"等观点一起构成了马克思主义哲学美学思想的精髓。审美活动不仅成为人类的一种自我需要，而且成为人类与对象世界的一种相互构建，人们在社会实践过程中通过审美对象不断的观照而升华了自己本质的力量。职业状态中的审美关系是以职业形象为依托建立起来的，人们日常围绕着职业关系展开一系列社会交往活动，建构着这种具有社会价值的审美关系，不仅展示着自己的职业形象，实现着自己的职业价值；与此同时为了确保生产关系中经济价值的有效实现，确保社会关系中的良性互动和协调发展，人们还选择性和创造性地塑造和优化自己的职业形象，在精神层面体现出愉悦的审美情趣、职业的自豪和主观幸福感。

　　本模块主要介绍了职业形象和职业习惯等概念，引导大学生通过树立良好的职业形象，培养和强化职业意识，从细节入手塑造职业形象，为将来走向职业生活奠定坚实的基础。

学习目标

分类	具体内容
知识	1. 掌握职业形象的含义 2. 了解职业形象在职场中的重要性 3. 了解礼仪的基本要求，理解礼仪的意义
技能	1. 能够打造职业形象，符合工作要求 2. 能够掌握职场中必备的职业礼仪规范 3. 能够根据职业形象塑造开展学习和生活
态度	1. 树立职场形象意识 2. 培养正确职场形象习惯 3. 维护文明职场形象

劳动教育和职业素养

单元一　塑造良好形象

仪容干净的人，最好看，好看的人，通常不是穿金戴银，浑身珠光宝气，而是仪容干净，举止有度。仪容干净的人，内心往往澄澈。古人也说"相由心生"，一个人心灵如何，从面相仪容也能看出一二。

典型案例

没义务透过你邋遢的外表，去发现优秀的内在

——杨澜

1995年的冬天，如果我再找不到工作，灰溜溜地回国几乎成为唯一的选择。可我再一次被拒绝了。想起那个面试官的表情，我非常抓狂。她竟然说我的形象和我的简历不相符而拒绝继续向我提问。我低头看自己的打扮，很明显，因为穿着问题，我被她鄙视了。我发誓我可以用我的能力让她收回她对我的鄙视，但我没有得到表现我的能力的机会。

我的房东莎琳娜太太是一个很苛刻的中年女人。她规定我必须晚上12点之前熄灯睡觉，必须在10min之内从浴室出来，不穿戴整齐就不准进入她的客厅，不准我用她的漂亮厨房做中餐，甚至规定我在她有客人来访的时候必须涂口红！

那天我刚洗完头发，坐在床上，一边翻看报纸的招聘信息一边吃我带回来的面包卷。这很是违反了莎琳娜的原则，她冲上前来，一把夺过我的面包和报纸，用英文大吼："你这个毫无素质的中国女孩儿！你滚出我的家！"我于是披散着头发，在睡衣外裹上大衣冲出了门。

我愤怒地冲进一家咖啡馆，天气实在太冷，我也很饿。我的对面是一个英国老太太，她看起来比莎琳娜更加讲究，就像伊丽莎白女王一样尊贵与精致。我下意识地收起自己宽松睡裤下的运动鞋。然后我看到她裙子下着了丝袜和漂亮高跟鞋的腿，以她这样的年纪，却仍然把这样的鞋子穿得非常迷人。在欧洲的很多高级餐厅里，衣衫不整是被拒绝进入的，我想我能进来的原因大概是因为我穿了价值不菲的大衣。我不由得暂时收起自己的愤怒，说："给我一杯热咖啡，谢谢。"

侍者走开后，对面的老太太并不看我，而是从旁边拿了一张便笺写了一行字递给我，是非常漂亮的手写英文：洗手间在你的左后方拐弯。我抬头看她，她正以非常优雅的姿势喝咖啡，没有看我半眼。我的尴尬难以言明，第一次觉得不被尊重是应该的。我的头发被风吹得非常凌乱，我的鼻子旁边甚至还沾了一点面包屑！虽然我的大衣质地非常好，但我的睡裤被它衬得很老旧。我第一次有点看不起自己。这样的打扮，我有多不尊重自己，以致使别人觉得我也不尊重她们。我想起下午去面试时自己的日常便装，那应该也是对一个高级经理职位的不尊重吧？

我最后一次面试，是一家大牌化妆品公司的市场推广。我得体的着装打扮为我的表现加了分。那个精致干练的女上司对我说："你非常优秀，欢迎你的加入。"

我没有想到，我的上司居然就是我在咖啡馆里遇到的那位英国老太太。她非常有名，是这个化妆品品牌的销售女皇！我对她说："非常感谢你。"我是真的非常感谢她，非常感谢她那句"作为女人你必须精致"，虽然她没有认出我。是的，没有人有义务必须透过连你自己都毫不在意的邋遢外表去发现你优秀的内在。你必须精致，这是女人的尊严。我在后来的后来，都一直记得。

分析：第一印象的形成，一半以上和外表相关，虽然这些第一印象并非总是正确的，但却是最鲜明、最牢固的，并且决定着以后双方交往的进程。如果一个人在初次见面时给人留下良好的印象，那么人们就愿意和他接近，彼此也能较快地取得相互了解，并会影响人们对他以后一系列行为和表现的解释（图5-1）。虽然不要过分关注一个人的外表而忽视了其内在的品质，但也要认识到，一个人的名字，是一个品牌；一个人的形象，是一张名片。衣着得体、外表端庄是对他人的尊重，也是自我成熟的表现。职业形象不仅是个人形象，更包含职业意识、职业礼仪等。打造符合自身的职业形象，不仅要考虑自身的性格等特质，还要结合所处的环境、位置等内外因素，合理定位，才能找到最符合自身气质性格的职业形象。人的形象在人与人的相互关系中施加了一种影响力，并能形成推动事物进程的氛围。良好的职业形象可以消除心理隔阂，建立沟通与信任，由此才能更好地实现职业目标。

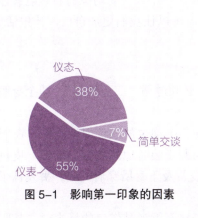

图5-1 影响第一印象的因素

一、职业形象的内涵

外在形象堪称是个人的第一张名片，良好的个人形象易使人产生好感。一个人的形象表现在两大方面，即内在特征和外在形象。人的内在特征指的是一个人的思想情操、气质修养及文化素质等；人的外在形象除了五官及体形，还有服饰搭配、面部修饰、化妆及发型等。

任何职业都有一个约定俗成的标准。在职场中扮演的角色应该符合社会对这一角色的职业期待。很多职业都有明确的职业符号。人们只要一看到这种符号，就会自然而然地联想到这个职业。比如乘务员、医生或警察等职业，人们总是能通过从业者的着装清楚地了解他

劳动教育和职业素养

们的身份。如果一个人的着装超越了社会对着装者职业的认知底线,那就会给人一个错乱的印象。

良好的职业形象不仅代表着对客户的尊重,也会让自己显得挺拔而自信,还能增加竞争力,提升品牌价值,提高职业自信心。企业或个人的成功与失败很大程度上取决于职业形象。如果不注意个人形象,因此形成负面影响,势必给公司和事业的顺利发展造成障碍。只有当一个人真正意识到个人形象与修养的重要性时,才能体会到职业形象给你带来的机遇有多大。如果注意到了这一点,那么你已经成功了一半。

二、职业形象的塑造

美国形象大师罗伯特·庞德曾说过:"这是一个两分钟的世界,前一分钟是让别人知道你,后一分钟是让知道你的人喜欢你。"

一个良好的职业形象可以归纳为四个字:神形兼备。这是因为仪表给人的感觉比较直接。在职场中,职业装往往代表了整个行业的形象。一个人从事某种职业,着装打扮就要符合这种职业的着装打扮标准。在职场中,特别是很多正式的场合,一般不太强调审美个性,有时候,越是规模大的场合,越强调审美共性。在职场中,要求个人着装搭配得体、款式简单、注重环境与场合的和谐、强调审美共性。

(一)着装礼仪

两个人相见,第一印象就是对方的着装,因此,一个人在职场中的着装能够体现出他的品位、档次、美学修养和综合素质。正确的着装,可以让我们更加自信,让生活更加惬意,也让自己在事业中游刃有余。

1. 职场着装中的三个三原则

1)三色原则。职场中,在公务场合着正装,必须遵循"三色原则",即全身服装的颜色不超过三种。

2)三一定律。职场中,如果着正装则必须使三个部位的颜色保持一致,在职场礼仪中叫作"三一定律"。具体要求是,职场男士身着西服正装时他的皮鞋、皮带、皮包应基本一色;职场女士的"三一定律"指:皮鞋、皮包、皮带及下身所穿着的裙、裤及袜子的颜色应当一致或相近。这样穿着,显得庄重大方得体。

3)三大禁忌。一是职场男士西服套装左袖商标不拆者是俗气的标志;二是职场人士最好不要穿尼龙丝袜,而应当穿高档一些的棉袜,以免产生异味;三是职场人士不要穿白色袜子。

2. 职场着装中服饰的 TPO 原则

TPO 原则,是有关服饰礼仪的基本原则之一。TPO 原则,即着装要考虑到时间(Time)、地点(Place)、场合(Occasion)。它的含义是要求人们在选择服装、考虑其具体款式时,首先应当兼顾时间、地点、场合,并应力求使自己的着装及其具体款式与着装的时间、地点、场合协调一致,较为和谐般配。

1)时间原则。主要是指穿戴服饰时应考虑时代性、季节性和早晚性。时代性是指服饰要顺应时代发展的主流和节奏,不可太超前,也不可太滞后。所谓季节性,是指服饰的穿戴应考虑春、夏、秋、冬四季的气候环境。就服装而言，夏天应穿着轻薄凉爽的衣服；冬天应穿着厚实保暖的服装。不可冬服夏穿或夏衣冬穿。春秋季节的服装可以根据气温进行调整穿着。所谓早晚性，是指服饰穿着应根据每天的早、中、晚气温变化而调整。通常，早上、白天因户外活动或非正式活动较多，可以在穿着上稍微随便一些；晚上因宴请、音乐、舞会等活动较多，出席类似这样的活动应当穿戴正规、妆容得体。

白天基本上是工作的时间，着装要考虑自己的工作性质和特点。从事服务业的人员，经常选择白色合体的服装，既方便操作，又体现出讲究清洁卫生的严格要求。在写字楼忙碌的白领人士，常常选择西服套装、套裙，很好地体现出敬业、干练、庄重、严肃的职业特色。窗口服务的工作人员，为了很好地体现对服务对象的尊重和训练有素的职业素养，齐刷刷地穿上了职业工装。在工作时间的服装选择上，应以大方为原则。如果参加公关活动、社交活动，则要以典雅端庄为原则。

2）地点原则。在绿草茵茵的运动场上，如果穿着笔挺的西装；在严肃庄重的办公场所，如果穿着拖鞋；在喜庆隆重的婚礼现场，如果新人身着运动服，都会显得极不协调，会直接影响自身的形象。比如，穿着休闲服饰出现在谈判地点，会给对方带来漫不经心、不尊重自己和他人的感觉。又如：在运动场上，西装革履的人往往给人故意拿捏、矫揉造作，与人格格不入的印象。服饰选择是否符合地点原则，直接影响着一个人的形象。

从地点上讲，服饰穿戴者应考虑将要出现的空间环境，才能为人们所接受，才是合乎情理的。地点原则要求人们对即将到达的场景有一个了解或估计，置身于室内或室外，驻足于闹市还是乡村；是办公室还是码头车站；是高级宾馆还是公园绿地？……然后再选择自己应穿着的服装和佩戴的饰品，尽量做到在种类、质地、款式、花色等方面与所要出现的地点相协调。例如，白领女性在办公室环境中工作的时候，可以穿着小西装、套裙和中跟的通勤鞋；参加各种运动时，应穿着适合运动的服装和鞋子。

3）场合原则。场合原则指的是根据场合进行恰当的服饰搭配。根据参加活动的正式程度，可将场合划分为正式场合、半正式场合与非正式场合。

庆典、仪式、盛大宴会、晚会，都属于正式场合。在正式场合需要穿着礼服。礼服有统一的要求，通常礼服质地、做工要求比较高。在现代社会中，大多数国家的礼仪都趋于简化，礼服也随之简化。正式场合，男士可穿黑色西服套装、黑色袜子、黑色系带皮鞋、系领带。在我国，男士也可以穿中山装，配黑色皮鞋。女士在白天的正式场合可穿西服套裙、连衣裙、中式套裙或旗袍，可以使用明亮的颜色。裙装长度在膝盖上下为好。袒胸露背、长裙曳地的晚礼服或反光的软缎之类面料做的旗袍是晚上正式活动的着装。

工作、教学多属于半正式场合，着装一般要求庄重、整洁、大方。其中，公务执法、窗口岗位与服务工作要求员工统一着制服或工作服，制服与工作服的穿着要求是：整齐、清洁、挺括、美观，以体现严谨和规范的工作作风。无论怎样，工作场合的着装，往往与组织的文化精神相适应。例如银行业，为了增强可信度，接待客户的员工衣着总是庄重、严肃的；而信息技术行业的员工日常着装比较随意，因为他们接触的大多是年轻人，轻松、随意的着装更具有亲和力。

非正式场合多属于私人活动，如聚会、运动、旅游和逛街等。非正式场合的着装以舒适、方便为标准。如果穿职业装或礼服出入这种场合则属于过度着装，显得过于隆重，是不合时宜的。当然，公众场所的非正式活动，也应注意服饰的大方和美观，例如，酷暑时节，男士在广场纳凉，不能为了自己的凉爽，赤膊上阵，显得粗俗，有碍市容。

（二）仪容仪表礼仪

明代文学家、戏曲家冯梦龙所编的《广笑府》里有一则《歪戴帽子》的笑话：元朝的时候，元世祖召见应聘官员，其中有一个名叫胡石塘的学士，因为生性比较粗心，头上戴的棕皮编织的帽子歪了也没有发现。忽必烈看到他，就问："卿有何才？"，胡学士回答道："治国平天下之学。"忽必烈忍不住笑了："自己头上的帽子都戴不正，还能平天下吗？"可想而知，胡石塘没有能被朝廷录用。《后汉书》中第五十六章《陈王列传》《孟子》与清代刘蓉所著《习惯说》均记载了这句话："一室之不治，何以天下家国为？"其义就是我们所熟知的："一屋不扫，何以扫天下"之说。而一个连自己的帽子都戴不端正的人，又何谈"治国平天下"呢？他的失败，仅仅因为他头上一顶戴歪了的帽子！可见，我国古代就已经把衣冠的整齐与否同一个人的能力和性情相联系并进行评判了。

服饰是一种无声的"交际语言"，它能投射出一个人文化修养的高低、审美情趣的雅俗，折射出一个人对生活的态度。正如世界知名服装心理学家高莱所言："着装是自我的镜子"。美国心理学家彼得·罗福也认为："一个人的服装不仅表露了他的情感，而且还显示着他的智慧。一个人的衣着习惯，往往透露出他的人生哲学和人生观。"伟大的英国作家莎士比亚则进一步强调："服装可以表现人格，一个人的穿着打扮就是他教养、品味、地位的最真实写照"。可见，从某种意义上说，服饰是一门艺术，服饰所能传达的情感与意蕴甚至是语言所不能替代的。人际交往中，服饰好似每个人手中的一封无言的介绍信，时时刻刻向每一个交往对象传递着各种信息。通过在同事和客户面前展现的职业形象传达了重要的信息，它也会对我们处理日常任务的方式和信心产生很大的影响。随着职业形象的日益重要，个人修饰也变得越来越重要，这对整体形象有很大的影响。即使已经穿上了最好的衣服或者最喜欢的时尚鞋子，整体形象的最重要部分仍然是仪容仪表的修饰。

良好的仪容仪表表明你注重细节，会照顾好自己。如果你不花时间注意自己的基本卫生或穿着得体，这就发出了一个信号，那就是你不会为工作付出努力。良好的仪容仪表还展示了自尊和自信，这些都是员工非常需要的品质，这会给人留下这样的印象：作为一名员工，你将是果断而高效的。

1. 仪表

仪表，也就是人的外表形象，包括仪容、服饰、姿态和风度，是一个人教养、性格的外在表现。讲究个人卫生，保持衣着整洁是仪表美的最基本要求。在日常生活中，只要有条件，就必须勤梳洗、讲卫生，尤其在社交场合务必穿戴整齐，精神振作。要正确认识自己，不盲目追赶潮流，注意得体和谐，做到装扮适宜，举止大方，态度亲切，个性鲜明。

2. 仪容

仪容即容貌，由发式、面容以及人体所有未被服饰遮掩的肌肤所构成。是个人仪表的基本要素。保持清洁是最基本、最简单、最普遍的美容。风华正茂的学生，天生丽质，一般不必化妆。男士要注意细部的整洁，如眼部、鼻腔、口腔、胡须、指甲等。要知道，有时"细节"也能决定一切。女士，尤其是社交场合的女士，通常要化妆。在某些场合，适当的美容化妆则是一种礼貌，也是自尊、尊重人的体现。化妆的浓淡要根据不同的时间和场合来选择。在平时，以化淡妆为宜，注重自然和谐，不宜浓妆艳抹、香气袭人；参加晚会、舞会等社交活动时，则应适当浓妆。

3. 发型

发型是装束礼仪中不可缺少的部分，是构成仪容的重要组成部分。通常情况下，人们观察一个人都是从头部开始的，在职业环境中，干净的发型和整齐的面部与毛发是必不可少的。注意头发的清理，重视头发的梳理，注意头发的装饰。发型修饰就是在头发保养、护理的基础上，修剪一个适合自己的发型，不论是修剪还是选择造型，都必须以庄重、典雅、大方为主要风格。

4. 饰品

装饰品是个人装束的点缀，既可画龙点睛，也会画蛇添足，并非多多益善，因此不得不讲究。青少年学生一般不宜戴首饰，公务员穿着执法制服时不能佩戴首饰，男士若戴项链最好不要外露；平时佩戴的饰物以少为好，高档珠宝首饰，适用于隆重的社交场合，不宜在工作、休闲时佩戴。如果佩戴眼镜，还应确保镜片是干净的。

职业形象是塑造声誉的关键元素，是在工作场所内外的个人品牌的一部分。它反映了职场中的个人外观、行为以及面对面互动和社交媒体消息中使用的语言和非语言交流。形象与公众的看法有很多联系，塑造职业形象的目标是在第一次相遇和整个人际关系中创造积极和持久的印象，这些印象是由你的日常行为、共同做法和基本原则塑造的。它们超越了一个完美的外表，反映对他人的责任、尊重、礼貌、关怀和考虑。通过每天一致地遵守这些原则和实践，为职业形象和个人品牌奠定坚实的基础，良好的礼仪将打开最好的大门。

思考训练

请在不同时间、地点、场合下为自己进行形象设计。

1. 明天要去律师事务所面试。
2. 和朋友外出郊游。
3. 参加公司聚会。

阅读链接

[1] 张岩松. 职业形象设计 [M]. 北京：清华大学出版社，2015.

[2] 何瑛，张丽娟. 职业形象塑造 [M]. 北京：科学出版社，2012.

[3] 张晓妍. 化妆设计基础：形象设计职业实用指导教材 [M]. 北京：中国纺织出版社，2016.

劳动教育和职业素养

单元二　注重职场礼仪

典型案例

礼仪行天下　服务到万家
——记服务明星、劳模列车长屈培

2006年，屈培应聘到武汉客运段，成为Z37/8次红旗列车上的一员，她工作努力，样样干得仔细、干得精通。2007年6月，她被选拔到动车组列车上担任首发式的乘务员。2009年，武广高铁开通，屈培成为高铁上的一名列车长，她秉承"做工作就要做到最好，做到让旅客满意"的服务理念，引导乘务员多学多思，提升服务技能。武汉至北京西往返2500km，每趟乘务，屈培都是连续站立工作12h，行走2万多步，将近8km，每20min巡视车厢一次，解答旅客问询几千次，服务重点旅客多达百余位。

春去秋来，从懵懂到成熟，屈培将她最美好的青春洒在了高铁这片热土上，成长为"凤舞楚天"示范班组的一名列车长。屈培相信，细节决定成败，把看似简单的服务做精做细，做到旅客的心里去，才是服务工作的本质。客运规章，她倒背如流；礼仪培训，她夏练三伏、冬练三九；化妆技巧，她与小伙伴分享。

她认为，服务要对症下药：对老年旅客，注重问候与沟通；对儿童旅客，关注与互动；对乘坐商务座的高端人士，提供"无干扰"的服务。她注重每一次的礼仪培训，从眼神运用到举手投足、一言一行，她都悉心指导、一一纠正。她积极推行高铁全程微笑服务、导游服务、无缝链接服务等，全力打造"凤舞楚天"服务品牌，联系急救车送孕妇去医院，广播寻医救下心脏病病人性命，把盒饭让给低血糖病人……她将最灿烂的微笑留在了每一节车厢，其事迹在新华网、新浪、人民铁道网、湖北日报等媒体上登载，她在千里铁道线上展示着铁路人的灵动和热情，成为当之无愧的服务明星和"80后"劳模列车长的优秀代表。（微信公众号"武铁武汉客运段"资料，案例有节略）

分析：劳模列车长屈培是职场中的优秀代表，在中国职场中还有许多默默奉献的劳动者。他们在自己平凡的岗位上，将责任心和使命感化作坚守的动力。以"人民勤务员"的心态，以"为人民服务"的行动践行着新时代的职业精神。我国素有"文明古国，礼仪之邦"的美誉，在职场辛勤工作的劳动者们怀揣感恩之心，扎扎实实、爱岗敬业、甘于吃苦、乐于奉献、自强不息、勇于超越，继续发扬新时代吃苦耐劳的精神，不断创新，勇做新时代的弄潮儿，用劳动与实干为实现中华民族伟大复兴添砖加瓦、建功立业！工作是人生存的手段，也是体现人生价值的重要途径之一。职场礼仪是工作中的行为规范，是"为人民服务"的具体体现之一，现在学好练好职场礼仪，都可能成为未来生存的强而有力的辅助工具；每一位职场人士，只要用心工作，注重职场礼仪，践行职场礼仪，过好每一天，干好每一件事，对待好每个人，就会有所收获。

一、职场礼仪简述

（一）职场礼仪的概念

职场礼仪，是指工作者在职业场所的工作过程中应当遵循的一系列行为规范。对单位而言，礼仪是一个单位文化的重要组成部分，体现整个单位团体的人文面貌；对个人而言，良好的礼仪能够树立个人形象，体现专业化；对服务对象而言，享受应有的礼仪服务，提高了对整个服务过程的满意度和良好感受。

现代社会中，职场礼仪在众多的单位团体中备受重视，它除了可以体现个人的综合素质和修养，在全球化的竞争中，也日益成为单位团体形象的一部分而不断改善和提高。所以学习职场礼仪是进入职场的关键一步。

（二）职场礼仪的内容

在职场中，工作者们彼此尊重对方的过程和手段就构成了职场礼仪。礼出于俗，俗化为礼。礼节、礼貌都是职场中人际关系的润滑剂，能够非常有效地减少人与人之间的摩擦，如：与同事和谐相处也是需要讲究礼仪的，文雅、宽厚能使人加深友情，增加好感，与同事沟通必须注重言语礼仪，可以营造一个和睦、友好的人际环境。如果同事之间关系融洽和谐，每天上班就会感到心情愉快，有利于工作的顺利进行，从而促进事业的发展。礼仪在工作中能最大限度地避免人际冲突，使人际交往成为一件非常愉快的事情。在满足人们社会交往需求的同时，也满足了人们被尊重的需求。适宜的职场礼节能营造良好的社交氛围。

（三）职场礼仪的意义

很多人不知道职场礼仪的重要性。特别是初入职场的应届毕业生，其中很多人都对此很不在意。但事实上职场礼仪在职场生活中却占据着不可动摇的重要地位，职场礼仪不仅可以有效地展现一个人的教养、风度、气质和魅力，还能体现一个人对社会的认知水平、学识、修养和价值。礼仪不仅体现在日常生活中，还体现在工作中，通过职场礼仪在复杂的人际关系中保持冷静，按照礼仪的规范来约束自己，通过职场礼仪中的一些细节，会得到领导更多的信任，使人际间的感情得以沟通，与同事间建立起相互尊重、相互信任、友好合作的关系，从而使自己的事业进一步发展，能在职场中如鱼得水。职场礼仪的意义如下：

1. 提高道德修养

通过职场礼仪的学习，在平时的思想品德方面进行自我修养和提高，包含语言规范、举止文明、谦虚谨慎、爱岗敬业等的外在体现，从而达到了高标准的职场礼仪。

2. 塑造良好形象

良好的职业形象可以通过专业的训练，有效地展现一个人的教养、风度、气质和魅力等。

3. 正确沟通信息

通过对职场礼仪的学习，分清不同场合的表现形式，正确地表达自己想要表达的意思和信息。避免他人误解，精准展示自我。

4. 协调人际关系

职场礼仪让在职场的人们形成礼貌待人的良好习惯，使人际间感情得以沟通，从而建立起相互尊重、相互信任、友好合作的关系。

二、职场礼仪训练

职场礼仪是一种行为上的规范，需要所有工作人员自觉遵守，养成好习惯。职场礼仪就是工作者职业素养的重要表现形式。个人职场行为的总和就构成了自身的职业素养，职业素养是内涵，个人行为是职业素养的外在表现。职业素养外延很广，专业是第一位的，可是除了专业，敬业和良好的道德是必备的，体现在职场上的就是职场礼仪；体现在生活中就是个人素质或者道德修养的个人礼仪。一位在职场的工作者，需要在千锤百炼中不断提升自身的职场礼仪，最终把自己训练成为把优秀当作习惯的职场精英。

（一）心态建设

作为职场工作者，要想具备高超的职场礼仪水平，就必须不断建设积极的心态。

1. "主人翁"心态

职场精英，不能只停留在"为了工作而工作、单纯为了赚钱而工作"等层面上。而应当站在单位领导的立场上，用领导的标准来要求自己，像领导那样去用心做事，以实现个人的职场梦想与远大抱负。

2. "快适应"心态

在竞争越来越激烈的当下，不能够迅速适应环境，已成为个人素质中的一块短板，这也是无法顺利完成工作的一种表现。相反，善于适应环境是一种有能力的体现，具有这种能力的人，手中也就握有了一个可以纵横职场的筹码。

3. "化压力"心态

压力是工作中的一种常态，对待压力，不应逃避，要以主动的心境去引导、去化解，并将压力转化为前进的动力。我们最出色的工作通常是在高压情况下做出的，思想上的压力，乃至痛苦都可能成为取得无限效果的兴奋剂。

4. "善表现"心态

在职场中，默默无闻是一种缺少竞争力的体现，而那些善于表现自己的员工，却可以获得更多的自我展示机会。那些善于展现自我的员工是最具竞争力的员工，他们一般可以灵活地锋芒毕露。

5. "勇承担"心态

不断培养自己勇于承担责任的心态。德国大众汽车公司认为："没有人可以想当然地'保有'一份好工作，而要靠个人的责任感去争取一份好工作！"。我们要向具有责任感的精英学习，越来越多的单位比较看重员工的责任感，更多人认为没有比员工的责任心所产生的力量更能使单位具有竞争力的了。显然,那些具有强烈责任感的员工才能在职场中具有更强的竞争力!

(二)求职面试礼仪

求职面试礼仪就是指在参加求职面试的过程中所要遵循的行为规范。面试礼仪是给面试官留下良好第一印象的关键。面试官会注意到你的着装,你如何问候他们,你什么时候到,你的行为举止。当你表现得很专业,说话也很有礼貌时,你就为接下来的面试定下了积极的基调。你的礼仪会影响你能否得到这份工作。

1. 重视"言谈举止"

1)面试中,进入考场后要向考官问好,一般可直接称呼"各位考官",进场问好一般用"各位考官,大家好(上午好或下午好),我是××号考生",离场时可用"各位考官辛苦了"。

2)试讲过程中要注意语言不要重复啰唆,应当避免口头语。这不仅降低了语言的流畅性,也影响了语言的逻辑性。

3)不要过度谦虚,也不要过于自信。

4)保证语言的完整性,不要自己和自己抢话。一句话要说完整,从容地说出下一句。如果说到一半就急忙说出了下一句,会使语言缺乏完整性。同时,会使自己显得很紧张。

2. 重视"仪容仪表"

1)男士着西装。颜色应以主流颜色为主,如黑色或深蓝色。衬衫:以白色或浅色为主,面试前应熨烫平整。领带:准备好与西装颜色相称的领带,色彩以和谐为美,不要追求标新立异,以免弄巧成拙。领结要打得端正,不要松松散散。皮鞋:皮鞋以黑色为宜,黑色鞋好配服装。须发:面试前要洗干净头发,但尽量避免在面试前一天理发,以免看上去不够自然。男生要将胡须剃干净。

2)女士着套装。准备一至两套较正规的套装,素色稳重的套装会使人显得大方干练。皮鞋:鞋跟不宜过高、过于前卫,夏日最好不穿露出脚趾的凉鞋。饰物:佩戴饰物应注意和服装整体的搭配,最好以简单朴素为主,不要搭配过于醒目、夸张的饰品。妆发:女生可适当化淡妆,包括口红,但不能浓妆艳抹,过于妖娆,不符合大学生的形象与身份。不管长发还是短发,一定要洗干净、梳整齐。

(三)职场行为礼仪

1. 基本姿态礼仪

1)坐姿(图 5-2)。垂直式坐姿动作要领:头部端正,目视前方,下颌微收,双肩平整,腰背挺拔,膝盖弯曲度尽量保持90°,双腿并拢或叉开,双脚脚尖朝前,平行。双手平放在腿面。面带微笑。

2)站姿(图 5-3)。垂手式站姿动作要领:头部端正,目视前方,下颌微收,双肩平整,腰背挺拔,双手自然下垂摆放于两腿外侧,五指并拢,脚跟脚尖并拢。面带微笑。

3)请姿(图 5-4)。动作要领:左手自然下垂摆放于左腿外侧,五指并拢,右臂平伸或弯曲成90°,

图 5-2　垂直式坐姿

手掌展平，五指并拢，手腕手臂在同一直线。面带微笑，口中说"您请"或"您请进"。

a）握手式站姿　　　　b）垂手式站姿　　　　　　a）大请请姿　　　　　　b）小请请姿

图 5-3　站姿　　　　　　　　　　　　　　　图 5-4　请姿

2. 请示和汇报礼仪

1）充分准备。事先想好请示的要点和措辞；拟定汇报的提纲并准备好有关的资料以备上级查看。

2）合适时机。主要是指临时性的请示汇报；事先了解领导的活动安排；通过秘书助理请求领导接见，也可以直接用电话向领导提出请求，获得允许后方可见面；不要在领导忙碌或者正全神贯注于处理某事时打断领导的工作和思路；不要在领导出席会议或会见客人时去打扰。

3）信时守约。主要是指预约汇报，必须准时到达。如果过早到达，会打乱领导的安排，甚至会使领导因未准备就绪而难堪；如果迟迟不到，让领导久等，则会使领导觉得汇报者缺乏责任心，办事不牢靠；如果遇到突发事件不能准时到达，汇报者应设法向领导说明原因，请求推迟时间或另约时间，并致以歉意。

4）实事求是。不要夸大困难和矛盾；不要只报喜不报忧；不要借机诽谤和中伤同事；实事求是既是工作态度问题，也是汇报者人品问题。

思考训练

1. 简述职场礼仪的概念。
2. 简述职场礼仪的内容。
3. 请示汇报礼仪中都应注意哪些问题？

阅读链接

[1] 王义平. 职场礼仪 [M]. 上海：同济大学出版社，2009.

单元三　养成职业习惯

典型案例

"时代楷模"李超：一名工人发明家的发明之路

李超是鞍钢集团鞍钢股份公司冷轧厂4号线设备作业区作业长兼党支部副书记。参加工作25年来，他始终坚定"技术报国"的理想和信念，把实现个人梦想与中国梦紧密相连，勤学不辍、苦练本领，干一行、钻一行、精一行，主导完成多项国内外首创、国际领先的技术改造革新项目，曾荣获2013年度国家科技进步二等奖。李超是新时期技术型、知识型、创新型产业工人，他的先进事迹和崇高精神，体现了忠于祖国、勇于担当的主人翁精神，敢为人先、攻坚克难的创新意识，锲而不舍、刻苦钻研的敬业态度，凝心聚力、高效协作的优秀品质，是当代产业工人的学习榜样。

"很多工人一谈到理想，就是当领导、管理人，而我却愿意在基层技术岗位上一直走下去。"李超说，创新给人带来的收获和快乐，你不去做，是很难体会到的。1998年当盐酸洗机械点检员时，生产线经常发生损坏，三天两头发生事故，大家苦不堪言，李超萌生了改进设备的念头。没有助手、没有向领导报告，李超暗自对设备进行了一次"全身体检"，测取了400多个数据，最后确定了在设备本体增添侧导轮的改进方案。半个月后，厂里召开的专家论证会通过了李超提交的改进图样，2个月后进行设备大修改造时，厂里指定李超担任技术总监。"厂领导对一个普通点检员如此重视，让我深受鼓舞。"他说。

探寻李超的故事，"忠诚"二字光彩耀人。鞍钢集团党委副书记尹利说，忠诚表现在对工作精益求精，对工作程序不打折，执行标准不讲价，把职业当成了自己的事业，这也是现今中国产业工人最急需的品质。

在鞍钢建设冷轧4号线时，李超作为谈判小组成员赴日本参与设计审查。为了建好这条生产线，李超和同事们做足了功课。他们把由新日铁设计的鞍钢冷轧2号线清洗机组在运行中暴露出的技术缺陷全部整理出来（总计有60多处），并把每一处的故障表现、问题根源、技术参数、修改方案等一一排列出来。谈判过程中，李超从机组的上料设备开始，挨个环节仔细查看，结合2号线清洗机组发现的问题，对设计缺陷提出了修改和完善意见。李超有理有据的意见和深厚的技术功底，让日方谈判人员刮目相看。

参加工作25年来，李超不仅补习高中课程、上夜大，取得了冶金机械专业大学本科文凭，而且凭借在一线岗位的摸爬滚打，带领工友们先后解决生产难题230多项，其中59项成果获厂和鞍钢以上奖励，创造经济效益1.3亿元以上。如今，这名从普通钳工成长起来的公司特级技师，已经拥有了自己的"技术创新工作室"。

李超有两方面特别令人钦佩，扎根现场的敬业精神和提高专业技能的学习精神。李超技校毕业，而从国外引进的设备图样都是英文，这就需要他一个单词一个单词地从头学起。可想而知，他付出的努力超乎常人，他经常把一堆堆图样和外文材料往家里抱。李超现在虽然是劳模，但他依然很少坐在办公室里，还是老往生产现场跑，在他身上，什么都没有变，李超还是原来的李超。

分析：人们常有误解，总认为创新很神秘，创新是专家学者的事儿，普通职工沾不上"创新"的边儿。殊不知，企业是创新的主体，创新的舞台在一线。李超的创新实践多次证明，并非只有科学家才能创新，普通职工也可以创新，只要具备了创新的意识、思维和能力，就可以成为创新的行家里手。

注重培养创新精神，人人都能成为创新英雄。培养创新精神，就是要牢固树立敢为天下先的志向和信心，敢于研究别人没有研究过的问题，敢于去碰别人没有碰过的难题，通过扎实深入的科学研究为企业技术进步增光添彩。培养创新精神，就是要善于独立思考，用批判的眼光审视事物的合理性，敢于独辟蹊径、标新立异，敢于怀疑书本、质疑权威，不唯上、不唯书、只唯实，努力尝试新方法，探索新规律。培养创新精神，就要敢于冒险，不怕失败，正如爱迪生所说："我的成功是从一路失败中取得的。"多元是创新的前提，试错是创新的路径，要少些"无过即功"的明哲保身，多些"第一个吃螃蟹"的勇气。

李超用忠诚的职业态度和精湛的职业技能为生产一线普通员工创新，树起了一面卓越的旗帜。

一、习惯的形成

对于步入职场的新人来说，养成良好的职业行为习惯无疑是做好工作的前提条件。所谓行为习惯，顾名思义可以理解为行为和习惯的总称。行为是指受思想支配而表现出来的外表活动，习惯则是指积久养成的生活方式。

习惯，人人有之。主要包括习惯的思维方式和习惯的行为方式。人们总是自觉或不自觉地按照自己的习惯去工作、生活、与人交往或是思考问题。习惯不是先天就有，而是后天习得的。一个人在出生的时候，就像一张"白纸"，没有沾染上任何习惯，无论是好的还是坏的。一个人的习惯与其家庭出身、人文环境、物质条件密切相关，耳濡目染，精神熏陶。中国有不少与习惯相关的谚语，"近朱者赤，近墨者黑""久居兰室不闻其香""讨饭三年懒做官"……也就是说，在现实中，人的道德品行善恶高下，主要在于后天的学习，形成习惯，要培养良好的习惯不可以等待"习以为常"，也不可以"习焉不察"，更不能"习是成非"。

人们通常将习惯形成的过程分为三个层次，最低层次就是不自觉阶段，依靠外力的督促教育，不断强化已形成的条件反射就形成了习惯。第二个层次，习惯成为自觉行为。这一阶段需要一定的意志力，靠内部的自我监督，不需要外部监督。第二个层次也是经过反反复复，多次重复以后才能固定下来，一旦这种行为习惯被破坏，就必须重新培养。第三个层次就是自动化，达到类似本能的程度。到了自动化以后，既不需要监督，也不需要意志努力，而是行为习惯。

二、养成良好的职业习惯

职业习惯是指一个人长期从事某种职业而养成的那种极富职业特点的言谈举止。在职场中，好的行为习惯能够决定你是否可以高效率、高质量地完成工作，抑或是出色地、完美地达到预期目标。

研究发现，大约43%的行为在本质上可能是习惯性的。在"体验抽样"研究中，人们每小时记录一次他们在想什么、感觉什么、做什么，其中43%的行为几乎每天都在进行，而且通常是在相同的背景下进行的。

美国作家杰克·霍吉在《习惯的力量》一书中说，习惯是一种重复性的、通常为无意识的日常行为规律，它往往通过对某种行为的不断重复而获得。有调查表明，人们日常活动的90%源自习惯和惯性。我们大多数的日常活动都只是习惯而已。我们几点钟起床，怎么洗澡、刷牙、穿衣、吃早餐、驾车上班等。一天之内上演着几百种习惯，习惯一旦形成就难以改变。所以我们要养成良好的职业习惯，每种职业都有其特定的要求，长期从事某种职业的人，都有着与职业有关的良好习惯，有时我们通过一个人的言谈举止即可判断出对方从事何种职业。

提升职业行为习惯，就是提高职业能力。具有良好的职业习惯，对工作晋升和生活都有非常积极的影响。良好的职业行为习惯可能包括遵守时间、尊重他人、认真负责、遵守制度、保持忠诚、积极心态、工作热情、不断提升自我价值等。信守时间是职业人的基本常识，在企业中要尊重他人的个人隐私和生活方式，成熟的职业人要有强烈的责任感作为支撑。遵守制度是最起码的职业道德。要对自己的职业和企业忠诚，用积极的心态对待工作中和生活中的人与事，时刻保持初心和工作热情，不断提升自己的价值。在职业环境中形成的习惯不仅能够提高我们的职业表现，而且还对我们工作之外的生活产生持久的影响。

（一）大学生应要具备良好职业习惯的原因

青年时期是习惯的养成时期，养成好习惯，一生受益；养成坏习惯，一生受损，"失之毫厘，谬以千里"。新精英生涯《常见职场阻碍调研报告》中，"您在挑选与培养职场新人时，您最喜欢在以下哪三个方面突出的手下？"调研的结果如图5-5所示。

图5-5 常见职场阻碍调研报告数据图

从图5-5可以看出，排在前三名的是：拥有积极的职业态度；专业知识与职业技能过硬；拥有良好的职业习惯。实际上，"专业知识与职业技能"的培养，往往是依赖于要有"积极的职业态度"。并且，"过硬的专业知识与职业技能"往往是与"良好的职业习惯"紧密相关的。从职场大学生求职的角度，没有"良好职业习惯"的人，往往很容易被淘汰。实际上，从大多数人的生涯发展的角度来看，"良好的职业习惯"→优秀的职业技能→显著的职业成就。其实，"习惯"这个词汇在很多地方都很受重视。小学教师对刚刚进入小学的学生，最看重的就是"习惯"培养——"良好的学习习惯"（耐心倾听、适当发言等）、"生活习惯"等。

（二）良好的职业习惯

1. 时间管理

良好的时间管理能力主要有下列表现：

1）明确目标。时间管理的目的是在最短的时间内实现更多想要实现的目标。确定实现工作目标的具体手段和方法，预定出目标的进程及步骤；确保工作速度与目标或最后期限步调一致。

2）制订计划。制订工作计划，每天安排出时间计划日程和优先事项，将事务整理归类，将要做的事情根据优先程度分先后顺序，并根据轻重缓急来进行安排和处理。

3）正确理念。做对比做好更重要——做对的事情要比把事情做好更重要；效果比完美更重要——不要想成为完美主义者。不要追求完美，而要追求办事效果。忽略不重要的事情——将罗列的事情中没有任何意义的事情删除，对那些不重要的事情应说"不"。

4）善用工具。善于使用各种工具提升效率。如：GTD（全称：Getting Things Done）"把事情做完"；二分钟法则；四象限法则（帕累托原则）；番茄工作法；PDCA循环法；莫法特休息法；麦肯锡30秒电梯理论；分派和授权等。

5）预留时间。为计划预留缓冲时间，掌握一定的应付意外事件或干扰的方法和技巧；准备应变计划；每天留出一定时间给"顺便拜访"的人。

2. 同理心

1）将心比心。能够将当事人换成自己，设身处地去感受和体谅他人。不以自己的长处去衡量别人；不以自己的优越感去碾压别人。

2）敏感体验。具备较高的体察自我和他人的情绪、感受的能力，能够通过表情、语气和肢体等非语言信息，准确判断和体现他人的情绪与情感状态。

3）同理心沟通。听到说者想说，说到听者想听。

4）同理心处事。以对方感兴趣的方式，做对方认为重要的事情。

5）多角度看待。一个事物具有复杂的多面性，通常来讲看待事物只能看到自己熟悉的一面，这种视角具有片面性，需要进行丰富。比如说领导批评了我们，我们会自然而然地觉得领导对我有看法，不待见我。其实换个角度，领导也有自身的压力和焦虑，也有自身的任务或者考虑。多视角审视的意义在于接纳、倾听、开放和包容。具备同理心，工作中懂得换位思考，换一个角度来考虑问题往往会有不同的结果，比如：领导也许是对员工有期待？从领导的批评中能学习与提升什么？

3. 团队意识

1）团队责任感。站在公司（单位、团队）层面考虑问题而不是以个人为中心。

2）团队底线。不传递负面情绪和信息，不随波逐流，能融入小团体，但不乱说话、不传话，能保守秘密，角色定位准确，不越线，有职业道德和职业操守。

3）有大局观。全面把控，不过于计较个人得失。善于围绕全局目标展开思考，会收集信息帮助上级决策，主动积极，执行力强，目标坚定，不轻易放弃，不轻易质疑。

随着每个职业习惯的形成，有意识地努力创造习惯性的行为，每个人都能够启动一波职业习惯的浪潮，不仅影响他们自己，而且有能力影响他们的团队，并最终影响整个组织。当一个团队或组织能够共同参与形成职业习惯的过程时，如果他们周围有其他人一起参与，那么个人成功的概率就会更高，团队合作和建立一个有效的团队是一个很好的起点。

4. 职业思维意识

1）角色意识。清晰的职业角色意识和匹配的职业角色行为。

2）方法思维。提出问题并附带解决方案。不把问题的提出变成牢骚的发泄。

3）结构化思维。是指一个人在面对工作任务或者难题时能从多个角度进行思考，深刻分析导致问题出现的原因，系统制定行动方案，并采取恰当的手段使工作得以高效率开展，取得高绩效。这样做事的时候，就拥有了结构化思维，这将对职场晋升起到巨大的帮助作用。思维决定发展，思维层面不同导致结果不同。

4）数据思维。用数据核心思维方式思考问题，解决问题。懂得用数据倒推的方式控制工作各个环节和全流程。懂得用数据来表达和展示工作内容和成绩，避免在工作中听到类似这样的话：本周销售额比上周涨了不少、这个耗材费用比上个月节约了不少；更希望听到的是：本周销售额比上周涨了30万元；这个月耗材费用比上个月节约了1万元。把数字量化，也可以减少工作成本。

5. 持续性学习

1）与优秀的人为伴。跟优秀的人每天在一起，会被优秀的人所具有的高效的行为方式和思维模式所带动，获得更广阔的生涯成长的机会。

2）构建知识晶体。我们每天都会接收各种微信公众号的新闻信息，点赞、转发、保存，但是从中学到了什么呢？发现了有很多东西要学，但是哪些对成长有价值呢？哪些投资回报率高呢？选择的标准是什么？学习最重要的是：构建个体的"知识晶体"，建构起自身独有的知识体系，形成自身独有的知识体系的解决问题之道，才能实现人生的跃迁。

（三）大学生需要提升的良好的职业习惯

1. 汇报习惯

工作进程中按时汇报工作进度，工作完成后及时反馈。在工作进程中按时主动汇报工作，不仅能让领导放心，而且能提醒你工作时的注意事项，帮助你解决一些问题，化解工作中的很多风险。人人都说"好的领导是教练式的领导，是助人者式的领导"——但是，这个前提是你要主动去汇报，你在主动汇报中，也就是主动地表示寻求帮助。

2. 工作材料整理归档习惯

平时工作过程中要形成材料收集整理的习惯，更要具备良好的归类归档习惯。曾经有一个大学生在实习期间帮助经理做了一些材料,实习完毕之后,经理突然找不到那些材料了。她给该学生打电话找这些材料,学生快速地回答道:"在您的左边第二个抽屉里面,有一个我做的工作的所有材料的U盘,里面第二个文件夹里面的第三个编号文件就是您需要的文件。"有这样良好工作习惯的年轻人,走进职场后就能够轻松投入工作。每个工作完成之后,除了涉密之外,应该将每个工作的开始文件、执行过程、结果(包括图片、数据、新闻、反馈等)等有关的材料整合提炼做成一个完整的总结材料。如果连续几年都有该工作,那么就把每年的总结材料都做出来,这样的话,可以应对任何时候、任何情况的检查、评估等。

3. 工作留痕迹习惯

与同事的沟通、给领导的汇报、回复客户的信息等,一定要有"证据意识",一定要避免事后发生纠葛。截图、汇报、做笔记以及给邮件打上"需要回执",都是很好的办法。

4. 凡事有备份习惯

计算机文件材料有备份习惯。不至于因为计算机崩盘、病毒引起的找不到文件而耽误工作进程。策划活动、召开会议等,一定要有备份计划,应对天气、交通、设备、停电等突发情况。

5. 体系化思考

从团队的整体角度去思考问题,从工作的整个进程来思考问题。举个小例子:比如设计一个表格要填写部门名称和工作情况,你就要考虑到有的部门名称是5个字,有的部门名称是7个字;比如要做统计,为方便公司统计和个人的统计,设计表格时最好采用Excel版而不是Word版;再比如要收集公司全体成员的材料,在通知文件中就要写清楚"上报文件名格式",统一上报材料的格式,这样清楚地告知公司成员该如何做,收集处理起来也很方便。

其实良好的工作习惯内容很简单,就是换位思考:当别人让你很舒适的时候,那么别人的那种做事习惯,就是你应该学习和掌握的做事习惯。

(四)避免影响获得高效的工作成果的不良习惯

1. 拖延

当"明天综合征"开始抬头时,人们很容易被它的影响所困扰,并把工作推迟到最后一秒。在意识到之前,拖延症会导致迫在眉睫的最后期限像滚雪球一样滚落,并在这个过程中破坏效率和动力。不要拖延,而是要把工作任务分成小块来做,这样可以缓解工作任务带来的压力,一旦工作开始变得高效,就能改变拖延的习惯。

2. 不会倾听

有很多事情在同时进行时,谈话时就很容易分心。但倾听被认为是成功领导的决定因素之一,与其谈话或开会时打瞌睡,不如考虑向说话者表示你感兴趣(点头、同意等),用积极倾听代替分心,同时也通过提问的方式努力理解谈话内容,吸收关键信息,形成良好的职业习惯。

3. 不懂得拒绝

顺从和说"是"是礼貌和可取的,但是在有限的资源下,你也许最终会做出超出自己能力范围的承诺,导致工作无法按计划推进或是根本完不成工作。不要对每件事都说"是",

根据工作的轻重缓急，学会提高拒绝技巧。

4. 固执

决心和动力不是不愿改变。抗拒变化是很自然的，所以要更加灵活和适应变化，努力接受新任务，表现出对学习新信息和工作技能的兴趣。尽你所能地了解工作中的所有职能领域，并准备好迎接新的角色和责任。最初的商业模式或职业规划都很难一帆风顺，即使经历了失败，它仍然可以产生影响。通过改变，即使不是最初的计划，仍然可以获得成功。当柯达（Kodak）前首席营销官杰弗瑞·哈兹莱特（Jeffery Hazlet）意识到再多的意志力也无法把柯达变成他想要的公司时，他就把决心转移到了别处。现在，他是《纽约时报》的畅销书作者、主题演讲家和媒体大亨。

5. 不自信

即使所有的迹象都指向成功，不自信也很容易扼杀你的梦想。可以通过列出自己的技能、天赋和成就，包括简历上的证书、经验和推荐信，以及在社交媒体上的谈话内容和信息来改掉这个坏习惯，被不自信所困扰时提醒自己"足够好"。

成功避免不良职业习惯，做出积极的改变，培养良好的职业习惯，并践行到实际中去，工作将会充满乐趣，好的职业行为习惯使人受益终身。

三、执行力源于良好的职业习惯

执行力是指把上级的命令和想法变成行动，把行动变成结果，从而保质保量完成任务的能力。个人执行力取决于其本人是否有良好的工作方式与习惯，是否熟练掌握管人与管事的相关管理工具，是否有正确的工作思路与方法，是否具有执行力的管理风格与性格特质等。强的执行力，关键在于明确定下计划的重要性，明确了自己对完成任务的渴望，明确了对目标的不懈追求，以此来不断激发完成工作的主动性和积极性。一个人的主动性、积极性越高，执行计划的自觉性就越强。因此，不但要有主观上执行计划的愿望，还必须有客观上进行自我约束和督促执行计划的措施。自我约束、督促措施是能够将计划执行到底的最重要的保证。

一个企业的生存与发展，由将承担责任作为职业习惯的员工来支撑。责任心是一种十分重要的职业素质，负责任是一种习惯行为，它来自于人的潜意识，而非心血来潮。培养良好的职业习惯，克服职业倦怠，才能保持高度的执行力。

（一）养成个人成功的职业习惯

1. 积极主动

执行力决定了一个人能力的增长，而在执行力的所有要素中，积极主动的工作态度是核心。积极主动工作即采取主动，为自己过去、现在及未来的行为负责，并依据原则及价值观，而非情绪或外在环境来下决定。做一名积极主动工作的员工，需要自动自发，主动去做需要做的事；需要自觉自愿，主动去做别人不愿做的事；需要率先主动，全力以赴做应做的事。

积极主动工作还需要有主动服从的品质，分清轻重缓急、主次分明地立即执行。但是服从并不等于盲从，服从明智的指示，明白这项工作在整体工作中处于什么样的地位，对公司的整体利益和个人负责。在工作中遇到困难时主动想办法，创造性地执行任务，不为困难找借口，只为问题找方法。

积极主动工作也意味着责任，在工作中要主动负责，坚守自己的职责和使命。勇于担当，主动承担责任，激发自身的潜能；敢于负责，绝不推卸责任，不忘记自己应承担的责任，还需要在关键时刻挺身而出。

积极主动工作的人能接触到更多岗位，获得更多学习和锻炼的机会。只有积极工作，自己的才能才会得以体现，也才会出色地完成工作。

2. 以终为始

"以终为始"思维是一种反向思维方式。就是从最终的结果出发，反向分析过程或原因，寻找关键因素或对策，采取相应策略，从而达成结果或解决问题。着手做任何一件事前，先认清方向，这样不但可对目前所处的状况了解得更透彻，在追求目标的过程中，也不会事倍功半。

在采取措施或行动之前，就进行了"以终为始"的全面分析，是从结果倒推出的行动方案，是为达到这一结果而做出的科学选择，当然也是正确的选择。因此，以终为始的思维模式可以确保做正确的事情。

以终为始思维确定的工作重点，采取的对策措施，制定的行动方案都是经过全面研究和分析的，是正确的选择。资源配置是围绕科学选择的策略方案进行的，不会因为方案策略错误而浪费资源，从而可以达到节约资源的效果。

在以终为始思维模式下，所进行的一切工作都是针对结果开展的。策略方案都是最直接、最有效的，能够达到事半功倍的效果。因此，工作效率会得到大大提高。

3. 要事第一

要事第一，就是要先做最重要的事情。首先要明确什么是最重要的事情，然后让这些重要的事情优先得到安排和执行。要确保有独立的意志，在特定情况下始终坚持自己的使命和价值观，不屈服于一时的冲动和欲望。

要事第一的习惯能有效帮助"繁忙的人"区分什么是"紧迫的事"，什么是"重要的事"。用少量的时间，去处理眼前大量的要紧事情，只是为了现在，而把大量的时间留给较少但很重要的事情，却是为了未来。

明确重要事情的标准就是按照"以终为始"思维为自己设计策划的人生观，是自己制定的人生目标和使命宣言，是自己确定的人生方向和价值观。凡是符合人生价值观的或有利于人生目标实现的事情都是重要的事情，否则就是不重要的事情。具体地说，要事主要包括撰写个人使命宣言、规划长期目标、建立重要人际关系、防患于未然的产能提升培训、流程设计、标准制定，提升自身产能方面的智力培训、学习、阅读、写作，保持自身健康的身体锻炼和意志磨炼，高层次的社交活动等。总之，要明确什么是重要的事情，这些人生目标越是明确具体，判断要事的标准也就越清晰。

明确要事第一的四个步骤：首先，确认角色。写出你要承担的各种关键角色，如家庭角色、工作角色，然后列举出自己想要投入时间和精力必须做的事情。其次，选择目标。根据选定的事情，确定一两个具体的必须完成的目标。第三，安排进度。把这些目标根据时间长短、相关人员配合、难易程度等特点安排到一周的适当时间，形成一个周计划。第四，每日检查。每天终了对执行情况进行检查，如果由于不能控制的重要事情影响而没有执行，则要调整下面的计划。只要保持一定的自制力，长期坚持，就一定能做到要事第一，就能够确保人生与设想基本一致，就能够实现你的人生价值！

每一个成功的人都知道如何培养良好的职业习惯来代替坏的习惯，当好的习惯积累多了，自然就会收获好的人生。

思考训练

1. 工作计划与个人执行力

每天计划、每周计划、每月计划，对于职场人士来说再熟悉不过了。我们每天都去完成计划的内容，完成工作任务，然而我们在反反复复的工作中得到了什么？定下职场（个人）目标，每天记录工作，写下感想，提出解决方法，养成一个职场的良好习惯。

1）职场（个人）目标。目标要明确具体，不能好高骛远。每天写计划前看一次，毅力好的可以抄一次，目的是要坚定自己实现目标的决心。

2）今天工作计划。建议利用上班前的 10min 将计划写好，将当日最重要的事情写上去，最好是三个任务，不要超过五个任务。因为任务太多会分散精力，8h 其实远远不够用。下班后别忘记评估任务完成情况。

3）今天主要工作内容。计划虽然是写好了，可是计划通常都会被其他事情打破，所以，计划内和计划外的事情都需要记录下来。

4）工作所思所想。这个范围比较广，例如，你对公司流程的看法，人际关系的处理，工作中的得与失。

5）提出改变的方法。所思所想转化为行动才是最终目的，本处应该记录你的行动方案、方法总结、未来职场或个人的计划等。

每周坚持完成五份"工作计划与个人价值提升"（图 5-6），工作效率和个人技能达到双赢，更重要的是，你养成了一个好习惯，一个让你立足未来的习惯。

2. 在计划中，有远见是很重要的一个部分，要十分清楚想要取得怎样的成功，能够获得什么有意识或无意识的资源来帮助自己成功。可以通过一个 6 级模型来评价自己的人生愿景：

1）生活的目的是什么？

2）未来 3~5 年的愿景。

3）未来 1~2 年的目标。

4）主要职责：事业、工作、家庭、健康等。

5）当前的任务。

6）当前的行动。

仅仅靠思考是无法实现愿望的，如果只想象而不采取行动，那么梦想就只能停留在梦想上。愿景必须是以有策略、有计划为前提，有效采取行动才能实现的。你对生活的愿景是什么？弄清楚这一点的最好方法是写下一份人生目标计划，列出你想成为什么样的人，你的生活有什么意义，你想怎样生活。

```
┌─────────────────────────────────────────────────────────────┐
│                  工作计划与个人价值提升                       │
│                                                             │
│  职场目标：成为职场的领导者                                   │
│  个人目标：提升处理问题的能力、拓宽心智格局                    │
│  日期：2020年9月26日                                         │
│  一、今天工作计划                              完成情况       │
│     1. _____              │
│     2. _____              │
│     3. _____              │
│     4. _____              │
│     5. _____              │
│  二、今天主要工作内容（实际做的事情，含计划内和计划外的事情）  │
│     1. _____              │
│     2. _____              │
│     3. _____              │
│     4. _____              │
│     5. _____              │
│                            │                                │
│  三、工作所思所想          │  四、提出改变的方法（如计划、行动）│
│                            │                                │
│                            │                                │
└─────────────────────────────────────────────────────────────┘
```

图 5-6　工作计划与个人价值提升

阅读链接

[1] 史蒂芬·柯维.高效能人士的七个习惯 [M].刘宗亚，等译.北京：中国青年出版社，2020.
[2] 邓炜.职业习惯养成手册 [M].北京：北京大学出版社，2019.

第三部分

提升核心能力

模块六　融入职业文化

● **哲人隽语**

　　世界上只有两种人：一种是观望者，一种是行动者。大多数人都想改变这个世界，但没有人想改变自己。

——托尔斯泰

　　多改变自己，少埋怨环境；多抢挑重担，少推卸责任；多互助，少互斗；多吸收，少批判；多自信，少自卑；工作多研究，少重复；多开放，少封闭。

　　与其将希望寄托在客观条件的改变上，不如将希望寄托在挖掘自身潜能上。

——魏书生

　　人之相识，贵在相知；人之相知，贵在知心。

——孟子

● **模块导读**

　　从象牙塔走向社会，初入职场的毕业生们都希望能顺利融入新的环境，在新的工作岗位上得到认可，但是新环境新角色往往给职场新人带来很多挑战和困难，职场新人难免会出现迷茫、孤单、疲惫、无助等情况。"物竞天择，适者生存"，这一自然界的生存法则在职场同样适用，职场新人需要主动调整和适应新的发展环境，通过环境历练自己，顺利实现角色转换，并学会职场沟通的方法与技巧，才能更好地融入职场，让自己在职业劳动中得到全面发展。

　　本模块主要介绍了在职场适应过程中角色转换的相关概念，学生角色和职业角色的差异，角色转换的准备与方法，职场沟通及团队合作的方法和技巧，帮助学生在融入职场过程中正确对待各种困难和问题，实现个人职业的良好发展。

学习目标

分类	具体内容
知识	1. 理解学生角色与职业角色的差异 2. 了解角色转换的准备与方法 3. 了解职场沟通重要性及含义
技能	1. 能够列举学生角色和职业角色的差异 2. 能够做好角色转换融入职场的准备 3. 能够有效运用职场常用的沟通技巧与人沟通、合作
态度	1. 树立转换角色的意识，确立正确的就业择业观 2. 培养沟通意识，养成沟通习惯，树立人本理念 3. 培养积极心态，更好地融入职场

劳动教育和职业素养

单元一　角色转换及融入职场

典型案例

从接线生到全权大使

曾经有一位北京外国语学院的高才生,她的第一份工作是在英国大使馆做接线生。这份工作单调、乏味、很麻烦。在外人眼里,这还是一份很没出息的活,她觉得异常委屈,时间一长越发郁闷、不平衡,一个堂堂北京外国语学院的尖子生怎能这样憋屈呢?终于,在一次和母亲的交流中,母亲让她去洗卫生间、刷马桶,她虽不乐意还是接受了,可是无论她怎么努力就是刷不干净。母亲不说话,而是弄来一碗干灰,然后将干灰洒在又脏又湿的地方,让干灰将水吸干再扫,不一会,马桶里的黄色污垢全不见了,犹如做了一次增白面膜。母亲说:"一件事你可以不去做;如果做了,就要动脑筋做好,就要全力以赴。你不能挑剔你的工作,但你可以有自己的选择啊,那就是把工作做好。"

就这样,回到工作岗位后,她迅速调整心态,积极面对工作,她把使馆里所有人的名字、电话、工作范围,甚至他们家属的名字都牢记在心。不仅如此,使馆里有很多公事、私事都委托她通知、传达和转告。逐渐地,她成了一个留言台、大秘书。工作之余,她就读外文报纸、小说,不断提高自己的读、译能力。由于为人热情,水平出众,她在使馆里成了很受欢迎的人。没多久,她因工作出色被破格调去英国《每日电讯》记者处当翻译,并多次被选为最佳翻译。再后来,她出国深造,在英国获得硕士博士学位,学成归国先后任讲师、副教授、教授,还当上了副院长,并多次荣获外交部的嘉奖,她就是中国驻纳米比亚共和国特命全权大使——任小萍。(来源于网络,有删减)

分析:从一名接线生到全权大使,任小萍的职业成长是一个青春奋斗励志故事,也说明刚入职场的人通常都会遇到困难、挫折,尤其是从事最基层的工作时,心理会存在着落差。但是我们从她的经历中可以看到,当我们没有办法改变环境时,可以调整自己的心态,利用环境改变自己能改变的,接受自己不能改变的,即使做着最简单的一线的工作,也要认真做好每一件事,以谦虚、主动、积极的心态投入到本职工作中,并主动学习,提升自己的职业技能和价值,随时为职业发展做好准备,这样才能抓住每一个机会,从而获得职业发展的成功。

因此,毕业生初入职场,面临的第一个问题就是角色转换,要主动去"适应"工作,而不是不断地寻找"适合"的工作。"适合"这个词中,第一个字"适"代表主动地适应,第二个字才是"合",代表匹配度。"适"是在"合"前面,也就是所有的"合"都需要"适"的过程。尤其是职业院校学生,毕业后大多从事基层工作,心理会有较大的落差。如何认识、了解、把握角色转换阶段的特点,实现顺利转换,尽快适应新环境,迈好走向成功的第一步,是每一位毕业生都需要面对的现实问题。

一、角色认知与角色转换

（一）角色的含义

角色原意是指演员在戏剧或电影、电视剧中所扮演的剧中人物，现在常指生活中某种类型的人物。社会就是一个大舞台，我们每个人都在这个舞台上进行着不同角色的扮演，客观上承担着多种社会角色。社会角色就是指与人们的某种社会地位、身份相一致的一整套权利义务的规范与行为模式，它是对具有特定身份的人的行为期望，是构成社会群体或组织的基础，随着社会实践的发展而不断更新内容。

每个人的角色主要是由其在社会上承担的主要任务决定的，学生在校园里的中心任务是读书学习，努力学习各方面的专业知识，培养专业技能，并且经济上主要依靠家庭，这是一个接受教育、储备知识、培养能力的重要阶段，这个过程的角色就是获取知识的学生角色。职业是劳动者获得的社会角色，职场以劳动产出为主，劳动者需要通过自己的职业活动，为他人服务、为社会贡献，并获得报酬，这就是扮演付出的职场角色。

著名职业生涯规划大师舒伯依照年龄将每个人生阶段与职业发展配合，提出了职业生涯彩虹图理论。在图6-1中，纵向层面代表的就是纵观上下的生活空间，由一组职位和角色所组成，分别是儿童、学生、休闲者、公民、工作者不同的角色，他们交互影响反映出每个人在不同阶段承担的多种角色，通常所说的社会中的"人"就是赋予他的各种角色的总和。

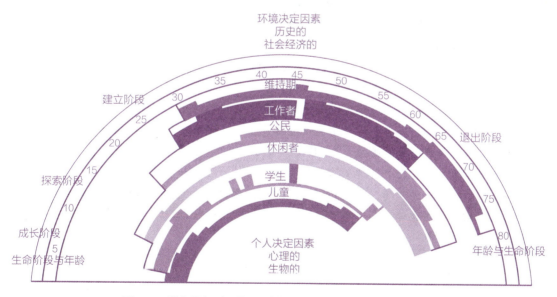

图6-1　进入职场后，"工作者"替代"学生"，成为第一角色

从图6-1中我们可以看到，由学生到工作者有一个明显的转换期，在毕业生从校园走向工作环境的过程中，职业角色比重明显增加，学生角色比重明显减少，由在校学习的"学生"转变为一个现实的社会劳动者，这个过程就称为角色转换。与学生角色相比，职业角色需要承担更多的社会责任、风险责任和成本责任，个体经济独立，人际关系也更加复杂微妙，对生存艺术提出了更高的要求。

劳动教育和职业素养

（二）学生角色与职业角色的差异

1. 从依赖到经济和生活的全面独立

从学生到职场的转变，首先是对人的独立性有了更高的要求，学生在学校是付费学习，接受学校提供的服务，学习上主要依赖老师的教育引导，经济上主要依靠家庭的资助，生活上有学校和家长的关心，当犯错误时，老师、家长都会从内心里原谅、接纳他；但进入工作岗位后，有了工资收入，经济上逐渐独立，家庭和社会也随之对其提出了全面独立的更高要求，如生活上需要自我照顾，学习上需要自我提升，工作上要遵守相关管理规定，及时完成领导交给的任务，担负工作职责，甚至要尽快独当一面。因此，独立性较强的人能较快地完成角色转变，融入职场。

案例 6-1　　　　　　　我只是个实习生而已

小兰是电子商务专业的应届毕业生，经过面试进入了一家互联网公司从事新媒体运营工作，专业对口，小兰下定决心好好表现。一天，小兰的主管让她把桌面上的产品说明资料和产品图片整理一下。小兰很快就处理完并把资料发给了主管。可是没过多久，主管就出来大声说道：

"你怎么回事！图片和资料不一致，你没发现嘛！"

"资料上有明显改动，为什么不修改后再发！"……

主管的话还没说完，小兰的眼里就噙满了泪水，莫大的委屈如潮水一般袭来：

"你没告诉我要怎么做啊，我怎么知道这些……"

"我只是个实习生而已，至于这么严苛吗？我再整理一次就是了……"

没过多久，小兰就辞职离开了这家公司。

分析：初入职场，年轻人都曾满怀憧憬、充满热情，希望可以奋斗出一片属于自己的天地。但是现实中却是有很多学生不能快速转变角色适应职场环境，究其原因是他还没有摆脱学生思维，如案例中的小兰，"我只是个实习生而已"，依然把自己当作学生，在工作中犯错依然以学生的心态来对待工作，没有意识到行为后果和承担的责任，这必然会导致她职场受挫。从学校到职场，所处的环境、角色、承担的主要任务都有很大的不同，要想让自己的学生思维快速转变成职场思维，必须充分认识学校与职场的差异，这些差异主要表现在以下几个方面：

---

2. 从接受知识向"输出"知识转变

从学生到职业人的角色转变，很大程度上在于其日常主要活动的变化。在学生时代主要是在老师指导下进行知识学习和技能培养，强调对知识的接受及吸收；而工作后，则要求运用所学知识向外界提供自己的劳动，向外界运用和"输出"知识，需要发挥聪明才智完成工作任务，创造价值。与接受和输入相比，运用和输出对人的要求更高。接受和输入主要是要求理解，运用和输出则要求结合实际进行创造性的发挥。因此，有些刚刚参加工作的毕业生会感到一时难以适应，从而不能实现角色的顺利转变。

3. 从重视个人向注重团队转变

在学校里学生的任务是学习，这主要依靠个人聪明才智和勤奋努力，是一种个人独立学习，个人主观能动性与个人学业结果之间正相关、强相关，个人可预期、可把握。而在职场中，个人努力的方向和用力点必须服从且服务于公司的总体战略和目标，工作是依靠组织平台和资源、领导上级的支持以及各个部门和同事间的配合支持协同完成的，因此进入工作岗位后，要转变思维模式，从个人发展转为团队思维，学会利用平台和资源，紧跟团队，积极沟通，完成任务。

4. 从对自己负责到对社会负责

在学生时代，学生的主要任务就是接受教育并掌握科学文化知识和技能，促进德、智、体、美、劳全面发展，为将来的工作生活奠定知识和技能基础，这个过程以学习、探索为主要任务，本质是发展自己，对自己负责；当违反角色规范时，学校主要还是以帮助教育为主。职场上是以特定的身份去履行自己的职责，依靠自己的本领或技能去为社会和他人服务，完成某项工作，通过对工作对象的履行情况来体现责任的。由于无论何种职业角色都具有自己的社会职位和一定职权，工作质量的好坏不再被简单地看作是个人的事，而是会影响到集体或社会；在工作中犯错必须承担成本和风险的责任，如施工人员由于疏漏出了安全事故，就会造成影响，会受到指责，需要承担相应的社会责任甚至追究法律责任。

5. 评价标准由单一明确向多元化转变

当前，我国对学生的评价标准是比较单一和明确的，通行的标准就是强调综合素质，即学生在校成绩与活动表现，成绩好、积极参加活动可以算是"优秀学生"了，这种评价和反馈一般是定期的、规律的，最长是一学年。但在职场中评价标准和反馈机制是多元化的，如总体来说一名好员工，不仅要业务素质过硬，工作善于创新，还要有团队意识，要善于与周围同事交流、沟通、合作，处理好各种关系等；具体来说，不同的企业有不同的评价体系，不同岗位也有不同的考核标准，要根据具体情况进行具体分析，才能更好地明确努力的方向，获得职业的顺利发展。

从学生到职业人，要充分认识两者之间的差异，跳出固有的学生思维模式，转变行为，才能具备及时适应社会的应变能力，更好、更快地开启职业发展之路。

二、角色转换过程中易出现的问题

心理学认为，个体的社会角色发生变化时，新旧角色的转换过程必然会出现角色冲突问题。角色冲突是指当一个人扮演一个角色或同时扮演几个不同角色时，由于不能胜任或与角色期望相矛盾而出现的心理上和行为上的不适应和不协调的状态。由于学校的相对独立性、学习生活的相对单一性以及学生身心发展未成熟的特点，毕业生在向社会职业角色转变的过程中易出现困惑与冲突，表现出种种角色转变障碍、角色适应不良等问题。这些问题主要表现在：

（一）心理上对学生角色的依恋

从校园进入职场，刚刚走上工作岗位，在角色转换过程中易出现依恋学生角色的心理。经过 10 多年的读书生涯，对学生角色的体验可以说是非常深刻了，学生生活使得每一位学生在学习、生活和思维方式上都容易习惯性地维持学生角色思维。尤其是在职业生涯之初理想与现实的落差、复杂的人际关系、工作环境的严肃与工作压力、得不到认可时，许多人常常会自觉或者不自觉地把自己置身于学生角色之中，并希望周围同事、领导也像同学、朋友、老师一样来对待、要求他们，表现出思考问题简单化、情感化、情绪化，缺乏职业角色应有的责任感，不能很好地调整心态进入职业角色，直面现实，接受变化。

（二）主观认知上自卑或自傲

一些毕业生对自我的认知存在偏差，认为自己是学生，很多地方不如别人，又没有工作经验，进入职场后陷入"本领恐慌"，即面对新形势、新环境、新任务和新目标的挑战，担心自身素质不适应，缺乏知识和技能而产生的惶恐不安的情绪，在工作中缩手缩脚，怕担责任，怕出事故，怕闹笑话，怕造成不良影响，总是担心自己的表现不够完美而被指责，产生了一定的自卑感。而有些毕业生却认为自己在成绩、能力等方面都比较优秀，不能客观评价自己，对社会竞争也没有深入了解，觉得从事基层工作是大材小用，对一些琐碎工作不屑一顾，轻视实践，眼高手低，缺乏就业过程中应有的正确的人生态度和工作态度。初入职场，这两种思想认识将极大地限制其自身的发展。

（三）工作上急功近利

初入职场的大学生，尤其是一些在校时各方面都很优秀的学生，刚开始工作时，迫切希望能在企业有一番作为，能够一展抱负，通过实现自己的理想来证明自己的优秀，而不愿去做一些辅助性工作或基层工作，不愿从事一线工作，觉得基层环境恶劣，员工素质较低；缺乏务实、严谨的工作作风，对自己没有准确定位，只想晋升加薪。这种急功近利的工作心态不但无法让自己如愿，反而会产生相反的效果。

（四）客观作风比较浮躁

有些刚参加工作的毕业生往往弄不清楚自己在工作中真正想要什么、能做什么，在工作过程中表现出不踏实的作风和不稳定的情绪，如有些毕业生一会儿想干这项工作，一会儿又想做那项工作，不能深入工作内部了解工作性质、工作职责及工作技巧，不能安心本职岗位，反而将目光投向高报酬、舒适的工作环境及优越的条件。近年来，毕业生跳槽频繁，就是因为一些学生入职初期不能很好地认识岗位和职责，无法进入职业角色，反而认为企业有问题，工作岗位不适合自己，没有发展前途等。事实上，频繁跳槽将使自己陷入不断适应、不断进行角色转换、不断发生角色冲突的恶性循环中去，这种思想被个人利益所束缚，目光短浅、心胸狭窄、难成大志，在工作岗位上难以获得别人的器重，从而阻碍了走向成功的道路。

（五）人际关系上患得患失

初入职场，许多人都迫切希望能尽快融入集体，与领导、同事等搞好关系，面对领导或同事的夸奖、鼓励时则高兴，觉得自己受到重视，前途无量；当犯错受到领导责骂时，则可能觉得委屈，自己工作不行、郁闷、难过等，甚至认为有人在为难自己。面对职场复杂的人际关系，无法尽快适应，更易产生患得患失的心理。

这些都反映了毕业生没能顺利地从学生角色转换为一个社会职业人角色的问题所在，这种角色冲突是普遍存在的，没能及时调整会对毕业生的职业适应能力和后期的职业发展造成各种不良影响。从校园进入职场，面临的不仅仅是环境的改变，更是身份和心态的重新定位，因此进入职场要调整心态，同时采取必要的方法帮助自己平稳转换角色。

三、角色转换的准备与方法

（一）明确目标，精心准备

目前，我国职业院校毕业生有将近半年的时间进行求职或顶岗实习，这个时间是毕业生角色转换的重要阶段，除了完成常规的教学任务外，还要进行以下准备和训练。

1. 明确就业目标和方向

这个阶段学生应当正确进行自我认知，根据自己的兴趣、能力、气质、性格、人际关系、行业发展趋势等合理确立自己的就业目标，明确努力的方向。在与用人单位的接触过程中可以了解相应岗位及职业的特点，社会环境和工作环境的情况，职业岗位所需知识和技能标准，切身体会社会对自己的认知程度，并根据自身感受调整职业期望值，这是从学生角色向职业角色转换的第一步，为职业角色确定了一个基调，这对角色的转换将产生深远的影响。

小故事

仙人掌的故事

仙人掌是一种神奇的植物，能够在"不毛之地"的沙漠里傲然生存，繁衍不息。其实，在沙漠中生存并非仙人掌天生的本领，仙人掌的"祖先"身上并没有刺，但为了适应沙漠干旱的环境，减少水分蒸发，它的叶片逐渐变成了刺；为了储存足够的水分，仙人掌的茎部演变成了肥厚的肉质形状，可以保存较多的水分；仙人掌植株的根，也具有很强大的吸收水分的能力，即便是空气中的水分也可以在一定程度上收为己用。这样，它既提升了自己的生存能力，没有被沙漠淘汰，同时也为沙漠增添了生机。

分析：仙人掌通过改变自身形态，适应生存环境而免遭被淘汰的厄运，也为沙漠增添了生机。毕业生在跨出大学的校门、进入职场后，要顺利实现社会化、职业化转变，也要像仙人掌一样，要主动适应环境，从一点一滴做起，以实际行动实现角色转换，融入职场，创造价值。一般来说，角色转换包括就业准备过程和初期的适应过程，这两个阶段的努力是实现角色顺利转换的必然途径。

---

2. 学习岗位专业知识和专业技能

大学的课程设置总体上偏重于基础知识的学习和基本技能的培养，而不一定涉及特定岗位上所需要的专业知识和技能。在明确就业目标后，就要学习相关岗位的工作内容、专业技能及职业要求，通过学习和训练加深对未来职业岗位的认同，培养职业兴趣。

3. 做好心理准备

刚进入职场的大学生都非常渴望得到被别人认可，对职场有许多想象和期望，但是职业院校毕业生大多数是从基层做起，要有吃苦耐劳的心理准备，要有不怕吃苦、做小事的勇气和毅力，要学会适应艰苦、紧张而又快节奏的基层生活。同时要有"受挫"的心理准备，新环境、新挑战，在角色转换过程中难免会遇到工作不顺心、遭受挫折的情况，若心理准备不足就会产生过激情绪,导致能力低下。因此,毕业生要提前调整心态,在工作进展顺利时不沾沾自喜,在工作遇到困难时不自暴自弃,树立信心,努力克服一个个难关,让自己的能力不断提高。"宝剑锋从磨砺出,梅花香自苦寒来",相信每一个困难、每一次失败都是一次成长的机会,保持积极的心态,充满激情地工作和生活。

劳动是人类特有的创造物质或精神财富的社会实践活动,包括体力劳动和脑力劳动。它是推动人类社会进步的根本力量,是财富和幸福的源泉。也是人通过有目的的活动改造自然对象并在这一活动中改造人自身的过程。

(二)适应文化,融入团队

步入社会毕业生在开始工作的最初阶段都会有一个见习或试用的时间,这个时期也有人形象地称之为"磨合期",这段磨合期是毕业生实现由"学生"转变为"职业人"的关键时期,把握好工作初期的试用期,应当做好以下几点:

1. 接受岗前培训,认同企业文化

岗前培训对于刚刚走上工作岗位的大学生的角色转换是非常重要和必要的。它不仅可以让新员工了解单位的基本情况,熟悉规章制度和工作程序,更重要的是通过岗前培训来树立集体主义观念,培养人际协调能力和奉献精神,认同企业文化和组织价值观。从某种意义上讲,岗前培训可以直接反映出新员工的素质高低,因此单位都非常重视,并依此择优录用,分配岗位。毕业生一定要以认真的态度把握好这样一次充实自己、表现自己和提升自己的良机。事实也证明,很多毕业生就是因为在岗前培训期间显露才华,表现出色而被委以重任的。

2. 热爱本职工作,培养职业兴趣

初入职场适应角色最重要的是做好本职工作,要及时地了解清楚工作环境,所从事岗位的内容、职能、责任、权利和义务,正确认识和对待职位,克服心理上的落差,进入职业角色。职业角色是用已掌握的本领,通过具体的工作为社会付出,独立作业,以自己的行为承担责任。这一阶段,应尽快从心理上和行动上脱离学生角色,全身心地投入到工作岗位中去。同时也要动态看待就业,无论是大材小用,或是期望值跌落,都不会是永远不变的,许多名人当初的职业起点都并不那么如意,如任小萍最初的工作是接线生,李嘉诚最初在香港做跑堂,平凡的职业起点正是职业理想迸发和职业理想形成的环境,"不积跬步,无以至千里;不积小流,无以成江海",立足基层岗位,着眼本职工作,培养职业兴趣,为未来职业发展奠定坚实的基础。

3. 积极处理人际关系,融入团队

初入职场,要积极建立良好的人际关系,首先要自律,遵守劳动纪律,工作时间不做与工作无关的事,其次要有积极主动的工作态度,给人留下良好的第一印象。与同事相处,要尊重企业老员工,为人谦虚,不耻下问,多请教,多沟通;与领导相处,要敬重领导,服从领导的工作安排,根据领导风格选择适当的沟通方式。在团队工作中,要善于展现自己,经营自己的长处,如发挥知识优势共同商讨解决问题;展现文体特长让同事了解自己的为人性格、价值,缩短与周围同事之间的距离,创造良好的工作关系。

(三)持续学习,提升职场价值

在职业生涯发展的道路上,重要的不是现在所处的位置,而是迈出下一步的方向。在校

模块六　融入职业文化

期间学习到的东西毕竟有限，很多知识和能力需要在工作实践中去学习、锻炼和提高，如学习岗位知识去努力解决问题，培养自己的独立见解，逐步具备独立开展工作的能力，虚心向有经验的技术人员、领导和同事求教学习，拓展业务知识等。正所谓"学所以益才也，砺所以致刃也"，想增长才干，就要学习，要使刀刃锋利，就得勤加磨砺，尤其是当今时代，知识更新周期大大缩短，各种新知识、新情况、新事物层出不穷，职场新人要志存高远，想方设法持续学习，主动加快知识更新、优化知识结构、拓宽眼界和视野，增强知识技能本领，高标准严要求，才能保证适应瞬息万变的现代社会，提升职场价值。

小故事

埋头砍树的樵夫

一个樵夫，有一把锋利的斧头和惊人的体力，一天可以砍下40棵大树，但慢慢地，他的斧头越来越钝，尽管他工作的时间越来越长，但每天所砍的树却越来越少。朋友们劝他休息一会，把斧头磨锋利些再继续砍树，樵夫却答道："我哪有时间休息，哪有时间磨斧头，我正忙着砍树呢！"

思考训练

1. 简述角色转换过程中容易出现哪些问题？
2. 论述毕业生应该如何尽快转换角色以融入职场？

阅读链接

[1] 大岛祥誉.麦肯锡问题分析与解决技巧[M].郑舜珑，译.北京：北京时代华文书局，2019.
[2] 戴尔·卡耐基.人性的弱点[M].亦言，译.北京：中国友谊出版公司，2017.

单元二　职场沟通及团队合作

典型案例

沟通的重要性

沟通技巧是职场人士必备的技能之一，在人际交往过程中发现问题时，首先要考虑是否沟通不畅，造成误会，而不要把问题藏在自己心里，胡乱猜测。

劳动教育和职业素养

进入一个公司后，经常会听到这样的声音："我的领导不信任我，做了这么久了，一直都安排我做同样的事情，稍微有一点点差错，领导就大发脾气""某某员工工作不踏实，好高骛远，尤其是最近工作很不在状态"。我们就会问："既然已经发现工作中存在了问题，那有没有找当事人沟通一下，想办法去改变现在的状况呢？"答案往往是否定的。到最后，小问题积累成大问题，再想沟通时已为时已晚。

陆鹏是某公司销售部的一名员工，人比较随和，不喜欢争执，和同事的关系处理得都比较好，但是，前一段时间，不知道为什么，同一部门的张力老是处处和他过不去，有时候故意在别人面前指桑骂槐，对跟他合作的工作任务也都有意让陆鹏做得多，甚至还抢了陆鹏的几个老客户。

起初，陆鹏觉得都是同事，没什么大不了的，但是，时间一长，看到张力如此嚣张，于是，告到了经理那儿。经理把张力批评了一通，但结果是，从此，陆鹏和张力成了绝对的冤家了。

请同学们讨论一下，如果你是陆鹏，应该如何处理？

分析：陆鹏所遇到的事情是在工作中常常出现的一个问题。在一段时间里，同事张力对他的态度大有改变，这应该是让陆鹏有所警觉的，本应该留心是不是哪里出了问题了。但是，陆鹏只是一味地忍让，这种忍让不是一个好办法，更重要的应该是多沟通。陆鹏应该考虑是不是张力有了一些什么想法，有了一些误会，才让他对自己的态度变得这么恶劣，他应该及时和张力进行一个真诚的沟通，比如问问张力是不是自己什么地方做得不对，让他难堪了之类的。实际上，任何一个人都不喜欢与人结怨，如果能及时沟通也许他们之间的误会和矛盾在比较浅的时候就会消失了。

但结果是，陆鹏到了忍不下去的时候，他选择了告状。其实，找主管来说明一些事情，不能说方法不对。关键是怎么处理。但是，在这里，陆鹏、部门主管、张力三人犯了一个共同的错误，那就是没有坚持"对事不对人"，主管做事也过于草率，没有起到应有的调节作用，他的一番批评反而加剧了二人之间的矛盾。正确的做法是应该把双方产生误会、矛盾的疙瘩解开，秉着以事业为重，加强员工的沟通来处理这件事，这样做的结果应该会好得多。

戴尔·卡耐基说，人际关系是人与人之间的沟通，是用现代方式表达出圣经中"欲人施于己者，必先施于人"（意思是说：想要别人给你提供帮助，必先学会帮助别人）的金科玉律。精通沟通技巧，不是为了把别人踩在脚下，而是为了减少工作中的阻力。社会是一个大舞台，纷繁复杂，难免会面对这样或那样的不愉快，这就需要正确地去沟通和交流。职场上，团队的沟通、信任是发挥团队凝聚力的核心，是引导团队前进的根本保证，团队成员之间的有效沟通和协调，能够事半功倍地发挥团队作用。掌握职场沟通的方式和技巧，是目前大学生必备的职业素养。

一、职场沟通的重要性

纵观我们每个人走过的人生旅途，你会发现沟通无处不在！十月怀胎，呱呱坠地，从婴儿发出第一声啼哭开始，就向父母传递了第一个信息：我来到这个世界了！当我们走进学校，在家长会上，老师会跟父母说，这个孩子不错，他很听话，很善于表达自己，还很懂礼貌！随着年龄的增长，我们又要面临谈恋爱、婚姻，有些男士在女士心目中被称为白马王子，除了指他的形象较好之外，很重要的一点是他非常善于表达自己，也就是我们通常所说的，这个人很有人缘。

职场工作中，"沟通"是一件很重要的事情。不管是对上司、属下、同事、客户，或是对供应商，都需要具有良好的沟通技巧，亦即所谓的"人际沟通"。然而，在职场中，难免会碰到许多不如意的事，也会遭遇挫折。这时，自我心情的调适，或者自我不断地激励，就是所谓的"自我沟通"。职场中，很多工作需要充分沟通。确立目标，达成共识需要沟通；明确职责，分工协作需要沟通；工作汇报，意见交流也离不开沟通。沟通障碍往往会造成项目多次返工，事倍功半，严重时会酿成不可挽回的损失，导致项目失败。有两个数字可以很直观地反映沟通在职场团队中的重要性，就是两个70%。第一个70%，是指团队的领导者，开会、谈判、谈话、做报告、撰写报告、对外各种拜访、约见，大约有70%的时间花在此类沟通上。第二个70%，是指团队中70%的问题是由于沟通障碍引起的。通常执行力差、领导力不强的问题，归根到底，都与沟通不力有关。比如绩效管理中，领导经常对下属恨铁不成钢，年初设立的目标没有达到，工作过程中的一些期望也没有达到。为什么下属达不到目标的情况会经常出现？调研中发现，下属对领导的目的或者期望事先并不清楚，当然无法使领导满意，也导致员工对年度的绩效评估不能接受。无论是领导表达的问题，还是员工倾听领会的问题，都是沟通造成的问题。

由此可见，沟通是解决一切问题的基础。很难想象，在一个以人为主的团队里，失去了沟通是如何进行生产计划的实施、战略的执行、基层工作的开展的。这一切如果没有了沟通作为基础，可以说也就失去了其存在的可能。

小故事

沟而不通，费时误工

一位教授精心准备一个重要会议上的演讲，会议的规格之高、规模之大都是他平生第一次遇到的。全家都为教授的这一次露脸而激动，为此，老婆专门为他选购了一身西装。晚饭时，老婆问西装合身不，教授说上身很好，裤腿长了那么两厘米，倒是能穿，影响不大。

晚上教授早早就睡了。老妈却睡不着，琢磨着儿子这么隆重的演讲，西裤长了怎么能行，反正人老了也没瞌睡，就翻身下床，把西装的裤腿剪掉两厘米，缝好烫平，然后安心地入睡了。早上五点半，老婆睡醒了，因为家有大事，所以起来比往常早些，想起老公西裤的事，心想时间还来得及，便拿来西裤又剪掉两厘米，缝好烫平，惬意地去做早餐了。一会儿，女儿也早早起床了，看妈妈的早餐还没有做好，就想起爸爸西裤的事情，寻思自己也能为爸爸做点事情了，便拿来西裤，再剪短两厘米，缝好烫平……这个裤子还能不能穿？

启示：故事中的主人公们因为沟通不到位，付出了三倍的劳动得到的结果却是废了一

劳动教育和职业素养

> 条裤子。究其原因，首先教授没有明确目标和分工——裤子要不要剪短，由谁来剪短，其次老妈、老婆、女儿在行动之前没有征询家庭（项目组）其他成员的意见。所以造成吃力不讨好的结局，所以我们常讲：沟而不通，费时误工。

上述情况，在职场活动中非常多见。由于缺乏沟通，两个任务组同时对一个版本升级，结果两个版本合不在一起；由于缺乏沟通，产品和客户需求发生偏差，造成大量的返工和浪费；由于缺乏沟通，冲突不断出现，造成与客户矛盾重重，内部凝聚力下降，甚至关键人物拂袖离去。很多人总希望通过默不作声多干活来弥补自己拙于沟通的缺陷，殊不知，职场活动中蛮干是很难解决问题的，而有效沟通却能起到事半功倍的效果。

二、沟通的含义

（一）沟通的概念

沟通，即为了设定的目标，把信息、思想和情感在个人或群体间传递，并达成共同协议的过程。

（二）沟通的三要素

1. 明确的沟通目标

在进行沟通之前，必须有一个明确的目标，即为什么要沟通，本次沟通要达到什么样的沟通目标。目标不同，沟通方式的选择就不同。只有明确了沟通目标，才能达到预期的沟通效果。

2. 信息、思想和情感的传递

沟通的内容不仅仅是信息还包括更加重要的思想和情感。那么信息、思想和情感哪一个更容易沟通呢？是信息。例如：今天几点钟起床，现在是几点了，几点钟开会，往前走多少米，这样的信息是非常容易沟通的。而思想和情感相对不太容易沟通。在我们工作的过程中，很多障碍使思想和情感无法得到一个很好的沟通。事实上我们在沟通过程中，传递更多的是彼此之间的思想，而信息的内容并不是主要的内容。

3. 达成共同的协议

一个完整沟通结束的标志，是是否达成了一个协议，是否形成一个双方或者多方都共同承认的协议。在实际工作中，常见到大家一起沟通过了，但最后没有形成一个明确的协议，大家就各自去工作了。由于对沟通的内容理解不同，又没有达成协议，最终造成了工作效率的低下，双方又增添很多矛盾。所以，在我们和别人沟通结束的时候，我们一定要用这样的话来总结：非常感谢你，通过刚才的交流我们现在达成了这样的协议，你看是这样的一个协议吗……在沟通结束的时候一定要有人来做总结，这是一个非常好的沟通行为。

（三）沟通的方式

美国心理学家艾伯特·梅拉比安研究发现：在口头交流中，信息的55%来自面部表情和身体姿态，38%来自语调，只有7%的信息才是靠真正的词汇传递的。所以，根据信息传递

模块六 融入职业文化

载体的不同，沟通可以用语言和非语言两种方式进行。

1. 语言是人类特有的一种非常好的、有效的沟通方式

语言的沟通包括口头语言、书面语言、图片或者图形。口头语言包括我们面对面地谈话、开会议等。书面语言包括我们的信函、广告和传真，甚至现在用得很多的 E-mail 等。图片包括一些幻灯片和电影等，这些都统称为语言的沟通。在沟通过程中，语言沟通对于信息的传递、思想的传递和情感的传递而言更擅长于传递的是信息。

2. 非语言沟通

非语言沟通是指沟通过程中除结构化语言之外的一切刺激，包括肢体语言沟通（目光、表情、手势、身体姿态）、副语言沟通（语音、语调、语速）和环境语言（沟通场所、房间布置、色彩搭配、噪声、服饰、光信号、空间距离和时间）等。这些非语言行为具有广泛性、隐喻性，通俗准确、灵活自然，看似平淡，实则每种行为隐含着独到的意义。

语言沟通更擅长沟通的是信息，非语言沟通更擅长的是人与人之间的思想和情感（表 6-1）。

表 6-1 非语言沟通行为表达的含义

非语言沟通行为	行为含义
手势	柔和的手势表示友好、商量，强硬的手势则意味着"我是对的，你必须听我的"
面部表情	微笑表示友善礼貌，皱眉表示怀疑和不满意
眼神	盯着看意味着不礼貌，但也可能表示寻求支持
姿态	双臂环抱表示防御，开会时独坐一隅意味着傲慢或不感兴趣
声音	演说时抑扬顿挫表明热情，突然停顿是为了造成悬念，吸引注意力

小 故 事

有个医学院的主任，带学生到附属医院上临床实习课，一群穿着白大褂的实习生来到某个病房前。主任说："大家进去后，看一看这个患者的症状，仔细想想他患了什么病，知道的就点头，不知道的就摇头。大家不要多说话，免得吓着病人，明白了吗？"众实习生连忙点头，生怕留给主任不良印象而影响成绩。

病房中的病人，本来只是轻微的肺积水，躺在床上，看到一大群穿着白大褂的"医生"走了进来，心中不免有几分紧张。实习生甲进病房后看了病人一会儿，咬着笔杆想了想，无奈地摇了摇头。换实习生乙进病房，把病人看来看去，判断不出该病人是何症状，想到自己可能要面临重修学业，眼角含着泪水摇了摇头。接下来，轮到实习生丙，看了看病人，只是叹了一口气，一副垂头丧气的样子，摇摇头就走了出去。当实习生丁开始看病人时，只见病人冲下床来，满脸泪水地跪着磕头说："医生啊，请你救救我吧，我还不想死啊！"

（四）沟通的双向性

沟通是双向的（图6-2），它不是一个人的独角戏，需要你呼我应，即沟通过程中的反馈，一般通过语言、目光、表情、身体姿态等形式将效果反馈给发送者。我们在传递信息时，经常想当然地认为：我说了，对方就知道了。但事实上，很多的误会由此而产生。你说了，但对方并没有注意。比如，我多次发信息给家里人，让他下班回家前取个快递。可是，人回来了，啥也没拿。理由是信息太多，没来得及看，同样的情况，如果他收到信息后回复：好的，基本上不会出现意外。

图6-2 双向沟通模型

（五）沟通三行为

要形成一个双向的沟通，必然包含三种行为，即会倾听、会提问、能说。

1. 会倾听

倾听是指主体行为者通过听觉、视觉等媒介进行信息、思想和情感交流的过程。古希腊哲学家苏格拉底说，自然赋予我们两只耳朵，一个嘴巴，就是让我们多听少说。倾听的意义列于表6-2。

表6-2 倾听的意义

序号	意义
1	倾听能够帮助听者搜集到重要的和详细的信息
2	倾听可以给说话者一个充分表达情感、发泄不满、自由倾诉的机会
3	倾听能够起到激励作用，提高说话者的自信心和自尊心，加深彼此的理解和感情
4	倾听有助于洞察对方的内心世界，捕捉到说服对方的突破口
5	倾听是对别人的尊重，有利于建立良好的人际关系，使双方建立牢固的信任机制，增进友谊

学会倾听，能够帮助我们建立良好的人际关系，那么我们怎样才能学会倾听呢？

（1）倾听时适时给予恰当的呼应与配合　当别人讲述的时候，你在倾听，不要面无表情，一定要时不时地进行回应，进行肯定，进行沟通，这样他人才会觉得你是在认真倾听，而不是在敷衍。倾听时的回应是一个良好的互动过程。

（2）倾听时要注意运用非语言信息　非语言信息作为一种无声的"语言"，从眼神、姿势到空间距离，恰当地运用会使沟通起到事半功倍的效果。如果别人在讲述的时候你跷着二郎腿，那么肯定会给人一种不尊重的感觉，如果别人在讲述的时候你注视对方，若有所思，将给别人带来很好的倾听体验。

（3）倾听时要抓主要思想　当别人表述的时候，肯定是有自己想要表达的思想，这个时候我们一定要抓住主要思想，不要关注细枝末节，好好理解别人的想法，这样才是一个合格的倾听者。如果别人讲完，你却不知所云，那么别人不会给你再次倾听的机会。

（4）倾听时不要打断对方　倾听的时候一定不要随意打断对方的讲述，这样是极其不礼貌的，也容易让人产生反感，很可能会打断他人的思路，如果遇到什么不明白的，可以在心里默默记下或者记在本子上，等对方讲述完，再慢慢向其讨教。

（5）倾听时不要急于下结论　倾听的过程中，不要急于下结论，不要听了一知半解，就想当然，要暂时忘掉自己的立场、见解。在倾听结束的时候，可以和别人交流，用请教的语气，比如："你看你是不是主要想要表达这样的意思"，这样才能让人感觉到你是在认真进行倾听。

> **案例 6-2**
>
> **关于倾听的一则小故事**
>
> 　　美国知名主持人林克莱特一天访问一名小朋友，问他说："你长大后想要当什么呀？"小朋友天真地回答："嗯…我要当飞机驾驶员！"林克莱特接着问："如果有一天，你的飞机飞到太平洋上空所有发动机都熄火了，你会怎么办？"小朋友想了想："我会先告诉坐在飞机上的人系好安全带，然后我挂上我的降落伞跳出去。"当在现场的观众笑得东倒西歪时，林克莱特继续注视着孩子，想看他是不是自作聪明的家伙。没想到，接着孩子的两行热泪夺眶而出，这才使得林克莱特发觉这孩子的悲悯之情远非笔墨所能形容。于是林克莱特问他说："为什么要这么做？"小孩的答案透露出一个孩子真挚的想法："我要去拿燃料，我还要回来！"
>
> 　　**分析**：你听到别人说话时，你真的听懂他说的意思了吗？你懂吗？如果不懂，就请听别人说完吧，这就是"听的艺术"：一是听话不要听一半；二是不要把自己的意思，投射到别人所说的话上头。

表 6-3 为倾听的五个层次。

表 6-3　倾听的五个层次

最低层	听而不闻	如同耳边风，听而不闻，完全没听进去
第二层	敷衍了事	嗯…喔…好好…哎…略有反应，其实是心不在焉
第三层	选择地听	只听符合自己意思或口味的，与自己意思相左的一概自动消声过滤掉
第四层	专注地听	"主动式""回应式"的聆听，复述对方的话表示确实听到，即使每句话或许都进入大脑，但是否都能听出说者的本意、真意，仍值得怀疑
最高层	同理心地倾听	一般人聆听的目的是为了做出最贴切的反应，根本不是想了解对方。而同理心地倾听则是为了"了解"而非"反应"，也就是通过交流去了解对方的观点、感受

有同理心地倾听要做到"五到"，不仅要"耳到"，更要"口到""手到"（用肢体表达）、"眼到"（观察肢体）和"心到"（用心灵体会）。当我们能用同理心去倾听别人说话时，自然可以给对方心理上的极大满足与温馨，此时才能有利于解决问题或者发挥影响力、领导力。

案例 6-3

同理心训练

1. "我最爱开快车了,觉得好过瘾"
A:"开快车多危险啊"(是对的意思,但没有同理心的反应)
B:"开快车的确蛮刺激、蛮过瘾的,但是安全也很重要。"(有同理心的反应,又有规劝)

2. "这条路好黑哦,我不敢走过去!"
A:"又没有鬼,有什么好怕的咯!"(可能是事实,但没有同理心,也没有帮助的行动)
B:"这条路一盏灯都没有,确实让人很害怕,不过我对这里的环境蛮熟悉的,知道治安还不错,不然我陪你走过去,好吗?"(既表达了同理心,又提供了有用的资讯和具体的协助)

2. 会提问

提问是收集信息和核对信息的手段,是双向沟通中最基本的方法。通常情况下,提问的方式可分为封闭式提问和开放式提问(表6-4)。

(1)封闭式提问　封闭式提问是限制性提问或者有方向性提问,对于这一提问,只需做出是非判断,采用这种提问方式的目的,是对信息进行确认。回答结果可控制,如"是"或者"不是","对"或者"不对"。

(2)开放式提问　对于开放式提问,需要进行阐述和解释。采用这种提问方式的主要目的是收集信息。常采用"什么""谁""如何"等特殊疑问句,如:"老师,我该如何规划我的职业生涯?"。

表6-4　提问的方式

方式	举例	优势	劣势
封闭式提问	会议结束了吗? 你喜欢你的工作吗? 你还有问题吗? 你喜欢吃甜的还是咸的?	节省时间,控制谈话内容	收集信息不全,谈话气氛紧张
开放式提问	会议是如何结束的? 你喜欢你工作的哪些方面? 你还有什么问题吗? 你喜欢吃什么样的饭菜?	收集信息全面,谈话氛围愉快	浪费时间,谈话时间不容易控制

案例 6-4

提问的艺术:一个鸡蛋还是两个鸡蛋

有两家餐馆,每天的顾客相差不多,都是川流不息,人进人出。然而,晚上结算时,左边餐馆的营业额总是比右边的餐馆多出百十元,天天如此。

细心的人发现,走进右边的餐馆时,服务小姐微笑着迎上去,盛了一碗饭,问道:"加不加鸡蛋？"客人有说加的，也有说不加的，各占 1/2。

走进左边的餐馆，服务小姐也是微笑着迎上前，盛上一碗饭，问道："加一个鸡蛋还是两个鸡蛋？"客人笑着说："加一个。"再进来一个顾客，服务小姐又问："加一个鸡蛋还是加两个鸡蛋？"爱吃鸡蛋的说加两个，不爱吃的就说加一个，也有要求不加的，但是很少。

一天下来，左边的餐馆就总比右边的餐馆卖出的鸡蛋多出一些。

在沟通中，巧妙地运用一些提问技巧，能有效提升沟通效果。

（1）选择合适的提问方式　可因人、因事、因环境而异，选择不同的提问方式。例如，时间允许可采用开放式提问，时间受限就用封闭式提问，对方遮遮掩掩时可以采用追问方式，强迫对方接受时可采用反问方式等，也可多种方式交叉使用。

（2）提问要简明扼要　抓住要点，精炼简洁，太多、太长的提问会打断对方的思路。

（3）问话表现出亲和力　问句应当尽量避免挑衅、攻击等方式，要具有亲和力。一问一答，审犯人一样的氛围会让人窒息。正所谓："良言一句三冬暖，恶语伤人六月寒。"

（4）问话让对方感兴趣　通常来说，人们比较关心自己的利弊。与切身利益相关的事情，最能引起人们的兴趣。

案例 6-5

问话让对象感兴趣

业务员小张向 A 公司采购主管王先生介绍计算机软件："王先生，我有一个方法，可以帮贵公司每个月降低 10% 的运营成本，您是否有兴趣听一听呢？"

王先生很好奇："是吗？什么产品，说来听听。"

不难看出，小张的提问瞬间吸引了王先生的注意力。

（5）把握提问的时机　一般情况下，在对方将某个观点阐述完毕后应及时提问。在不适当的时机提出问题，可能会带来意想不到的损失。

3. 能说

说，即语言表达，是指沟通过程中用语言交流思想、表达情感、解决问题的一种方式。说的"六要素"见表 6-5。

表 6-5　"说"的六要素

WHY	个人必须知道为什么说
WHAT	一个人必须知道说什么
WHEN	一个人必须知道什么时候说
WHO	一个人必须知道对谁说
WHERE	一个人必须知道在什么地方说
HOW	一个人必须知道怎么说

劳动教育和职业素养

（1）不要吝啬赞美　赞美是对他人行为、举止及工作给予的正面评价，是人际沟通中最重要的技巧。在赞美时，必须确定对方确有此优点，并且要有充分的理由赞美他。不能偏离事实，更不能无中生有，否则弄巧成拙，招致误解。也不能言过其实，乱给别人戴"高帽"，否则就会变成一种讽刺。赞美要依据具体的事实评价，除了用"你真棒""很不错""表现得真好"外，最好加上具体的事实评价，例如："这场球打得真棒！"

（2）幽默风趣，调节气氛　幽默的语言能使谈话轻松、愉悦，缓解尴尬。

案例 6-6　　　　　　　大师的幽默

一次，古希腊著名哲学家苏格拉底正与朋友们高谈阔论时，他的妻子突然闯进来，大吵大闹，还把一盆水浇到他的头上。朋友们非常惊讶，不知如何是好。苏格拉底却风趣地说："我早已料到，雷声过后，必定倾盆大雨。"朋友们大笑，气氛一下子又轻松活跃起来。

（3）善用比喻，通俗易懂　比喻可以把深奥、难懂的问题简单化、形象化，让对方能听得懂；可以把尖锐的问题含蓄化，有利于弱化对方的对抗情绪，提高沟通的效果。

（4）先情后理，以情感人　俗话说"感人心者，莫先乎情。"情感可以使人产生一种无形的气势和巨大的力量，所以管理者在沟通过程中所呈现的理解、信任、宽容、同情都至关重要。英国的思想家培根曾说："和蔼可亲的态度是永远的介绍信。"

三、职场沟通的技巧

在职场中，沟通可谓无处不在，开会、电话、邮件、讨论都是沟通的具体形式，在营销、法律、知识管理等行业和岗位上，高效沟通更显得重要。但不同的人的生活环境和成长背景不同，会产生很多不同的性格和交际风格，有的温和、有的强势、有的理性、有的冲动，如果未正确了解对方的性格特征和心理，而一味地按照常规思路对所有人采用相同的沟通方式，就会产生很多困难，形成大量的无效沟通，进而影响工作效率。根据人的情感和表达的程度，将通常的社交人群分为4种不同的风格，即：分析型、支配型、随和型、表现型。

（一）与不同风格人的沟通技巧

表6-6列出了不同风格倾向的人的特点。

表6-6　不同风格倾向的人的特点

风格倾向	分析型	支配型	随和型	表现型
注重	准确、稳妥、过程	控制、竞争、结果	理解、合作、被接受	作秀、受欢迎、被称赞
长处	计划、系统、全盘考虑	善领导、管理、开拓	善倾听、协作、善始善终	热情、愉悦、感染力强
弱点	过于注重细节、挑剔、应变力不强	不善倾听、无耐心、不重情感	过于敏感、不果断、无大志	不拘小节、专注力弱、不善执行

（续）

风格倾向	分析型	支配型	随和型	表现型
工作态度	无条理、无规矩	无效率、优柔寡断	不重情感、遇事急躁	循规蹈矩、繁文缛节
对待压力	退缩、不服管	挑战、不服输	屈从、犹豫不决	玩世不恭、敷衍了事
决策时	反复审议	果断	与别人协商	凭感觉
害怕	被别人挑剔	被利用	突然变故	不讨人喜欢
获得安慰感的手段	准备充分	控制别人或者局面	友情	娱乐
衡量个人价值的方法	精确度	成效性、影响度	合群度、贡献度	认可度、受欢迎程度

1. 与分析型人沟通的技巧

要尊重他们对个人空间的需求；沟通时不要过于随便，公事公办，着装正统；最好摆事实，并确保其正确性；尽量提前做好准备，语速放慢；不要过于友好，要集中精力在事实上。

2. 与支配型人沟通的技巧

与支配型的人沟通，沟通前要充分准备，尽可能实话实说；最好准备一份概要，并辅以背景资料，以便针对性强；与他们沟通要强有力，但不要挑战他们的权威地位；他们喜欢有锋芒的人，但同时也讨厌别人告诉他们该怎么做；从结果的角度谈，最好给他们提供两三个方案供其选择；指出你的建议是如何帮助他们达成目标的。

3. 与随和型人沟通的技巧

说话时最好放慢语速，以友好但非正式的方式；提供个人帮助，建立信任关系；尽可能从对方角度理解；讨论问题时要涉及人的因素（情绪反应）。

4. 与表现型人沟通的技巧

要表现出充满活力，精力充沛；最好提出新的，独特的观点；尽可能给出例子和佐证；给他们时间说话；注意自己要明确目的，讲话直率，免得浪费时间；要以书面形式与其确认；要有心理准备，他们不一定能说到做到，这是最重要的一点。

以上四种人及风格并非在每个人的身上都是绝对的，大多数人会是其中两种或者三种的多重人际风格，但是当在具体的场景或者事件时，每个人某一方面的人际特征就会表现得非常明显。很多人惧怕沟通，不是因为不想沟通，而是害怕因为沟通不畅而产生很多尴尬或者不利。其实，只要正确分析不同的人际风格特征，并善于总结和利用相应的技巧，一定会顺利和有效地沟通，进而达到最终的目标。

（二）上下级、同级之间的沟通技巧

1. 上级与下属之间的沟通

1）让下属知道你关心着他们。
2）让下属感觉到自己的重要性。

3）为下属制定发展规划。

4）为下属解除后顾之忧。

5）鼓励下属参与决策。

6）宽容大度，虚怀若谷。

7）巧用暗示，切忌命令。

8）学会调节下属之间的矛盾：不偏不倚，折中调和。

2. 下级与上司之间的沟通

（1）维护领导有原则　作为下属要在各方面维护领导权威和尊严，支持领导的工作，这是下属应尽的职责。对领导在工作上要支持、尊重和配合，要做到尊重而不吹捧，即维护领导有原则。

（2）请示而不依赖　下属不能事事请示，遇事没有主见，大小事不能做主。这样领导也许会觉得你办事不力，顶不了事。该请示汇报的必须请示汇报，但决不要依赖和等待。

（3）主动而不越权　对工作要积极主动汇报，敢于直言，善于提出自己的意见。要克服两种错误：一是领导说啥是啥，叫怎么着就怎么着，反正好坏没有自己责任；二是自恃高明，对领导的工作思路不研究、不落实，另搞一套，阳奉阴违，甚至擅自超越自己的职权。

（4）对改进工作的建议事先准备答案　领导对于你的方案提出疑问，如果你事先毫无准备，前言不搭后语，自相矛盾，就不能说服领导。如果事先收集整理好有关数据和资料，做成书面材料，借助视觉力量，就会加强说服力。

（5）说话简洁明了，重点突出　在与领导交谈时，一定要重点突出，简明扼要地回答领导最关心的问题，而不要东拉西扯，分散领导注意力。

（6）向领导请示汇报的程序和要点

1）仔细聆听领导命令。一项工作在确定了大致方向和目标之后，领导通常会指定专人来负责该项工作。如果领导明确指示你去完成，那你一定要用最简洁有效的方式明白领导的意图和工作重点。此时，可采用5W2H来快速记录工作要点，即弄清楚该命令的时间（WHEN）、地点（WHERE）、执行者（WHO）、为了什么目的（WHY）、需要做什么工作（WHAT）、怎样去做（HOW）、需要多少工作量（HOW MUCH）。

2）与领导探讨目标的可行性。作为下属，在接受命令之后，应该积极开动脑筋，对即将负责的工作有一个初步的认识，告诉领导你的初步解决方案，尤其是对于可能在工作中出现的困难要有充分的认识，对于在自己能力范围之外的困难，应提请领导协调别的部门加以解决。

3）拟定详细的工作计划。在明确工作目标并和领导就该工作的可行性进行讨论之后，尽快拟定一份工作计划，交给领导审批。在该工作计划中，应该详细阐述你的行动方案与步骤，尤其是对你的工作进度要给出明确的时间表，以便于领导进行监控。

4）在工作过程中随时向领导汇报。无论是提前还是延误了工期，都应该及时向领导汇报，让领导知道你在干什么，取得了哪些成效，并及时听取领导的意见和建议，以便使工作及时得到纠正和完善。

5）工作完成后及时总结汇报。完成了一项工作之后，应该及时将此次工作进行总结汇报，总结成功的经验和其中的不足之处，以便于在下一次的工作中加以改进和提高。

试一试：写一份关于班级文明宿舍评选的行动方案计划书。在向班主任或辅导员请示汇报时，应注意沟通哪些问题？

3. 同级之间的沟通

1）同事之间要惜缘，能在一起共事是缘分。
2）同事之间要感恩，相互支持是我们工作顺利的保障。
3）同事之间要换位思考，不要认为自己永远都是对的。
4）同事之间要相互尊重，敬人者人皆敬之。
5）同事之间要共事不越界。
6）同事之间不要背地里说闲话。

小 贴 士

如果你撞上了墙，不要转身放弃，要想办法爬上去，翻过它，或者绕过去。
生气的时候，先数数数到10再说话；如果很生气，就数到100。
快乐来自深切的感触，简单的享受，自由的思考，勇于挑战生活和被他人需要。

四、团队内部协作与沟通

团队是由员工和管理层组成的一个共同体，他们合理利用每一个成员的知识和技能协同工作，解决问题，达到共同的目标。

案例 6-7

一则古老的寓言故事

在非洲的草原上如果见到羚羊在奔跑，那一定是狮子来了；如果见到狮子在躲避，那就是象群发怒了；如果见到成百上千的狮子和大象集体逃命的壮观景象，那是什么来了？

答案：蚂蚁军团。

我们都知道这样一句经典的话：幸福的家庭都是相似的，不幸的家庭各有各的不同。

团队就是一个大家庭，往往，那些失败的团队各有各的问题，而那些高效的团队，则拥有相同的特质。

（一）目标明确，价值观统一

对于任何一个团队来说，目标都应该是团队建立的前提。有了目标才会有团队，所以没有目标的团队就称不上团队。团队成员有着共同的目标，并清晰地知道目标、方向、原则分别是什么，为完成共同目标，成员之间彼此合作，这是构成和维持团队的基本条件。实际上，正是这种共同的目标、方向，才决定了团队的性质。统一团队的目标，要让团队的每个人都认同这个目标，并为达成目标而努力地工作。高效团队在行动前需要经过周密调研，确定要达到的目标，并坚信这一目标对团队来说具有重大的意义和价值。然后，通过这个目标所指引的方向制定行事的原则，以后便完全按照绩效来考量，以确定目标的实现。

劳动教育和职业素养

（二）自信豁达，真诚共享

高效团队需要拥有共享机制和氛围。共享在团队中十分重要，可以迅速提高团队中新员工的经验和技能，使其迅速融入新团队，还可以增进员工间的情感，减少摩擦，有利于团队和谐，使团队中的成员能团结一致地完成团队目标。而在团队中分享一般是经验分享和信息分享。经验分享是老队员向新队员介绍自己成功的经验以供新队员借鉴。还可以是队员与队员之间的经验交流，也就是说，团队成员在交流的时候可以将自己的成功经验介绍给团队的每位成员，这样团队中的每个人都可以根据交流的经验改进自己的不足。信息分享使最新的市场信息可以在团队中顺利传递。这样有助于整个团队在短时间内及时全面地了解当下的市场情况，并根据当前情况迅速做出反应，有利于促进团队的高效运转。

（三）定位准确，合理分工

在成员的总体构成上，既要有强有力的主要负责人，又必须有各具专长的其他成员。主要负责人的责任是把群体成员的积极性最大限度地调动起来，使全体成员之间取长补短，相互配合，充分发挥群体的整体功能，所以主要负责人是实现群体结构科学化的关键。同时，在年龄结构上，一个理想的群体应该是由不同年龄的成员组成的，这样的群体既有老年人的成熟，又有中年人的稳重和青年人的朝气。团队的成员还要具有互补的专业结构，现代化大生产下，任何一项工作都具有很强的专业性。因此，团队的成员必须掌握一定的专业知识和专业技能，这个团队必须是多方面专业人才的合理搭配和组合，在实际工作中实现互补，只有这样才能有效地履行团队职能。

（四）相互信任，精诚沟通

沟通就像一个组织生命体中的血管一样，贯穿全身每一个部位、每一个环节，促进身体循环，提供各种各样的养分，从而让生命鲜活起来。面对现代社会日益复杂的社会关系，我们希望自己能够获取和谐、融洽、真诚的家庭关系、朋友关系、同事关系以及上下级关系；在激烈的市场竞争中，我们希望自己能够锻造出一支上下齐心、精诚团结的企业团队。

上述问题的答案可能是由一系列相关的要素所构成的，而沟通则是解决一切问题的基础。

（五）流程清晰，制度规范

不同的公司、不同的团队都有属于自己的规章制度或者员工手册，用来对团队的运行和发展进行规范，让事情有据可查，使之良性循环。一般而言，有这三种类型：一种是与工作绩效有关的行为规范，比如公司通常会规定员工的工作水平、工作方式、产量指标、工作时间等。一种是有关资源分配的规范，比如薪酬发放、工作分派、设备使用等。另一种则与外表和交往活动有关，比如如何注意仪表、如何与上级打交道，如何与自己工作群体之外的人交往，何时应紧张忙碌，何时可放松节奏等。

（六）人心向背，凝聚力量

人心齐，泰山移。员工的合作精神往往能够在困难时产生扭转局面的作用。一个让员工满意的团队，不仅能够提升团队的形象，而且总是能够生产出让客户满意的产品或者提供客户满意的服务。

（七）有效授权，相互激励

授权是提高团队效率的秘诀之一，妥善地分派工作有利于提高工作效率，从而创造出更大的价值。团队领导的职责，就是从大量事务中抽出身来把握方向，抓住重点，总揽全局，在明确员工必须承担的责任之后，授予他们相应的权力，从而使每一个层次的人员都能各司其职，各尽其责。

思考训练

1. 简述职场沟通的三要素。
2. 论述与不同同事、上级、下属沟通的技巧。
3. 召开一次以"找朋友"为题促进同学间沟通的主题班会。

活动程序如下：

1）播放歌曲《相亲相爱一家人》，创设温馨和谐的氛围。

2）每人写一张介绍自己信息的纸条，放在事先准备好的纸箱里，然后再伸手随意摸，在同学中找到那位你摸到信息的"有缘人"后，用背靠背、面对面坐、俯视三种姿势谈心，并找出彼此三个以上的共同点和不同点。

3）每个人在班内交流不同沟通方式的感受。

4. 案例分析。

危机公关案例

2019年11月7日，某报道：热水器爆裂，屋子成"浴池"。报道称：一用户购买的某品牌电热水器突然爆裂，热水洒了一地，幸亏未伤着人，用户说，这样的热水器谁还敢用？据丁女士讲，1日中午，她上中学的女儿从学校回家，发现屋内热气腾腾的，地面上全是水。她女儿发现原来是挂在走廊处的热水器的一侧开了个口子，热水器里的循环水不断地流向地面。5日，记者在丁女士家里看到，挂在走廊墙壁上的热水器一侧的下端裂了个大口子，地板有的地方已鼓起来，墙壁纸也裂开了。记者从丁女士提供的发票上看到，这部热水器是其2018年11月从某商店购买的。她要求厂家给退货，并赔偿各种损失5000元，但有关各方未达成共识。据了解，与丁女士家相同型号的该品牌热水器此前已爆裂了三起，因没有造成什么损失，厂家都给用户换了货。该热水器生产厂家售后服务部一位姓王的女经理说，出现这样的问题是多方面的，至于最终是何原因还要拿回厂家做鉴定。王经理表示可以给丁女士退货，但得扣除近千元的折旧费，而且最多只能给3000元的损失费。丁女士表示如果与厂家最终达不成共识，将诉诸法律解决此事。

如果你是该热水器生产厂家驻办事处负责人，碰到这样的突发事件，如何进行沟通处理？谈谈你的思路。

阅读链接

[1] 揭阳. 好好沟通：高效沟通的65个心理策略 [M]. 北京：人民邮电出版社，2017.

模块七　锤炼职场技能

● **哲人隽语**

　　形势在变、任务在变、工作要求也在变，必须准确识变、科学应变、主动求变，把解决实际问题作为制定改革方案的出发点。

——习近平

　　创新是撬动发展的第一杠杆。当前，新兴科技和产业革命加速兴起，创新发展面临难得历史机遇。我们要推动科技创新和制度创新两个轮子一起转，市场和技术和谐共振，让新技术、新业态、新模式不断开花结果，最大限度释放发展潜能。

——习近平

　　变压力为动力，实现发展目标任务。

——习近平

　　必须记住我们学习的时间有限的。时间有限，不只由于人生短促，更由于人事纷繁。

——哲学家　斯宾塞

　　与其花许多时间和精力去凿许多浅井，不如花同样的时间和精力去凿一口深井。

——思想家、文学家　罗曼·罗兰

　　人们最出色的工作往往在处于逆境的状况下做出。思想上的压力，甚至肉体上的痛苦都可能成为精神上的兴奋剂。

——贝弗里奇

　　困难像弹簧，你强它就弱，你弱它就强。

——中国民间俗语

● **模块导读**

　　现代社会里，劳动者所从事的工作或岗位往往不以个人意志为转移，工作岗位变化较多、较快是一种发展趋势。

　　现代职业所要求的许多能力，已经不属于某种职业，而是许多职业的共同基础，这种基础能力是一种可迁移的能力，它使劳动者能够迅速适应岗位的变化，顺利进行职业活动，具有普遍性、可迁移性和工具性的特点。

　　现代职场对于员工综合能力的要求越来越高，我们在提高"硬技能"的同时，也要注意对自己"软技能"的培养，这样才不会在激烈的竞争中被淘汰。那么什么是"软技能"呢？

　　"软技能"就是职场技能，它是近年来传入我国的人力资源管理专业术语，相对于求职者在某专业领域从事工作、进行研究而应当具备必要的"硬技能"而言，"软技能"则是注重职业意识和职业精神，也可称为个人的综合素质。

　　软技能也是指那些"不易看见的技能"，是一个人"激发自己潜能和通过赢得他人认可和合作放大自己的资源，以获得超越自身独立能力的更大成功的技能"的总和。软技能能力值越高，处理事情的能力就越强，它是衡量一个人处理事情能力的量表。不论社会和岗位如何变化，"软技能"是个人职业发展必备的综合素质和能力，主要包括职业意识和社会责任感、知识和职业迁移能力、与人沟通和协作的能力、人文素质和心理素质等。

　　因此，现代工作岗位要求从业者具备自我管理能力、抗挫折能力、应变能力、发展能力，以适应从业后可能遇到的各种变化。如果从事的是第一线岗位的生产、服务工作，有可能遇到工作环境差、待遇也不令人满意的情况，这就要求从业者正视现实，摆正位置，了解自己所从事的岗位的意义，具有吃苦耐劳的精神和心理准备，锤炼职场核心技能，以积极的生存心态与发展需求去应对，养成良好的就业信念与从业心理，正确地处理竞争压力与工作动力的关系。如果心猿意马，浮而不实，遇到一点挫折就自暴自弃，丧失生活的信心和工作的动力，必将遭到单位甚至社会的淘汰。

　　本模块主要介绍了时间管理和目标管理、职场调适和应对压力、解决问题和学会创新等概念，引导大学生通过学习自我管理、自我调适以及解决问题的方法，提高自身软实力，锤炼职场核心技能。

📖 **学习目标**

分类	具体内容
知识	1. 理解时间管理和目标管理的概念和基本原则 2. 理解职场调试和应对压力的概念和基本方法 3. 理解解决问题和创新思维的概念和基本方法
技能	1. 掌握时间管理的方法和技巧，达成自己的人生目标 2. 掌握职场调试和应对压力的方法 3. 掌握解决问题的方法和创新思维
态度	1. 树立正确的时间观，懂得珍惜时间 2. 拥有积极的心理状态，迎接困难挑战 3. 追求创新的思维方法，解决实际问题

劳动教育和职业素养

单元一　时间管理和目标管理

典型案例

柳比歇夫的"时间统计法"

苏联作家格拉宁的《奇特的一生》，描述了柳比歇夫如何运用自己独创的"时间统计法"，在56年的坚持中取得了超凡的成绩。该书被誉为"时间管理类开启心智的经典之作"。

柳比歇夫是苏联著名的昆虫学家、哲学家、数学家，精通英文、德文和法文，涉猎非常广泛，一生发表了70多部学术著作。涉及探讨地蚤的分类、科学史、农业、遗传学、植物保护、哲学、昆虫学、动物学、进化论、无神论。其中有分散分析、生物分类学、昆虫学方面的经典著作，在国外广为翻译出版。各种各样的论文和专著，他一共写了500多印张。500印张，相当于12500张打字稿。即使以专业作家而论，这也是个庞大的数字。此外，他还讲课、写回忆录，去各地考察、研究并搜集地蚤等。他是一个有精神追求和生活情趣的人，他喜欢读各个领域的书，喜欢看电影，锻炼身体，甚至音乐领域他都有研究，更令人惊讶的是，工作量如此巨大的他，每天至少保证10h的睡眠时间。

柳比歇夫的一生既硕果累累又充实丰富，这一切都源于他的时间统计法，得益于他56年如一日对个人时间进行量化的统计分析。他将自己一生的时间制定成一个个五年计划，随时记录每个事件的时间花销，通过分类、统计和分析，进行月小结和年终总结，以此来改进工作方法、计划未来事务，从而提高对时间的利用效率。从26岁开始每天做时间记录，一直到逝世，期间经历战乱、疾病、甚至儿子战死，没有一天间断。在时间统计法的管理下，柳比歇夫取得了伟大的成就。

柳比歇夫利用时间的方式：第一种是随时随地利用"时间下脚料"，如等车、等人、坐火车、排队、开会等时间。他的英语就是主要用"时间下脚料"学会的，如坐车前，他事先就会准备好随身携带的书籍。第二种是对时间进行分类，提高时间利用的密度。他把自己的工作分为两大类，第一类是中心工作和例行工作，如看书、搞研究、做笔记等；第二类工作是做学术报告、讲课、看文艺片等。正如书中所说："所谓休息，是两种工作的交替，就像是正确的田间轮作制"。清晨头脑清醒的时候他看严肃的书，一个半小时以后看比较轻松的读物，如历史或者生物学方面的书，脑子累了就看文艺作品。而每一次散步他都用来捕捉昆虫，他的爱好和锻炼身体就结合在了一起。

分析：柳比歇夫所有的时间都清晰可循，正如《奇特的一生》中所说："他的时间好像是物质，不会无影无踪地消失不见，不会消亡；它变成了什么，总能查得出来。由于做了统计，他获得了时间。这是最实在的收获。"这种对时间的控制和统计，是坚持不懈地自我监督和自我检查，源于他的自我选择：柳比歇夫在青年时代就立志创立生物自然分类法，选择生物学，并为之献身。一个没有正确的人生追求，人生目标不明确的人，就会荒废时间，虚度光阴。无论订立三五年的大目标还是一年的小目标，都必须分解成为一系列可视化、可量化的步骤，分解到每一天，不断推进目标。柳比歇夫用"时间"这个助手来帮助自己剖析生活，持续前进。与其说柳比歇夫创造了"时间统计法"，不如说"时间统计法"成就了柳比歇夫，让他实现了自己的人生目标，也给我们留下了宝贵的精神财富。

一、认识时间

子在川上曰：逝者如斯夫，不舍昼夜。时间一去不复返，年华似水不回头。庄子云：人生天地之间，若白驹之过隙，忽然而已。急速流逝的时间，一去不返的时间，是人最宝贵的财富，如果把它虚度，那是最大的挥霍。

马克思主义哲学认为，时间是物质的持续性和顺序性。时间的特性是一维性。物质运动离不开时间和空间，离开时间和空间的物质运动是不存在的。一切存在的基本形式是空间和时间，时间以外的存在像空间以外的存在一样，是非常荒诞的事情。时间的无限性是指物质在持续性方面的无限性，整个宇宙的持续性是无始无终、无尽无休的。时间的有限性是指每一具体事物的发展过程是有始有终、有尽有休的。霍金在《时间简史》中阐述，宇宙是不断膨胀着的，时间始于宇宙大爆炸，终于黑洞。

一寸光阴一寸金，寸金难买寸光阴。千金散尽还复来，光阴一去不复还。你拥有正确的时间观吗？你能有效地管理自己的时间吗？下面来做一个小测试吧！

1. 我在一定时间内会为自己制订相应的工作以及生活计划，并且会去执行。
   □总是这样　　　□有时这样　　　□从不这样
2. 我在工作之余的时间里通常不会感到无所事事。
   □总是这样　　　□有时这样　　　□从不这样
3. 我在完成工作时不容易受其他事情的干扰。
   □总是这样　　　□有时这样　　　□从不这样
4. 我能有条理地开展工作及完成其他事情。
   □总是这样　　　□有时这样　　　□从不这样
5. 我做事情时通常能坚持下去。
   □总是这样　　　□有时这样　　　□从不这样
6. 我能分清什么是当前最该做的事情，且通常不会手忙脚乱。
   □总是这样　　　□有时这样　　　□从不这样
7. 我能够做到及时反思自己利用时间的情况。
   □总是这样　　　□有时这样　　　□从不这样
8. 我每次工作之前都提醒自己要在尽量短的时间内完成任务并要保证一定的质量。
   □总是这样　　　□有时这样　　　□从不这样

劳动教育和职业素养

9. 我把自己的办公桌整理得井井有条，通常不会因为找东西而花费大量时间。
   □总是这样　　　　□有时这样　　　　□从不这样
10. 当完成一项任务有困难时，我不会为自己找借口，说"明天再做吧。"
    □总是这样　　　　□有时这样　　　　□从不这样
11. 我通常不会因为顾虑其他事情而无法集中精力来做目前该做的事。
    □总是这样　　　　□有时这样　　　　□从不这样
12. 我不会在每天下班回家后感觉精疲力竭，却感觉没有完成计划的大部分工作。
    □总是这样　　　　□有时这样　　　　□从不这样

对上述问题，你可以按照下面的评分标准进行自我打分：选择"总是这样"记 2 分，选择"有时这样"记 1 分，选择"从不这样"记 0 分。如果你的总分在 0~8 分，说明你常常因为无法把握时间而处于迷茫和焦虑中，甚至患有重度拖延症。不会管理时间给你造成了很大的困扰，你需要学习正确的时间管理方法，重塑自己的时间观。总分在 9~16 分以内，说明你已经用心去管理自己的时间，希望能改变自己的现状，但你的时间管理方法存在一定的问题和误区，通过进一步学习时间管理，你的工作与生活会得到极大的改善。总分在 19~24 分，则说明你基本能管理好自己的时间。

二、时间管理和人生目标

时间管理（Time Management）是指通过事先规划和运用一定的技巧、方法与工具实现对时间的灵活以及有效运用，从而实现个人或组织的既定目标的过程。时间管理并不是要把所有事情做完，而是更有效地运用时间。时间管理最重要的功能是通过将事先的规划作为一种提醒与指引，告诉你该做些什么事情，不应该做什么事情；什么事先做，什么事可以后做。时间管理的本质是目标管理。有了目标才能开启时间管理之门。法国著名思想家蒙田说："灵魂没有确定目标，就会丧失自己。"时间管理的关键在于如何分配时间，当一个人的目标不明确时，就很难明白什么对自己是最重要的，就不能合理地将时间安排好。

什么是确定目标？管理学中一个好的目标应该符合"SMART"原则，具体如下：
1）具体的（Specific）：目标要清楚明白。
2）可衡量的（Measurable）：有关于任务是否完成、完成程度的考量标准。
3）行动导向的（Action-oriented）：把大的目标细化到可以去一步步执行它。
4）现实的（Realistic）：在考虑到困难、阻碍后，它仍然是可以实现的。
5）有时间限制的（Time-bound）：有规定的时间节点（deadLine）。

仔细整理自己的目标和任务，把它们排出优先级，在个人时间管理上，优先给高优先级的目标和任务分配时间。注意这个优先级是基于价值的，而不是基于紧急程度。什么时间做什么事情，根据自己的实际目标做出选择。

只有你设定了目标，你才知道该如何分配自己的时间。一个没有目标的人就像一艘没有方向的船，永远漂泊不定。伟大的人生取决于伟大的目标，不一样的目标就会有不一样的人生。明确的目标对人生会产生非常积极的影响。大到人的一生，小到每周、每天，都离不开明确目标。对于人生来说，没有明确目标，人们就会浪费大好时光，碌碌无为，而从时间管理的角度来说，没有目标也就使时间管理失去了意义。时间管理的目标不是一朝一夕即可达成的，这就要求人们必须有坚持不懈的精神，将时间管理落实到具体的每一天，通过制定日常成长与发展活动时间表，使自己养成有效利用时间的习惯。

三、时间管理的意义

时间管理直接影响个人的素质和能力的发展，善于管理时间是成功者的重要素质。现代管理学之父德鲁克曾说："时间是最高贵而有限的资源，不能管理时间，便什么都不能管理。"事业有成的人，可能成功的原因有很多种，但是，他们的共同之处就是，他们往往都是时间管理的专家。

时间对于我们每个人是最公平的，每个人的时间都是一天24小时，一周7天时间。因为生命短促，人才会孜孜不倦地追求目标和意义，我们每个人都希望人生更有价值，可以做更多有意义的事情。而做好时间管理，是实现人生规划的保证。时间管理解决的问题是如何实现目标，大致路径是：提升达成目标的速度和缩短达成目标的时间。通过对时间的规划，减少放纵和娱乐，平衡工作和生活，让我们把更多的精力集中于过想要的生活，成为想成为的人，这就是时间管理的意义。

学会时间管理，可以让自己减少焦虑，不再因虚度光阴而悔恨，让你变得更优秀，工作更高效，生活更幸福。时间管理就是生命管理。管理好时间，就是管理好人生。时间管理的对象不仅仅是时间本身，而是对自我行为的管理，高效的时间管理就是高效的执行力。管理时间，刻不容缓。

四、时间管理的基本原则

那么，怎样进行有效的时间管理呢？我们先来了解一下时间管理的几个基本原则。

（一）时间管理"四象限法则"

时间管理"四象限法则"（图7-1），是由著名管理学家史蒂芬·科维（Stephen R. Covey）在他的《要事第一》这本书中提出的一个时间管理理论。这套法则因简单实用而受到人们欢迎。具体是把要做的事根据重要性和紧急性来进行划分，可以分为四个象限：

1）重要且紧急的事情（比如救火、抢险等）优先做。此象限定义事情的要点：紧急情况、迫切的问题、限期完成。

2）重要不紧急的事情持续做（比如学习、做计划、与人谈心、锻炼身体等）。只要是没有前一类事的压力，应该当成紧急的事去做，而不是拖延。荒废这个领域将使第一象限日益扩大，使我们陷入更多的压力，在危机中疲于应付。

3）紧急不重要的事情（比如不速之客的拜访、意外的电话、某些临时会议等），规避它，让它尽可能地少发生，或者交给别人去做。

4）不重要不紧急的事情（比如阅读令人上瘾的无聊小说、观看毫无营养的电视节目、无建设性的闲聊等）。这个象限代表浪费生命或消磨时间的事情，尽量不做或推迟。此法则重点强调我们应把主要的精力和时间集中放在处理那些重要但不紧急的工作上，这样可以做到未雨绸缪，防患于未然。

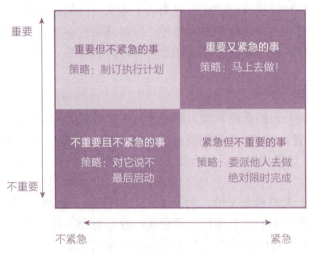

图 7-1　时间管理四象限法则

（二）二八定律

"二八定律"又名"帕累托定律"，也被称为最省力的法则、不平衡原则等，是由著名经济学家帕累托提出的。其核心内容是生活中 80% 的结果几乎源于 20% 的活动。他表示，在任何系统中，最重要的只占其中一小部分，约 20%，其余约 80% 的尽管是多数，却是次要的。按照"二八法则"，人们可以将时间的付出与效益的回报进行一个系统的分析，使人们能够用 20% 的时间创造出 80% 的成就；人们也可以只去做关键的 20% 的事情去创造 80% 的价值。"二八法则"是时间管理的精髓。二八定律的核心就在于，合理分配时间和精力。成功者会将 80% 的时间用在最重要的事情上，而不是先做紧急的事情。时间管理需要人们学会将事情分门别类，分清轻重缓急，专注于用 20% 的工作来获得 80% 的价值。

（三）帕金森定律

管理学家诺斯古德·帕金森在其所著的《帕金森法则》（*Parkinsons Law*）中，写下这段话："你有多少时间完成工作，工作就会自动变成需要那么多时间。"人始终是根据任务的时间期限来调整工作速度的。一项工作完成需要的时间会自动延长到你分配给它的时间。若某人知道自己有一个月时间来完成某项任务，他会不知不觉放慢工作速度，将整个月的时间都用在这项任务上。若同样的任务只给出了一周时间，他便会调整自我工作速度与工作状态，以保证自己可在一周内完成任务。因此，定时定量的计划往往可以为工作提供更加明确的目的性，一旦定好了计划，你就必须严格要求自己，遵守已定的时间限制。

（四）崔西定律

美国著名的管理学家博恩·崔西指出，任何工作的困难度与其执行步骤数目的平方成正比。著名的百事可乐公司一直信奉这样一个原则——能省就省，这个省可不是偷工减料，它指的是简化工作步骤，去除不必要的烦琐事项，从而节省大量时间，提升工作效率。很多时候，我们给一件事添加了太多不必要的流程，导致我们把大量精力花费在做前期准备工作上，以至于忽略了这件事最重要的部分"做"。因此，尽可能地简化做一件事的步骤，这会大大节省你的时间。

五、时间管理的基本方法

时间管理的方法有很多,这里我们来分享集各种方法之大成的主要的三个方法。

(一)GTD工作法

著名时间管理人戴维·艾伦提出了一种时间管理方法叫作 GTD 工作法。它能帮你减轻大脑的负荷和心理压力,专注于当下的任务,指导你有条理地完成工作。GTD 是英文 Getting Things Done 的缩写,意思是完成好一件事。来自于戴维·艾伦的同名畅销书,中文翻译本是《尽管去做:无压工作的艺术》。他将 GTD 总结成为一种将繁重超负荷的工作生活方式变成无压力高效的时间管理系统。GTD 工作法的核心理念在于将你心中想的所有工作都写下来并且进行分类,才能够全力以赴做好最重要的工作,提高效率。GTD 的具体做法分为收集、整理、组织、回顾与行动 5 个步骤。

1. 收集

就是将你能够想到的所有的未尽事宜(GTD 中称为 stuff)统统罗列出来,放入 inbox 中,这个 inbox 既可以是用来放置各种实物的实际的文件夹或者篮子,也可以是用来记录各种事项的纸张。记录下所有的工作,并按是否可以快速行动进行区分规划。

2. 整理

将 stuff 放入 inbox 之后,就需要定期或不定期地进行整理并清空 inbox。将这些 stuff 按是否可以付诸行动进行区分整理,对于不能付诸行动的内容,可以进一步分为参考资料、日后可能需要处理以及垃圾几类,可在 2min 内完成的则立即行动。

3. 组织

组织是 GTD 中最核心的步骤,组织主要分成对参考资料的组织与对下一步行动的组织。对参考资料的组织主要就是一个文档管理系统,而对下一步行动的组织则一般可分为下一步行动清单、等待清单和未来/某天清单。下一步行动清单是具体的下一步工作,与一般的 to-do list 最大的不同在于,它做了进一步的细化,比如按照地点分别记录可以执行的行动。等待清单主要是记录那些委派他人去做的工作。未来/某天清单则是记录延迟处理且没有具体的完成日期的未来计划、电子邮件等。

4. 回顾

每周通过回顾及检查你的所有清单并进行更新,可以确保 GTD 系统的运作,同时还需要进行未来一周的计划工作。

5. 行动

根据时间的多少、精力情况以及重要性来选择清单上的事项来行动。

(二)六点优先工作制

该方法是效率大师艾维利在向美国一家钢铁公司提供咨询时提出的,它使这家公司用了 5 年的时间,从濒临破产一跃成为当时全美最大的私营钢铁企业,艾维利因此获得了 2.5 万美元咨询费,故管理界将该方法喻为"价值 2.5 万美元的时间管理方法"。

这一方法要求把每天所要做的事情按重要性排序,分别从"1"到"6"标出 6 件最重要的事情。每天一开始,先全力以赴做好标号为"1"的事情,直到它被完成或被完全准备好,然后再全力以赴地做标号为"2"的事,依此类推……

艾维利认为,一般情况下,如果一个人每天都能全力以赴地完成6件最重要的大事,那么,他一定是一位高效率人士。

六点优先工作制包含了多个时间管理原则,如:目标管理、优先原则、一次做好一件事情、时间限制、今日事今日毕、复杂的事情简单化、简单的事情模式化等。将事务依据重要及紧急程度排序,集中精力优先完成最重要的任务,这样才能最大限度地掌控自己的时间。你办事效率最佳的时间是什么时候?遵循你的生物钟,将优先办的事情放在最佳时间里。推行六点优先工作制的目的即加强时间和工作的计划性,要求每一天、每一分、每一秒都在做最重要即最有生产力的事情。该方法可以帮助我们提高工作效率,保证工作目标的实现。

（三）番茄工作法

番茄工作法是弗朗西斯科·西里洛于1992年创立的一种相对于GTD更微观的时间管理方法,因其使用了一枚形状像番茄的厨房定时器而得名。其本质是利用小小的定时器,让人专心致志做完一件事,以提高工作效率。你只需要三样东西即可:一份清单、一支笔和一个定时器。这个定时器也叫作番茄钟。

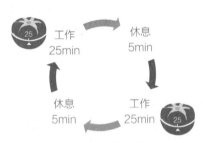

图 7-2　番茄工作法

番茄工作法风靡已久,它的神奇魔力能使我们的工作更高效。番茄工作法的核心在于"一次只做一件事",即在25min内专注进行高质量的工作,然后拿出5min的时间休息,如此循环下去,直到将这件工作完成。番茄工作法的原理是人为地打造"心流"状态,保持25min高效率的工作。积极心理学大师米哈里·希斯赞特米哈伊提出,"心流"出现时,一个人可以投入全部的注意力,以求达成目标。然后通过5min的充分休息,让大脑劳逸平衡。运用番茄工作法可以很好地预防拖延症,能帮助我们更好地集中精力、提高做事的专注力。

六、时间管理九条金律

（一）行动契合价值观

所有的成功者都明白这样的事实:人生中所有的成功与快乐都来自价值观的明确。这不仅是人生幸福的关键,更是时间管理的根本所在。你的奋斗目标背后隐藏着怎样的价值,它们对你的人生真的有意义吗?要确立个人的价值观,知道什么对自己最重要。你永远没有时间做每件事,但你永远有时间做对自己来说最重要的事。

（二）树立明确目标

你的奋斗目标指引了你的人生方向。只有当你确定了努力的方向和目标时,你才能决定应该如何安排你的时间,有了清晰和长远目标的人更加容易成功。首先确定长期目标,大方向确定好后,设立可实现的短期目标。按照事情优先级,制定阶段性任务,按照每月、每周、每天的时间序列,将目标进行分解。目标要明确、具体、具有可实现性,计划好每一步,你才知道如何分配时间去实现目标。

(三)列清单、记日志

海尔集团董事长张瑞敏一直推行"日事日毕,日清日高"的时间管理方法,即当天的工作当天完成,每天工作要清理并要有所提高。美国首屈一指的个人成长权威人士博恩·崔西说:列一份清单,工作效率可以提升25%。根据事情的重要性、紧急性依次列任务清单,然后记录时间开销。当你发现自己的时间黑洞,找到浪费时间的根源,你才有办法去及时纠正。

(四)设"不被干扰"时间

每天至少要安排一小时左右"不被干扰"的时间。人们在不被打扰的情况下,才能去专注地思考与工作,并发挥出最高效率。这一小时左右不被干扰的时间甚至可以抵过一个人一天的工作量。有些工作一旦被打断后,就需要你花更多的时间去重新开始。日本著名经济学家野口悠纪雄将这一类情况总结为"中断综合征",也就是在工作被打断的时候,容易忘记事情和丢失一些资料。

(五)严格规定完成期限

如果你有一整天的时间可以做某项工作,你就会花一天的时间去做它。而如果你只有一小时的时间可以做这项工作,你就会更迅速有效地在一小时内做完它。给所有任务都设定一个期限。不要让工作无期限地进行下去。把时间紧或有压力的事情的结束日期记录下来,万事皆会终结。

(六)同类事情分批处理

将同类工作集中到一起分批处理,可以使大脑因为有秩序而高度专注。规范工作分类,将琐碎事务从重要工作中区分出来,然后集中在同一时间段进行有效处理,这样既可以高效并连续地处理重大事情,又可以通过批量处理的方式节省处理琐碎事务的总时间,做到专时专用,高效节时。比如,批量处理电子邮件和来电。

(七)善用碎片时间

碎片时间就是那些零散、无规律、难以计划的时间,比如走路、排队、乘车等,这些时间往往被人们忽略掉,但长期积累总和相当可观,值得好好利用。凡是在事业上有所成就的人,几乎都是能够有效地利用零碎时间的人。有效的时间管理就是把对时间的浪费降到最低。充分利用好每天的碎片化时间,能降低时间的日常损耗。

(八)工作不要超负荷

"一张一弛,文武之道"。超负荷的工作只会降低工作效率,导致事倍功半。精力管理是时间管理的基础。保持充沛的体力、良好的精力有利于更高效地处理事务。规律作息、合理饮食、健身锻炼、劳逸结合,让你的精神、情感和身体状态保持在最佳状态。身体健康才能让人的精力更充沛,保证我们做事高效。

劳动教育和职业素养

（九）学会说"不"

学会拒绝无效的社交，花费时间做有意义的事情。一旦确定了哪些事情是重要的，对那些不重要的事情就应当说"不"。我们每个人都可以通过实践来制定适合自己的时间守则，最大限度地利用时间，如对一些不是自己分内的事情，对不必要的应酬、加班学会说"不"，使自己的时间得到充分的、有意义的使用。

总之，选择对自己最行之有效的时间管理技巧才是正确的，不要依葫芦画瓢，有的人白天效率高，有的人晚上效率高，找到能提高自己效率和时间效能的方法，才能更有效地管理好自己的时间，达成自己的人生目标。工作与生活的平衡源于我们对时间的良好规划和日常的高度自律。养成良好的生活惯例，越自律的人，越自由。最强的自律才有最丰沛的自由。

时间能让你有机会做一些了不起的事情，让你尽情诠释自己的才华，给你改变生活的可能。卓别林曾说："时间是一个伟大的作者，它会给每个人写出完美的结局来。"人生苦短，把时间花在有价值的事情上，才能收获更有意义的人生。把握当下，不负韶华，珍惜每一分每一秒，让它有意义地流逝。珍惜光阴可使生命变得更有价值。一个会管理时间的人，才能活出精彩的美丽人生。

思考训练

1. 做一个时间统计表，列出过去三天你是如何度过的，都做了什么事情，每件事大概花费了多少时间。把浪费你时间的事记下来，提高警觉，防止自己虚度时间。

2. 假设你的生命只剩下1天，你会选择和谁一起度过，你会选择做什么，放弃做什么？假设你的生命只剩下10年，你会开始做什么，避开做什么？同样，假设你的生命还有50年，你会变成一个怎样的人，你想培养自己拥有哪些品质？

3. 读下边这则故事，讨论：怎样进行有效的时间管理以达成自己的人生目标？

有一天，管理专家为商学院的学生讲课。"我们来做个小实验。"专家拿出一个透明的玻璃罐放在桌上。随后，他取出一堆拳头大小的石块，把他们一块块地放进瓶子里，直到石块高出瓶口再也放不下去了。他问："罐子装满了吗？"学生想都没想，异口同声地回答说："装满了。"他又问："真的装满了吗？"说着他从桌下取出一桶砾石，倒了一些进去，并敲击玻璃壁使砾石填满石块间的间隙，又问道"现在瓶子装满了吗？"学生们开始谨慎作答，部分人回答说，"这回装满了。"其余学生则犹豫地说"应该还没有装满吧。""很好！"他伸手从桌下又拿出一桶沙子，把它慢慢倒进玻璃罐，沙子填满了石块的更多间隙。他又一次问学生："罐子装满了吗？""没满！"学生们大声说。然后专家拿一壶水倒进玻璃瓶直到水面与瓶口齐平。他望着学生，"你们能从这个实验中看出什么吗？"一个学生举手发言："无论我们的时间表被安排得多满，总是可以挤出时间干更多的事！"专家点了点头，笑着说道，"说得很好。但我要告诉你们的是怎样才能最大限度地利用这个玻璃罐的容积。如果你不先把大石块放进瓶里，那么你就再也无法把它们放进去。"

阅读链接

[1] 戴维艾伦.尽管去做：无压力工作的艺术[M].张静，谭永乐，译.北京：中信出版社，2003.
[2] 吉姆•兰德尔.时间管理——如何充分利用你的24小时[M].舒建广，译.上海：上海交通大学出版社，2012.
[3] 格列宁.奇特的一生[M].侯焕闳，唐其慈，译.北京：北京联合出版公司，2016.
[4] 博恩•崔西.博恩•崔西的时间管理课[M].刘迪，刘钊，译.北京：机械工业出版社，2016.
[5] 洛塔尔•赛韦特.极简时间[M].雷蕾，孙丹，译.北京：机械工业出版社，2018.

单元二　职场调适和应对压力

典型案例

炉火纯青的"大国工匠"李凯军

"要真正成为能工巧匠，就要执着追求、心无旁骛、精益求精、百折不挠，'择一行终一生'"。——李凯军

李凯军，中国第一汽车集团公司铸造公司模具钳工高级技师，全国五一劳动奖章、中华技能大奖获得者，技工学校毕业生。他刻苦钻研模具制造专业知识，练就高超的钳工技术，加工制造了数百种优质模具，尤其是出色完成了重型车变速器壳体等高难度压铸模具的制造，在我国高、精、尖复杂模具加工方面独具特色。

1970年，李凯军出生在长春市二道区一个普通的五口之家。记忆里，父亲常年加班，母亲勤劳持家。1986年，懵懂的李凯军刚刚参加完中考，面临着人生第一次选择：读高中，还是上技校？以他当年的成绩，完全可以上重点高中。但父亲的突然离世却给了他"当头一棒"。哥哥姐姐都在念书，家里只能靠母亲的微薄收入支撑。李凯军毫不犹豫报考了中国一汽集团技工学校，并以第4名的高分进入学校的维修钳工班。

1989年，李凯军光荣地成为千千万万名中国产业工人队伍中的一员，他一头钻进了钳工世界，日复一日认真地锉、削、磨、抛，一晃近30年。李凯军在生产操作和产品创新创造领域也深耕了近30年，靠勤学苦练他的"手艺活"让世界叫绝。

其实，李凯军所学的钳工维修专业，与他所从事的模具制造工作并不对口，但生性要强的他不气馁，"大不了重新学起呗，不是事儿。"李凯军自费购买大量专业书籍，还自学了车、铣、磨、电焊等其他工种的加工技术，以及三维设计软件的使用方法。他甚至挤出时间报名参加了自考本科，成功拿下两个专业的学历。

2017年，李凯军带领团队先后完成130多套国内外各种复杂模具的制造，总产值达1.25亿元，节约资金600多万元，填补了多项国内制造技术的空白。"过人天赋"的背后，往往凝结着常人未知的汗水和付出。钳工的活儿需要巧手、头脑，更需要体能。李凯军坚

持每天早上做400个俯卧撑,"我到现在还是厂里跳绳纪录的保持者,2分钟420个,无人能破。"为避免工作和比赛时手发抖,这位酒量不小的东北汉子干脆把酒也戒了,这一戒就是20年,至今滴酒未沾。

工匠所有的记忆、灵感和技能都在灵巧的双手和眼力上。2017年10月,在中国中央电视台"当代工人"专题节目中,播放了李凯军手持抛光模具用风动工具在生鸡蛋壳上刻出"传承"两个字。当鸡蛋壳被刻掉后,里层鸡蛋的薄膜丝毫没有损坏,还保持原生态。让现场的专家、众多嘉宾和亿万电视观众及网友们惊叹不已,交口称绝。李凯军展示了"大国工匠"巧夺天工、精巧绝伦的风采,不仅因为他手上有"绝活",更因为他心中有责任。

分析: 与很多高技能人才楷模一样,李凯军从一个普普通通的技校学生成长为闻名遐迩的大国工匠,其过程不可谓不艰辛,其压力不可谓不巨大,但是他成功了。

李凯军们之所以能够成为一个行业或领域的领头羊,除了他们掌握了过硬的专业技术本领之外,还在于他们都具有较强的职场"软实力",包括自我调适和应对压力的能力。

从上述不完整的报道中,我们可以看到李凯军遇到过好几种压力,但他都能努力调整心态或行为方式,最终顺利应对,闯过一个又一个难关。

他遇到的第一个难关就是学业关:当他完全可以凭实力读重点高中时,父亲离世、家庭经济条件等原因迫使他放弃人生中的第一个梦想。年龄虽小但成熟理智的他重新自我定位、调整职业规划,选择读技校-当技工-当技师的职业道路,并义无反顾地坚持了30多年。

他遇到的第二个难关是所学专业与所从事的岗位要求不对口:他在技校所学的专业是钳工维修,从事的却是模具制造工作,所学难以致用。此时,他深深懂得"打铁还得自身硬"的道理,毫不气馁地说:"大不了重新学起呗,不是事儿。"通过买书、自学、请教……一口气掌握了不少关键技术,拿下了两个专业的本科学历,以至于厚积薄发,为之后的水到渠成奠定坚实基础。

他遇到的第三个难关是体能和精力不够支撑长时间精细的刻制工作:为了打造出"工匠手"和"工匠眼",不但戒酒一戒就是20年,而且坚持锻炼身体,挑战身体极限,以支撑出那一手巧夺天工、精巧绝伦的"绝活"。

从李凯军的事迹我们以一斑窥全豹:无论在职场上遇到何种压力,只要善于调适就能够打破瓶颈,成功应对。

一、职场压力

(一)职场

职场通俗来说就是与工作相关的环境、场所、人和事,还包括与工作、职业相关的社会活动、人际关系等。在职场中的个人能力表现为时间掌控能力、知识水平、现场问题解决能力等。

真正的职场精英是可以做到三件事的：我知道该做什么，我知道该怎么做，我有时间去做。因此，职场新人需要具备的四个能力：时间管理能力、问题分析能力、判断能力和执行能力。

（二）职场压力

1. 职场压力概念

从心理学角度看，压力是心理压力源和心理压力反应共同构成的一种认知和行为体验过程。通俗地讲，压力就是一个人觉得自己无法应对环境要求时产生的负性感受和消极信念。心理压力即精神压力，现代生活中每个人都有所体验，心理压力总的来说有社会、生活和竞争三个压力源。压力过大、过多会损害身体健康。

职场压力指人在职场心里感受到的压力，是工作本身、人际关系、环境因素等诸多因素给我们造成的一种紧张感。习惯了悠闲缓慢的校园生活而转入职场，总会让职场新人有多多少少的烦恼。而职场压力太大是其中最令人头疼的事情。如某高校的小张，好不容易进了世界500强企业，却在短短三个月后就离职了。问其原因："工作压力真的是太大了，每天早上起床睁眼，想想接下来有做不完的工作，就感到头痛至极。从开始上班到现在，我和男朋友才见过两次面，这哪是人干的工作啊！"

压力过大或者这种紧张感过于持久则会出现焦虑烦躁、抑郁不安等心理障碍乃至心理疾病，严重者可导致精神问题。

2. 职场压力来源

（1）工作负荷　长时间的工作、超负荷的运转以及新知识的飞速更新，要求你不断应对、补充以及尽快掌握的时候；特别是当你不幸遇到一个不是那么通情达理的上司，并要求你在很短时间内完成很多任务的时候；抑或当你的家庭也需要你的付出，都牵扯着你的精力的时候；当又一批年轻人进入公司，和你并肩竞争某项任命的时候……当这些情况发生叠加时，你可能会感到心力交瘁。每天烦琐呆板的工作，让很多初入职场的年轻人在工作岗位上渐渐失去热情和成就感。某位从业两年的课程顾问讲述了自己从初入职场的喜欢到最终选择放弃的经历："我当时是真的很喜欢这份工作的，因为可以给各种人介绍适合他的课程，给他带来快乐和便利。起初业绩也很不错，更是让我沾沾自喜。可是时间长了却发现因为有业绩压力经常要加班，我现在根本不能好好休息！这严重影响了我的身体健康，我快要撑不下去了。"

（2）人际关系　每个单位都存在复杂的人际关系，如下属对上级授权的误解、同事之间互不信赖、领导方式偏误引起工作氛围不和睦等。身在其中，你可能觉得心理疲劳，特别是在应对这些关系当中，不得已的行为和自己的价值系统发生矛盾时，它们还会给你在心理上带来冲突和迷茫。例如，在广告公司工作近一年的某员工说，自己从初入职场到现在，每天在公司都小心谨慎，几乎很少跟同事说话。因为在她刚进公司时，同事因为私下议论老板，第二天便被炒了鱿鱼，从那以后她觉得办公室人际关系过于复杂。

（3）职位升迁　当你业绩突出被破格晋升的时候，心理压力也会紧跟着成倍递增。职业

劳动教育和职业素养

发展太顺利，会同时面临方方面面的问题，有的甚至超出了自己掌控的能力范围，你会怀疑自己是否真正胜任，心理负担沉重；另一种可能是僧多粥少，眼前只有一个升迁名额，自己再次旁落，你感到被人忽视的压抑，对工作目标充满迷惘。"工作到现在我一直任劳任怨，可是每个月的工资交完房租水电后连吃饭都不够了，我连同学聚会都不敢去参加。我有个同学一年跳了三次槽，每次的工资都比原来高，为什么我就找不到这么好的单位？"学机械设计的阿勇向我们倾诉着他的苦恼。

（4）环境压抑　许多毕业生向往在抬眼就能看到蓝天白云的高级写字楼里工作。殊不知，不少长期在这样的环境下工作的白领们却渴望逃离。国外研究证实办公楼环境是一种无形的环境压力，封闭的场所会使人精神紧张、容易疲倦。这些无形的压力也会造成紧张和不适。

（5）心态不良　我们的压力很多来源于周围环境，但更多源于心态。我们的压力通常来自三种不良心态：

1)"永争第一"心态。什么都要做到最好，对于工作学习来讲可能是好事，但是会使我们方方面面都想要和别人攀比，处处都要争第一，所以容易陷入压力。永争第一的人其实在内心深处是自卑的，所以才会处处想要比别人强。

2)"应该"心态。很多人做事总是从应该怎么做、不应该怎么做的角度出发，用外界制定的规则严格约束自己。当一个人习惯用这种心态看问题时，内心往往是压抑的，时间长了就会有矛盾，因而活得很累。

3) 对错观太强。生活中 80% 的事情可能都没有对错，但如果对错观太强，总是觉得自己是对的，别人是错的，人际关系就会非常紧张。

（三）学会调适应对压力

职场中人感受到职场压力的情况屡见不鲜，无可避免。压力是一把双刃剑，既能让你全力以赴地发挥自己的能力，也会让你身心疲惫，劳累过度。所以学会如何进行自我调适，与压力和平共处、变压力为动力，是我们要锤炼的职场基本能力之一，只有这样我们才能正确面对职场压力，乐此不疲地工作。

1. 自我定位

自我定位是指自我的人生价值和角色定位、人生主要目标的设定等，简单地说就是你准备做一个什么样的人，在职场中寻找到一个怎样的位置，你的人生准备达成哪些目标。这些看似与具体压力无关的东西其实对我们的影响却总是十分巨大的，对很多压力的反思最后往往都要归结到这个方面。卡耐基说："我非常相信，这是获得心理平静的最大秘密之一。"懂得定位，就可以学会以理性的态度追求更好的生存状态，这样才能把命运的主动权握在自己手中，也能避免很多压力。

要做好自我定位，就要明白自己的价值点。我有什么技能？我的价值是多少？我们常常会有这样的疑问。一个人的价值，除了他本身的存在价值外，还包括他在行业中、他自己的人生中和社会中创造的相关价值。在定位之前，首先应该要知道自己的总体价值有哪些。应届毕业生尚未有任何社会价值，但他们有自身价值，所拥有的才能、技术和社会经验，自身各项素质如环境适应能力、压力承受能力等都是已有的自身资源。

职场新人要总结自己各方面的优劣势，明确自身价值点，职业定位点不宜太高，不要因为从基层做起，就感觉是大材小用、被限制了发展空间。其实，每个公司都有其晋升机制，也有其一定的发展空间。在经过一段长时间的工作还得不到晋升的时候，你就要认真思考一下，是否将目标定得太高了？比如一个刚从事外贸公关不久的人，想要在半年之内晋升为公关经理，这是不太可能的。在制定职业目标时，要根据自己的实际情况去制定。如果你想一步登天，那结果只会是摔得更痛。

自我定位关键是要找准立足点。在社会的每个行业之中，总会有一个适合你发展的地方，正所谓"三十六行，行行出状元"。有些准备进入大学的高中毕业生们，在听到哪个行业发展好，或者是做哪种职业赚钱多的时候，就直接报相关的专业。这种做法并不是说不好，如果你的最终目的只是赚钱，那就另当别论。但如果你并不想如此，那就要认真地思考，自己到底适不适合这个行业。

只要自我定位准确，在合适的位置做力所能及的事情，就能减轻一些压力。

2. 心态调整

心态决定一切，相同处境，不同态度，迥异结局。就像面对玫瑰，是可怕的刺，还是美丽的花，只因看事物的角度和心理不同。心态决定命运，你的心就是你真正的主人。

面对压力，知己知彼，才能百战不殆。如果不把自己看清楚，搞不清自身实力，打起仗来就会心虚腿软；不把对手研究透彻，犹如盲人摸象，施策就会毫无章法；不把明天预判好，战时赶鸭子上架，只能被动挨打……压力就是我们的对手。认不清对手，找不到方向，何以开战？战之岂能不败？

因此，当我们遇到职场压力时，首先要做的第一件事就是调整心态——以积极乐观的心态拥抱压力，不要焦躁和退缩，而要耐心分析压力从何而来、产生压力的根源何在。找到压力的源头，才能够对症下药、制定出切实可行的应对良策。

很多情况下，我们遇到困难不能释怀的主要原因就是心里放不下，终日郁郁寡欢，精神恍惚，做事不积极，影响工作、学习。其实想一想，遇到再大的困难，也还是要往前看的。因为困难是暂时的，方法永远比困难多。不开心的事也是暂时的，不要老去想悲催的事，要自我安慰，自我调节。学会宽心，遇事先分析，往好处想往好处做，这样才会越做越好。反之，越往坏处想越消极怠慢，结果会越来越糟糕。

生活虽然忙忙碌碌，然而敞开胸怀，包容这个世界，其实还是装得下自己，装得下压力的。

3. 理性反思

对于一个积极进取的人而言，面对压力时应进行理性反思，积极进行自我对话和反省。可以自问：如果没做成又如何？这样的想法并非找借口，而是一种有效疏解压力的方式。但如果本身个性较容易趋向于逃避，则应该要求自己以较积极的态度面对压力，告诉自己，适度的压力能够帮助自我成长。

当我们找到了压力的根源所在，我们就可以有的放矢地寻找应对之策。此时，我们要思考三个问题：我要变革什么、要变革成什么样、如何实现变革。

如果压力来自于工作负荷，那么要变革的可能是提升身体素质、更新知识、提高工作效率、掌握时间管理技巧、培养良性竞争素质……

如果压力来自于人际关系，要变革的可能是自身价值的定位、人际沟通技巧以及换位思考习惯的养成……

如果压力来自于职位升迁，要视情况而定：如果被破格升迁，要变革的可能是骄傲自大的心态以及对新岗位要求的适应力；如果暂时升迁无望，要改进的可能是学会自我安慰、明晰努力目标、追求工作质量、懂得适时表现……

如果压力来自于工作环境，要变革的可能是改变评判问题的角度、培养一分为二分析事物的思维方式以及学习放松身心的小技巧……

如果压力来自于不良心态，要变革的可能是争强好胜的心理、被严格约束的惯性思维方式以及对不完美的自己的悦纳……

当我们针对所感受到的压力进行分析之后，瓶颈呈现在眼前，于是就有了变革小目标，那么，再加上一些变革小技巧，就能够有的放矢地将压力进行缓解和释放了。

4. 调适应对

作为职场新人，面对陌生的职场环境，绝大多数人难免紧张，找不准自己的位置，工作起来如履薄冰，处处小心，事事在意，分分秒秒感受到各种压力。

作为职场"老人"，当你准备跳槽，却发现不少用人单位将招聘门槛设置为"年龄在35周岁以下"，本想再拼拼，无奈身体机能和学习能力不如从前。遭遇"35岁现象"，也让不少打拼多年的白领倍感压力。

在充满变化的时代，未雨绸缪不失为明智之举，这包括端正心态、持续学习以及加强自我调适。

我们可以通过一些调试方法，帮助自己快速地从被动、焦虑的工作状态过渡到积极、主动的工作状态。

（1）管理时间　工作压力的产生往往与时间的紧张感相生相伴，总是觉得很多事情十分紧迫，时间不够用。解决这种紧迫感的有效方法是时间管理，关键是不要让你的安排左右你，你要自己安排你的事。在进行时间安排时，应权衡各种事情的优先顺序，要学会"弹钢琴"。对工作要有前瞻能力，把重要但不一定紧急的事放到首位，防患于未然，如果总是在忙于救火，那将使我们的工作永远处于被动之中。关于时间管理的更多内容我们已在单元一"时间管理和目标管理"学习过了，在此不再赘述。

（2）有效沟通　无论何时何地还是职场内外，我们都要积极改善人际关系，特别是要加强与上级、同事及下属的沟通，要随时切记，压力过大时要寻求主管的协助，不要试图一个人就把所有压力承担下来。同时在压力到来时，还可采取主动寻求心理援助，如与家人朋友倾诉交流、进行心理咨询等方式来积极应对。

在职场中，沟通本身就是最重要的工作能力之一。从公司来讲，作为一个组织，每个人都是链条中的一环，只有前后搭配好，才能保证整个系统的良好运转，也就是说，一个团队能不能发挥最大战斗力，是取决于沟通带来的协作成本的。一般地，工作中80%的问题都是沟通造成的。绝大部分工作问题，不是来自于技能本身，而是来自于沟通。从个人角度来讲，不善于沟通的人，职业发展一定会遇到障碍。

不是所有的表达都叫沟通，因为表达不等于沟通。沟通是双向的，评价沟通是不是有效，唯一的标准是沟通双方能不能达成一致。其次，职场沟通和其他沟通不同，达成一致之后还要期待对方尽快按照自己的需求行动，所以沟通时的表达必须简单、明确、高效、无误。

职场沟通之所以会出现问题，往往是犯了下面几个错误：不考虑对方立场需求；带着情绪去沟通；不简练无逻辑；只有结论没有论据等。

职场沟通的目的是为了争取对方配合，并按照自己期望的行动去配合，这是一个说服的过程，职场间有效沟通可以为收到、理解、赞同和行动4个步骤。

第一步：收到并看（听）到。因此你首先要确认对方的联系方式，或者是否可以当面交流，然后再进入下一步传达信息。比如要选择沟通地点、沟通环境或者双方距离。

第二步：确认对方能理解你的意思，这部分是最需要准备的。因为每个人的成长经历、性格和教育背景都不一样，说话的习惯更是千差万别，同一个词和句子，在不同的人那里是不同的意思。因此除了要保证语句通顺、逻辑清晰之外，还需要去了解对方的职业特性和身份性格。如果对方文化水平不高，就不要讲那么多专业术语，要说得通俗易懂；如果对方不了解自己的业务，可以用他的兴趣爱好或者社会热点做一些比喻和解释，就很容易让别人听懂了。在句式的使用上也要有诀窍，就是多使用陈述句，尽量不要使用反问句。因为反问句很容易让别人感觉受到冒犯，如果再遇上理解力不够强、情绪比较敏感的对象，甚至会完全理解成相反的意思。

第三步：让对方接受或者赞同你的观点。这一步是检验一个人沟通能力的关键。在每一次说服别人之前，先问自己几个问题：我为什么要提出这个观点或者提议？这个观点或者提议能给对方带来什么利益？我提的这个观点或者提议可行性怎么样？这三个问题都考虑清楚了，只有你照顾到了对方的利益点，双方才会有认同的基础。

在阐述提议和观点的时候，有一个沟通思路可以使用，那就是PREP原则，它可分为4个步骤：先说出结论，让对方第一时间知道你想表达什么；然后引用数据，这一步主要是为了客观公正、统一度量、表达准确，不出现歧义；再举例说明观点，这样利于理解；最后重申结论，加深印象及认同。

第四步：使对方采取行动，改变他的行为或态度。明确沟通目标看似麻烦，但无形中却是在帮助我们节省时间，提高办事效率。当双方取得一致之后，就需要将具体的细节确认清楚，比如下面这个行动清单：

目标是什么，是否可以量化？具体步骤和动作有哪些，如何分配？时间节点是什么？如果有困难，沟通机制是什么？最后确认对方还有没有问题？只有这些全部沟通完毕，才可以顺利进入执行阶段。

只要积极做好有效的职场沟通，无形中就能减免不少矛盾、冲突和压力。

（3）深度工作　压力，其实都有一个相同的特质，就是突出表现在对明天和将来的焦虑和担心。而要应对压力，我们首先要做的事情不是去观望遥远的将来，而是去做手边的清晰之事，因为为明日做好准备的最佳办法就是集中你所有的智慧、热忱，把今天的工作做得尽善尽美。

在很多人眼里，工厂车间尤其是铸造车间里总是机器轰鸣、环境嘈杂、难以忍受，但在大国工匠眼里，那里才是一片净土，他们总是能做到心无旁骛、精益求精、日复一日地追求工艺难关的攻克。这其实就是对于工作的深度专注，也就是深度工作。我们一旦深深沉浸在工作其中，心中自然而然就少了很多烦恼、忧虑，压力也就不存在了。

培养深度工作的习惯，关键在于"越过良好的意图，在工作生活中加入一些特别设计的惯例和固定程序，使得进入并保持高度专注状态消耗的意志力最小化"。换句话说，就是要

劳动教育和职业素养

规定自己每天在固定时间固定场所做固定的事情，让自己养成习惯。此外，每天记录深度工作的时间，并定期总结，安排安逸时光等都是非常好的养成策略。还要计划好每一天具体时段的时间使用，专门准备一个笔记本设置"固定日程生产力计划表"，确定一个坚定的目标，在某个固定时间后不再工作，然后在工作中寻找提高产出的策略以达成目标。

（4）生理调节　保持健康身心，学会放松放下。

另外一个管理压力的方法就是进行生理调节，如逐步放松肌肉、深呼吸、加强锻炼、保证充足完整的睡眠、保持健康和补充营养。通过保持你的身心健康，可以保持充沛的精力和提高耐力，帮助你战胜压力引起的疲劳。

思考训练

1. 举例说明职场压力的危害。
2. 简述应对职场压力的调适方法。
3. 针对自身情况，设想身处职场可能遇到的职场压力会来自哪些方面？打算如何应对？

阅读链接

[1] 学习强国.中科院心理专家教你如何纾解职场压力[EB/OL]. https：//www.xuexi.cn/lgpage/detail/index.html?id=14593670974913370557, 2019-05-23.

单元三　学会创新和解决问题

典型案例

煤矿"机电大王""故障快速探测仪"的传奇人生
——淮北矿业集团高级技师杨杰

"机电大王"杨杰：安徽淮北矿业集团公司维修电工，高级技师，全国劳动模范，全国五一劳动奖章、中华技能大奖获得者。取得技术革新成果200多项，有的已达到世界先进水平，创造经济效益9000多万元，有一手快速排查电器故障的绝活，被称为"故障快速探测仪"。他首创的"提升系统故障查排多维思维法"和"数字化需求动态检修法"填补了全国煤炭行业空白。

在好莱坞电影中，人们总能见到一些险象环生、紧张得让人几乎窒息的场景。而在现实中，能亲身经历类似场景的人并不多。

杨杰是个例外。

在煤矿工作了30多个年头，杨杰经历过许多危急场面，有几次甚至到了鱼游沸鼎的地步。而千钧一发的时刻，扮演"神秘大侠"的总是杨杰。

"神奇本领"力挽狂澜

2006年12月的一天，晚上9时左右，早睡觉的人已经钻进了暖和的被窝里。其时，淮北矿业集团朔里矿正处在上夜班职工交接班的时候。

提升机缓缓地向井口移动着，26名下井的工人和13名上井的工人分别坐在各自的罐笼里。毫无征兆地，提升机突然掉电了，工作闸也始终敞不开。在离井口还有96.3m的位置，提升机停了。

39名工人突然被困在井筒中，没有办法与外界联系，也没有通道能上来或者下去。

井口周围围满了等待下井的职工，一种惶恐的气氛在全矿范围迅速弥漫开来。要是不能快速处理电气故障，39名被困职工的生命安全将受到严重威胁。

处理电气故障的高手陆续来了，时间一分一秒地过去，现场气氛越来越紧张。

半个小时过去了，技术人员终于找到故障点。排除故障需要立即更换一个调闸模块，可这个模块几天前被调用到别的矿上去了。如果从其他矿井调用模块，最快也要两个小时。

最快的办法是改变外部控制线，但同时需要改编提升机程序。提升机程序是煤矿所有电控中最复杂的，也是所有提升机电控厂家技术保密的核心。现场的人不要说改写程序，连能看懂程序的都是少数。

关键时刻，矿领导想到了杨杰。当时，杨杰正在集团公司职代会驻地休息。接到电话后，杨杰火速赶往现场。

更改程序对杨杰来说并不很难，但风险较大。出于技术保密考虑，提升机厂家一般会严禁用户更改程序，同时会申明：谁若更改程序，出了事故就由谁负责。

面对生命正在受到威胁的39名职工，矿领导果断拍板：改！

仅仅几分钟时间，程序就改好了。现场欢声雷动，39名矿工安全走出罐笼。

离这次惊险场面相隔不到一年时间，杨杰又一次用他的"神奇本领"力挽狂澜。

2007年8月，朔里矿对井下中央变电所20台高压开关柜进行技术改造。整个改造的时间窗口被严格限制在20h以内。如果超过规定时间，地下涌水就会淹没矿井。

改造过程进行得相当顺利，只剩下最后调试运行的环节了。就在这时候，麻烦来了——中央变电所总进线高压开关柜无法送电。

此时，危险正一步一步逼近矿井，地下涌水水位一点一点上升，一场可怕的灾难眼看就要发生。

按照接线安装图及原理图检查了好几遍也查不出任何问题，厂家技术人员紧张得浑身颤抖。连一向镇定的杨杰也不停地用深呼吸来缓解自己紧张的情绪。

凭直觉，杨杰判断这又是一个靠图样不能排除的疑难杂症。"肯定有控制点没有在图

劳动教育和职业素养

样上标出。"按照杨杰的判断,厂家技术人员又仔细检查一遍,果然发现了一个在图样上没有标明的预留控制端口。几乎在故障排除的同时,观察水位人员在慌乱地叫喊:"水快要淹没泵房了!"

从"菜鸟"到"机电大王"

屡屡扮演"救星"角色的杨杰,现在是淮北矿业集团朔里矿机电科的一名高级技师。他是党的十八大代表、全国劳动模范,享受国务院特殊津贴,是一名不折不扣的煤矿"机电大王"。

其实,刚上班那会儿,仅仅读完初中的杨杰甚至连"菜鸟级"的机电工也算不上。

1984年,17岁的杨杰来到朔里矿成为一名副井绞车司机。和同龄人不一样的是,杨杰酷爱学习。为了避免同伴们过来玩耍浪费时间,杨杰在自己的床头贴上一幅字:闲谈莫过三分钟。

有一年冬天,杨杰一边泡脚一边看书,结果忘记了时间,一只脚在水盆里,一只脚在水盆外看了一夜的书。

在短时间内,杨杰依靠自学啃完了20多本矿井提升机方面的专业技术书籍,记下了数百个电子元器件符号和电路图,积累了30多万字的读书笔记。

跟着书本学,跟着师傅学,遇到问题爱琢磨,问题不解决绝不罢休,"菜鸟"机电工终于成长为远近闻名的"机电大王"。

工作30年来,杨杰实施大小革新项目200多项,其中13项创新成果获国家专利,11项创新成果获得国家专利申请受理通知书,1项达到了世界先进水平,2项刷新了全国纪录,2项填补了全国煤炭行业空白,2项获安徽省重大合理化建议和技术改进成果奖,创造经济效益9000多万元。

2009年10月,杨杰在淮北矿业集团公司网上开设了"杨杰e族"网站。他把自己在工作中处理故障和技术改造的经验和心得总结成文字材料,制作成形象直观的程序图,放在"杨杰e族"网站上。职工只需按程序或操作说明进行操作,就能将杨杰的"绝活"进行复制。

2010年5月,国内首个以一线工人名字命名、培训现代工业自动化控制技术的PLC实训工作室——"杨杰讲堂"开班,填补了全国煤炭行业PLC现代工控设备实训的空白。杨杰劳模创新工作室也成为安徽省唯一一家首批晋级国家级的"技能大师工作室"。

分析:"机电大王"杨杰的事迹之所以感人,一是他竟然凭借过人的故障快速探测绝活不止一次地挽救工友于事故危难之中;二是他竟然实施大小革新项目200多项;三是他竟然是从一个初中毕业的"菜鸟"成长为闻名遐迩的技能大师。从中我们可以深深感受到杨杰持之以恒的创新精神以及脚踏实地的解决问题能力。一方面我们要学习杨杰作为职场人如饥似渴的学习精神、永不止步的创新追求,一方面我们要学习他敢于质疑、独立思考的发现问题、解决问题的态度和工作作风,只有这样我们才能锤炼出过硬的职场技能,紧紧跟上时代的步伐。

一、学习创新

创新意识是一个民族进步的灵魂,也是国家兴旺发达的不竭动力。2007年党的十七大报告就提出了"建设创新型国家,最关键的是要大幅度提高自主创新能力。"自2015年以来,国务院、教育部、人力资源和社会保障部关于支持和鼓励创新创业的政策密集出台,使得创新创业在神州大地迅猛推进,创新创业成为当今最鲜明的时代精神。

当前,全球经济基于互联网等方式的创新创业蓬勃兴起,众创、众包、众扶、众筹(即"四众")等大众创业、万众创新支撑平台快速发展,新模式、新业态不断涌现,线上线下加快融合,对生产方式、生活方式、治理方式产生广泛而深刻的影响,动力强劲,潜力巨大。创新创业已经成为当今最鲜明的时代特征之一。

作为职场新人,只有不断加强自身学习,培养创新意识和创新能力,进行思维革命、思维创新,才能在生活、学习和工作中,运用思维来解决各种问题,应对各种挑战和压力,自身的价值才能得到体现。另一方面,思维方法和思维技能的差异直接影响思考质量和问题的解决效果。因此,职场新人有必要学习和锤炼创新意识和技能,奠定自己的职场能力,提升自身竞争力和职场存活率。

(一)创新概念

创新是指以现有的思维模式提出有别于常规或常人思路的见解为导向,利用现有的知识和物质,在特定的环境中,本着理想化需要或者为了满足社会需求,而改进或创造新的事物、方法、元素、路径、环境,并能获得一定有益效果的行为。

创新思维是指对事物间的联系进行前所未有的思考,从而创造出新事物的思维方法,是一切具有崭新内容的思维形式的总和。一切需要创新的活动都离不开思考,离不开创新思维,可以说,创新思维是一切创新活动的开始。创新思维是思维的高级形态,因此既有一般思维的基本性质,又有其自身特征。

与常规思维相比,创新思维的最大特点在于它的流畅性、变通性和独创性,而这些特性的产生在于巧妙地发挥了人脑思维的潜能,特别是与右半脑的功能密切相关。凡是能想出新点子、创造新事物、发现新路子的思维都属于创新思维。

在人类历史上,创新思维能决定一个地区的生活方式、一个公司的成就,甚至能够改变整个世界。例如,我国东汉时期的蔡伦发明的造纸术,打破了贵族阶层对知识的垄断,使普通劳动人民也有了接受教育的可能,对中华文明、甚至整个世界都起到了不可估量的推动作用;牛顿、瓦特等科学家们的卓越发现为工业革命奠定了基础;凯恩斯创立的经济理论改变了美国社会,影响了整个世界;比尔·盖茨等少数几个人的创新能力使他们成为美国首富,并将人类带入了知识经济时代……

那么,创新精神则是一种勇于抛弃旧思想旧事物、创立新思想新事物的精神,它是一个国家和民族发展的不竭动力,也是一个现代人应该具备的素质。

(二)创新思维

1.打破定式思维

定式思维是指人们在思考问题时,一直按照同一种方式来思考、理解、记忆问题,久而久之,就在思考问题时形成一种习惯,使人只想到一个方面,形成思想上所谓的"偏见"。

劳动教育和职业素养

定式思维又称为"习惯性思维",是指人们按照习惯的、比较固定的思路去考虑问题、分析问题,表现为在解决问题过程中做特定方式的加工准备。它阻碍了思维的开放性和灵活性,造成思维的僵化和呆板。这使得人们不能灵活运用知识,创造性思维的发展受到阻碍。

大量事例表明,思维定式对问题解决具有较大的负面影响。当一个问题的条件发生质的变化时,思维定式会使解题者墨守成规,难以涌出新思维,做出新决策,造成知识和经验的负迁移。教学实践发现,学生解题中的许多失误也都是由不良的思维定式造成的。如有位警察到森林里去打猎,他在野兽经常出没的地方隐蔽起来。忽然,一只鹿跑了出来,这位警察立即跳过灌木丛,朝天开一枪,并大喊"站住,我是警察!"这就是警察们的思维定式。

突破"思维定式"会怎样?请看三个比较成功的例子。

一是"小草娃娃"。它与传统玩具娃娃的最大区别就是在头顶上"种"草。其做法是,先在娃娃的头皮上植入生长基并均匀地种上草籽,然后喷水使小草长出,待小草长到一定高度,再修剪成人们所喜爱的发型。由于那小草绿茸茸的,齐崭崭的,还可以随时修剪,不断地变换花样,所以一时间谁见了谁爱。大家不仅争着买,细细把玩,还把它放在桌前案边,让它为生活增加了不少诗意。

二是在车顶上"种"草。如德国姑娘艾玛有辆独特的小轿车,车顶上就长满了嫩绿的小草,其做法是,先在车顶上覆上营养土,然后在上面种上绿茵茵的青草,由于艾玛常常小心翼翼地修剪,她的车顶总是美不胜收,不论跑到哪儿,都像开来一片美丽的草坪。

三是兰州市的李炯发明了一种能长青草的"环保绿化砖"。此砖刚问世就轰动一时,同时获得了国家知识产权局和甘肃省人民政府颁发的金奖,用这种砖做屋顶,不仅美丽而且保暖,此砖的绿色寿命可长达9年,也的确让人刮目相看,赞叹不已。

我们通过以上"在头顶上种草""在车顶上种草""让砖草合一"的事例得到一个启发:创新并不神秘,关键是必须勇敢地打破定式思维的局限,这就要求我们自己对定式思维保持警惕,充分认识其危害;要更新观念,解放思想,不要迷信本本主义;要善于独立思考,敢于坚持己见,对一切事物保持强烈的好奇心。

2. 培养创造思维

(1) 什么是创造思维　创造思维就是打破常规束缚,充分挖掘每个人与生俱来的创造力和想象力天赋,是先进的、独创性的、最有旺盛生命力的思维。它是人类充分发挥想象力,以新颖的思维角度来探索世界的一种带有奇异性的思维活动,它源于人们丰富的想象力。

创造思维的主要特征有三点:

1) 独创性。其主要表现在以下三方面:一是独立性,它能够自觉而独立地发现条件和问题,找出解决问题的关键、层次和交接点;二是发散性,根据某一给定的信息,进而产生各种各样的、为数众多的信息,即找出两个或两个以上案例、结论、方案或假设等;三是新颖性,它的结果,不论是概念、假设、方案或结论,都包含着新的因素,它是一种全新的思维活动,新颖程度是创造思维独创性最重要的指标。

2) 敏捷性。创造思维的敏捷性要求尽快、迅速地把握市场信息,了解社会重大事件,及时启发创造思维,并且要快速投入使用,这样才能在充满竞争的社会中立于不败之地。1965年的一天,加拿大议会通过了一项决议:将"枫叶旗"定为加拿大的国旗。消息发布后的第三天,日本和中国台湾厂商赶制的枫叶小旗和带有枫叶标志的各种玩具,已横渡大洋,赶到加拿大。这使当地厂商惊叹不已,后悔"察而不动"。而日本和中国商人早在他们讨论通过之前就已摸准行情、抢先生产了,这是创造思维敏捷性特征在商业竞争中的生动体现。

3)求异性。创造思维的求异性指创造思维在思维过程中不从众,不人云亦云,而是善于同中见异,异中见同,平中见奇。如果说发现问题是解决问题的开端,那么质疑又是发现问题的起点。不质疑,便无问题可言。哥白尼提出"日心说",爱因斯坦提出"相对论",无不起始于对传统的、不曾被他人怀疑的经典理论提出怀疑。

(2)创造思维在创新中的作用　一是有利于打破思维定式。创造思维的着力点就是创造,而创造的本质属性是要创新,打破固有的模式。在问题面前,人们往往习惯于凭借自己的经验模式看问题。由于这种思维定式,人们在思考问题时往往打不开思路,容易落入俗套而无新意。而创造思维能排除头脑中的思维定式的制约,不断推陈出新。

二是有利于走出自己的领域。人们常说隔行如隔山,其实也不尽然。创造思维有助于人们发挥个人潜能,实现跨领域发展。例如柯达公司的创始人乔治·伊斯曼曾经竟是一家银行的记账员。

三是有利于人们运用所有的感官。创造思维有利于人们调动所有的感官去思考、去想象。例如,一个工程小组在研究把一些金属线捆在一起的方法时,有一个荒诞的建议是"用你的牙齿咬住它们"。虽然当时大家对此哈哈大笑,但还是把这一建议当真,最后研究出了鳄式钳。

如 2008 年 11 月 7 日,中国瓜果书创意产业基地在充分吸收日本、美国创意设计的基础上,正式研发出能长瓜果的"书",结合了最新的工艺设计思想,使盆栽技术和书本构造有机结合,开创了书本开花结果的创意设计新时代。

二、解决问题

(一)解决问题能力

能解决实际问题是一种综合能力。什么是解决问题的能力?从狭义的角度看,可以粗略地理解为在有特定的目标而没有达到目标的手段的情境中,通过对知识、技能、思维和能力的综合运用而达到目标的一种综合能力。从广义的角度看,可以概括为在发现问题、分析问题、选择方法、制订计划、执行计划、检查效果、纳入标准等一系列步骤上个人能力的综合体现。

创新能力就是一种综合的解决问题的能力,它要求具有强烈的创造欲、敏锐的观察力、准确的记忆力和良好的思维能力,要求从传统的中庸观念中解脱出来,对新思想持开放态度,积极思考未经检验的假设。

创新精神是指具有的能够综合运用已有的知识、信息、技能和方法,提出新方法、新观点的思维能力和进行发明创造、改革、革新的意志、信心、勇气和智慧。

作为职场新人,面对职场中遇到的种种问题,如果能运用创新精神和创新能力解决实际问题,就能提高职场存活率,体现出良好的综合素质,从而提升自身价值:

当不满足已有认识(掌握的事实、建立的理论、总结的方法)时,不断追求新知。

当不满足现有的生活生产方式、方法、工具、材料、物品时,根据实际需要或新的情况,不断进行改革和革新。

劳动教育和职业素养

当不墨守成规（规则、方法、理论、说法、习惯）时，敢于打破原有框框，探索新的规律，新的方法……

（二）解决现有问题

1. 发现现实问题

发现问题是创新的起点，解决问题也是人类历史发展的必然要求。人类社会就是在不断提出问题和不断解决问题中向前发展的。没有问题，人类社会就会停滞不前。人类社会的发展史，就是人类在问题中前进的历史，就是不断创新的历史。

工作中有任何问题点存在，最了解情况的人应是从事此工作的人。如果有人说"我们的工作场所及我的工作都没有问题"这并非真的没有问题，而是有下列中的一种情况：不知道问题的存在；虽知道问题的存在，但缺乏改善的干劲；不愿意寻找问题。

遗憾的是，我们或者总是在不停地、花费大量时间盲目寻找答案，很少认真思考问题是否是真正的问题；或者认为自己的工作场所及自己的工作毫无问题，其实正表示自己本身有问题。在日常工作中，随时保有问题意识，由其中发掘应改善的问题点，是极为重要的。

问题是指对事物产生的疑问，要求回答或需要解释的题目。可狭义理解为问题是现况与期望值之间的差距，可广义理解为问题是一种差距现象的呈现，甚至是一种指引，即达成预期目标必须以修正的方向与行动指标。问题就是透过比较而产生的差距。

找准了问题就能找到答案，也就是我们经常说的"发现问题等于成功了一半"。所以，发现和提出正确的问题很重要。这需要我们有问题意识，就是面对事物要敢于质疑，勇于提问。当然我们并非要怀疑一切，但在怀疑的基础上掌握知识、在思考之后获得知识，定会受益良多。

近年来，我国高技能人才队伍不断壮大，具有时代特色的新一代代表人物大量涌现。在这个不断前进的新时代，每个员工都有潜力提供创造性的解决方案，都能够进行自我帮助和持续改善。所以，即使是初入职场的新人，在通过不断学习、实践的同时，无须迷信书本和权威，不要盲目效仿和人云亦云，应该敢于根据事实和自己的思考对固有的现象、方法、习惯、产品等进行敏锐观察、大胆质疑，运用批判性思维发现实际工作中需要改进或解决的问题所在。问题是在日常工作的处理过程中，"应有"现象与"实际"现象间，所产生的偏差或失衡，这些苦恼的事情、难做的事情即为问题，具体表现为工作难做、工作很辛苦吃力、需整修处多、客户投诉多、浪费多、效率低、缺勤与迟到多、环境差等。

例如，中国第一汽车集团公司一汽大众汽车有限公司高级技师、全国劳动模范、全国五一劳动奖章、中华技能大奖获得者"创新楷模"王洪军，敢于超越、勇于创新，研制出填补国内空白的整修工具47种2000余件，创新发明123种轿车整修方法，而产生如此多创新成果的前提则是他在工作中的不断质疑和发现，找到需要解决的问题所在。

2. 找出问题关键

当我们从纷繁复杂的各种表象活动中发现问题所在之后，第二步就是在正确发现问题的基础上，分析矛盾的主要、次要方面，分析它们如何形成和成长，分析矛盾所处的环境以及环境的发展变化。

北京铁路局接触网工、高级技师、全国五一劳动奖章、中华技能大奖获得者"高空养路人"赵大坪，从事电气化铁路接触网运行检修工作25年，爱岗敬业，工作认真，在长期的精检细修中，多次发现到许多不易察觉的设备隐患，避免了多起列车牵引供电设备故障的发生。善于观察、勤于思考的他，由于不断找到了故障的关键原因所在，才能够最终研究改进接触网检修工艺、研制专用检修工具，解决了许多技术难题，大幅缩短了接触网断线事故抢修时间，成倍提高工作效率。

那么，如何找到问题的关键所在呢？可以尝试这样做：

1）把所有工作结果与应有水平做比较，包括与标准、单位目标、过去成绩、类似作业水准、希望水准做比较，找出其间的差异，即为问题点。

2）针对想做或须做何事（目的）查检问题点。

3）将"不"所造成的别人或自己的麻烦、困扰的事项彻底挖掘出来，例如：不快、不顺、不好、不通、不洁、不当、不动、不合理、不经济、不均匀、不方便、不满意和不愉快等。

4）设立期限，让单位中的每个人分别挖掘问题点。

5）建立与上级主管自由交换意见的渠道，了解主管的期望。

6）设置听取抱怨及发牢骚的场所。

7）与前后工程及相关单位座谈交流，听取他们的要求。

8）对本身及相关单位的人员，进行问卷调查。

9）调查类似工作场所会努力解决的问题，找出共同的问题点。

10）在公司外界或公司内部别的单位发生问题时，即刻检讨是否有发生类似问题的危险性。

3.给出创新措施

当我们找到问题的关键所在，接下来就是通过头脑风暴，结合实际情况，给出切实可行的创新、改进措施了。

在此，对"和田十二法"做简要介绍。和田十二法是中国创造学研究者许立言、张福奎和上海市和田路小学的教师结合我国的实际情况，在检核表法和其他技法基础上，提炼总结出来的。它表述简捷，在创造力潜能开发过程中是常见而容易操作的基本方法，而且便于掌握，有助于潜能开发和实际运用。

和田十二法给了我们这样一个启示，我们的大脑，经常打乱原来的秩序重新组合，这样的话，我们的视界里才会经常保持一种新意，风光无限的景致也将因此不断展现在我们的生活之中。具体说来就是"加一加，减一减，缩一缩，改一改，联一联，学一学，代一代，反一反"。

例如，加一加：多功能产品；减一减：无线产品；缩一缩：移动硬盘；改一改：指纹锁；联一联：电动自行车；学一学：鲨鱼皮泳衣；代一代：活动铅笔；反一反：吸尘器。

面对工作中的种种现象，如果我们采用创新思维，转变角度看待问题，就能提出解决问题的措施和方法。

有一个公司，它通过很多方法提高劳动生产率。但是发现有四个车间尽管采取了很多方法提高劳动生产率，却仿佛已经提高到了一个临界点，再想提高劳动生产率很难了。

经过分析发现这四个车间的员工构成情况各有其特点，然后采取了以下措施：

第一个车间员工都是男孩，"男女搭配，工作不累"，那就加几个女孩进去，效率提高了。

劳动教育和职业素养

第二个车间员工都是青年人,"家有一老,如有一宝",那就加几个老成持重的中老年员工进去,效率提高了。

第三个车间都是中老年员工,"初生牛犊不怕虎",那就加几个年轻人进去,效率提高了。

那么第四个车间呢?老少齐全,男女都有,怎么提高效率?再深入分析发现,这个车间员工都是本地人,"外来和尚好念经",那就加几个外地人进去,都拼命地干,效率提高了。

人还是这么多人,把人员结构变换一下,效果大不一样,这就是创新性措施。

当然,当给出解决问题的措施后,还需要针对问题关键以及主客观条件等因素进行反复讨论、推敲、验证和改进,真正做到高效、高质地解决实际问题。

思考训练

1. 简述创新、创新能力和创新精神的概念。
2. 举例说明如何打破定势思维?
3. 举例说明解决问题的步骤。

阅读链接

[1] 学习强国. 习近平以创新点燃改革引擎 [EB/OL]. https：//www.xuexi.cn/6ce1acd9c35ae3d27e5dd745a1894858/e43e220633a65f9b6d8b53712cba9caa.html, 2018-08-13.

[2] 丛子斌. 创新创业教育 [M]. 北京：高等教育出版社, 2016.

第四部分

掌握通用知识

模块八　知悉职场法规

● **哲人隽语**

　　我们要坚持把依法治国和以德治国结合起来，高度重视道德对公民行为的规范作用，引导公民既依法维护合法权益，又自觉履行法定义务，做到享有权利和履行义务相一致。

　　　　——习近平在首都各界纪念现行宪法公布施行30周年大会上的讲话
　　（2012年12月4日）

　　要在全社会树立法律权威，使人民认识到法律既是保障自身权利的有力武器，也是必须遵守的行为规范，培育社会成员办事依法、遇事找法、解决问题靠法的良好环境，自觉抵制违法行为，自觉维护法治权威。

　　　　——习近平在党的十八届四中全会第二次全体会议上的讲话
　　（2014年10月23日）

　　要坚持在法治轨道上统筹社会力量、平衡社会利益、调节社会关系、规范社会行为、化解社会矛盾，以良法促发展、保善治，让人民群众在每一个司法案件中感受到公平正义，使尊法学法守法用法成为广大人民群众共同追求，确保社会在深刻变革中既生机勃勃又井然有序。

　　　　——习近平在参加十三届全国人大一次会议广东代表团审议时的讲话
　　（2018年3月7日）

● **模块导读**

在新的历史条件下，努力构建中国特色和谐劳动关系，是加强和创新社会管理、保障和改善民生的重要内容，是建设社会主义和谐社会的重要基础，是经济持续健康发展的重要保证。我国正处于经济社会转型时期，劳动关系的主体及其利益诉求越来越多元化，劳动关系矛盾已进入凸显期和多发期，劳动争议案件居高不下，有的地方拖欠农民工工资等损害群众利益的现象仍较突出，集体停工和群体性事件时有发生，构建和谐劳动关系的任务艰巨繁重。为此，必须坚持促进企业发展、维护职工权益，坚持正确处理改革发展稳定关系，推动中国特色和谐劳动关系的建设和发展，最大限度增加劳动关系和谐因素，最大限度减少不和谐因素，促进经济持续健康发展和社会和谐稳定，凝聚广大职工为实现"两个一百年"奋斗目标、实现中华民族伟大复兴的中国梦贡献力量。

劳动法是调整劳动关系以及与劳动关系密切联系的其他社会关系的法律规范的总称。劳动法的立法目的是保护劳动者的合法权益，调整劳动关系，建立和维护适应社会主义市场经济的劳动制度，促进经济发展和社会进步。我国 2008 年 1 月 1 日起施行（2012 年 12 月 28 日第一次修正，2013 年 7 月 1 日起实施）的《中华人民共和国劳动合同法》，是全面调整劳动合同关系的法律规范，在规范用人单位与劳动者订立、履行、解除、变更、终止、续订劳动合同中发挥着重要作用。

劳动是生存之本，合同是维权之基。本模块结合《中华人民共和国劳动法》（以下简称《劳动法》）和《中华人民共和国劳动合同法》（以下简称《劳动合同法》）的相关规定，主要介绍调整劳动关系、保护劳动者权益的法律规则。具体包括：劳动合同的概念与种类、劳动合同的订立与解除、违反劳动合同的法律责任、劳动基准法律制度中的休息休假、劳动者的权利与义务、劳动者维权途径与救济措施等内容。通过本模块的学习，能够初步掌握《劳动法》和《劳动合同法》的基本规范，学会运用所学知识和技能构建和谐稳定的劳动关系，实现自身与用人单位的互利共赢。

学习目标

分类	具体内容
知识	1. 掌握劳动合同的种类和订立原则，熟悉劳动合同的法定条款和约定条款 2. 了解我国法律关于各类节假日事务管理的相关规范和待遇规定 3. 掌握劳动争议的概念、种类与处理原则，熟悉劳动争议仲裁机构受理的劳动争议案件范围，了解劳动争议的诉讼程序
技能	1. 能够正确订立无固定期限劳动合同，能够合理安排节假日事务 2. 熟练运用劳动合同约定条款维护自身的合法权益 3. 正确运用调解、仲裁、诉讼程序解决常见劳动争议
态度	1. 端正对我国劳动法、劳动合同法等劳动法律法规的思想认识 2. 认同学习、应用劳动法律法规和做到知行合一的重要性 3. 形成遇事找法、干事用法、依法劳动、依法维权的科学态度

劳动教育和职业素养

单元一　劳动合同

典型案例

劳动合同问答

2018 年 1 月,张某与甲集团公司销售分公司(有营业执照,以下简称甲公司)签订了为期三年的劳动合同。合同签订完毕,甲公司人事部经理即要求张某缴纳 1500 元工装费,并扣押了张某的身份证。合同约定张某的月工资为 4500 元,试用期为三个月,试用期内月工资 2000 元。已知当地最低工资标准为每月 1800 元。该劳动合同第八条规定:公司有权根据经营状况调整职工工资,职工不服工作调整的,应向公司支付违约金 12000 元。2018 年 6 月甲公司委派张某参加市场营销技能研修培训并支付培训费 10000 元,公司与张某签订的培训协议中约定张某的服务期为两年,若张某违反培训协议约定,须向甲公司支付 20000 元的违约金。2019 年 6 月张某提出辞职请求,甲公司同意张某的请求,但要求张某支付 20000 元的违约金。同时,双方还签订了竞业限制协议,约定张某在解除合同后的三年内不得到生产或经营与本单位同类产品的其他用人单位任职,也不得自行经营同类产品。问题:

1) 甲公司是否有资格与张某签订劳动合同?为什么?

2) 甲公司收取张某工装费和扣押身份证的做法是否符合法律规定?为什么?

3) 双方签订的劳动合同对试用期的约定是否符合法律规定?为什么?

4) 该劳动合同对张某试用期工资的约定是否符合法律规定?为什么?

5) 培训协议约定"若张某违反培训协议约定,须向甲公司支付 20000 元违约金"的条款是否有效?张某若离职是否需要向甲公司支付违约金?

6) 若该劳动合同约定:"公司有权根据经营状况调整职工工资,职工不服工作调整的,应向公司支付违约金 10000 元"的条款是否合法?为什么?

7) 甲公司与张某的竞业限制协议是否符合法律规定?为什么?

分析:

1) 甲公司有资格与张某签订劳动合同。根据劳动合同法及其实施条例规定,甲公司有权与劳动者签订劳动合同。

2) 不符合法律规定。劳动合同法规定,用人单位不得以任何理由扣押劳动者的证件和财物,收取劳动者的费用。

3) 双方签订的劳动合同对试用期的约定合法。《劳动合同法》第十九条规定:三年以上固定期限和无固定期限的劳动合同,试用期不得超过六个月。张某与甲公司签订了为期三年的劳动合同,只要该合同约定的试用期不超过六个月即为合法。本案中约定的试用期为三个月,因此甲公司行为合法。

4) 该劳动合同对张某试用期工资的约定不合法。《劳动合同法》第二十条规定:劳动者在试用期的工资不得低于本单位相同岗位最低档工资或者劳动合同约定工资的百分之八十,并不得低于用人单位所在地的最低工资标准。张某试用期工资为2000元,虽然高于当地最低工资标准1800元,但低于劳动合同约定张某月工资的百分之八十(即3600元)。因此,该劳动合同对张某试用期工资的约定不符合法律规定。

5)培训协议约定"若张某违反培训协议约定,须向甲公司支付20000元违约金"的条款部分有效、部分无效;张某若离职需要向甲公司支付违约金5000元。《劳动合同法》第二十二条规定:用人单位为劳动者提供专项培训费用,对其进行专业技术培训的,可以与该劳动者订立协议,约定服务期。劳动者违反服务期约定的,应当按照约定向用人单位支付违约金。违约金的数额不得超过用人单位提供的培训费用。用人单位要求劳动者支付的违约金不得超过服务期尚未履行部分所应分摊的培训费用。甲公司于2018年6月委派张某参加市场营销技能研修培训并支付培训费10000元,约定张某的服务期为两年,至2019年6月张某提出辞职请求时已经为甲公司服务一年,剩余一年时间分摊的培训费用应为5000元。因此,张某须向甲公司支付违约金5000元而非20000元。

6)该条款不合法。违约金是用人单位与劳动者在劳动合同中约定的不履行或不完全履行劳动合同约定义务时,由违约方支付给守约方一定数额的货币。《劳动合同法》第二十五规定:除服务期限条款、保守商业秘密和与知识产权相关的保密事项条款的外,用人单位不得与劳动者约定由劳动者承担违约金。而该约定条款显然不在此列。

7)甲公司与张某的竞业限制协议不符合法律规定。《劳动合同法》第二十四条规定,用人单位与劳动者竞业限制的期限不得超过两年,并应一并约定报酬。而本案中,甲公司与张某签订的竞业限制协议,约定张某在解除合同后的三年内不得到生产或经营与本单位同类产品的其他用人单位任职,也不得自行经营同类产品显然是违法的。

一、劳动合同概述

(一)劳动合同的概念

劳动合同又称为劳动契约或劳动协议,是劳动者与用人单位确立劳动关系、明确双方权利义务的书面协议。劳动合同是确立劳动关系的法律形式,是用人单位与劳动者履行劳动权利义务的重要依据。劳动合同依法成立即具有法律效力,受国家法律保护并对订立合同的双方当事人产生约束力。同时,劳动合同也是处理劳动争议的直接证据和事实依据。

(二)劳动合同的特征

劳动合同是合同的一种,我国的劳动合同除具有《民法典》上民事合同的一般特征外,还具有其自身的基本特征。

1. 劳动合同主体的特定性

劳动合同的一方是用人单位，另一方是具有劳动权利能力和劳动行为能力的劳动者。依据我国劳动法的规定，用人单位是指使用和管理劳动者并给付其劳动报酬的单位，如依法成立的企业、个体经济组织、国家机关、事业组织、社会团体、民办非企业单位等；劳动者是在法定劳动年龄内具有劳动能力，以从事劳动获取合法劳动报酬的自然人，包括我国公民、外国公民和无国籍人。

2. 劳动者与用人单位之间的平等性与隶属性

劳动者与用人单位在签订劳动合同时具有平等性，此时的劳动者享有自主择业权，而用人单位享有用工自主权；劳动者与用人单位在履行劳动合同的过程中，存在着管理关系，即劳动者要接受用人单位的管理并有权依法取得劳动报酬。

3. 劳动合同内容的法定性

劳动合同具有以国家意志为主导、以当事人意志为主体的特性，因而用人单位与劳动者签订和履行的劳动合同，其内容必须遵守国家有关最低工资、最高工时、强制保险、劳动保护、安全生产、休息休假、劳动争议解决途径等法律规定。

4. 劳动合同效力的涉他性

劳动合同内容往往不仅局限于双方当事人之间的权利和义务，有时还会涉及劳动者的直系亲属在一定条件下享受的物质帮助权，如劳动者死亡后遗属待遇等。

（三）劳动合同的法定种类

依据我国《劳动合同法》第十二条的规定，劳动合同分为三种，分别是固定期限劳动合同、无固定期限劳动合同和以完成一定工作任务为期限的劳动合同。在用人单位与劳动者协商一致的情况下，双方可以订立上述任何一种劳动合同，但要遵守法律的强制性规定。在具备签订无固定期限劳动合同的法定情形时，如果劳动者提出签订无固定期限劳动合同，则用人单位应当与之签订无固定期限劳动合同。

1. 固定期限劳动合同

固定期限劳动合同，是指用人单位与劳动者约定合同终止时间的劳动合同。通俗地讲，是指企业等用人单位与劳动者订立的有一定期限的劳动合同，如1年、3年、5年、10年等。我国《劳动合同法》第十三条规定，用人单位与劳动者协商一致，可以订立固定期限劳动合同。合同期限届满，双方当事人的劳动法律关系即行终止；如果双方协商一致，还可以续订合同，延长期限。

2. 无固定期限劳动合同

（1）无固定期限劳动合同的概念　无固定期限劳动合同，是指用人单位与劳动者约定无确定终止时间的劳动合同。即用人单位与劳动者只约定了劳动合同生效的起始日期，而没有约定劳动合同的终止日期。只要未发生法定或当事人约定的变更、解除劳动合同的情形，这种合同的期限可以持续至劳动者达到法定退休年龄为止。无固定期限劳动合同一般适用于技术性较强、需要持续进行的劳动岗位。

（2）《劳动合同法》对订立无固定期限劳动合同的特别规定 《劳动合同法》对固定期限劳动合同和以完成一定工作任务为期限的劳动合同的期限长短及订立条件并无限制性和强制性规定，双方当事人可以自愿协商确定。但是，为了保护劳动者的"黄金年龄"和职业稳定权，解决因劳动合同短期化而侵害劳动者权益问题，《劳动合同法》第十四条对无固定期限劳动合同订立予以特别规定。

用人单位与劳动者协商一致，可以订立无固定期限劳动合同。

有下列情形之一，劳动者提出或者同意续订、订立劳动合同的，除劳动者提出订立固定期限劳动合同外，应当订立无固定期限劳动合同：

1）劳动者在该用人单位连续工作满十年的。

2）用人单位初次实行劳动合同制度或者国有企业改制重新订立劳动合同时，劳动者在该用人单位连续工作满十年且距法定退休年龄不足十年的。

3）连续订立两次固定期限劳动合同，且劳动者没有《劳动合同法》第三十九条（即劳动者因过错被用人单位解除劳动合同）和第四十条第一项、第二项规定（即用人单位预告解除劳动合同）的情形，而再次续订劳动合同的（即第三次签订劳动合同的）。

4）用人单位自用工之日起满一年不与劳动者订立书面劳动合同的，视为用人单位与劳动者已经订立了无固定期限劳动合同。

（3）用人单位不依法履行签订无固定期限劳动合同的法律责任 《劳动合同法》第八十二条规定：用人单位违反本法规定不与劳动者订立无固定期限劳动合同的，自应当订立无固定期限劳动合同之日起向劳动者每月支付两倍的工资。

案例 8-1

马女士的要求

马女士于2008年2月应聘到甲公司从事市场开发工作，签订了为期三年、到期自动续期三年且续期次数不限的劳动合同。2017年1月，甲公司任命马女士为市场部副总经理。2017年2月，马女士向甲公司提出订立无固定期限劳动合同，是否符合法定条件？试说明理由。

分析：马女士向甲公司提出订立无固定期限劳动合同符合法定条件。根据《劳动合同法》第十二条规定，连续订立两次固定期限劳动合同，且劳动者没有《劳动合同法》第三十九条（即劳动者因过错被用人单位解除劳动合同）和第四十条规定（即用人单位预告解除劳动合同）的情形，再次续订劳动合同时（即第三次签订劳动合同时），除劳动者提出订立固定期限劳动合同外，应当订立无固定期限劳动合同。

3. 以完成一定工作任务为期限的劳动合同

以完成一定工作任务为期限的劳动合同，是指用人单位与劳动者约定以某项工作的完成为合同期限的劳动合同。该类合同没有明确约定合同期限的长短，而是把某项工作任务完成的时间视为劳动合同终止的时间，当该项任务完成后，劳动合同即告终止。如以完成某项科研任务、完成某项建筑工程施工任务为内容的劳动合同或者带有临时性、季节性的劳动合同。

劳动教育和职业素养

二、劳动合同的订立

（一）劳动合同订立的概念

劳动合同订立是指劳动者和用人单位经过相互选择和平等协商，就劳动合同条款达成协议，从而确立劳动关系、明确相互权利义务的法律行为。它一般包括确定合同当事人和确定合同内容两个阶段。

（二）劳动合同订立的形式

劳动合同的订立形式是指订立劳动合同的方式。劳动合同的形式一般有书面形式和口头形式两种。我国《劳动法》和《劳动合同法》均规定，用人单位自用工之日起即与劳动者建立劳动关系，除了非全日制用工双方当事人可以口头订立劳动合同外，用人单位与劳动者建立劳动关系，均应当以书面形式订立劳动合同。

（三）劳动合同订立的原则

1. 合法原则

合法原则是指劳动合同必须依法订立，不得违反法律、行政法规的规定，不得违反国家强制性、禁止性规定。它包括订立劳动合同的主体合法、劳动合同的内容合法、劳动合同订立的程序和形式合法。

2. 公平原则

公平原则是指用人单位与劳动者在订立、履行、变更、解除或终止劳动合同时，应公平合理、利益均衡，不得使某一方的利益过于失衡。

3. 平等自愿原则

平等原则是指订立劳动合同过程中，劳动者与用人单位的法律地位平等；自愿原则是指劳动合同的订立及合同内容的达成完全出于双方当事人自己的意志。

4. 协商一致原则

协商一致原则是指经双方当事人充分协商，达成一致意见后签订劳动合同。任何一方以欺诈、胁迫手段强迫对方签订的合同均为无效劳动合同。

5. 诚实信用原则

诚实信用原则是指劳动合同的双方当事人在订立、履行、变更、解除或终止劳动合同过程中，应当讲究信用，诚实不欺，不得损人利己。

（四）用人单位在订立劳动合同时的义务

用人单位招用劳动者时，应当如实告知劳动者的工作内容、工作条件、工作地点、职业危害、安全生产状况、劳动报酬情况，以及劳动者要求了解的其他情况，不得扣押劳动者的居民身份证和其他证件，不得要求劳动者提供担保或者以其他名义向劳动者收取财物。

（五）劳动合同订立的时限

《劳动合同法》第十条规定：建立劳动关系，应当订立书面劳动合同。已建立劳动关系，未同时订立书面劳动合同的，应当自用工之日起一个月内（该一个月内俗称"观察期"）订立书面劳动合同。用人单位与劳动者在用工前订立劳动合同的，劳动关系自用工之日起建立。

1. 用人单位未按期订立书面劳动合同的法律责任

签订书面劳动合同是用人单位的法定强制义务。用人单位不与劳动者签订书面劳动合同的，将承担相应的法律责任。《劳动合同法》第八十一条规定：用人单位自用工之日起超过一个月不满一年未与劳动者订立书面劳动合同的，应当向劳动者每月支付两倍的工资。第八十二条规定：用人单位违反本法规定不与劳动者订立无固定期限劳动合同的，自应当订立无固定期限劳动合同之日起向劳动者每月支付两倍的工资。

2. 劳动者未按期订立书面劳动合同的法律责任

为解决现实中劳动者"脚踩两只船"等违背诚信义务，不愿意与用人单位订立书面劳动合同的问题，《中华人民共和国劳动合同法实施条例》第五条、第六条规定：自用工之日起一个月内，经用人单位书面通知后，劳动者不与用人单位订立书面劳动合同的，用人单位应当书面通知劳动者终止劳动关系，无需向劳动者支付经济补偿，但是应当依法向劳动者支付其实际工作时间的劳动报酬。用人单位自用工之日起超过一个月不满一年未与劳动者订立书面劳动合同的，应当依照劳动合同法第八十二条的规定向劳动者每月支付两倍的工资，并与劳动者补订书面劳动合同；劳动者不与用人单位订立书面劳动合同的，用人单位应当书面通知劳动者终止劳动关系，并依照《劳动合同法》第四十七条的规定支付经济补偿。用人单位向劳动者每月支付两倍工资的起算时间为用工之日起满一个月的次日，截止时间为补订书面劳动合同的前一日。

3. 劳动者劳动报酬权的法律保护

劳动合同对劳动报酬和劳动条件等标准约定不明确，引发争议的，用人单位与劳动者可以重新协商；协商不成的，适用集体合同规定；没有集体合同或者集体合同未规定劳动报酬的，实行同工同酬；没有集体合同或者集体合同未规定劳动条件等标准的，适用国家有关规定。

（六）劳动合同的生效

劳动合同由用人单位与劳动者协商一致，并经用人单位与劳动者在劳动合同文本上签字或者盖章生效。劳动合同文本由用人单位和劳动者各执一份。

三、劳动合同的条款

劳动合同的条款分为必备条款和约定条款。

（一）劳动合同的必备条款

劳动合同的必备条款，是指法律规定劳动合同必须具备的条款，也是生效劳动合同的必备条款。必备条款不完善，会导致劳动合同无效。《劳动合同法》第十七条规定：劳动合同应当具备以下条款：

1）用人单位的名称、住所和法定代表人或者主要负责人姓名。

2）劳动者的姓名、住址和居民身份证或者其他有效身份证件号码。

3）劳动合同期限。

4）工作内容和工作地点。

5）工作时间和休息休假。

6）劳动报酬。

7）社会保险。

8）劳动保护、劳动条件和职业危害防护。

9）法律、法规规定应当纳入劳动合同的其他事项。

（二）劳动合同的约定条款

劳动合同的约定条款又称为可备条款，是指除法定必备条款外劳动合同当事人可以协商约定或不约定的条款，约定与否及条款多少均由双方当事人决定。但法律法规对约定条款有强制性、禁止性规定的，不得违反法律法规的规定。劳动合同的约定条款一般包括约定试用期、职业培训、保守秘密、补充保险和福利待遇等其他事项条款。

1. 试用期条款

劳动合同的试用期是劳动者与用人单位为相互了解、选择而约定的考察期。试用期满，被试用者即成为用人单位的正式职工。对劳动合同的试用期，我国《劳动合同法》第十九条至第二十一条做出如下规定：

1）试用期的时间限制。劳动合同期限三个月以上不满一年的，试用期不得超过一个月；劳动合同期限一年以上不满三年的，试用期不得超过两个月；三年以上固定期限和无固定期限的劳动合同，试用期不得超过六个月。

2）试用期的次数限制。同一用人单位与同一劳动者只能约定一次试用期。

3）不得约定试用期的情形：以完成一定工作任务为期限的劳动合同或者劳动合同期限不满三个月的，不得约定试用期。

4）约定的试用期不成立的情形：由于试用期包含在劳动合同期限内，如果劳动合同仅约定试用期的，试用期不成立，该期限为劳动合同期限。

5）试用期内劳动者的劳动报酬权。根据《劳动合同法》第二十条、《劳动合同法实施条例》第十五条的规定，劳动者在试用期内的工资不得低于本单位相同岗位最低档工资或者劳动合同约定工资的80%，并不得低于用人单位所在地的最低工资标准。

6）试用期内劳动者各项劳动权利的保护。试用期内用人单位为试用者提供的劳动条件，不得低于劳动法律法规规定的标准，并应为试用者缴纳社会保险费。

7）试用期内用人单位滥用解除权的限制。除有证据证明劳动者不符合录用条件，劳动者有违法违纪违规行为、不能胜任工作等情形外，用人单位不得解除劳动合同。用人单位在试用期解除劳动合同的，应当向劳动者说明理由。

8）违反试用期规定应承担的责任。用人单位违反《劳动合同法》规定与劳动者约定试用期的，由劳动行政部门责令改正；违法约定的试用期已经履行的，由用人单位以劳动者试用期满月工资为标准，按已经履行的超过法定试用期的期间向劳动者支付赔偿金。

> **案例 8-2**
>
> ### 赵女士的补偿金
>
> 2016年2月，赵女士与公司签订了为期两年的劳动合同，双方约定试用期为六个月，同时规定，在试用期内，双方都可以随时解除合同。赵女士工作五个月后，公司突然通知赵女士不用上班了，公司已经决定与她解除劳动合同。公司解除合同的行为是否合法？公司若想解除合同需履行什么程序？公司是否应向赵女士支付补偿金？试说明理由。
>
> **分析**：公司解除合同的行为不合法。公司若想解除与赵女士的劳动合同应履行提前三十天书面通知或另行支付赵女士一个月工资的法定程序。公司应向赵女士支付解约赔偿金。赵女士与公司签订的为期两年的劳动合同中，双方约定试用期不得超过两个月，事实上，自第三个月起赵女士试用期已满，进入正式聘期。《劳动合同法》第四十六条规定：用人单位依照本法第四十条规定单方解除劳动合同的，应当向劳动者支付经济补偿金。第四十七条规定：经济补偿按劳动者在本单位工作的年限，每满一年支付一个月工资的标准向劳动者支付。六个月以上不满一年的，按一年计算；不满六个月的，向劳动者支付半个月工资的经济补偿。赵女士在公司工作五个月，故公司应向赵女士支付半个月工资的经济补偿金。

2. 服务期限条款

服务期，是指法律规定的因用人单位为劳动者提供专业技术培训（而非一般性的入职培训），双方约定的劳动者为用人单位必须服务的期间。用人单位与劳动者约定服务期的目的是，防止劳动者学成归来恶意跳槽和用人单位"人财两空"。为此，《劳动合同法》第二十二条规定：用人单位为劳动者提供专项培训费用，对其进行专业技术培训的，可以与该劳动者订立协议，约定服务期。劳动者违反服务期约定的，应当按照约定向用人单位支付违约金。违约金的数额不得超过用人单位提供的培训费用。用人单位要求劳动者支付的违约金不得超过服务期尚未履行部分所应分摊的培训费用。用人单位与劳动者约定服务期的，不影响按照正常的工资调整机制提高劳动者在服务期期间的劳动报酬。

3. 保守商业秘密和与知识产权相关的保密事项条款

商业秘密是指不为公众所知悉，具有商业价值并经权利人采取相应保密措施的技术信息和经营信息，如产品工艺、制作方法、进货渠道、客户名单等。商业秘密是企业重要的无形资产，对于企业参与市场竞争乃至生存发展都有着重要影响。因此，用人单位与劳动者可以在劳动合同中约定保守用人单位的商业秘密和与知识产权相关的保密事项，以利于保护用人单位的商业秘密和知识产权。对负有保密义务的劳动者，用人单位可以在劳动合同或者保密协议中与劳动者约定竞业限制条款，并约定在解除或者终止劳动合同后，在竞业限制期限内按月给予劳动者经济补偿。劳动者违反竞业限制约定的，应当按照约定向用人单位支付违约金，给用人单位造成损失的，应承担赔偿责任。

劳动教育和职业素养

> **案例 8-3**
>
> **关于保密协议**
>
> 甲公司与工程师江某签订了保密协议,但未约定向江某支付保密费用的期限和数额。江某在与甲公司劳动合同终止后应聘到同行业的乙公司,并帮助乙公司生产出与甲公司相同性能的节能灯具。若江某向乙公司披露了甲公司的节能灯具生产技术,是否构成侵犯甲公司的商业秘密行为?为什么?
>
> **分析:**江某的行为构成了侵犯甲公司的商业秘密。《劳动合同法》第二十三条规定:用人单位与劳动者可以在劳动合同中约定保守用人单位的商业秘密和与知识产权相关的保密事项。对负有保密义务的劳动者,用人单位可以在劳动合同或者保密协议中与劳动者约定竞业限制条款,并约定在解除或者终止劳动合同后,在竞业限制期限内按月给予劳动者经济补偿。劳动者违反竞业限制约定的,应当按照约定向用人单位支付违约金。根据上述规定,用人单位一旦与劳动者约定了保密义务,就对劳动者产生法律约束力,无论用人单位是否支付保密费用,劳动者都必须履行保密义务。

4. 竞业限制条款

1)竞业限制条款,是指用人单位与劳动者在劳动合同中约定的劳动者在劳动关系存续期间或在解除、终止劳动合同后的一定期限内(俗称"脱密期"),不得到与本单位生产或者经营同类产品、从事同类业务的有竞争关系的其他用人单位,或者自己开业生产或经营同类产品、从事同类业务。

2)竞业限制的岗位,仅指涉及用人单位核心业务或机密的岗位。因此,竞业限制的人员仅限于用人单位的高级管理人员、高级技术人员和其他负有保密义务的人员。

3)竞业限制的范围、地域、期限由用人单位与劳动者约定,竞业限制的约定不得违反法律、法规的规定。

4)竞业限制的期限。竞业限制的期限不得超过两年。

5. 违约金条款

违约金是用人单位与劳动者在劳动合同中约定的不履行或不完全履行劳动合同约定义务时,由违约方支付给守约方一定数额的货币。《劳动合同法》规定:除服务期限条款、保守商业秘密和与知识产权相关的保密事项条款外,用人单位不得与劳动者约定由劳动者承担违约金。

四、劳动合同的履行和变更

(一)劳动合同的履行

1. 劳动合同履行的概念

劳动合同的履行,是指劳动合同的双方当事人按照合同约定,全面及时履行各自应承担义务的行为。

2. 劳动合同履行过程中用人单位应承担的义务

1)用人单位应当按照劳动合同约定和国家规定,向劳动者及时足额支付劳动报酬。

2）用人单位应当严格执行劳动定额标准，不得强迫或者变相强迫劳动者加班。安排加班的，应当按照国家有关规定向劳动者支付加班费。

3）用人单位变更名称、法定代表人、主要负责人或者投资人等事项，不影响劳动合同的履行。用人单位发生合并或者分立等情况，原劳动合同继续有效，劳动合同由承继其权利和义务的用人单位继续履行。

3. 劳动合同履行过程中劳动者应享有的权利

1）用人单位拖欠或者未足额支付劳动报酬的，劳动者可以依法向当地人民法院申请支付令，人民法院应当依法发出支付令。

2）劳动者有权拒绝用人单位管理人员违章指挥和强令冒险作业。

3）劳动者对危害生命安全和身体健康的劳动条件，有权对用人单位提出批评、检举和控告。

（二）劳动合同的变更

劳动合同的变更是指当事人双方对尚未履行或尚未完全履行的劳动合同，依照法律规定的条件和程序，对原有劳动合同内容进行修改或增删的法律行为。《劳动合同法》第三十五条规定：用人单位与劳动者协商一致，可以变更劳动合同约定的内容。变更劳动合同，可以看作是用人单位与劳动者又重新签订了一份劳动合同。因此，变更劳动合同应当采用书面形式，变更后的合同文本由用人单位和劳动者各执一份。

五、劳动合同的解除与终止

（一）劳动合同的解除

1. 劳动合同解除的概念

劳动合同解除，是指劳动合同当事人在劳动合同期限届满之前，依法提前终止劳动合同关系的法律行为。

2. 劳动合同解除的情形

劳动合同的解除可以分为双方协商解除、用人单位单方解除、劳动者单方解除等情形。

（1）双方协商解除劳动合同　用人单位与劳动者协商一致，可以解除劳动合同。但如果是用人单位提出解除动议的，用人单位原则上应向劳动者支付解除合同的经济补偿金。

（2）用人单位单方解除劳动合同　具备法定条件时，用人单位享有劳动合同的单方解除权，而无须与劳动者协商。用人单位在以下3种情况下可以单方解除劳动合同。

1）过错性解除，是指在劳动者有过错的情况下，用人单位与之解除劳动合同，又称为除名。《劳动合同法》第三十九条规定，劳动者有下列情形之一的，用人单位可以解除劳动合同：在试用期间被证明不符合录用条件的；严重违反用人单位规章制度的；严重失职，营私舞弊，给用人单位造成重大损害的；劳动者同时与其他用人单位建立劳动关系，对完成本单位的工作任务造成严重影响，或者经用人单位提出，拒不改正的；以欺诈、胁迫的手段或者乘人之危，使用人单位在违背真实意思的情况下订立或者变更劳动合同的；被依法追究刑事责任的。

劳动教育和职业素养

> **案例 8-4**
>
> ## 公司可以解除合同吗?
>
> 甲 17 岁,为乙糕点公司新招录的职工,已经签订劳动合同。试用期内,甲与车间主任发生矛盾,遂怀恨在心。一次甲在乙公司生产的糕点中放入污水,对公司形象造成极坏影响。乙公司可否单方解除劳动合同?为什么?
>
> **分析**:乙公司可以单方解除与甲的劳动合同。我国劳动合同法对未成年工在解除劳动合同条件方面并无特殊规定。《劳动合同法》第三十九条规定:劳动者严重违反用人单位的规章制度的,用人单位可以解除劳动合同。因此,乙公司可以单方解除与甲的劳动合同。

2)非过错性解除,是指在劳动者无过错的情况下,用人单位与之解除劳动合同,又称为辞退。《劳动合同法》第四十条规定,有下列情形之一的,用人单位提前三十日以书面形式通知劳动者本人或者额外支付劳动者一个月工资(该一个月工资称"代通金")后,可以解除劳动合同:劳动者患病或者非因工负伤,在规定的医疗期满后不能从事原工作,也不能从事由用人单位另行安排的工作的;劳动者不能胜任工作,经过培训或者调整工作岗位,仍不能胜任工作的;劳动合同订立时所依据的客观情况发生重大变化,致使劳动合同无法履行,经用人单位与劳动者协商,未能就变更劳动合同内容达成协议的。

在非过错性解除的情形下,由于劳动者本人无过错,只是由于主客观原因导致劳动合同无法履行。因此,用人单位应承担向劳动者支付经济补偿金的义务。

3)用人单位裁员情况下的解除,简称裁员。《劳动合同法》第四十一条规定,有下列情形之一,需要裁减人员二十人以上或者裁减不足二十人但占企业职工总数百分之十以上的,用人单位提前三十日向工会或者全体职工说明情况,听取工会或者职工的意见后,裁员方案经向劳动行政部门报告,可以裁减人员:依照企业破产法的规定进行重整的;生产经营发生严重困难的;企业转产、重大技术革新或者经营方式调整,经变更劳动合同后,仍需裁减人员的;其他因劳动合同订立时所依据的客观经济情况发生重大变化,致使劳动合同无法履行的。

用人单位依照上述规定裁减人员,在六个月内重新招用人员的,应当通知被裁减的人员,并在同等条件下优先招用被裁减的人员。同时,为保护劳动者的合法权益,法律规定用人单位在裁减人员时,应当优先留用下列人员:与本单位订立较长期限的固定期限劳动合同的;与本单位订立无固定期限劳动合同的;家庭无其他就业人员,有需要扶养的老人或者未成年人的。

(3)劳动者单方解除劳动合同 劳动者在以下三种情况下可以单方解除劳动合同。

1)预告解除,又称为辞职。劳动者提前三十日以书面形式通知用人单位,可以解除劳动合同。劳动者在试用期内提前三日通知用人单位,可以解除劳动合同。

2)单方解除。用人单位有违法、违约情形,劳动者有权单方解除劳动合同。用人单位有下列情形之一的,劳动者可以解除劳动合同:未按照劳动合同约定提供劳动保护或者劳动条件的;未及时足额支付劳动报酬的;未依法为劳动者缴纳社会保险费的;用人单位的规章制度违反法律、法规的规定,损害劳动者权益的;用人单位以欺诈、胁迫的手段或者乘人之危,使劳动者在违背真实意思的情况下订立或者变更劳动合同的;法律、行政法规规定劳动者可以解除劳动合同的其他情形。

3）立即解除，又称为离职，是指用人单位以暴力、威胁或者非法限制人身自由的手段强迫劳动者劳动的，或者用人单位违章指挥、强令冒险作业危及劳动者人身安全的，劳动者可以立即解除劳动合同，不需事先告知用人单位。

3. 用人单位不得单方解除劳动合同的情形

《劳动合同法》第四十二条规定，劳动者有下列情形之一的，用人单位不得依照本法第四十条、第四十一条的规定解除劳动合同：

1）从事接触职业病危害作业的劳动者未进行离岗前职业健康检查，或者疑似职业病病人在诊断或者医学观察期间的。

2）在本单位患职业病或者因工负伤并被确认丧失或者部分丧失劳动能力的。

3）患病或者非因工负伤，在规定的医疗期内的。

4）女职工在孕期、产期、哺乳期的。

5）在本单位连续工作满十五年，且距法定退休年龄不足五年的。

6）法律、行政法规规定的其他情形。

为实现对特定劳动者的特殊保护目，我国《劳动合同法》第四十五条规定：劳动合同期满，有本法第四十二条规定情形之一的，劳动合同应当续延至相应的情形消失时终止。但是，本法第四十二条第二项规定丧失或者部分丧失劳动能力劳动者的劳动合同的终止，按照国家有关工伤保险的规定执行。

（二）劳动合同的终止

1. 劳动合同终止的概念

劳动合同的终止，是指双方当事人的权利义务因法定事由的发生而不复存在，劳动合同的效力即行消灭。因此，劳动合同不存在约定终止，只存在法定终止的情形。

2. 劳动合同终止的情形

《劳动合同法》第四十四条规定，有下列情形之一的，劳动合同终止：

1）劳动合同期满的。

2）劳动者开始依法享受基本养老保险待遇的。

3）劳动者死亡，或者被人民法院宣告死亡或者宣告失踪的。

4）用人单位被依法宣告破产的。

5）用人单位被吊销营业执照、责令关闭、撤销或者用人单位决定提前解散的。

6）法律、行政法规规定的其他情形。

3. 劳动合同解除或终止后的处置

用人单位应当在解除或者终止劳动合同时出具解除或者终止劳动合同的证明，并在十五日内为劳动者办理档案和社会保险关系转移手续。用人单位对已经解除或者终止的劳动合同的文本，至少保存二年备查。

（三）经济补偿金

1. 经济补偿金的概念

经济补偿金是用人单位解除或终止劳动合同时，给予劳动者的一次性货币补偿。经济补偿金的目的在于从经济方面制约用人单位随意解除合同的行为,对失去工作的劳动者给予经济上的补偿,并解决劳动合同短期化问题。

2. 用人单位应当支付经济补偿金的法定情形

《劳动合同法》第四十六条规定,有下列情形之一的,用人单位应当向劳动者支付经济补偿金:

1) 劳动者依照本法第三十八条规定解除劳动合同的。

2) 用人单位依照本法第三十六条规定向劳动者提出解除劳动合同并与劳动者协商一致解除劳动合同的。

3) 用人单位依照本法第四十条规定解除劳动合同的。

4) 用人单位依照本法第四十一条第一款规定解除劳动合同的。

5) 除用人单位维持或者提高劳动合同约定条件续订劳动合同,劳动者不同意续订的情形外,依照本法第四十四条第一项规定终止固定期限劳动合同的。

6) 依照本法第四十四条第四项、第五项规定终止劳动合同的。

7) 法律、行政法规规定的其他情形。

3. 经济补偿金标准

《劳动合同法》第四十七条规定:经济补偿按劳动者在本单位工作的年限,每满一年支付一个月工资的标准向劳动者支付。六个月以上不满一年的,按一年计算;不满六个月的,向劳动者支付半个月工资的经济补偿。这里的月工资是指劳动者在解除劳动合同前十二个月的月实际平均工资,而不仅仅是劳动合同中约定的基本工资。根据劳动部《关于贯彻执行＜中华人民共和国劳动法＞若干问题的意见》的规定,"工资"是指用人单位依据国家有关规定或劳动合同的约定,以货币形式直接支付给本单位劳动者的劳动报酬,一般包括计时工资、计件工资、奖金、津贴和补贴、延长工作时间的工资报酬以及特殊情况下支付的工资等。

4. 补偿金最低数额保障和最高数额限制

1) 补偿金最低数额保障。劳动者在劳动合同解除或者终止前十二个月的平均工资低于当地最低工资标准的,按照当地最低工资标准计算。

2) 补偿金最高数额限制。劳动者月工资高于用人单位所在直辖市、设区的市级人民政府公布的本地区上年度职工月平均工资三倍的,向其支付经济补偿的标准按职工月平均工资三倍的数额支付,向其支付经济补偿的年限最高不超过十二年。

5. 经济补偿金的支付

经济补偿金应在劳动者办结工作交接时,由用人单位及时足额支付给劳动者。

六、违反劳动合同的法律责任

(一) 用人单位违反《劳动合同法》的法律责任

1. 规章制度违法的法律责任

用人单位直接涉及劳动者切身利益的规章制度违反法律、法规规定的,由劳动行政部门责令改正,给予警告;给劳动者造成损害的,应当承担赔偿责任。

模块八 知悉职场法规

案例 8-5

"末位淘汰"的做法合法吗?

甲公司依据本单位规章制度中"年终职工生产能力末位淘汰制",而解除与职工乙的劳动合同行为是否合法?若因此给乙造成损失的是否应承担赔偿责任?

分析:不合法,并应对此给乙造成的损失承担赔偿责任。企业的规章制度是企业制定的组织劳动过程和进行劳动管理的规则和制度的总和,也称为内部劳动规则,是企业内部的"法律"。企业的规章制度既要能够充分调动发挥职工的积极性和创造性,又必须能够切实维护和保障职工的合法权益。现实生活中,确有一些用人单位罔顾法律规定,片面采取激励机制,自行制定本单位规章,实行"末位淘汰制",擅自解除与劳动者的劳动合同。单位规章制度一旦与法律相悖,不仅是废纸一张,并因其属于一种严重侵害劳动者就业稳定权的违法行为,还要承担相应法律责任。依据我国《劳动合同法》规定:用人单位直接涉及劳动者切身利益的规章制度违反法律、法规规定的,由劳动行政部门责令改正,给予警告;给劳动者造成损害的,应当承担赔偿责任。

2. 订立劳动合同违法的法律责任

1)用人单位提供的劳动合同文本未载明《劳动合同法》规定的劳动合同必备条款或者用人单位未将劳动合同文本交付劳动者的,由劳动行政部门责令改正;给劳动者造成损害的,应当承担赔偿责任。

2)用人单位自用工之日起超过一个月不满一年未与劳动者订立书面劳动合同的,应当向劳动者每月支付二倍的工资。用人单位违反《劳动合同法》规定不与劳动者订立无固定期限劳动合同的,应当自订立无固定期限劳动合同之日起向劳动者每月支付二倍的工资。

3)用人单位违反《劳动合同法》规定与劳动者约定试用期的,由劳动行政部门责令改正;违法约定的试用期已经履行的,由用人单位以劳动者试用期满月工资为标准,按已经履行的超过法定试用期的期间向劳动者支付赔偿金。

4)用人单位违反《劳动合同法》规定,扣押劳动者居民身份证等证件的,由劳动行政部门责令限期退还劳动者本人,并依照有关法律规定给予处罚。

5)用人单位违反《劳动合同法》规定,以担保或者其他名义向劳动者收取财物的,由劳动行政部门责令限期退还劳动者本人,并以每人五百元以上二千元以下的标准处以罚款;给劳动者造成损害的,应当承担赔偿责任。

3. 侵犯劳动者劳动报酬权应承担的法律责任

用人单位有下列情形之一的,由劳动行政部门责令限期支付劳动报酬、加班费或者经济补偿;劳动报酬低于当地最低工资标准的,应当支付其差额部分;逾期不支付的,责令用人单位按应付金额百分之五十以上百分之一百以下的标准向劳动者加付赔偿金:

1)未按照劳动合同的约定或者国家规定及时足额支付劳动者劳动报酬的。
2)低于当地最低工资标准支付劳动者工资的。
3)安排加班不支付加班费的。
4)解除或者终止劳动合同,未依照《劳动合同法》规定向劳动者支付经济补偿的。

劳动教育和职业素养

4. 劳动合同无效应承担的法律责任

劳动合同依法被确认无效，给对方造成损害的，有过错的一方应当承担赔偿责任。

5. 违法解除或终止劳动合同的法律责任

用人单位违法解除或者终止劳动合同的，应当依照《劳动合同法》规定的经济补偿标准的二倍向劳动者支付赔偿金。用人单位违反法律规定未向劳动者出具解除或者终止劳动合同的书面证明，由劳动行政部门责令改正；给劳动者造成损害的，应当承担赔偿责任。

6. 侵犯劳动者人身权利应承担的法律责任

用人单位有下列情形之一的，依法给予行政处罚；构成犯罪的，依法追究刑事责任；给劳动者造成损害的，应当承担赔偿责任：

1）以暴力、威胁或者非法限制人身自由的手段强迫劳动的。
2）违章指挥或者强令冒险作业危及劳动者人身安全的。
3）侮辱、体罚、殴打、非法搜查或者拘禁劳动者的。
4）劳动条件恶劣、环境污染严重，给劳动者身心健康造成严重损害的。

案例 8-6　　　　　　　　　关于工伤

赵某于 2016 年 4 月 8 日应聘到某公司工作，双方未签订劳动合同。三个月后的一天，赵某在工作中负伤，要求公司支付医疗费并享受工伤待遇。公司以未与赵某签订劳动合同，双方不存在劳动关系为由予以拒绝。试问：赵某要求公司支付医疗费并享受工伤待遇是否合法？为什么？公司是否可以双方未签订劳动合同为由拒绝？为什么？

【答案与解析】问题一，赵某在工作中负伤，属于工伤。赵某要求公司支付医疗费并享受工伤待遇符合我国劳动法、劳动合同法和社会保险法的规定。问题二，公司无权以双方未签订劳动合同为由予以拒绝。根据《劳动合同法》第七条规定"用人单位自用工之日起即与劳动者建立劳动关系"。因此，未签订劳动合同不影响双方劳动关系的成立。

（二）劳动者违反《劳动合同法》的法律责任

第一，劳动者违反劳动合同中约定的保密义务或者竞业限制，劳动者应当按照劳动合同的约定，向用人单位支付违约金。给用人单位造成损失的，应承担赔偿责任。

第二，有下列情形之一，用人单位与劳动者解除约定服务期的劳动合同的，劳动者应当按照劳动合同的约定向用人单位支付违约金：

1）劳动者严重违反用人单位的规章制度的。
2）劳动者严重失职，营私舞弊，给用人单位造成重大损害的。
3）劳动者同时与其他用人单位建立劳动关系，对完成本单位的工作任务造成严重影响，或者经用人单位提出，拒不改正的。
4）劳动者以欺诈、胁迫的手段或者乘人之危，使用人单位在违背真实意思的情况下订立或者变更劳动合同的。
5）劳动者被依法追究刑事责任的。

(三) 连带赔偿法律责任

1. 用人单位与劳动者的连带赔偿责任

用人单位招用与其他用人单位尚未解除或者终止劳动合同的劳动者，给其他用人单位造成损失的，应当承担连带赔偿责任。

2. 发包的组织与个人承包经营者的连带赔偿责任

个人承包经营违反《劳动合同法》规定招用劳动者，给劳动者造成损害的，发包的组织与个人承包经营者承担连带赔偿责任。

思考训练

1. 我国劳动合同法对无固定期限劳动合同订立有哪些特别规定？
2. 劳动合同法及相关法律法规关于劳动者经济补偿金数额是如何规定的？
3. 用人单位侵犯劳动者人身权利应承担哪些法律责任？
4. 劳动者违反劳动合同法的规定应承担哪些法律责任？
5. 以案说法。试用所学知识分析下列案例。

1) 赵某到公司应聘，提议在双方协商一致的基础上订立无固定期限劳动合同；钱某在某公司连续工作满10年，要求与公司签订无固定期限劳动合同；孙某现年48岁，在某国有企业连续工作满15年，在该企业改制重新订立劳动合同时，孙某主张企业有义务与其签订无固定期限劳动合同；李某在与公司连续订立的第二次固定期限劳动合同到期，公司提出续订合同时，李某要求与该公司订立无固定期限劳动合同。赵某、钱某、孙某、李某4人关于与用人单位签订无固定期限劳动合同的主张是否符合法律规定？为什么？

2) 张某是甲汽车制造厂的技术人员，在向该厂递交辞职书的第二日即不辞而别。因张某突然离开，致使甲厂正常生产受到影响，并造成直接生产损失10万元。此外，甲厂为培养张某，曾外派张某培训，培训费2万元；甲厂招用张某时，向有关行政部门缴纳的管理费500元。为此，甲厂向劳动仲裁机构申请仲裁，请求裁决张某赔偿上述全部损失。试问：甲厂的3项仲裁请求是否成立？张某应赔偿甲汽车制造厂的损失是多少元？

阅读链接

[1] 全国人民代表大会常务委员会. 中华人民共和国劳动法 [Z]. 2018-12-29.
[2] 全国人民代表大会常务委员会. 中华人民共和国劳动合同法 [Z]. 2012-12-28.
[3] 中华人民共和国国务院. 中华人民共和国劳动合同法实施条例 [Z]. 2008-09-18.
[4] 全国人民代表大会常务委员会. 中华人民共和国社会保险法 [Z]. 2010-10-28.
[5] 全国人民代表大会常务委员会. 中华人民共和国劳动争议调解仲裁法 [Z]. 2007-12-29.
[6] 全国人民代表大会常务委员会. 中华人民共和国民事诉讼法 [Z]. 2017-06-27.

劳动教育和职业素养

单元二 劳动权益

典型案例

关于"伪造学历"的后果

甲公司位于丙市,其招聘职员要求学历为大学本科以上。2017年10月,乙应聘并提供某大学本科毕业的学历证书。2017年11月,双方签订了劳动合同,劳动合同约定"员工保证所提供的个人资料真实有效,如提供虚假材料则视为欺诈,本合同无效,公司有权解除本合同,并追究员工的赔偿责任"。2019年3月,甲公司经查询,得知乙学历证书系伪造。于是,甲公司以乙伪造学历、劳动合同无效为由与乙解除劳动合同。乙不服,提请该市劳动争议仲裁委员会予以仲裁。独任仲裁员黄某收受乙的钱物后做出裁决。甲公司收到仲裁裁决书后20日内向丙市中级人民法院申请撤销该裁决。思考:

1. 人民法院对劳动仲裁裁决予以撤销的情形有哪些?
2. 甲公司是否有权请求法院撤销该仲裁裁决?为什么?
3. 如果仲裁裁决被人民法院裁定撤销后,乙可以采取哪些救济措施?

分析:

1.《中华人民共和国劳动争议调解仲裁法》第四十九条规定,用人单位有证据证明仲裁裁决有下列情形之一,可以自收到仲裁裁决书之日起30日内向劳动争议仲裁委员会所在地的中级人民法院申请撤销裁决:适用法律、法规确有错误的;劳动争议仲裁委员会无管辖权的;违反法定程序的;裁决所根据的证据是伪造的;对方当事人隐瞒了足以影响公正裁决的证据的;仲裁员在仲裁该案时有索贿受贿、徇私舞弊、枉法裁决行为的。

2. 甲公司有权请求法院撤销该仲裁裁决。根据《中华人民共和国劳动争议调解仲裁法》第四十九条规定,仲裁员在仲裁案件时有索贿受贿、徇私舞弊、枉法裁决行为的,人民法院有权对该仲裁裁决予以撤销。因仲裁员黄某在仲裁该案时存在受贿行为,故甲公司有权请求法院撤销该仲裁裁决。

3. 仲裁裁决被人民法院裁定撤销的,乙可以自收到裁定书之日起15日内就该劳动争议事项向甲公司所在地的基层人民法院提起诉讼。

一、劳动权益概述

（一）劳动权益的内涵

劳动权益又称为劳动者权益，是指劳动者作为人力资源的所有者，在劳动关系中，凭借从事劳动或从事过劳动这一客观事实而依法享有的权利和利益。劳动权益自劳动者与用人单位建立劳动关系时即依法享有。

劳动权益是人的生存权与发展权的一个有机组成部分，是一种综合性的权益，保护劳动者的合法权益是我国《劳动法》的宗旨和基本原则。依据我国《宪法》《工会法》《劳动法》和《劳动合同法》等法律规定，劳动权益的内容十分广泛，既包括平等就业和选择职业的权利、获得劳动报酬的权利、获得休息休假的权利、获得劳动安全卫生保护的权利、接受职业技能培训的权利、享受社会保险和福利的权利、提请劳动争议处理的权利，又包括结社权、集体协商权、民主管理权以及法律规定的其他劳动权益等。

（二）劳动权益保护原则

1. 偏重保护和优先保护原则

法律在对劳动关系双方都给予保护的同时，偏重于保护处于弱势地位的劳动者；相对于用人单位而言，法律则优先保护劳动者的利益。

2. 平等保护原则

全体劳动者的合法权益都平等地受到法律的保护，特殊的劳动者群体（如女职工和未成年工）受到法律的特殊保护。

3. 全面保护原则

劳动者的合法权益，无论是存在于劳动关系缔结前后或是劳动关系终结后，都应纳入法律保护范围之内。

4. 基本保护原则

我国劳动法等劳动保障法律法规对劳动权益的保护为最低限度的保护，也就是对劳动者基本权益的保护。

（三）我国劳动权益保护法律规范

劳动关系是最基本的社会关系之一。要最大限度增加和谐因素、最大限度减少不和谐因素，构建和发展和谐劳动关系，促进社会和谐。国家要依法保障职工基本权益，健全劳动关系协调机制，及时正确处理劳动关系矛盾纠纷。广大劳动者也要发扬识大体、顾大局的光荣传统，正确认识和对待改革发展过程中利益关系和利益格局的调整，正确处理个人利益和集体利益、局部利益和全局利益、眼前利益和长远利益的关系，树立法治观念，增强法律意识，自觉维护社会和谐稳定。我国法律对劳动权益的保护主要规定了下列内容。

1. 对劳动者平等就业权和自主择业权的保护

1）平等就业权，是指劳动者平等地获得就业机会的权利，即劳动者在就业机会面前一律平等，不因性别、年龄、种族等人的自然差别而受到歧视待遇。《劳动法》第十三条规定：

妇女享有与男子平等的就业权利。在录用职工时，除国家规定的不适合妇女的工种或者岗位外，不得以性别为由拒绝录用妇女或者提高对妇女的录用标准。

2）自主择业权，是指劳动者可以自主选择职业的权利，包括是否从事职业劳动、从事何种职业劳动、何时从事职业劳动、选择哪一家用人单位劳动等方面的自主选择权。赋予劳动者自主择业权，有利于建立新型、稳定的劳动关系。

2. 对劳动者获得劳动报酬权的保护

1）劳动者的劳动报酬是劳动者付出劳动后而由用人单位支付的合法收入，应当得到法律的确认和保护。劳动者获得劳动报酬权包括报酬请求权和报酬支配权。

2）《劳动法》第四十六条规定：工资分配应当遵循按劳分配原则，实行同工同酬；第四十八条规定：国家实行最低工资保障制度；第五十条规定：工资应当以货币形式按月支付给劳动者本人，不得克扣或者无故拖欠劳动者的工资；第五十一条规定：劳动者在法定休假日和婚丧假期间以及依法参加社会活动期间，用人单位应当依法支付工资。

3）《中共中央国务院关于构建和谐劳动关系的意见》明确提出要切实保障职工取得劳动报酬的权利，完善并落实工资支付规定，健全工资支付监控、工资保证金和欠薪应急周转金制度，探索建立欠薪保障金制度，落实清偿欠薪的施工总承包企业负责制，依法惩处拒不支付劳动报酬等违法犯罪行为，保障职工特别是农民工按时足额领到工资报酬。

3. 对劳动者休息休假权的保护

1）休息休假权，是指劳动者在一定时间的劳动（工作）之后获得休息休假的权利。

2）为保障劳动者休息休假权，我国《劳动法》第三十六条规定：国家实行劳动者每日工作时间不超过八小时、平均每周工作时间不超过四十四小时的工时制度。第三十八条规定：用人单位应当保证劳动者每周至少休息一日。第四十一条规定：用人单位由于生产经营需要，经与工会和劳动者协商后可以延长工作时间，一般每日不得超过一小时；因特殊原因需要延长工作时间的，在保障劳动者身体健康的条件下延长工作时间每日不得超过三小时，但是每月不得超过三十六小时。

3）《中共中央国务院关于构建和谐劳动关系的意见》明确提出：要切实保障职工休息休假的权利，完善并落实国家关于职工工作时间、全国年节及纪念日假期、带薪年休假等规定，规范企业实行特殊工时制度的审批管理，督促企业依法安排职工休息休假。企业因生产经营需要安排职工延长工作时间的，应与工会和职工协商，并依法足额支付加班加点工资。加强劳动定额定员标准化工作，推动劳动定额定员国家标准、行业标准的制定修订，指导企业制定实施科学合理的劳动定额定员标准，保障职工的休息权利。

案例 8-7

关于工资与休假

甲女于 2015 年 7 月应聘到乙服装公司做会计工作，至 2016 年 3 月公司一直未与甲签订劳动合同。因乙公司的服装销路不畅，经济效益下滑，2016 年 3—6 月公司一直未向职工发放工资。2016 年 7 月 1 日，公司决定，自该月起，公司员工一律取消节假日休假。同时规定，该公司的全体员工每月必须销售公司服装 40 套，并以销售额冲抵职工工资。2016 年 12 月 1 日，甲已怀孕 8 个月，乙公司仍然安排甲夜间加班。请思考下列问题：

1）乙公司经济效益下滑，拖欠甲3个月的工资是否合法？为什么？

2）乙公司取消职工节假日休假，并以本公司生产的服装冲抵职工工资是否合法？为什么？

3）乙公司安排甲夜间加班是否合法？为什么？

分析：

1）乙公司拖欠甲工资的行为不合法。我国《劳动法》和《劳动合同法》规定：用人单位应以货币形式向劳动者按时足额发放工资。用人单位拖欠劳动报酬的，由劳动行政部门责令限期支付劳动报酬或者经济补偿；劳动报酬低于当地最低工资标准的，应当支付其差额部分；逾期不支付的，责令用人单位按应付金额百分之五十以上百分之一百以下的标准向劳动者加付赔偿金。

2）乙公司取消职工节假日休假，并以本公司生产的服装冲抵职工工资的行为不合法。根据《劳动法》和《国务院关于职工工作时间的规定》的相关要求：不能实行国家标准工时制度的企业和事业组织，可根据实际情况灵活安排周休息日，但应当保证劳动者每周至少休息一日。工资必须以法定的货币形式定期支付给劳动者本人。

3）乙公司安排甲夜间加班的行为不合法。根据《劳动法》第六十一条的规定，用人单位不得安排怀孕七个月以上和哺乳期的女职工加班和从事夜班劳动。

4. 对劳动者劳动安全卫生权的保护

1）劳动安全卫生保护权，是劳动者在劳动过程中依法要求用人单位提供安全卫生的劳动条件，保护其生命安全和身体健康的一项基本劳动权利。

2）《劳动法》第六章规定了劳动者有获得劳动安全卫生保护的权利，第七章还专门规定了女职工和未成年工特殊保护制度。其中，第五十二条规定：用人单位必须建立、健全劳动卫生制度，严格执行国家劳动安全卫生规程和标准，对劳动者进行劳动安全卫生教育，防止劳动过程中的事故，减少职业危害。第五十四条规定：用人单位必须为劳动者提供符合国家规定的劳动安全卫生条件和必要的劳动防护用品，对从事有职业危害作业的劳动者应当定期进行健康检查。

5. 对劳动者接受职业培训权的保护

1）职业培训，是指为培养和提高劳动者从事各种职业所需的技术业务知识和实际操作技能而进行的专门教育和训练活动，以确保劳动者获得可持续的就业能力。

2）为明确和保障劳动者接受职业培训权，我国《劳动法》规定了国家和用人单位在职业培训方面的职责和义务。第六十六条规定：国家通过各种途径，采取各种措施，发展职业培训事业，开发劳动者的职业技能，提高劳动者素质，增强劳动者的就业能力和工作能力。第六十七条规定：各级人民政府应当把发展职业培训纳入社会经济发展的规划，鼓励和支持有条件的企业、事业组织、社会团体和个人进行各种形式的职业培训。第六十八条规定：用人单位应当建立职业培训制度，按照国家规定提取和使用职业培训经费，根据本单位实际，有计划地对劳动者进行职业培训。同时，我国《职业教育法》进一步保障了劳动者的职业教育权。

6. 对劳动者享受社会保险和福利权的保护

1）社会保险，是国家为了保障劳动者在丧失劳动能力或劳动机会时的基本生活而依法

劳动教育和职业素养

强制实行的一项物质帮助制度。《劳动法》第七十条规定：国家发展社会保险，建立社会保险制度，设立社会保险基金，使劳动者在年老、患病、工伤、失业、生育等情况下获得帮助和补偿。第七十三条规定，劳动者在下列情形下，依法享受社会保险待遇：退休；患病；因工伤残或者患职业病；失业；生育。劳动者死亡后，其遗属依法享受遗属津贴。为保障劳动者充分享有社会保险权，我国专门颁布了《社会保险法》，进一步明确规定了劳动者所享有的"五险"待遇。

2）社会福利，是国家和社会为方便劳动者工作和生活，适应其不断增长的物质文化需求而举办的各项事业，劳动者所享有的福利包括社会福利和集体福利。《劳动法》第七十六条规定：国家发展社会福利事业，兴建公共福利设施，为劳动者休息、休养和疗养提供条件。用人单位应当创造条件，改善集体福利，提高劳动者的福利待遇。

7. 对劳动者提请劳动争议处理权的保护

《劳动法》和《劳动争议调解仲裁法》对劳动争议当事人提请劳动争议处理的程序均做出明确规定。《劳动法》第七十七条规定：用人单位与劳动者发生劳动争议，当事人可以依法申请调解、仲裁、提起诉讼，也可以协商解决。调解原则适用于仲裁和诉讼程序。第七十九条规定：劳动争议发生后，当事人可以向本单位劳动争议调解委员会申请调解；调解不成，当事人一方要求仲裁的，可以向劳动争议仲裁委员会申请仲裁。当事人一方也可以直接向劳动争议仲裁委员会申请仲裁。对仲裁裁决不服的，可以向人民法院提出诉讼。《劳动争议调解仲裁法》具体规定了调解和仲裁的原则、组织机构、程序、期限，以及调解书与裁决书的法律效力等项内容，以保证调解和仲裁程序依法进行。

我国法律除保护劳动者上述权利外，对劳动者依法享有的参加和组织工会的权利，集体协商的权利，民主管理的权利，提出合理化建议的权利，从事科学研究、技术革新、发明创造的权利，依法解除劳动合同的权利，对用人单位管理人员违章指挥、强令冒险作业拒绝执行的权利，对危害生命安全和身体健康的行为提出批评、检举和控告的权利，对违反劳动法的行为进行监督的权利等也予以保护。

（四）劳动者权利与义务的统一性

任何权利的实现总是以义务的履行为条件，即所谓"没有无权利的义务，也没有无义务的权利"，只有坚持权利和义务的统一，才能充分体现劳动者主人翁地位。因此，劳动者的权利和义务是相互依存、不可分离的，劳动者在享有法律规定权利的同时，还必须履行法律规定的义务。我国《劳动法》第三条第二款规定：劳动者应当完成劳动任务，提高职业技能，执行劳动安全卫生规程，遵守劳动纪律和职业道德。

二、工资法律制度

工资法律制度是我国劳动权益保护的重要内容之一。

（一）工资的概念和特征

1. 工资的概念

《劳动法》中的"工资"是指用人单位依据国家有关规定和集体合同、劳动合同约定的标准，根据劳动者提供劳动的数量和质量，以货币形式直接支付给劳动者的劳动报酬。工资是劳动者劳动收入的主要组成部分。

2. 工资的特征

1）工资是基于劳动关系而由用人单位对劳动者付出劳动的物质补偿。

2）工资标准必须是事先按照国家有关工资法规政策规定和劳动合同、集体合同约定的标准。

3）工资必须以法定的货币形式定期支付给劳动者本人。工资的支付是以劳动者提供的劳动数量和质量为依据的。

（二）工资的形式

1. 我国现行的主要工资形式

工资形式是指计量劳动和支付劳动报酬的方式。企业可以根据本单位的生产经营特点和经济效益，依法自主确定本单位采用计时工资、计件工资、奖金和津补贴等工资分配形式。

根据国家统计局发布的《关于工资总额的规定》，我国现行的主要工资形式有计时工资、计件工资、奖金、津贴、补贴，以及特殊情形下的工资，如加班加点工资、病假、事假、婚假、探亲假等工资，履行国家和社会义务期间的工资等。

2. 不属于工资范围的劳动收入

劳动者的以下劳动收入不属于工资范围。

1）单位支付给劳动者个人的社会保险福利费用，如丧葬费、抚恤费、救济费、生活困难补助费等。

2）劳动保护方面的费用，如用人单位支付给劳动者的工作服、解毒剂、清凉饮料等费用。

3）按规定未列入工资总额的各种劳动报酬及其他劳动收入，如根据国家规定发放的创造发明奖、国家星火奖、自然科学奖、科学技术进步奖、合理化建议和技术改进奖、中华技能大奖等，以及稿费、讲课费和翻译费等。

（三）我国的最低工资保障制度

1. 关于最低工资的规定

最低工资是指劳动者在法定工作时间内提供了正常劳动的前提下，其所在用人单位应支付的最低劳动报酬，最低工资的支付以劳动者在法定工作时间内提供了正常劳动为条件。

劳动者因探亲、结婚、直系亲属死亡按照规定休假期间，以及依法参加国家和社会活动，视为提供了正常劳动，用人单位支付给劳动者的工资不得低于其适用的最低工资标准。劳动者与用人单位形成或建立劳动关系后，试用、熟练、见习期间，在法定工作时间内提供了正常劳动，其所在的用人单位应当支付其不低于最低工资标准的工资。

2. 例外规定

最低工资不包括劳动者下列各项收入：

1）加班加点工资；中班、夜班、高温、低温、井下、有毒有害等特殊工作环境条件下的津贴。

2）国家法律、法规和政策规定的劳动者保险、福利待遇。

3）用人单位通过贴补伙食、住房等支付给劳动者的非货币性收入。

（四）对扣除工资金额的限制

因劳动者本人原因给用人单位造成经济损失的，用人单位可按照劳动合同的约定要求其赔偿经济损失。经济损失的赔偿，可从劳动者本人的工资中扣除。但每月扣除的部分不得超过劳动者当月工资的百分之二十。若扣除后的剩余工资部分低于当地月最低工资标准，则按最低工资标准支付。

三、工作时间

工作时间也是有标准的，我国劳动基准法对工作时间及最高工时加以规定的目的，是充分尊重劳动者休息休假的权利，对劳动者实施有效的保护，以便劳动者更好地展开劳动。

（一）工作时间的概念

工作时间又称为法定工作时间，是指劳动者为履行工作义务，在法定限度内，在用人单位从事工作或者生产的时间。

（二）工作时间的种类

1. 标准工作时间

标准工作时间又称为标准工时，是指法律规定的在一般情况下普遍适用的，按照正常作息办法安排的工作日和工作周的工时制度。我国的标准工时为劳动者每日工作不超过八小时，平均每周工作时间不超过四十小时，一周（七天）内工作五天。对实行计件工作的劳动者，用人单位应当根据每日工作八小时、每周工作时间四十小时的工时制度合理确定其劳动定额和计件报酬标准，并应当保证劳动者每周至少休息一日。

2. 不定时工作时间

不定时工作时间又称为不定时工作制，是指无固定工作时数限制的工时制度。它适用于工作性质和职责范围不受固定工作时间限制的劳动者，如企业中的高级管理人员、外勤人员、推销人员和交通运输人员等。

3. 缩短工作时间

缩短工作时间是指法律规定的在特殊情况下劳动者的工作时间长度少于标准工作时间的工时制度，即每日工作少于八小时。缩短工作日适用于：

1）从事矿山井下、高温、有毒有害、特别繁重或过度紧张等作业的劳动者。

2）从事夜班工作的劳动者。

3）哺乳期内的女职工。

4. 延长工作时间

1）延长工作时间是指超过标准工作日的工作时间，即日工作时间超过八小时，每周工作时间超过四十小时。

2）延长工作时间必须符合法律、法规的规定。我国《劳动法》第四十一条规定：用人单位由于生产经营需要，经与工会和劳动者协商后可以延长工作时间，一般每日不得超过一小时；因特殊原因需要延长工作时间的，在保障劳动者身体健康的条件下延长工作时间每日不得超过三小时，但是每月不得超过三十六小时。

3）延长工作时间的除外规定。我国《劳动法》第四十二条规定，有下列情形之一的，延长工作时间不受本法第四十一条规定的限制：发生自然灾害、事故或者因其他原因，威胁劳动者生命健康和财产安全，需要紧急处理的；生产设备、交通运输线路、公共设施发生故障，影响生产和公众利益，必须及时抢修的；法律、行政法规规定的其他情形。

四、劳动权益的保护

为切实维护好劳动双方当事人合法权益，《中共中央国务院关于构建和谐劳动关系的意见》明确提出，要完善劳动争议调解制度，大力加强专业性劳动争议调解工作，健全人民调解、行政调解、仲裁调解、司法调解联动工作体系，充分发挥协商、调解在处理劳动争议中的基础性作用。完善劳动人事争议仲裁办案制度，规范办案程序，加大仲裁办案督查力度，进一步提高仲裁效能和办案质量，促进案件仲裁终结。加强裁审衔接与工作协调，积极探索建立诉讼与仲裁程序有效衔接、裁审标准统一的新规则、新制度。我国《劳动法》《劳动合同法实施细则》《劳动争议调解仲裁法》《民事诉讼法》等法律法规关于劳动争议解决、劳动权益的保护途径主要规定了如下内容：

（一）劳动争议的概念及解决

1. 概念

劳动争议又称为劳动纠纷，是指劳动关系双方当事人在劳动过程中，因执行劳动法律法规或履行劳动合同、集体合同而发生的纠纷。劳动争议的主体与劳动关系主体相同，一方为用人单位，另一方为劳动者。

案例 8-8

有关家政服务员

家庭或者个人与家政服务员之间的纠纷属于劳动争议吗？

分析：家庭或者个人与家政服务员之间的关系是劳务关系而非劳动关系，所以，他们之间的纠纷不属于劳动争议，而属于民事争议。

2. 劳动争议的解决原则

解决劳动争议，应当根据事实，遵循合法、公正、及时、着重调解的原则，依法保护当事人的合法权益。

3. 劳动争议的解决方式

1）劳动争议的解决方式。《劳动法》规定：用人单位与劳动者发生劳动争议，当事人可以依法申请调解、仲裁、提起诉讼，也可以协商解决。因此，我国劳动争议的解决方式主要有协商、调解、仲裁和诉讼。

2）劳动争议解决方式之间的关系。发生劳动争议，劳动者可以与用人单位协商，也可以提请工会或者第三方共同与用人单位协商，达成和解协议。当事人不愿协商、协商不成或者达成和解协议后不履行的，可以向调解组织申请调解；不愿调解、调解不成或者达成调解协议后不履行的，可以向劳动争议仲裁委员会申请仲裁；对仲裁裁决不服的，除《劳动争议调解仲裁法》另有规定的外，可以向人民法院提起诉讼。

（二）我国劳动争议的处理机构

我国劳动争议的处理机构包括劳动争议的调解机构、劳动争议的仲裁机构和劳动争议的审理机构。

1. 劳动争议的调解机构

我国劳动争议调解机构是指依法成立的劳动争议调解委员会，包括三类：企业劳动争议调解委员会；基层人民调解委员会；乡镇、街道设立的具有劳动争议调解职能的组织。

企业劳动争议调解委员会由职工代表和企业代表组成。职工代表由工会成员担任或者由全体职工推举产生，企业代表由企业负责人指定。企业劳动争议调解委员会主任由工会成员或者争议双方共同推举的人员担任。

2. 劳动争议的仲裁机构

（1）劳动争议仲裁委员会的设立　劳动争议仲裁委员会是国家授权、依法独立地对劳动争议案件进行仲裁的专门机构。它按照统筹规划、合理布局和适应实际需要的原则设立。劳动争议仲裁委员会不按行政区划层层设立。

（2）劳动争议仲裁委员会的组成　劳动争议仲裁委员会由劳动行政部门代表、同级工会代表、用人单位方面的代表组成。其成员应当为单数，主任由劳动行政部门代表担任。

（3）劳动争议仲裁委员会的受案范围

1）因确认劳动关系发生的争议。
2）因订立、履行、变更、解除和终止劳动合同发生的争议。
3）因除名、辞退和辞职、离职发生的争议。
4）因工作时间、休息休假、社会保险、福利、培训及劳动保护发生的争议。
5）因劳动报酬、工伤医疗费、经济补偿或者赔偿金等发生的争议。
6）法律、法规规定的其他劳动争议。

（4）劳动争议仲裁案件的管辖　劳动争议由劳动合同履行地或者用人单位所在地的劳动争议仲裁委员会管辖。双方当事人分别向劳动合同履行地和用人单位所在地的劳动争议仲裁委员会申请仲裁的，由劳动合同履行地的劳动争议仲裁委员会管辖。

案例 8-9　劳动争议仲裁的管辖问题

甲为位于乙市的丙公司员工，后被派往丁市工作，因劳动报酬与丙公司发生争议后一直不上班，于是丙公司将甲除名。甲向丁市劳动争议仲裁委员会申请仲裁，丙公司知道后，随即向乙市劳动争议仲裁委员会申请仲裁。该案应由哪一地的劳动争议仲裁委员会管辖？

分析： 该案应由丁市的劳动争议仲裁委员会管辖。《劳动争议调解仲裁法》规定：劳动争议由劳动合同履行地或者用人单位所在地的劳动争议仲裁委员会管辖。双方当事人分别向劳动合同履行地和用人单位所在地的劳动争议仲裁委员会申请仲裁的，由劳动合同履行地的劳动争议仲裁委员会管辖。甲的劳动合同履行地在丁市，该案应由丁市的劳动争议仲裁委员会管辖。

3. 劳动争议的审理机构

劳动争议的审理机构是人民法院，人民法院的民事审判庭负责审理劳动争议案件。劳动争议当事人对仲裁裁决不服的，可以自收到仲裁裁决书之日起十五日内向人民法院提起诉讼。人民法院受理劳动争议案件的范围如下：

1）劳动者与用人单位之间发生的下列劳动争议，当事人不服劳动争议仲裁委员会做出的裁决，依法向人民法院起诉的，人民法院应当受理：劳动者与用人单位在履行劳动合同过程中发生的纠纷；劳动者与用人单位之间没有订立书面劳动合同，但已形成劳动关系后发生的纠纷；劳动者退休后，与尚未参加社会保险统筹的原用人单位因追索养老金、医疗费、工伤保险待遇和其他社会保险费而发生的纠纷。

2）劳动争议仲裁委员会以当事人的仲裁申请超过仲裁时效为由，做出不予受理的书面裁决、决定或者通知，当事人不服，依法向人民法院起诉的，人民法院应当受理。

3）劳动争议仲裁委员会为纠正原仲裁裁决错误重新做出裁决，当事人不服，依法向人民法院起诉的，人民法院应当受理。

4）用人单位和劳动者因劳动关系是否已经解除或者终止，以及应否支付解除或终止劳动关系经济补偿金产生的争议，经劳动争议仲裁委员会仲裁后，当事人依法起诉的，人民法院应予受理。

5）劳动者与用人单位解除或者终止劳动关系后，请求用人单位返还其收取的劳动合同定金、保证金、抵押金、抵押物产生的争议，或者办理劳动者的人事档案、社会保险关系等移转手续产生的争议，经劳动争议仲裁委员会仲裁后，当事人依法起诉的，人民法院应予受理。

6）劳动者因为工伤、职业病，请求用人单位依法承担给予工伤保险待遇的争议，经劳动争议仲裁委员会仲裁后，当事人依法起诉的，人民法院应予受理。

（三）劳动争议的协商与调解程序

1. 协商

1）劳动争议的协商。发生劳动争议，劳动者可以与用人单位协商，也可以请工会或者第三方共同与用人单位协商，达成和解协议。协商不是处理劳动争议的必经程序，当事人不愿意协商或协商不成的，可以请求调解或申请仲裁。

2）和解协议的效力。劳动争议双方应当自行履行和解协议，但和解协议并无必须履行的法律效力。

2. 调解

1）申请调解。当事人申请劳动争议调解可以书面申请，也可以口头申请。口头申请的，调解组织应当当场记录申请人基本情况及申请调解的争议事项、理由和时间。

2）调解原则。调解劳动争议，应当充分听取双方当事人对事实和理由的陈述，耐心疏导,帮助双方达成协议。

3)调解协议。经调解达成协议的,应当制作调解协议书。调解协议书由双方当事人签名或者盖章,并经调解员签名并加盖调解组织印章后生效。调解协议对双方当事人具有约束力,当事人应当自觉履行。

4)申请支付令。因支付拖欠劳动报酬、工伤医疗费、经济补偿或者赔偿金事项达成调解协议,用人单位在协议约定期限内不履行的,劳动者可以持调解协议书依法向人民法院申请支付令。人民法院应当依法发出支付令。

案例 8-10　劳动仲裁是必经程序

赵某在上海某房地产公司担任销售部经理,截至 2016 年 5 月 6 日,该公司已经拖欠赵某 2 年工资,合计 20 万元。经赵某与该公司协商,公司承诺同年 7 月 1 日前支付赵某工资 20 万元,并出具承诺书。但同年 7 月 10 日,该公司仍未兑现承诺。赵某可否不经仲裁直接向人民法院申请支付令?为什么?

分析:赵某可以不经仲裁直接向人民法院申请支付令。《劳动争议调解仲裁法》规定:因支付拖欠劳动报酬、工伤医疗费、经济补偿或者赔偿金事项达成调解协议,用人单位在协议约定期限内不履行的,劳动者可以持调解协议书依法向人民法院申请支付令。因此,赵某可以不经仲裁直接向人民法院申请支付令。

5)调解的效力。调解不是处理劳动争议的必经程序,自劳动争议调解组织收到调解申请之日起十五日内未达成调解协议的,当事人可以依法申请仲裁;达成调解协议后,一方当事人在协议约定期限内不履行调解协议的,另一方当事人可以依法申请仲裁。

(四)劳动争议仲裁程序

1. 仲裁时效

(1)仲裁时效期间　劳动争议申请仲裁的时效期间为一年。仲裁时效期间从当事人知道或者应当知道其权利被侵害之日起计算。

(2)仲裁时效中断　因当事人一方向对方当事人主张权利,或者向有关部门请求权利救济,或者对方当事人同意履行义务而中断。从中断时起,仲裁时效期间重新计算。

(3)仲裁时效中止

1)因不可抗力或者有其他正当理由,当事人不能在法定仲裁时效期间申请仲裁的,仲裁时效中止。从中止时效的原因消除之日起,仲裁时效期间继续计算。

2)劳动关系存续期间因拖欠劳动报酬发生争议的,劳动者申请仲裁不受一年仲裁时效期间的限制;但是,劳动关系终止的,应当自劳动关系终止之日起一年内提出。

2. 申请与受理

(1)申请　申请人申请仲裁应当提交书面仲裁申请,并按照被申请人人数提交副本。仲裁申请书应当载明下列事项:劳动者的姓名、性别、年龄、职业、工作单位和住所,用人单位的名称、住所和法定代表人或者主要负责人的姓名、职务;仲裁请求和所根据的事实、理由;证据和证据来源、证人姓名和住所。

(2) 受理

1) 劳动争议仲裁委员会收到仲裁申请之日起五日内，认为符合受理条件的，应当受理，并通知申请人；认为不符合受理条件的，应当书面通知申请人不予受理，并说明理由。对劳动争议仲裁委员会不予受理或者逾期未做出决定的，申请人可以就该劳动争议事项向人民法院提起诉讼。

2) 劳动争议仲裁委员会受理仲裁申请后，应当在五日内将仲裁申请书副本送达被申请人。被申请人收到仲裁申请书副本后，应当在十日内向劳动争议仲裁委员会提交答辩书。劳动争议仲裁委员会收到答辩书后，应当在五日内将答辩书副本送达申请人。被申请人未提交答辩书的，不影响仲裁程序的进行。

3. 开庭与裁决

(1) 开庭

1) 仲裁庭的组成。劳动争议仲裁委员会裁决劳动争议案件实行仲裁庭制。仲裁庭由三名仲裁员组成，设首席仲裁员。简单劳动争议案件可以由一名仲裁员独任仲裁。劳动争议仲裁委员会应当在受理仲裁申请之日起五日内将仲裁庭的组成情况书面通知当事人。

2) 仲裁员的回避。仲裁员有下列情形之一的，应当回避，当事人也有权以口头或者书面方式提出回避申请：是本案当事人或者当事人、代理人的近亲属的；与本案有利害关系的；与本案当事人、代理人有其他关系，可能影响公正裁决的；私自会见当事人、代理人，或者接受当事人、代理人的请客送礼的。

劳动争议仲裁委员会对回避申请应当及时做出决定，并以口头或者书面方式通知当事人。

3) 开庭通知。仲裁庭应当在开庭五日前，将开庭日期、地点书面通知双方当事人。当事人有正当理由的，可以在开庭三日前请求延期开庭。是否延期，由劳动争议仲裁委员会决定。申请人收到书面通知，无正当理由拒不到庭或者未经仲裁庭同意中途退庭的，可以视为撤回仲裁申请。

(2) 裁决

1) 缺席裁决。被申请人收到书面通知，无正当理由拒不到庭或者未经仲裁庭同意中途退庭的，可以缺席裁决。

2) 质证和辩论。当事人在仲裁过程中有权进行质证和辩论。质证和辩论终结时，首席仲裁员或者独任仲裁员应当征询当事人的最后意见。

3) 自行和解。当事人申请劳动争议仲裁后，可以自行和解。达成和解协议的，可以撤回仲裁申请。

4) 先行调解。仲裁庭在做出裁决前，应当先行调解。调解达成协议的，仲裁庭应当制作调解书。调解书应当写明仲裁请求和当事人协议的结果。调解书由仲裁员签名，加盖劳动争议仲裁委员会印章，送达双方当事人。调解书经双方当事人签收后，发生法律效力。调解不成或者调解书送达前，一方当事人反悔的，仲裁庭应当及时做出裁决。

5) 仲裁时限。仲裁庭裁决劳动争议案件，应当自劳动争议仲裁委员会受理仲裁申请之日起四十五日内结束。案情复杂需要延期的，经劳动争议仲裁委员会主任批准，可以延期并书面通知当事人，但是延长期限不得超过十五日。逾期未做出仲裁裁决的，当事人可以就该劳动争议事项向人民法院提起诉讼。

劳动教育和职业素养

（3）先予执行

1）可以裁决先予执行的情形。仲裁庭对追索劳动报酬、工伤医疗费、经济补偿或者赔偿金的案件，根据当事人的申请，可以裁决先予执行，移送人民法院执行。

2）先予执行的条件。仲裁庭裁决先予执行的，应当符合下列两个条件：当事人之间权利义务关系明确；不先予执行将严重影响申请人的生活。

（4）一裁终局案件

1）一裁终局案件的范围。下列劳动争议，除法律另有规定的外，仲裁裁决为终局裁决，裁决书自做出之日起发生法律效力。一是追索劳动报酬、工伤医疗费、经济补偿或者赔偿金，不超过当地月最低工资标准十二个月金额的争议；二是因执行国家的劳动标准在工作时间、休息休假、社会保险等方面发生的争议。

2）对一裁终局案件的处理。劳动者对一裁终局的仲裁裁决不服的，可以自收到仲裁裁决书之日起十五日内向人民法院起诉；而用人单位对一裁终局的仲裁裁决不服的，不得向人民法院起诉，也不得再次申请仲裁。

（5）调解书、裁决书的效力

1）当事人对于可诉的仲裁裁决不服的，可以自收到仲裁裁决书之日起十五日内向人民法院提起诉讼；期满不起诉的，裁决书发生法律效力。

2）当事人对发生法律效力的调解书、裁决书，应当依照规定的期限履行。一方当事人逾期不履行的，另一方当事人可以依照《民事诉讼法》的有关规定向人民法院申请执行。受理申请的人民法院应当依法执行。

（五）劳动争议诉讼程序

1. 劳动争议案件的受理

当事人对于可诉的仲裁裁决不服，向人民法院起诉的，人民法院应当受理。

2. 劳动争议案件的诉讼管辖

劳动争议案件由用人单位所在地或劳动合同履行地的基层人民法院管辖。劳动合同履行地不明确的，由用人单位所在地的基层人民法院管辖。

3. 劳动争议案件中的证明责任

1）劳动争议案件证明责任的一般规定。根据《民事诉讼法》的规定，劳动争议案件证明责任一般实行"谁主张，谁举证"的原则。

2）用人单位承担证明责任的案件。因用人单位做出的开除、除名、辞退、解除劳动合同、减少劳动报酬、计算劳动者工作年限等决定而发生的劳动争议案件，由用人单位承担举证责任。

4. 人民法院对仲裁裁决的撤销

（1）人民法院对仲裁裁决予以撤销的情形　用人单位有证据证明仲裁裁决有下列情形之一的，可以自收到仲裁裁决书之日起三十日内向劳动争议仲裁委员会所在地的中级人民法院申请撤销裁决：适用法律、法规确有错误的；劳动争议仲裁委员会无管辖权的；违反法定程序的；裁决所根据的证据是伪造的；对方当事人隐瞒了足以影响公正裁决的证据的；仲裁员在仲裁该案时有索贿受贿、徇私舞弊、枉法裁决行为的。

（2）仲裁裁决被人民法院裁定撤销后的救济措施　人民法院经组成合议庭审查核实裁决符合撤销情形的，应当裁定撤销。仲裁裁决被人民法院裁定撤销的，当事人可以自收到裁定书之日起十五日内就该劳动争议事项向人民法院提起诉讼。

5. 劳动争议案件的两审终审

1）两审终审制。人民法院审理劳动争议案件，实行两审终审制。

2）上诉期限和上诉法院。人民法院对劳动争议案件一审审理终结后，当事人对一审判决不服的，可以在收到判决书之日起十五日内，向上一级人民法院提起上诉；当事人对一审裁定不服的，可以在收到裁定书之日起十日内，向上一级人民法院提起上诉。关于涉外和涉及港澳台人员案件的上诉期间，根据我国《民事诉讼法》涉外民事诉讼中期间与送达的规定，在我国领域内没有住所的当事人，不服第一审人民法院判决、裁定的，有权在判决、裁定书送达之日起三十日内提起上诉。

3）终审裁决的效力。劳动争议案件经二审审理后，做出的判决和裁定是终审的判决、裁定，判决和裁定自送达之日起发生法律效力。

思考训练

1. 简述劳动权益的内容及保护原则。
2. 简述我国劳动保障法律法规对劳动者获得劳动报酬权和休息休假权的保护。
3. 简述我国劳动争议调解仲裁法关于先行调解的规定。
4. 我国劳动争议调解仲裁法对仲裁时限是如何规定的？
5. 简述人民法院受理劳动争议案件的范围。
6. 试用所学知识分析以下案例。

甲为乙安装公司的一名电焊工，因安装工程需要，甲经常在A、B、C这3个工程项目地点间往来穿梭。乙安装公司因经营不景气，决定每月仅支付甲工资的70%，另30%公司承诺年底一次性补齐。甲不同意，提请乙安装公司所在地的劳动争议仲裁委员会予以仲裁，要求按月全额支付工资。裁决结果做出后，乙不服，遂向乙安装公司所在地的基层人民法院提起诉讼。思考：乙向乙安装公司所在地的基层人民法院提起诉讼是否合法？为什么？乙安装公司减少甲劳动报酬的举证责任由谁承担？用人单位承担证明责任的案件有哪些？

阅读链接

[1] 全国人民代表大会常务委员会. 中华人民共和国劳动法 [Z]. 2018-12-29.
[2] 全国人民代表大会常务委员会. 中华人民共和国劳动合同法 [Z]. 2012-12-28.
[3] 中华人民共和国国务院. 中华人民共和国劳动合同法实施条例 [Z]. 2008-09-18.
[4] 全国人民代表大会常务委员会. 中华人民共和国社会保险法 [Z]. 2010-10-28.
[5] 全国人民代表大会常务委员会. 中华人民共和国劳动争议调解仲裁法 [Z]. 2007-12-29.
[6] 全国人民代表大会常务委员会. 中华人民共和国民事诉讼法 [Z]. 2017-06-27.

劳动教育和职业素养

单元三 假务管理与劳动权益

典型案例

春节的加班费

小张是某制衣公司的员工。2019年春节前夕，老板说要赶一批急活，让小张与几位同事留下来加班。小张与几位同事年初一至初三连续加班3天，把活做了出来。哪知，节后上班，老板见到他们，先说了一番恭喜发财的话，接着，就说因公司效益不好，让小张和同伴们分批补休6天替代加班费，并声称安排补休是《劳动法》规定的替代加班费的方式之一。小张等人不同意补休，坚持要公司支付春节加班费，双方为此发生争议。之后小张等人向劳动人事仲裁机构申请劳动仲裁，仲裁机构查清事实后裁决支持了小张等人的主张。

与小张相反，2019年春节前夕，某科技公司的小吴收到通知，公司决定提前3天放春节假。员工们认为这是公司给的额外福利，感觉老板很贴心，然后就愉快地回家准备过年了。年后回到公司上班，小吴等人发现工资跟上个月份相比少几百元，于是就找到财务部门问个究竟。公司解释说，放假3天里大家没有提供正常劳动，当然是要扣发相应的工资的。这个公司这种做法对吗？

分析： 首先，仲裁机构的裁决是正确的，制衣公司的辩解理由不能成立。我国《劳动法》第四十四条规定：" 有下列情形之一的，用人单位应当按照下列标准支付高于劳动者正常工作时间工资的工资报酬：安排劳动者延长工作时间的，支付不低于工资的百分之一百五十的工资报酬；休息日安排劳动者工作又不能安排补休的，支付不低于工资的百分之二百的工资报酬；法定休假日安排劳动者工作的，支付不低于工资的百分之三百的工资报酬。"上述三种情形中，只有在第2种情形下，用人单位可以在安排补休或者支付加班工资两者之间进行选择。而该制衣公司的行为属于"法定休假日安排劳动者工作"的情形，用人单位必须按规定支付加班工资，而不能以安排补休的形式予以冲抵或规避，制衣公司理应依法按小张等人的日工资的三倍支付加班费。

而某科技公司的做法显然违反劳动法律、法规。每年春节，一些企业基于体恤职工的考虑，选择提前放假或延后开业几天，让职工能充分享受节日。但这种由公司决定的放假是不能扣发员工工资的。《工资支付暂行规定》第十二条规定："非因劳动者原因造成单位停工、停产在一个工资支付周期内的，用人单位应按劳动合同规定的标准支付劳动者工资。超过一个工资支付周期的，若劳动者提供了正常劳动，则支付给劳动者的劳动报酬不得低于当地的最低工资标准；若劳动者没有提供正常劳动，应按国家有关规定办理。"每年的春节一般放假7天，其中3天为法定节假日，4天为公休日调休，均不扣工资。提前几天放假或者延后几天上班，同样不能扣工资。本案中，该公司多放的3天假并没有超出一个工资支付周期即一个月，因此放假期间仍应当按照劳动合同约定的工资标准如数支付工资，而无权扣发工资。

劳动者该享有哪些休假权益,是用人单位和劳动者双方都十分关心的问题。为此,我国劳动法第四章专门规定了休息休假制度,第三十八条规定:"用人单位应当保证劳动者每周至少休息一日",第四十条规定:"用人单位在下列节日期间应当依法安排劳动者休假:元旦、春节、国际劳动节、国庆节及法律、法规规定的其他休假节日",第四十五条规定:"国家实行带薪年休假制度。劳动者连续工作一年以上的,享受带薪年休假。具体办法由国务院规定"。为了保障劳动者的休假权,国务院制定了《全国年节及纪念日放假办法》和《职工带薪年休假条例》等行政法规,国家人社部相应出台了多个配套规章,对员工休假做出了具体规定。

一、法定节假日

节假日是节日和假日的合称。法定节假日是指根据各国、各民族的风俗习惯或纪念要求,由国家法律统一规定的用以进行庆祝及度假的休息时间。法定节假日制度是国家政治、经济、文化制度的重要反映,涉及经济社会的多个方面,涉及广大人民群众的切身利益。

法定节假日的休假安排,为居民出行、购物和休闲提供了时间上的便利,为拉动内需、促进经济增长做出了积极贡献。

(一)我国法定节假日的分类

根据国务院颁布的《全国年节及纪念日放假办法》规定,我国法定节假日包括3类:

1. 全体公民放假的节日

1)元旦,放假1天(1月1日)。
2)春节,放假3天(农历正月初一、初二、初三)。
3)清明节,放假1天(农历清明当日)。
4)劳动节,放假1天(5月1日)。
5)端午节,放假1天(农历端午当日)。
6)中秋节,放假1天(农历中秋当日)。
7)国庆节,放假3天(10月1日、2日、3日)。

2. 部分公民放假的节日及纪念日

1)妇女节(3月8日),妇女放假半天。
2)青年节(5月4日),14周岁以上28周岁以下的青年放假半天。
3)儿童节(6月1日),不满14周岁的少年儿童放假1天。
4)中国人民解放军建军纪念日(8月1日),现役军人放假半天。

3. 少数民族习惯的节日

具体节日由各少数民族聚居地区的地方人民政府，按照各民族习惯，规定放假日期。

根据国家有关规定，用人单位在除了全体公民放假的节日外的其他休假节日，也应当安排劳动者休假。全体公民放假的假日，如果适逢星期六、星期日，应当在工作日补假。部分公民放假的假日，如果适逢星期六、星期日，则不补假。

（二）法定节假日待遇

按照《劳动法》第五十一条的规定，法定节假日用人单位应当依法支付工资，也就是说11个节假日即使不上班也应计薪。另外《关于职工全年月平均工作时间和工资折算问题的通知》规定年工作日为365天-104天（休息日）-11天（法定节假日）= 250天；月工作日为250天÷12月= 20.83天/月；月计薪天数=（365天-104天）÷12月= 21.75天。《劳动法》第四十四条规定，法定休假日安排劳动者工作的，支付不低于工资的百分之三百的工资报酬。即在案例1中如果小张的工资为每月5000元，则春节加班的工资应以5000为基数计算，应发放的工资 为5000元÷21.75天×3倍×3天，共2068.97元。

> **知识链接**
>
> #### 节假日历史小知识
>
> 1995年5月，中国开始实行每周5天工作制。
>
> 1999年9月18日，中国国务院发布《全国年节及纪念日放假办法》，决定增加公众法定休假日。春节、"五一"和"十一"法定休假3天，再加上调整的前后两个双休日，就形成了每年3个连续7天的长假，使中国人每年的法定休息日达到了114天。而每个长假掀起的旅游消费热也逐渐成为我国经济生活的新亮点，被人们称为黄金周。
>
> 2007年11月9日，国家法定节假日调整研究小组的方案在人民网、新华网、国家发展和改革委员会网站，以及新浪、搜狐等网站上予以公布，开展民意调查。调整的主要内容包括：
>
> 1. 国家法定节假日总天数增加1天，即由10天增加到11天。
>
> 2. 对国家法定节假日时间安排进行调整：元旦放假1天不变；春节放假3天不变，但放假起始时间由农历年正月初一调整为除夕；"五一"国际劳动节由3天调整为1天，减少2天；"十一"国庆节放假3天不变；清明、端午、中秋增设为国家法定节假日，各放假1天（农历节日如遇闰月，以第一个月为休假日）。
>
> 3. 允许周末上移下错，与法定节假日形成连休。
>
> 2013年12月国务院决定对《全国年节及纪念日放假办法》做如下修改：将第二条第二项修改为"春节放假3天（农历正月初一、初二、初三）"。

二、带薪年休

（一）相关法律规范

1. 带薪年休假制度

《劳动法》第四十五条规定：国家实行带薪年休假制度。劳动者连续工作一年以上的，享受带薪年休假。为了维护职工休息休假权利，调动职工工作积极性，国务院根据劳动法和公务员法，制定了《职工带薪年休假条例》，规定机关、团体、企业、事业单位、民办非企业单位、有雇工的个体工商户等单位的职工连续工作一年以上的，享受带薪年休假。单位应当保证职工享受年休假。

2. 带薪年休假的时间规定

《职工带薪年休假条例》规定职工累计工作已满1年不满10年的，年休假5天；已满10年不满20年的，年休假10天；已满20年的，年休假15天。注意，这里的天数以工作日计算，国家法定休假日、休息日不计入年休假的假期。单位根据生产、工作的具体情况，并考虑职工本人意愿，统筹安排职工年休假。年休假在1个年度内可以集中安排，也可以分段安排，一般不跨年度安排。单位因生产、工作特点确有必要跨年度安排职工年休假的，可以跨1个年度安排。

3. 不享受年休假的规定

职工有下列情形之一的，不享受当年的年休假：

1）职工依法享受寒暑假，其休假天数多于年休假天数的。
2）职工请事假累计20天以上且单位按照规定不扣工资的。
3）累计工作满1年不满10年的职工，请病假累计2个月以上的。
4）累计工作满10年不满20年的职工，请病假累计3个月以上的。
5）累计工作满20年以上的职工，请病假累计4个月以上的。

（二）年休假待遇

《职工带薪年休假条例》规定，职工在年休假期间享受与正常工作期间相同的工资收入。单位确因工作需要不能安排职工休年休假的，经职工本人同意，可以不安排职工休年休假。对职工应休未休的年休假天数，单位应当按照该职工日工资收入的百分之三百支付年休假工资报酬。《企业职工带薪年休假实施办法》规定用人单位安排职工休年休假，但是职工因本人原因且书面提出不休年休假的，用人单位可以只支付其正常工作期间的工资收入。

（三）职工年休假保障措施

由于职工相对于用人单位来说处于弱势地位，如果监督措施过于原则、可操作性不强，年休假制度在许多单位特别是企业可能难以落实。据此，条例对年休假的监督机制作了3个方面的规定：

第一，县级以上地方人民政府人事部门、劳动保障部门应当依据职权对单位执行本条例的情况主动进行监督检查。

第二，工会组织依法维护职工的年休假权利。

第三，单位不安排职工休年休假又不依照本条例规定给予年休假工资报酬的，由县级以上地方人民政府人事部门或者劳动保障部门依据职权责令限期改正；对逾期不改正的，除责令该单位支付年休假工资报酬外，单位还应当按照年休假工资报酬的数额向职工加付赔偿金；对拒不支付年休假工资报酬、赔偿金的，属于公务员和参照公务员法管理的人员所在单位的，对直接负责的主管人员以及其他直接责任人员依法给予处分；属于其他单位的，由劳动保障部门、人事部门或者职工申请人民法院强制执行。

劳动教育和职业素养

> **案例 8-11**
>
> ### 年休假未休可否申请补偿
>
> 方某在一家科技公司担任项目经理，双方订立了为期3年的劳动合同。劳动合同于2019年5月21日到期，公司于2019年5月20日通知方某不再与其续签劳动合同。离职前，公司在为其办理离职手续与计算终止劳动合同经济补偿时，方某主张其2018年至2019年期间未能休带薪年休假，要求单位在计算经济补偿时把未休年休假的补偿计算上去。公司却说根据公司职工手册的规定，职工于每年的12月31日前未申请年休假，属于自动放弃当年年休假，公司不需要支付经济补偿。方某不服，便向劳动争议仲裁委申请，要求公司按照法律规定支付其未休年休假的工资。请问方某未主动申请休年休假，能否如愿拿到年休假劳动补偿呢？
>
> **分析：** 方某未主动申请年休假并不等于自愿放弃年休假补偿。根据《企业职工带薪年休假实施办法》第九条规定，"用人单位根据生产、工作的具体情况，并考虑职工本人意愿，统筹安排年休假。用人单位确因工作需要不能安排职工年休假或者跨1个年度安排年休假的，应征得职工本人同意。"并在第十条第二款规定："用人单位安排职工休年休假，但是职工因本人原因且书面提出不休年休假的，用人单位可以只支付其正常工作期间的工资收入。"根据上述规定，在用人单位安排职工休年休假的前提下，劳动者书面提出因个人原因不休年休假不等于没有提出申请年休假就视为放弃年休假的补偿。本案中，公司员工手册的规定与上述规定相违背，不具有相应的效力。因此，该公司应当支付方某未休年休假的相应补偿。

三、员工私人原因请假

（一）病假

根据《企业职工患病或非因工负伤医疗期规定》等有关规定，任何企业职工因患病或非因工负伤，需要停工医疗时，企业应该根据职工本人实际参加工作年限和在本单位工作年限，给予一定的医疗期。医疗期是指企业职工因患病或非因工负伤停止工作治病时，企业不得解除劳动合同的时限，也就是患病或非因工负伤职工的病假假期。该规章对医疗期的期限做了如下具体规定：

患病或非因工负伤职工的病假假期根据本人实际参加工作年限和在本单位工作年限，给予三个月到二十四个月的医疗期。根据实际情况，对某些患特殊疾病（如癌症、精神病、瘫痪等）的职工，在二十四个月内尚不能痊愈的，经企业和劳动主管部门批准，可以适当延长医疗期。职工病假期间遇有国家法定节日时，应算作病假期间。

《关于贯彻执行〈中华人民共和国劳动法〉若干问题的意见》对病假工资或疾病救济费支付问题做了规定：职工患病或非因工负伤治疗期间，在规定的医疗期间内由企业按有关规定支付其病假工资或疾病救济费，病假工资或疾病救济费可以低于当地最低工资标准支付，但不能低于最低工资标准的百分之八十。

（二）事假

员工因个人或家庭原因需要请假的可以请事假，事假为无薪假，事假可以以天或小时为计算单位。我国的法律法规中关于事假的规定主要有如下内容：

第一，《关于归侨、侨眷职工因私事出境的假期、工资等问题的规定》指出："在职职工因私事短期出境申请事假，其假期由所在单位根据实际需要予以批准"。国有企业的归侨、侨眷职工，港澳同胞眷属职工、外籍华人眷属职工以及国内其他职工因私事短期出境（不包括享受国家规定的探亲假而出境），单位应该批准职工的事假。假期规定是：去港澳的，不得超过三个月；出国的，不超过半年，如因故确需续假，应在批准的假期内向所在单位办理续假手续；续假期限一般不超过一个月。具体假期由所在单位根据实际需要予以批准。假期从离开工作岗位之日起开始计算。职工因私事出境请事假，假期内的工资等，均按所在单位处理事假的规定办理。假期内的旅费、境外的医药费，均由职工本人自理。

第二，国有企业职工出境探亲遇到特殊情况，不能按期返回原单位，本人应向所在单位申请事假。所在单位应当根据实际情况予以批准，职工在批准的事假假期内的工资等待遇，按国内职工事假的规定办理。

第三，职工请事假累计 20 天以上且单位按照规定不扣工资的不能享受年休假。

除上述规定外，国家对于企业职工什么情况下可以请事假，以及请事假的工资待遇问题等没有做出统一规定，企业可根据具体情况自行制定规章制度。企业依法制定的规章制度，只要没有违反国家法律法规，就具有约束力。

（三）探亲假

探亲假期是指职工与配偶、父母团聚的时间，另外，根据实际需要给予路程假。上述假期均包括公休假日和法定节日在内。

根据《国务院关于职工探亲待遇的规定》规定，凡在国家机关、人民团体和全民所有制企业、事业单位工作满一年的固定职工，与配偶不住在一起，又不能在公休假日团聚的，可以享受本规定探望配偶的待遇；与父亲、母亲都不住在一起，又不能在公休假日团聚的，可以享受本规定探望父母的待遇。但是，职工与父亲或与母亲一方能够在公休假日团聚的，不能享受本规定探望父母的待遇。注意这里所称的父母，包括自幼抚养职工长大，现在由职工供养的亲属。不包括岳父母、公婆。具体假期时间规定如下：

1）职工探望配偶的，每年给予一方探亲假一次，假期为 30 天。

2）未婚职工探望父母，原则上每年给假一次，假期为 20 天，如果因为工作需要，本单位当年不能给予假期，或者职工自愿两年探亲一次，可以两年给假一次，假期为 45 天。

3）已婚职工探望父母的，每 4 年给假一次，假期为 20 天。

关于以上用人单位职工享受探亲假的条件和探亲假工资、路费待遇等问题，我国《关于职工探亲路费的规定》等文件做了具体规定。职工探望配偶和未婚职工探望父母的往返路费，由所在单位负担。已婚职工探望父母的往返路费，在本人月标准工资 30% 以内的，由本人自理，超过部分由所在单位负担。

符合探望配偶条件的职工，因工作需要当年不能探望配偶时，其不实行探亲制度的配偶，可以到职工工作地点探亲，职工所在单位应按规定报销其往返路费。职工本人当年则不应再享受探亲待遇。女职工到配偶工作地点生育，在生育休假期间，超过 56 天（难产、双生 70 天）产假以后，与配偶团聚 30 天以上的，不再享受当年探亲待遇。职工的父亲或母亲和职工的配偶同居一地的，职工在探望配偶时，即可同时探望其父亲或者母亲，因此，不能再享受探望父母的待遇。

（四）婚丧假

婚丧假，是指劳动者本人结婚以及劳动者的直系亲属死亡时依法享受的假期。婚丧是每个劳动者都会遇到的情况，劳动者婚丧期间，给予一定的假期，并由用人单位如数支付工资，使劳动者有闲暇处理相关事务，这是对劳动者的精神抚慰，体现了政府对劳动者的福利政策，也是对其权益的保护，对于调动劳动者的积极性具有重要意义。

我国《婚姻法》规定，结婚年龄，男不得早于二十二周岁，女不得早于二十周岁。晚婚晚育应予鼓励。因此，职工享受婚假的前提是，达到上述法律规定的结婚年龄，且与配偶正式办理了结婚登记手续。丧假享有的条件是，职工的直系亲属死亡。所谓直系亲属，是指职工的父母、配偶、子女。此外，对请丧假范围的划定，有的地方规定除直系亲属死亡时可给丧假外，岳父母和公婆死亡时也可给予丧假。

1. 婚丧假假期

《关于国营企业职工请婚丧假和路程假问题的通知》规定，对职工婚丧假假期规定如下：

1）职工本人结婚或职工的直系亲属（父母、配偶和子女）死亡时，可以根据具体情况，由本单位行政领导批准，酌情给予 1~3 天的婚丧假。

2）职工结婚时双方不在一地工作的；职工在外地的直系亲属死亡时需要职工本人去外地料理丧事的，都可以根据路程远近，另给予路程假。

2. 婚丧假假期待遇

在婚假和路程假期间，工资照发，也就是说，带薪休假。如果是在国家机关、国有企业、事业单位工作的，除了享受规定的最多 3 天的婚假外，晚婚会额外得到 7 天假期的奖励。如果晚婚者在城镇里居住但是没有工作的，或者是私营企业的老板，一般由居委会或者镇政府给予相应的晚婚奖励。如果晚婚者是私营企业的雇员，老板也应当给他们婚假，假期时间和在国有企业一样。

根据《中华人民共和国劳动法》第五十一条规定，劳动者在婚丧假期间，用人单位应当依法支付工资。《关于国营企业职工请婚丧假和路程假问题的通知》（〔80〕劳总薪字第29号）规定，职工在休婚丧假和路程假期间，企业均应当照常发放职工的工资。职工在途中的车船费等，由职工本人自理。

（五）职工依法参加社会活动请假

《劳动法》第五十一条规定，劳动者依法参加社会活动期间，用人单位应当依法支付工资。《工资支付暂行规定》进一步明确，劳动者在法定工作时间内依法参加社会活动期间，用人单位应视同其提供了正常劳动而支付工资。社会活动包括：依法行使选举权或被选举权；当选代表出席乡（镇）、区以上政府、党派、工会、青年团、妇女联合会等组织召开的会议；出任人民法院证明人；出席劳动模范、先进工作者大会；《工会法》规定的不脱产工会基层委员会委员因工会活动占用的生产或工作时间；其他依法参加的社会活动。

(六) 节育假和节育护理假

《人口与计划生育法》规定，任何用人单位的职工接受计划生育手术，享受国家规定的休假。各省、自治区、直辖市人大常委会通过的计划生育条例，基本上对节育假做了具体规定。如《广东省人口与计划生育条例》规定职工接受节育手术的，享受国家规定的假期。同时施行两种节育手术的，合并计算假期。在规定假期内照发工资，不影响福利待遇和全勤评奖。

案例 8-12

婚丧、年休假包含国家法定假日，是否重复发工资

如果职工在婚假、丧假、年休假休息过程中，又适逢法定节假日，即婚假、丧假、年休假包含了国家法定假日，那么单位在支付了职工婚假、丧假、年休假期间的工资后，法定假日的工资是否还要重复发放？如果请的是事假，期间包含了国家法定假日，则该法定假日的工资是否还呢？有什么法律依据？

分析： 首先，应当明确，职工在休婚假、丧假、年休假、法定节假日期间，用人单位都应当向其发放工资。《关于国营企业职工请婚丧假和路程假的通知》（〔80〕劳总薪字第29号）规定：职工本人结婚或职工的直系亲属（父母、配偶和子女）死亡时，可以根据具体情况，由本单位行政领导批准，酌情给1～3天的婚丧假。婚丧假在3个工作日内的，工资照发。《劳动法》第四十五条也规定：劳动者在法定休假日和婚丧假期间以及依法参加社会活动期间，用人单位应当依法支付工资。但是，如果是在这些休假过程中，包含了国家法定假日，那么法定假日的工资就不能再重复发放。因为无论是在婚假、丧假、年休假期间，还是在法定假日期间，劳动者都没有向用人单位提供劳动义务，用人单位之所以要保证劳动者在此期间的工资待遇，是基于这些假期的特殊性，但是特殊情况下的待遇也不能重复享受，这与节假日加班的加班工资是完全不同的。其次，如果请的是事假，期间包含了国家法定假日，该法定假日的工资是应当发放的。因为事假职工单位可以不支付工资，但事假应当扣除法定节假日，在法定节假日内，企业应当保障职工获得劳动报酬的权利。

四、保护女职工的劳动权益

（一）产假

1. 产假及期限

产假，是指在职妇女产期前后的休假待遇，一般从分娩前半个月至产后两个半月，晚婚晚育者可前后长至四个月，女职工生育享受不少于九十八天的产假。根据《劳动法》及《女职工劳动保护特别规定》，女职工生育享受九十八天产假，其中产前可以休假十五天；难产的，应增加产假十五天；生育多胞胎的，每多生育一个婴儿，可增加产假十五天。女职工怀孕未满四个月流产的，享受十五天产假；怀孕满四个月流产的，享受四十二天产假。

除了国家统一规定的产假外，各省、自治区、直辖市颁布的计划生育条例中一般都规定了奖励产假，各地奖励产假的期限有所不同。例如《广东省人口与计划生育条例修正案（草

劳动教育和职业素养

案)》规定，符合法律、法规规定生育子女的夫妻，女方享受八十日的奖励假，男方享受十五日的陪产假。在规定假期内照发工资，不影响福利待遇和全勤评奖。陪产假，又名陪护假，即女方在享受产假期间，男方享受的有一定时间看护、照料对方的权利。目前，关于陪产假的规定一般由各省、自治区、直辖市结合实际规定。

2. 产假期间的工资待遇

《女职工劳动保护特别规定》规定用人单位不得因女职工怀孕、生育、哺乳降低其工资、予以辞退、与其解除劳动或者聘用合同。规定女职工产假期间的生育津贴，对已经参加生育保险的，按照用人单位上年度职工月平均工资的标准由生育保险基金支付；对未参加生育保险的，按照女职工产假前工资的标准由用人单位支付。

根据国务院颁布的《女职工劳动保护特别规定》的规定，怀孕的女职工，在劳动时间内进行产前检查，应当算作劳动时间。原国家劳动部颁发的《女职工劳动保护规定问题解答》进一步明确规定，为了保护孕妇和胎儿的健康，应按卫生部门的要求做产前检查。女职工产前检查应按出勤对待，不能按病假、事假、旷工处理。对在生产第一线的女职工，要相应地减少生产定额，以保证产前检查时间。

（二）哺乳假

《女职工劳动保护特别规定》规定用人单位应当在每天的劳动时间内为哺乳期女职工安排 1 小时哺乳时间；女职工生育多胞胎的，每多哺乳一个婴儿每天增加一小时哺乳时间。哺乳时间和在本单位内哺乳往返中的时间算作劳动时间。企业不得在女职工哺乳期降低其基本工资。《女职工保健工作规定》进一步明确，婴儿满周岁时，经县（区）以上（含县、区）医疗或保健机构确诊为体弱儿，可以适当延长哺乳期，但是不得超过六个月。即哺乳女职工请哺乳假最长可到婴儿一岁半时为止。

案例 8-13

产假的工资问题

王女士是某超市的收银员，因为生育，自 2019 年底开始享受产假。但休假期间，超市没有向其支付工资。2020 年 3 月初，王女士向超市提出辞职，原因是超市未能按时支付劳动报酬。后王女士向劳动仲裁委申诉，要求超市支付解除劳动合同补偿金并补发其产假期间的工资。仲裁委支持了王女士的请求后，该超市不服裁决起诉到法院，主张王女士系自行辞职，公司无须支付补偿金。请问：超市的说法正确吗？

分析：女职工因为孕产期的工资待遇和休假期间与用人单位而产生的争议是涉及女职工权益类案件中最为常见的一类。《女职工劳动保护特别规定》中明确：用人单位不得因女职工怀孕、生育、哺乳降低其工资、予以辞退、与其解除劳动或者聘用合同。如果实践中女职工没有能够享受自己的相关权利，则一定要积极维护自己的合法权益。但同时，也要提醒广大女性职工一定要遵守用人单位的相关请假考勤制度，避免给自己带来不必要的麻烦。女职工依法享有休产假的权利，并且休产假期间工资待遇不得变更。在用人单位未能支付产假工资的前提下，王女士有权解除劳动关系。该超市需按王女士的原工资标准向其支付产假期间的工资并支付解除劳动关系经济补偿金。

思考训练

1. 法定节假日有哪些？《劳动法》对法定节假日的待遇有何规定？
2. 《关于国营企业职工请婚丧假和路程假问题的规定》对婚丧假的规定有哪些？
3. 请列举五种带薪休假的节假日。

阅读链接

[1] 全国人民代表大会常务委员会.中华人民共和国劳动法 [Z]. 2018-12-29.
[2] 中华人民共和国国务院.全国年节及纪念日放假办法 [Z]. 2013-12-11.
[3] 中华人民共和国国务院.职工带薪年休假条例 [Z]. 2007-12-14.
[4] 中华人民共和国劳动和社会保障部.企业职工患病或非因工负伤医疗期规定 [Z]. 1994-12-01.
[5] 中华人民共和国劳动和社会保障部.关于贯彻执行《中华人民共和国劳动法》若干问题的意见 [Z]. 1995-8-4.
[6] 中华人民共和国国务院.国务院关于职工探亲待遇的规定 [Z]. 1998-03-14.
[7] 中华人民共和国国务院.女职工劳动保护特别规定 [Z]. 2012-04-28.
[8] 全国人民代表大会常务委员会.中华人民共和国人口与计划生育法 [Z]. 2015-12-27.

模块九　保障职业健康

● **哲人隽语**

　　要建立健全党和政府主导的维护群众权益机制，抓住劳动就业、技能培训、收入分配、社会保障、安全卫生等问题，关注一线职工、农民工、困难职工等群体，完善制度，排除阻碍劳动者参与发展、分享发展成果的障碍，努力让劳动者实现体面劳动、全面发展。要面对面、心贴心、实打实做好群众工作，把人民群众安危冷暖放在心上，雪中送炭，纾难解困，扎扎实实解决好群众最关心最直接最现实的利益问题、最困难最忧虑最急迫的实际问题。

——习近平在庆祝"五一"国际劳动节大会上的讲话

（2015年4月28日）

　　这次新冠肺炎疫情防控，是对治理体系和治理能力的一次大考，既有经验，也有教训。要放眼长远，总结经验教训，加快补齐治理体系的短板和弱项为保障人民生命安全和身体健康筑牢制度防线。打赢疫情防控人民战争要紧紧依靠人民。要做好深入细致的群众工作，把群众发动起来，构筑起群防群治的人民防线。打赢疫情防控阻击战，重点在"防"。现在到了关键的时候，必须咬紧牙关坚持下去。

——习近平在武汉市考察新冠肺炎疫情防控工作时的讲话

（2020年3月10日）

● 模块导读

习近平总书记在全国安全生产监管监察系统先进集体和先进工作者表彰大会上指出：安全生产事关人民福祉，事关经济社会发展大局。各级安全监管监察部门要牢固树立发展决不能以牺牲安全为代价的红线意识，以防范和遏制重特大事故为重点，坚持标本兼治、综合治理、系统建设，统筹推进安全生产领域改革发展。劳动保护是经济社会发展的重要基础和保障，当前，我国安全生产、职业病防治和疫情防控形势依然复杂严峻，需要我们牢固树立新发展理念，坚持人民利益至上，对职工劳动保护工作不能有丝毫松懈。

2015年3月21日发布的《中共中央国务院关于构建和谐劳动关系的意见》，明确提出要切实保障职工获得劳动安全卫生保护的权利。加强劳动安全卫生执法监督，督促企业健全并落实劳动安全卫生责任制，严格执行国家劳动安全卫生保护标准，加大安全生产投入，强化安全生产和职业卫生教育培训，提供符合国家规定的劳动安全卫生条件和劳动保护用品，对从事有职业危害作业的职工按照国家规定进行上岗前、在岗期间和离岗时的职业健康检查，加强女职工和未成年工特殊劳动保护，最大限度地减少生产安全事故和职业病危害。

目前，我国还没有名为《劳动者权益保护法》的法律规范，我国对劳动者的保护以《劳动法》为基准，以《安全生产法》《矿山安全法》《职业病防治法》和国务院发布的劳动安全卫生法规等为主体，构成了我国劳动保护的法律制度体系。本模块结合我国《劳动法》第六章"劳动安全卫生"、第十二章"法律责任"对劳动者劳动保护的内容进行了具体介绍。同时，为了保护女职工和未成年工两类弱势群体，对我国《劳动法》第七章"女职工和未成年工特殊保护"措施内容进行了具体介绍。强化劳动保护、安全科技、应急管理等基础工作，加快建立健全劳动保护法律体系，更加细致扎实地做好劳动保护各项工作，严格落实安全生产责任制，完善劳动保护体制，强化依法治理，不断提高全社会安全生产水平，更好维护广大劳动者生命财产安全。

学习目标

分类	具体内容
知识	1. 掌握劳动保护的概念和特征，了解我国劳动保护的方针和基本原则 2. 熟悉我国劳动法关于劳动保护的法律规范，掌握我国法律关于女职工和未成年工特殊劳动保护的相关规范 3. 了解职业危害与职业病预防、公共卫生与疫情防控常识，掌握关于预防和消除职业病、职业中毒和其他职业危害而制定的各种法律规范
技能	1. 能够正确运用所学基本知识维护自身合法权益 2. 能够消除劳动过程中危及人身安全健康的不良条件和行为，防止卫生安全事故、职业病和疫情发生 3. 熟练运用职业危害和职业病防控知识，确保自身在劳动过程中的安全与健康，实现文明生产 4. 正确理解并熟练运用公共卫生与疫情防控措施
态度	1. 端正对我国劳动保护、安全卫生等法律法规的思想认识 2. 认真学习和应用劳动保护法律法规，认识做到学做合一、知行合一的重要性 3. 养成严格遵守公共卫生与疫情防控措施的强烈意识和科学态度

单元一 劳动保护

典型案例

女职工孕期休假问题

赵某于2018年6月9日应聘于某保健器材营销服务中心,从事按摩椅销售工作。同年8月1日,双方签订书面劳动合同,期限为两年。2018年12月10日赵某向单位请假,内容为"因本人怀孕反应过大,不能正常上班,特请假休息,望领导批准"。同日,该中心总经理同意赵某休假,赵某于是回家休息。2018年12月22日,赵某因妊娠反应呕吐到医院就诊,医院诊断证明书建议赵某休息治疗。2019年1月8日,营销服务中心以赵某旷工为由,解除双方劳动合同。解除劳动合同后,营销服务中心才把批注"同意休假半月"的请假单交给赵某。赵某申请仲裁后,又诉至法院,请求判令营销服务中心支付违法解除劳动合同的经济赔偿金。思考:

1. 我国《劳动法》关于女职工孕期合法权益特殊保护的内容有哪些?

2. 营销服务中心以赵某自2018年12月22日起旷工为由,并以此解除劳动合同是否符合法律规定?

3. 赵某请求法院判令营销服务中心支付违法解除劳动合同的经济赔偿金是否符合法律规定?

分析:

1. 我国《劳动法》关于女职工孕期合法权益特殊保护的内容包括:不得安排女职工在怀孕期间从事国家规定的第三级体力劳动强度的劳动和孕期禁忌从事的劳动;怀孕的女职工,在劳动时间内,按照规定进行产前检查应当计为劳动时间;对怀孕7个月以上的女职工,不得安排其延长工作时间和夜班劳动。

2. 我国《劳动法》对怀孕期间的女职工实行特殊保护。营销服务中心未能举证证明赵某请假时告知了其准假期限,营销服务中心认定赵某2018年12月22日起旷工没有法律依据,并以此解除劳动合同属于违法解除。

3. 怀孕期间的女职工请假休息符合常理。我国法律同时规定:怀孕的女职工,在劳动时间内,按照规定进行产前检查应当计为劳动时间。营销服务中心事后以赵某旷工违反规章制度为由解除劳动合同属于违法解除,根据《劳动法》规定,该中心应当向赵某支付经济赔偿金。

一、劳动保护概述

（一）劳动保护的概念及其特征

1. 劳动保护的概念

劳动保护，又称为劳动安全卫生，是指以保护劳动者在职业劳动中的安全和健康为宗旨，以劳动安全卫生规则等为内容的法律规范的总称。劳动保护包括职业安全和职业卫生两类，职业安全是为防止和消除劳动过程中的伤亡事故而制定的各种法律规范；职业卫生是为保护劳动者在劳动过程中的健康，预防和消除职业病、职业中毒和其他职业危害而制定的各种法律规范。

2. 劳动保护的立法目的

劳动保护的立法目的是减少和避免因工伤亡事故以及职业危害、职业中毒和职业病。劳动生产过程中客观上存在各种不安全因素，如对劳动者不加以特殊保护，就有发生安全事故的危险，损害劳动者的安全与健康，甚至危及劳动者的生命。为此，必须依靠技术进步和科学管理，采取有效的组织措施和技术措施，消除劳动过程中危及人身安全健康的不良条件和行为，防止各类事故和职业病的发生，保护劳动者在劳动过程中的安全与健康，实现文明生产。

3. 劳动保护的特征

1）劳动保护制度的实施具有强制性。由于劳动保护制度以劳动者的人身为保护对象，因此，用人单位与劳动者签订的劳动合同中，有关免除用人单位保护责任的条款和劳动者放弃保护权利的条款一律无效。

2）劳动保护制度以劳动过程为其保护范围。劳动保护关系是基于劳动者与用人单位之间的劳动关系而产生的，因此，只有在劳动过程中采取的各种改善劳动条件、保护劳动者生命安全与身体健康的措施，才属于劳动保护制度的范围。

3）劳动保护制度以改善劳动条件和劳动环境为主要途径。只有通过消除劳动过程中不安全、不卫生的因素，才能实现对劳动者生命安全与身体健康的全面保护。

4）劳动保护法律内容多为技术性、强制性和禁止性规范。

（二）我国劳动保护的基本方针与基本原则

1. 劳动保护的基本方针

劳动保护的基本方针，是指贯穿于整个劳动保护制度始终的指导思想。我国劳动保护的基本方针是：安全第一、预防为主。

2. 劳动保护的基本原则

劳动保护的基本原则，是指贯穿于整个劳动过程中，对劳动者实施劳动保护应遵循的基本准则。我国劳动保护的基本原则主要包括以下三项内容：

1）"安全第一，预防为主"的原则。"安全第一，预防为主"既是我国指导劳动保护工作的基本方针，又是从事劳动保护管理的基本原则。该原则要求一切用人单位在生产经营活动中都要把安全工作放在首位。当生产与安全发生矛盾时，要首先保证安全，采取各种措施保障劳动者的安全和健康。

2）"管生产必须管安全"的原则。这一原则体现了安全与生产的辩证关系。它要求生产的领导者和组织者明确安全和生产是一个有机的整体，要安全和生产两手抓，做到安全与生产同时计划、同时布置、同时检查、同时总结、同时评比。

3）"安全工作一票否决"的原则。该原则要求用人单位应将安全工作作为衡量管理绩效的一项基本内容，国家机关、社会组织在对用人单位各项指标的考核评定中，必须把安全工作放在重要位置，并使其具有"一票否决权"的功能。

（三）我国劳动保护制度的基本内容

综合我国《劳动法》《安全生产法》《矿山安全法》《职业病防治法》等有关法律规范，我国劳动保护制度涵盖了职业劳动"事前、事中、事后"的各个阶段，主要规定了下列11项内容：

1）安全生产责任制。用人单位必须建立、健全各项劳动安全卫生制度，包括企业内部安全监督检查组织系统和工作制度，各种内部安全卫生规则制度等。要求劳动者必须遵守劳动安全卫生制度和操作规范，及时纠正劳动者违章操作行为。

2）职业安全教育制度。用人单位必须严格执行国家劳动安全卫生规程和标准，对劳动者广泛开展劳动安全卫生教育，防止劳动过程中的事故，减少职业危害，对于违反劳动保护规则制度的劳动者给予纪律处罚。

3）劳动保护标准制度。用人单位必须按规定提供劳动安全卫生设施和条件，劳动安全卫生设施必须符合国家规定的标准。

4）劳动安全卫生认证制度。劳动安全卫生认证制度，是指在生产经营过程进行之前，依法对参与生产经营活动主体的能力、资格以及其他安全卫生因素进行审查、评价并确认资格或条件的制度。我国现行的安全卫生认证，主要包括三类，一是对企业资格的认证，如对煤矿企业、建筑企业、压力容器设计及制造企业的安全认证；二是对有关人员资格的认证，如对企业负责人、安全生产管理人员和特种作业人员的安全资格认证；三是对具有特殊危害性的设备或产品的认证，如对压力容器、漏电保护器、劳动保护用品、客运架空索道等的安全认证。

5）"三同时"制度。用人单位新建、改建、扩建工程的劳动安全卫生设施必须与主体工程同时设计、同时施工、同时投入生产和使用。

6）职业卫生与职业病防治制度。用人单位必须为劳动者提供符合国家规定的劳动安全卫生条件和必要的劳动防护用品。

7）职业资格培训制度。用人单位对于从事特种作业的劳动者必须经过专门培训并取得特种作业资格。

8）定期健康检查制度。用人单位对未成年劳动者和从事有职业危害作业的劳动者应当定期进行健康检查。

9）安全生产保障制度。劳动者在劳动过程中必须严格遵守安全操作规程；劳动者对用人单位管理人员违章指挥、强令冒险作业，有权拒绝执行；对危害生命安全和身体健康的行为，有权提出批评、检举和控告。

10）伤亡事故报告处理制度。国家建立伤亡和职业病统计报告和处理制度。县级以上各级人民政府劳动行政部门、有关部门和用人单位应当依法对劳动者在劳动过程中发生的伤亡事故和劳动者的职业病状况，进行统计、报告和处理。

11）劳动安全卫生检查和监察制度等。

二、女职工和未成年工特殊劳动保护

（一）女职工和未成年工特殊劳动保护的概念

1. 女职工特殊劳动保护的概念

女职工特殊劳动保护，是指在通常的劳动保护之外，根据女职工身体结构、生理机能的特点及生育子女的特殊需要，适用于女职工的一种特殊的劳动保护。女职工包括从事体力劳动和脑力劳动的一切女性劳动者。

2. 未成年工特殊劳动保护的概念

未成年工特殊劳动保护，是指在通常的劳动保护之外，根据未成年人的身体发育尚未成型的身体和生理特点而在劳动过程中采取的特殊保护。在我国，未成年工是指年满十六周岁未满十八周岁的劳动者。这同时也表明我国招用未成年工的最低年龄限制在十六周岁以上，不满十六周岁的为童工。

3. 女职工和未成年工特殊劳动保护的意义

法律对女职工和未成年工的劳动保护做出专门规定，并予以特殊保护，体现了社会的进步和发展，有利于实现劳动者在劳动领域内的实质公平，有利于保护他们的正当权利，也有利于提高劳动生产率。

（二）女职工特殊劳动保护的措施

根据我国《劳动法》《妇女权益保障法》《女职工劳动保护规定》和《女职工禁忌劳动范围的规定》等法律法规，女职工的特殊劳动保护既包括女职工劳动权的保护，如平等就业权、同工同酬权和禁止性别歧视，女职工劳动保护权益受到侵害时的法律救济措施等；又包括女职工禁止从事的劳动范围，女职工经期、孕期、产期、哺乳期等特殊生理期的保护。具体包括如下内容：

一是禁止安排女职工从事矿山、井下、国家规定的第四级体力劳动强度的劳动和其他禁忌从事的劳动。

二是不得安排女职工在经期从事高处、低温、冷水和国家规定的第三级体力劳动强度的劳动。

三是不得安排女职工在怀孕和哺乳期间从事国家规定的第三级体力劳动强度的劳动和孕期、哺乳期禁忌从事的劳动。

四是不得安排怀孕七个月以上和哺乳期的女职工延长劳动时间和夜班劳动。怀孕的女职工，在劳动时间内，按照规定进行产前检查应当计为劳动时间。

五是女职工生育享受不少于九十八天的产假；难产的和多胞胎每多生育一胎的，增加产假十五天。

六是哺乳不满一周岁婴儿的女职工，其所在单位应当在每班劳动时间内给予两次哺乳时间，每次三十分钟。哺乳时间和在本单位内哺乳往返途中的时间计为劳动时间。

七是用人单位应当按照有关规定，设置女职工卫生室、孕妇休息室和哺乳室等设施。

劳动教育和职业素养

> **案例 9-1**
>
> **关于职工的特殊劳动保护**
>
> 东方化工公司指定女技术员张某参加技术攻关小组，并安排张某到位于地下 3m 深的设备间进行化工检测。东方化工公司的行为是否违反我国《劳动法》关于女职工特殊劳动保护的规定？试说明理由。
>
> **分析**：东方化工公司的行为未违反《劳动法》的规定。
>
> 东方化工公司指定女技术员张某参加技术攻关小组属于行使企业用工自主权的行为。安排张某到位于地下 3m 深的设备间进行化工检测并未违反"禁止安排女职工从事矿山、井下、国家规定的第四级体力劳动强度的劳动和其他禁忌从事的劳动。不得安排女职工在经期从事高处、低温、冷水和国家规定的第三级体力劳动强度的劳动"这一女职工特殊劳动保护的措施。应注意，"禁止安排女职工从事矿山、井下……"中的"井下"仅指矿山中的井下作业。

（三）未成年工特殊劳动保护的措施

未成年工的劳动保护是针对未成年工正处于生长发育期的特点和接受义务教育的需要，而采取的特殊劳动保护措施。为保护未成年人的合法权益，我国《劳动法》《未成年人保护法》和《未成年工特殊保护规定》等法律法规，明确规定禁止用人单位招用童工，除法律另有规定外（如文艺、体育单位经未成年人父母或者其他监护人同意，可以招用不满十六周岁的专业文艺工作者、运动员），任何单位不得与未满十六周岁的未成年人建立劳动关系。同时，明确规定了用人单位招用未成年工的特殊要求和违法招用未成年工的法律责任。对未成年工在劳动过程中的特殊劳动保护主要包括如下内容：

1. 岗前培训和持证上岗

未成年工上岗，用人单位应对其进行有关的职业安全卫生教育、培训。同时，未成年工须持劳动行政部门核发的《未成年工登记证》上岗。

2. 明确禁忌劳动范围

禁止安排未成年工从事有害健康的工作，用人单位不得安排未成年工从事矿山、井下、有毒有害、国家规定的第四级体力劳动强度和其他禁忌从事的劳动。

3. 对未成年工定期进行健康检查

用人单位在未成年工岗前、工作满一年、年满十八周岁，距前一次的体检时间已超过半年的要进行健康检查，未成年工体检费用由用人单位承担。

4. 其他

提供适合未成年工身体发育的生产工具，保护未成年工的正当权益等。

思考训练

1. 简述劳动保护的概念及其特征。

模块九　保障职业健康

2. 简述我国劳动保护的基本原则。
3. 简述我国劳动保护制度的基本内容。
4. 简述我国法律对女职工和未成年工特殊劳动保护的措施。

阅读链接

[1] 全国人民代表大会常务委员会.中华人民共和国劳动法 [Z]. 2018-12-29.
[2] 全国人民代表大会常务委员会.中华人民共和国安全生产法 [Z]. 2014-08-31.
[3] 全国人民代表大会常务委员会.中华人民共和国矿山安全法 [Z]. 2009-08-27.
[4] 全国人民代表大会常务委员会.中华人民共和国职业病防治法 [Z]. 2018-12-29.
[5] 全国人民代表大会常务委员会.中华人民共和国妇女权益保障法 [Z]. 2018-10-26.
[6] 中华人民共和国国务院.女职工劳动保护特别规定 [Z]. 2012-04-28.
[7] 中华人民共和国劳动和社会保障部.女职工禁忌劳动范围的规定 [Z]. 1990-01-18.
[8] 全国人民代表大会常务委员会.中华人民共和国未成年人保护法 [Z]. 2012-10-26.
[9] 中华人民共和国劳动和社会保障部.未成年工特殊保护规定 [Z]. 1994-12-09.

单元二　职业危害和职业病

典型案例

一道道口罩压痕成为医护人员最美丽的"勋章"

完成一天的工作，走出隔离病房，摘下口罩的那一刹那，一道道压痕成了医护人员们最美丽的"勋章"！

如果说发热门诊是新冠肺炎筛查防控的第一道防线，那么隔离病房则是新冠肺炎诊断治疗的主阵地。在青岛市中心医院隔离病房，四扇隔离门隔开了清洁区、潜在污染区、缓冲区和污染区。在这里，医护人员按照规范做好防护，就是唯一的"护身符"。

这里的患者没有家属陪同，医务人员除了为他们进行医疗救治和护理之外，还负责给他们进行心理疏导，解决他们的日常生活所需。量血压、抽血、采咽拭子、做指氧、健康宣教、出院消毒……穿着密不透风的防护服穿梭忙碌在病房，不仅是个技术活，还是个体力活，更是个考验意志力的极限挑战。为了避免交叉感染、节约防护物资，隔离病房的医务人员穿上防护服后，便不吃不喝也不上厕所，尽可能地减少出入病房的次数。6小时下来，他们早已汗流浃背。摘掉口罩和护目镜，鼻子和脸颊全是压痕，"耳朵压得生疼，鼻子都没有知觉了。"

分析：世间没有从天而降的英雄，只有挺身而出的凡人。2020年5月12日是第109个国际护士节，今年的主题是"致敬护士队伍、携手战胜疫情"。在新冠肺炎疫情肆虐中华大地之时，一群又一群的白衣天使不顾自己的生命安危，成为最美逆行者。在这场抗击疫情的阻击战中，有的医护人员不幸感染了病毒，有的甚至献出了年轻的生命，让社会大众再一次见证这份职业的艰辛、危险与不易。每种职业都有着不同程度的职业危害，大学生了解这些职业危害，既能在以后的劳动过程中有意识地提醒和保护自己，也能理解各行各业劳动者的劳动之艰辛，劳动之伟大，劳动成果之不易。

一、职业危害

（一）职业危害的概念

职业危害是职工生产劳动过程所发生的对人身的威胁和伤害。职业危害指因人们所从事的职业或职业环境中所特有的危险性、潜在危险因素、有害因素及人的不安全行为所造成的危害。包括两个方面：一是职业意外事故，即在职业活动中所发生的一种不可预期的偶发事故；二是职业病，即在生产劳动及其他职业活动中接触职业性有害因素引起的疾病。职业病与职业危害因素有直接联系，并且具有因果关系和某些规律性。

（二）职业危害因素

职业危害因素是造成职业病的原因。一般在高危物品存放处会以告知卡等形式警示劳动者注意防范（图9-1）。按危害因素的来源分类，主要分为生产工艺过程中产生的有害因素、劳动过程中的有害因素、生产环境中的有害因素。按职业病危害因素种类分类，可以参考2015年国家卫生计生委、安全监管总局、人力资源和社会保障部与全国总工会四部委联合修订的《职业病危害因素分类目录》，它将主要的职业危害因素分为6类：粉尘、化学因素、物理因素、放射性因素、生物因素和其他因素。

图9-1 高危物品告知卡样式

1. 粉尘

52 种：矽尘（游离 SiO_2 含量 ≥ 10%）、煤尘、石墨粉尘、炭黑粉尘、石棉粉尘、滑石粉尘、水泥粉尘、云母粉尘、陶瓷粉尘、铝尘、电焊烟尘、铸造粉尘和白炭黑粉尘等。

2. 化学因素

375 种：铅及其化合物（不包括四乙基铅）、汞及其化合物、锰及其化合物、镉及其化合物、铍及其化合物、铊及其化合物、钡及其化合物、钒及其化合物、磷及其化合物（磷化氢、磷化锌、磷化铝、有机磷单列）、砷及其化合物（砷化氢单列）、铀及其化合物、砷化氢、氯气、二氧化硫、光气（碳酰氯）、氨、偏二甲基肼、氮氧化合物、一氧化碳、二硫化碳、硫化氢、磷化氢、磷化锌、磷化铝、氟及其化合物、氰及腈类化合物、四乙基铅、有机锡、羰基镍、苯、甲苯、二甲苯、正己烷、汽油、一甲胺、有机氟聚合物单体及其热裂解物、二氯甲烷、四氯化碳、氯乙烯、三氯乙烯、氯丙烯和氯丁二烯等。

3. 物理因素

15 种：噪声、高温、低气压、高气压、高原低氧、振动、激光、低温、微波、紫外线、红外线、工频电磁场、高频电磁场、超高频电磁场，以及以上未提及的可导致职业病的其他物理因素。

4. 放射性因素

8 种：密闭放射源产生的电离辐射、非密闭放射性物质、X 射线装置（含 CT）产生的电离辐射、加速器产生的电力辐射、中子发生器产生的电离辐射、氡及其短寿命子体、铀及其化合物，以及以上未提及的可导致职业病的其他放射性因素。

5. 生物因素

6 种：艾滋病病毒、布鲁氏菌、伯氏疏螺旋体、森林脑炎病毒、炭疽芽孢杆菌，以及以上未提及的可能导致职业病的其他生物因素。

6. 其他因素

3 种：金属烟、井下不良作业条件、刮研作业。

（三）主要职业危害因素及控制措施

1. 粉尘及控制措施

粉尘对机体影响最大的是呼吸系统损害，包括尘肺、粉尘沉着症、过敏、呼吸系统炎症和呼吸系统肿瘤等疾病。粉尘的危害是导致尘肺病、中毒（砷、锰等）、肿瘤（石棉 – 肺癌）、炎症（COPD）、过敏、职业性哮喘（例如铬酸盐、硫酸镍、氯铂酸铵等）。

产生粉尘的主要行业有：采矿业，电力、热力的生产和供应业，建筑行业，冶炼与铸造行业，机械制造业，化工行业，纺织行业，水泥制造业等。

粉尘危害防治措施有：

（1）一级预防措施

1）主要措施包括：综合防尘，即改革生产工艺、生产设备，尽量将手工操作变为机械化、自动化、密闭化、遥控化操作；尽可能采用不含或含游离二氧化硅低的材料代替含游离二氧化硅高的材料；在工艺要求许可的条件下，尽可能采用湿法作业；使用个人防尘用品，做好个人防护。

2）定期检测，即对作业环境的粉尘浓度实施定期检测，使作业环境的粉尘浓度达到国家标准规定的允许范围之内。

3）宣传教育，普及防尘的基本知识。

4）加强维护，对除尘系统必须加强维护和管理，使除尘系统处于完好、有效状态。

（2）二级预防措施

1）建立专人负责的防尘机构，制定防尘规划和各项规章制度。

2）职业健康监护。

3）发现不宜从事接尘工作的职工，要及时调离。

（3）三级预防措施　对已确诊为尘肺病的职工，应及时调离原工作岗位，安排合理的治疗或疗养，患者的社会保险待遇应按国家有关规定办理。

2. 化学物质及控制措施

在一定条件下外来化学物质以较小的剂量即可引起机体的功能性或器质性损害，甚至危及生命，此种化学物质称为毒物。机体受毒物的作用引起一定程度的损害而出现的疾病状态称为中毒。劳动者在生产过程中由于接触毒物所发生的中毒称为职业中毒。

狭义上讲，存在化学物质的主要行业有：化学矿开采业、石油化工业、基本化学原料制造业、合成材料制造业、天然橡胶制造业、化学染料制造业、化学肥料制造业、化学农药制造业、有机化学产品制造业、专用化学品制造业以及化学工业专业设备制造业等。其预防方针是：预防为主，防治结合。

（1）一级预防　病因预防，采用利于职业病防治的工艺、技术和材料，合理利用职业病防护设施及个人职业病防护用品，减少职业接触的机会和程度，使劳动者尽可能不接触职业性有害因素。

（2）二级预防　发病预防（亚临床状态），通过对劳动者进行职业健康监护，结合环境中职业性有害因素监测，以早期发现劳动者所遭受的职业危害。

（3）三级预防　对患有职业病和遭受职业伤害的劳动者（临床疾病）进行合理的治疗和康复。

3. 噪声及控制措施

生产性噪声是指在生产过程中产生的噪声。按噪声的时间分布分为连续声和间断声。长期接触工业噪声可引起操作人员身体发生多方面不良改变及职业病，引起耳鸣、耳痛、头晕、烦躁、失眠、记忆力减退等症状出现；引起暂时性听阈位移、永久性听阈位移、高频听力损伤、语频听力损失直至噪声性耳聋；引起神经系统、心血管系统、消化系统、内分泌系统出现非特异性不良改变；引起操作人员注意力下降，身体灵敏性和协调性下降，工作效率和质量降低，出现生产或工伤事故的可能性增加。

噪声主要是通过空气或固体传播。由于某种技术和经济的原因，从声源上控制噪声难以实现，这时可从传播途径上加以考虑。在传播途径上阻断和屏蔽声波的传播，或使声波传播的能量随距离衰减，是控制噪声、限制噪声传播的有效方法。

控制噪声的根本途径是治理噪声源，其次为切断噪声传播和对工人进行个体防护。

（1）隔声　利用隔声材料和隔声结构阻挡声能的传播，把声源产生的噪声限制在局部范围内，或在噪声的环境中隔离出相对安静的场所（图9-2）。

（2）消声　消声器（Muffler）是阻止声音传播而允许气流通过的一种器件，是消除空气动力性噪声的重要措施。消声器是安装在空气动力设备（如鼓风机、空压机、锅炉排气口、发电机、水泵等排气口噪声较大的设备）的气流通道上或进、排气系统中的降低噪声的装置。

（3）吸声　声波通过某种介质或射到某介质表面时，声能减少或转换为其他能量的过程称为吸声。对同一个空间，吸声具有改变室内声场的特性。吸声的主要作用是吸收室内的混响声，对直达声不起作用，也就是说吸声可提高音质，但对降噪效果不好；且吸声材料是以多孔、疏散的材质为主。

（4）隔振降噪　在机械设备下面装设减振器或减振层，使振动传不出去，以降低固体声的传播。对产生较强振动和冲击，从而引起固体声传播及振动辐射噪声的机器设备，应采取隔振措施；根据所需的振动传动比（或隔振效率）确定隔振原件的荷载、型号、大小和数量。

图9-2　隔声材料制作的隔音墙

二、职业病

（一）职业病定义

职业病（Occupational Diseases）是指企业、事业单位和个体经济组织等用人单位的劳动者在职业活动中，因接触粉尘、放射性物质和其他有毒、有害物质等因素而引起的疾病。一般来说，只有符合法律规定的疾病才能称为职业病。

2013年12月30日修订的《职业病分类和目录》（国卫疾控发〔2013〕48号）包括10大类，132种职业病，它们分别是：

1）尘肺。有硅肺、煤工尘肺等。

2）职业性放射病。有外照射急性放射病、外照射亚急性放射病、外照射慢性放射病和内照射放射病等。

3）职业性化学中毒。有铅及其化合物中毒、汞及其化合物中毒等。

4）物理因素职业病。有中暑、减压病等。

5）职业性传染病。有炭疽、森林脑炎等。

6）职业性皮肤病。有接触性皮炎、光敏性皮炎等。

7）职业性眼病。有化学性眼部烧伤、电光性眼炎等。

8）职业性耳鼻喉疾病。有噪声聋、铬鼻病。

9）职业性肿瘤。有石棉所致肺癌、间皮癌，联苯胺所致膀胱癌等。

10）其他职业病。有职业性哮喘、金属烟热等。

对职业病的诊断，应由省级以上人民政府卫生行政部门批准的医疗卫生机构承担。职业病诊断原则：在职业活动中产生；接触职业危害（粉尘、放射性物质、其他有毒有害因素）；

列入国家职业病范围;与劳动用工行为相联系。

（二）职业病的防护设施

职业病防护设施是指消除或降低工作场所的职业病危害因素的浓度或强度，预防和减少职业病危害因素对劳动者健康的损害或者影响，保护劳动者健康的设备、设施、装置、构筑物、建筑物等的总称，如通风、湿式抑降尘、密闭、隔离等。

1. 自然通风

利用室外风力形成的风压与室内外空气的温差产生的热压作用使空气流动形成。这种方式适用于有害气体、粉尘浓度相对较低或温、湿度较高的生产车间。在冶炼、轧钢、铸造、锻压、热处理等高温车间广泛应用。生产性毒物危害较大，浓度较高或工艺要求进风需经过滤或处理时，进风能引起雾或凝结水时，不得采用自然通风。

2. 机械通风

利用通风机产生的压力，克服沿程的流体阻力，使气流沿风道的主、支管网流动，从而使新鲜空气进入工作场所，从作业点排出污染空气。

3. 个人防护用品

个人防护用品（表9-1）是指劳动者在劳动中为防御物理、化学、生物等外界因素而穿戴、配备以及涂抹、使用的各种物品的总称，它是劳动保护的最后一道防线。

表9-1 个人防护用品

部位	防护用品
头部防护	安全帽
眼面防护	焊接眼护具、激光护目镜、炉窑护目镜、微波护目镜、X射线防护眼镜、化学安全防护镜、防尘眼镜等
听力防护	耳塞、耳罩、头盔等
呼吸防护	过滤式呼吸防护装备、隔绝式呼吸防护装备等
躯干防护	工作服、防静电服、防尘洁净服、防寒服、阻燃防护服、焊接防护服、X射线防护服、酸碱类化学品防护服等
手部防护	焊工手套、耐酸碱手套、防振手套、防静电手套、耐高温阻燃手套等
足部防护	防刺穿鞋、防砸鞋等
皮肤防护	防油护肤剂、遮光护肤剂等

4. 职业健康监护

职业健康监护是指根据劳动者的职业接触史，通过定期或不定期的医学健康检查和健康相关资料的收集，连续性地监测劳动者的健康状况，分析劳动者健康变化与所接触职业病危害因素的关系，并及时地将健康检查和资料分析结果报告给用人单位和劳动者本人，以便及时采取预防和干预措施，保护劳动者健康。

职业健康监护的内容包括职业健康检查、健康检查结果的后续处置、职业健康监护档案。

（1）职业健康检查

1）上岗前：及时发现有无职业禁忌证，建立接触职业病危害因素人员的基础健康档案。

2）在岗期间：早期发现职业病患者或者疑似职业病患者或劳动者的其他健康异常改变等。

3）离岗时：确定劳动者在停止接触职业病危害因素时的健康状况。

4）应急时：通过紧急实施职业健康检查，检查劳动者身体状况，发现劳动者身体健康损害情况，以便尽快采取救治措施。

（2）健康检查结果的后续处置

1）对有职业禁忌的劳动者：调离或暂时脱离原工作岗位。

2）对健康损害可能与所从事的职业相关的劳动者：进行妥善安置。

3）对需要复查的劳动者：按照职业健康检查机构要求的时间安排复查和医学观察。

4）对疑似职业病病人：按照职业健康检查机构的建议安排其进行医学观察或职业病诊断。

5）对存在职业病危害的岗位：立即改善劳动条件，完善职业病防护设施，为劳动者配备符合国家标准的职业病防护用品。

6）发现职业病病人或者疑似职业病病人时：应当及时向所在地卫生行政部门和安全生产监督管理部门报告；确诊为职业病的，用人单位还应向所在地劳动保障行政部门报告。

（3）职业健康监护档案　需要存入劳动者职业健康监护档案的主要内容有：劳动者基本情况（劳动者姓名、性别、年龄、籍贯、婚姻、文化程度、嗜好等）；劳动者职业史、既往病史和职业病危害因素接触史；历次职业健康检查结果及处理情况；职业病诊疗资料；需要存入职业健康监护档案的其他有关资料。

思考训练

1. 小组讨论：用人工智能代替劳动者的劳动，是避免职业危害与职业病的最佳手段吗？

2. 实地考察：调研附近社区劳动者的职业健康知识，了解劳动者的职业健康意识。

3. 自行组建5～8人团队，以"职业健康保护·我们在行动"为主题，聚焦职业健康保护行动，到学校附近的社区开展宣传教育系列活动，提升劳动者的职业健康意识。

阅读链接

[1] 中国安全生产报.11个职业危害职业病危害告知牌，拿走不谢[EB/OL].https://www.sohu.com/a/152791420_684748, 2017-06-28.

单元三　公共卫生与防疫

典型案例

彭银华：生命铸就医者本色

有这样一位年轻的医生，在疫情面前，他延迟婚期，主动请战，由于劳累过度不幸感染新冠肺炎病毒，用年仅29岁的生命铸就了救死扶伤的医者本色。

2020年1月23日22点多，彭银华和同事们依然在紧张工作。但在第二天，彭银华就感染了新冠肺炎病毒。作为武汉市江夏区第一人民医院呼吸与危重症医学科里最年轻的住院医师，彭银华跟同事们说得最多的就是"我还年轻，让我上"。

如果没有这场疫情，正月初八应该是他最期盼的日子——他要在这一天办一场热热闹闹的婚礼。在他办公桌的抽屉里还放着没来得及分发出去的请柬。

1月21日，江夏区第一人民医院成立了第二批新冠肺炎隔离病房，彭银华所在的科室随即投入了战斗。那时彭银华就感到"有场硬仗要打"，他和未婚妻商量，把原定在正月初八的婚礼取消，全力投入救治。"疫情不散，婚礼不办"，就是这位"90后"医生立下的誓言。而他们医院隔离病房成立的当天，130张床位就全部收满。自那时起，彭银华便不分白天黑夜驻扎在科室里值班。而由于过度劳累，彭银华出现了感染迹象。

因为病情突然加重，1月30日他被转诊到金银潭医院。负责照顾彭银华的护士凌云在工作日记中这么写着，他入院时呼吸急促达40~50次/min，是严重的碱中毒，但他依然忍痛配合医生做穿刺。对于这位年轻的医生，凌云和同事都格外关注，因为他是因为救治病人而染病，让大家都很受感动。

在与病魔斗争的最后日子里，彭银华一直坚定着信念。2月2日，他在朋友圈里写下了这样的誓言："虽然只是一名普通的医生，但是我也要向这些积极分子学习，申请加入中国共产党，在共产党的带领下，打赢这场没有硝烟的战争。"

义无反顾，勇往直前；以身为盾，舍己救国。在彭银华的追思会现场，依然战斗在抗疫一线的同事们都前来寄托哀思，大家纷纷留言，表示要加倍努力，去完成彭银华未完成的使命。

分析：风雨同舟，共克时艰。新冠肺炎疫情发生以来，全国上下众志成城，万众一心，采取各种"硬核"措施防止疫情扩散蔓延，以责任和担当筑起了疫情防控堤坝。医护人员更是舍生忘死，前赴后继，纷纷加入疫情防控阻击战。作为突发性公共卫生事件，新冠肺炎疫情无疑给中国人民出了一份严峻的考卷。在这场疫情大考面前，中华民族争分夺秒攻难点，全力以赴答好卷，用实际行动阐释了人民有信仰，国家有力量，民族有希望。

2020年的春节,突如其来的新冠肺炎疫情,冲淡了浓浓的年味,新病毒来势凶猛,传染性极强,让人措手不及。突发公共卫生安全问题考验着一个国家的公共卫生系统。

一、公共卫生

公共卫生是关系到一国或一个地区人民大众健康的公共事业。公共卫生具体包括对重大疾病尤其是传染病（如结核、艾滋病、SARS 等）的预防、监控和治疗,对食品、药品、公共环境卫生的监督管制,以及相关的卫生宣传、健康教育、免疫接种等。例如对 SARS 的控制预防治疗属于典型的公共卫生职能范畴。

公共卫生是"通过评价、政策发展和保障措施来预防疾病、延长人的寿命和促进人的身心健康的一门科学和艺术"。"公共卫生服务"则是一种成本低、效果好的服务,是一种社会效益回报周期相对较长的、效益非即时显现且评价复杂的、政府主导的服务。简单地说,公共卫生就是疾病预防控制。

而在我国,农村的部分决策者受经济利益驱动,更重视一些可以获得短期收益的项目,削弱了政府对于公共卫生的重视程度和行政干预力度。政府对于公共卫生并没有明确的分工和职责范围,尤其是对于农村公共卫生的政府职责更是含混不清。因此,尽快明确各级政府的职责和任务,以促进职责的履行是当务之急。

二、防疫

防疫指预防传染病,是防止、控制、消灭传染病的措施的统称,分为经常性和疫情后两种,包括接种、检疫、普查和管理传染源、传染途径和易感人群。这里以新冠肺炎疫情防控为例,从校园防疫、居家防疫、心理防疫三个角度介绍防疫工作具体细则。

（一）校园防疫

1. 教室集中教学时的自我防护

教室内不使用空调,打开门窗随时保持自然通风,无人时应开大门窗,保证有效通风;师生注意衣物保暖,预防受凉感冒;师生全程正确佩戴医用外科口罩;尽量少触摸公共物品,不用手触摸口眼鼻;教师站在讲台上讲课,师生之间保持 2m 以上距离。同学间尽量分散就座,上课期间不互相交谈,不组织讨论;下课后及时洗手。

2. 寝室内的个人防护

寝室内不使用空调,打开门窗随时保持自然通风,无人时应开大门窗,保证有效通风;室友间活动尽量保持 1m 以上的距离,不高声交谈,不互相嬉戏打闹,不互相串门;勤洗手、多饮水,饭前便后严格洗手;用消毒湿巾或 75% 酒精擦拭手机、计算机键盘、鼠标、桌面和钥匙等私人物品;保持室内清洁卫生,做好垃圾分类并及时清理。

3. 乘坐公共交通工具的个人防护

全程正确佩戴医用外科口罩,尽量少触摸公共物品,手未清洁前不触摸口眼鼻;随身携带免洗洗手液,经常清洁双手,下车到校后尽快洗手洗脸;途中尽量与其他乘客保持距离,不互相交谈,留意观察周围乘客情况,避免与可疑症状人员近距离接触,自觉身体不适及时

劳动教育和职业素养

报告乘务人员;保留好票据信息。

4. 乘坐电梯的个人防护

尽量走楼梯,少乘电梯;电梯内不论是否有同乘人员,全程正确佩戴医用外科口罩;进入电梯,不交谈,不打电话;先出后进,避免与他人面对面站立;电梯间放置干纸巾(或随身携带干纸巾),使用干纸巾按电梯按键,出电梯后即刻洗手。

5. 办公室内的个人防护

办公室内不使用空调,每日至少通风3次,每次20~30min,通风时注意保暖;人与人之间保持1m以上距离;保持办公区环境卫生,及时清理垃圾,用消毒湿巾、75%酒精或含氯消毒液对键盘、鼠标、桌面等私人物品进行消毒;全程正确佩戴医用外科口罩;勤洗手、多饮水,饮食前严格洗手。

6. 会议室内的个人防护

全程佩戴医用外科口罩,进会议室前、出会议室后洗手,会议人员间隔1m以上;减少集中开会,控制开会时间,会议期间不使用空调,开门窗通风;会议结束后场地、家具、门把手等及时进行消毒。

7. 就餐时的个人防护

提倡自带餐盒打包回寝室就餐;排队时戴口罩、不大声喧哗、不互相嬉戏打闹,吃饭时再摘下口罩,尽量错峰用餐,不面对面吃饭,安静吃饭不交谈;吃饭前务必洗手。

8. 咳嗽和打喷嚏的注意事项

随身携带纸巾,咳嗽和打喷嚏时,不冲着他人,用纸巾遮掩口鼻,避免用手遮盖口鼻,如果临时没有纸巾,可以用手肘的衣袖内侧来代替手捂住口鼻。把用过的纸巾扔到有盖的垃圾桶并立即清洗双手或使用免洗消毒液进行手消毒。

9. 需要经常洗手的情形

传递文件前后,咳嗽或打喷嚏后,制备食品之前、期间和之后,吃饭前,上厕所后,手脏时,接触过他人后,接触过动物后,外出回来后。

10. 需要特别关注的情形

以下症状出现时需要特别关注:

发热(口腔体温≥37.3℃,腋下≥37℃)、干咳、咽痛、胸闷、呼吸频率加快、呼吸困难等呼吸道症状,食欲差、恶心呕吐、腹泻等消化道症状,乏力、头痛、轻度四肢或腰背部肌肉酸痛等神经精神症状。应采取的主要措施:尽快戴好口罩,按学校报告制度及时报告,去医务室进行进一步复查诊断,寻求相关帮助。

11. 疫情时期的个人修养

1)做谦谦君子,轻声细语,饮食不语,保持距离,互相理解。

2)做卫生标兵,掩面咳嗽,经常洗手,经常通风,自觉监测。

3)做健康达人,规律作息,不熬夜,不过劳;合理膳食,不挑食不节食;室外运动,强体质促免疫,开朗自信,不焦虑不消极。

（二）居家防疫

1. 居家日常防护

1）尽量减少外出，外出必须正确佩戴医用外科口罩。

2）尽量少乘电梯。乘坐电梯必须全程佩戴医用外科口罩。先出后进，避免与他人面对面站立。避免讲话、打电话等。避免用手直接触摸电梯按键、电梯墙壁等。出电梯后即刻洗手。

3）随时保持手卫生。减少接触公共场所的公共物品和部位；从公共场所返回、咳嗽手捂之后、饭前便后，用肥皂或洗手液，流水洗手；不确定手是否清洁时，避免用手接触口、鼻、眼；打喷嚏或咳嗽时，用手肘衣服遮住口、鼻。

4）外出返家洗净双手后，使用消毒湿巾或医用酒精擦拭手机、钥匙等私人物品。

5）室内勤开窗，经常通风。每次通风20~30min，每天两三次。

6）家庭成员不共用毛巾，保持家居、餐具清洁，勤晒衣被。

7）不要接触、购买和食用野生动物（即野味）；禽、肉、蛋要充分煮熟后食用。

8）注意营养、适量运动。

9）家庭备置体温计、一次性口罩、家用消毒用品等物资。

10）主动做好个人与家庭成员的健康监测，自觉发热时要主动测量体温。家中有小孩的，要早晚摸小孩的额头，如有发热要为其测量体温。

2. 家庭成员出现可疑症状时的正确做法

1）若出现新冠肺炎可疑症状，应根据病情及时就医。包括发热、咳嗽、咽痛、胸闷、呼吸困难、乏力、精神稍差、恶心呕吐、腹泻、头痛、心慌、结膜炎、轻度四肢或腰背部肌肉酸痛等。

2）避免乘坐地铁、公共汽车等公共交通工具，尽量避免人员密集环境。

3）陪同就诊时应主动告诉医生相关疾病流行地区的旅行居住史，以及发病后接触过什么人，配合医生展开调查及采样。

4）督促家庭其他人员佩戴口罩，避免近距离接触。

5）若家庭中有人被诊断为新冠肺炎，其他家庭成员如果经判断为密切接触者，应接受14天医学观察。

6）对无症状的家庭成员经常接触的地方和物品进行消毒。

3. 主动申报事项

1）客观如实申报本人外出情况、接触情况、本人与同住人员健康状况。

2）参考其他冠状病毒所致疾病的肺炎潜伏期，结合新冠肺炎病例相关信息和当前防控实际情况，将流行病学史调查时间定为14天。

3）如有隐瞒或谎报需承担法律责任。

4）请报告返程交通情况：时间、交通工具及座位号等具体信息。

4. 自我监测内容

发热（口腔体温≥37.3℃，腋下≥37℃），干咳、咽痛、胸闷、呼吸频率加快、呼吸困难等呼吸道症状，食欲差、恶心呕吐、腹泻等消化道症状，乏力、头痛、轻度四肢或腰背部肌肉酸痛等神经精神症状。若有上述情况之一应及时向社区和学校如实汇报。

5. 健康生活方式

1）合理营养：食物应多样化，荤素、粗细搭配；保证碳水化合物、蛋白质、脂肪、维生素和水的摄入；为增强免疫力，应特别注意摄入足量优质（动物和大豆）蛋白；妇幼等特殊人群及营养吸收功能低下者适当补充营养制剂。

2）食品安全：不食野生动物；不食过期食品；食品生熟要分开；冰箱要清洁；碗筷要消毒。

3）适量运动：每天两次，每次30min左右；根据年龄和体质状况调整运动量，其强度以微微出汗为好；运动方式如快速搓手、原地走路或小跑、深蹲、跳绳、跳舞、太极拳、八段锦、瑜伽及借助弹力带、拉力绳和哑铃等。

4）良好心态：坚定信念，做好自我调节。通过听音乐、聊天、运动等方法舒缓心理紧张，转移注意力，缓解应急下的焦虑心情；如果出现极度恐慌、抑郁，可以寻求心理援助。

5）保证睡眠：每天应保证充足（不少于6h）的睡眠；睡前不宜饮咖啡、浓茶，不做剧烈运动。

6. 乘坐公共交通工具的注意事项

佩戴医用口罩，少触摸公共物品，手未清洁前不摘口罩，不触摸口鼻；随身携带免洗洗手液，经常清洁双手，下车到校后尽快洗手洗脸；与其他乘客保持距离，不互相交谈，留意周围情况，避免近距离接触，自觉身体不适及时报告乘务人员；保留好票据信息。

7. 消毒的注意事项

1）酒精消毒：在生活中，不能用75%的酒精对人体进行消毒。消毒过程尽量采取擦拭的方法，避免采用喷洒的方式。酒精消毒使用过程中要避免撒漏，保持通风，禁止明火。

2）84消毒液：它是一种高效消毒剂，具有刺激性和腐蚀性，一般不用于皮肤表面消毒，也不宜直接用皮肤接触未经稀释的84消毒液原液。使用时应戴好手套和口罩，避免直接接触，并且将原液（有效氯含量5.5%~6.5%）与水按照1:100的比例稀释后消毒20min，并要用清水洗净。一般情况下外出后衣物无须消毒，常规洗晒即可。如果去过医院发热门诊、接触过确诊病例或疑似病例等情况，用衣物消毒剂进行浸泡消毒后清洗。回家后应主动洗手，清洁手部及腕部，然后用流水清洗面部及鼻腔；如去过医院发热门诊、接触过确诊病例或疑似病例等，做完上述清洁后，建议能洗头发及洗澡清洁。

8. 新冠肺炎相关知识

1）消化系统也可能有传播风险：部分感染者首发症状仅为腹泻，他们的粪便中已发现病毒核酸。新型冠状病毒是否会通过粪便传播，值得高度警惕。

2）我国新冠肺炎治愈率超过了病毒性肺炎的平均治愈率：经过广大医务工作者的努力，2020年4月26日，湖北省武汉市新冠肺炎住院患者清零；截至2020年6月2日，全国新冠肺炎治愈率达到了94.3%，超过了病毒性肺炎的平均治愈率。

3）痊愈后仍需做好防护：从一般规律看，病毒感染后人体会产生抗体，抗体持续时间不长，仍有一定再感染风险，痊愈病人仍应加强防护。

4）只有极少数危重患者可能有后遗症：一般来讲，绝大部分重症患者的肺纤维化可以修复，但极重的可能会有后遗症。

5)死亡主要出现在高龄人群:2021年3月12日,国家卫健委发布《2020全国法定传染病疫情概况》,公布的数据显示,2020年新型冠状病毒肺炎发病数为87071例,死亡4634人,死亡病例主要集中在高龄人群。

(三)心理防疫

1. 过度关注疫情的心理危害

在疫情之下,我们每天关注疫情的发展是非常正常的。我们可以由此得知很多科学的知识和有用的信息。关注疫情信息也是一种正常的应激反应,而正常应激反应可以很好地帮助我们应对危险,是有积极意义的。但是,如果我们在一天中的大部分时间都在关注疫情,越关注越害怕,越害怕越关注,大部分时间都觉得难以安静下来,而且没法做自己应该做的事情时,这就是过度了。过度关注疫情不但不利于有效信息的获得,反而容易延长我们处于应激反应的时间,过度的应激反应容易让免疫系统衰竭或崩溃。一旦身体的防护系统被击垮,我们就更容易感染疾病,或者加重已有的疾病症状,甚至引发其他感染性疾病或自身免疫性疾病。

2. 隔离状态下稳定自己情绪的方法

1)通过电话、微信、QQ等方式保持与外界的沟通,理性获取内、外部资讯,避免不必要的恐慌。

2)充分理解暂时的隔离是为了未来更重要的健康,平和心态,不抱怨、不生气,如果要隔离,那就愉快地接受吧。

3)保持与家人和朋友的联络,获取鼓励和支持。

4)不轻信谣言,自我鼓励,坚定战胜疾病的信念。

5)规律作息,合理饮食,用居家隔离的时间稳定好自己的情绪以及给自己充分的时间休息和调整身心。

3. 提升抗压能力的方法

给自己拟订一份规律的作息时间表,以及尽可能把生活品质维持在一个较高的水平。有工作时段、休息时段、娱乐时段、运动时段、进餐时段等,每日照做。稳定感对于应对未知感非常重要。

坚持正念冥想,每天两三次,每次5min。简单操作:用鼻子呼吸,慢慢地进行腹式呼吸,每分钟10次左右,把注意力放在呼吸上。

4. 处理负面情绪的方法

1)减少因信息过载带来的心理负担。尽量控制自己每天接收有关信息的时间不超过1h,在睡前不宜过分关注相关信息,不道听途说,关注必要的信息,减少杂音。

2)与自我对话,自我鼓励。我们每个人都有一种自言自语的特殊能力,不论是大声地或无声地自言自语,我们都能利用这种能力训练自己克服艰难的挑战。

3)运动。运动有助于减少精神上的紧张,增加心血管机能,增加自我效能,提高自信心,降低沮丧情绪等。即使我们处于被隔离状态,也可在隔离的地方做做运动,很好地调整自己的心态。

4)正向思维。面对"新型冠状病毒肺炎"时,可以运用如下的思考方式:注意每日资讯中的正面信息。留意事实和数据,根据事实,判定自己的担忧是否合理(例如:发病率、

劳动教育和职业素养

死亡率、治愈率、医疗方法的发展、新的药物等)。以合理的态度看待事情,尝试以更广阔的角度了解问题的影响。保持对美好前景的期望,即使在危急时刻,也不要忽略我们身边的美好事物。

同理,即使担心自己和家人将会受到感染,承受很大的心理压力,此时更应该正向思维:不能肯定将来会怎样,但这一刻我们仍然拥有健康,我们可以继续努力生活。同时提醒自己的亲人,保持个人和家庭卫生,戴口罩,以及认真洗手和消毒。我们可以加倍留意自己和家人的身心健康,让自己有开心的时间。即使我们真的生病,也会有很多人陪伴我们一起面对。

5. 就医求助信号

如果我们自己或者身边的人有下列的感受或状况,并持续超过2周以上,应尽快就医或寻找专业心理咨询师求助。

1)恐惧,无法感觉安全。
2)对自己或是其他任何人失去信心。
3)自尊丧失、感觉羞耻、痛恨自己。
4)感觉无助。
5)感觉空虚。
6)感受变得迟钝及麻木。
7)变得退缩或孤立。
8)睡眠状况恶化。

良好的心态可以改善人的气血循环,而焦虑紧张、恐惧担忧的心态会让我们机体局部气血不畅,反而会使得疾病加重。无论得病与否,保持良好的心态都极其重要。我们既需要重视新冠肺炎疫情的严峻性,在行为上严肃对待,做好自我防护,同时也要主动调适自己的心态,提升自己的免疫力,让阳光心态来为自己保驾护航。

思考训练

1. 社会调研:在抗击疫情期间,每一位劳动者都在自己的岗位上默默奉献,众志成城,共克时艰。讲讲你身边感人的抗疫故事。

2. 小组讨论:作为新时代大学生,你认为在突发公共卫生事件来临时,自己可以做哪些努力,为社会贡献一分力量。

阅读链接

[1] 新华社.习近平:在统筹推进新冠肺炎疫情防控和经济社会发展工作部署会议上的讲话[EB/OL].https://www.thepaper.cn/newsDetail_forward_6108098,2020-02-24.

模块十　建设职业环境

● **哲人隽语**

　　工业生产过程中人员伤亡的发生，往往是处于一系列因果连锁之末端的事故的结果；而事故常常起因于人的不安全行为或（和）机械、物质（统称为物）的不安全状态。

——海因里希《工业安全公理》

　　血的教训极其深刻，必须牢牢记取。各级党委和政府要牢固树立安全发展理念，坚持人民利益至上，始终把安全生产放在首要位置，切实维护人民群众生命财产安全。要坚决落实安全生产责任制，切实做到党政同责、一岗双责、失职追责。要健全预警应急机制，加大安全监管执法力度，深入排查和有效化解各类安全生产风险，提高安全生产保障水平，努力推动安全生产形势实现根本好转。各生产单位要强化安全生产第一意识，落实安全生产主体责任，加强安全生产基础能力建设，坚决遏制重特大安全生产事故发生。

——习近平对天津港"8·12"特别重大火灾爆炸事故做出重要指示
（2015 年 8 月 15 日）

　　全世界没一个质量差，光靠价格便宜的产品能够长久地存活下来。

——徐世明

　　质量意识的提升是教育问题、制度的问题。品质，始于教育，终于教育。

——朱兰

● **模块导读**

  本模块主要介绍职场安全和日常应急避险、低碳环保和绿色技能及质量意识（含现场管理），引导学生树立职场安全、绿色环保和质量意识，掌握必要的职业环境技能，促进学生自身全面发展，为建设良好的职业环境打下坚实的基础。

学习目标

分类	具体内容
知识	1. 深入了解职场安全事故发生的原因 2. 深入了解应急自救方法 3. 了解环境保护的意义 4. 掌握垃圾分类的标准 5. 深入了解质量意识的作用
技能	1. 掌握地震、雷电发生时，避震避雷的措施 2. 能够进行溺水自救 3. 能够熟练运用心肺复苏的操作方法 4. 能够按照标准对校园进行清洁和美化
态度	1. 遵守安全生产操作规程，提高安全作业意识 2. 树立应急和避险的意识，关注应急自救常识 3. 养成良好的工作习惯，避免造成安全生产事故 4. 树立绿色低碳意识，人人争做绿色低碳标兵 5. 增强质量意识，确保生产出优质的产品

模块十　建设职业环境

单元一　职场安全和应急避险

> **典型案例**
>
> **无法修复的手指**
>
> 　　2019年5月11日，某农用车配件加工厂张某加工工件时，在未停机的情况下戴手套进行操作，结果手套被金属切屑缠绕，造成右手食指两节离断。
>
> 　　10月28日，某机加工厂王某在利用车床加工工件时，在未停机情况下，戴手套清扫工件碎屑，被旋转的切屑挂住手套，造成右手无名指两节离断。
>
> 　　**分析：** 造成这两起事故的直接原因是操作工安全意识不强，违反机加工安全操作规程，在未停机状况下戴手套清扫工件切屑。造成事故的间接原因：一是用人单位安全管理不严，对安全操作规程和岗位安全教育落实不够；二是对违章行为纠正不力，处罚不严。在机械加工、化工、煤矿、建筑施工时，必须严格按照安全生产操作规程操作；要遵守安全制度，严守制度才能远离事故的发生，才能在生产中保证自己和他人的安全。

一、求职安全

（一）求职陷阱的识别与防范

　　黑中介往往通过各种诈骗手段给求职者设置陷阱以获取不当利益。常见的诈骗手段有以虚假广告信息赚取登记费，黑中介和空壳公司互相勾结诈骗求职者收取职介费和保证金、服装费等，以"游击战""打一枪换一个地方"方式套取中介费，以"试工"为名骗取免费劳动力，黑中介、用工单位和培训学校联手欺骗求职者骗取中介费、培训费等。其中第一种是最常见的一种骗术，第四种在服务行业尤其突出，且颇具隐蔽性，第五种往往披着合法的"外衣"，具有很强的欺骗性。

　　大学生求职，最好咨询学校的劳动就业服务中心，或者由学校负责联系用工单位。如果自己寻找，也要找正规的企事业单位，或通过正规中介机构联系用工单位。

1. 要有"防范意识"

　　正规的中介机构一般是在学生与招聘单位签订协议后才会收取中介费，且费用比较合理。不要轻易交纳手续费、介绍费、培训费等各种名目的费用。学生签署协议前，应通过网络、电话查询招聘单位的情况，以防"黑中介"诈骗。应聘时，还要观察单位的规模和负责招聘人员的素质。

2. 到正规的机构求职

　　各城市都有政府开办的正规人才市场，学生可直接前往应聘。正规职介机构都具有职业介绍许可证、营业执照和收费许可证等。

 劳动教育和职业素养

3．了解工作的性质

要了解工作是否是危险工种，是否涉及违法行为等情况。如为危险工种，要确定单位是否代买保险；如涉及违法行为，要在确保自己安全的情况下报警处理。

4．要学会保护自身权益

要跟招聘单位签订合法协议，若用人单位执意不签，可以到人力资源和社会保障主管部门投诉；签订合同时，要了解清楚合同是否符合《中华人民共和国劳动法》，双方的权利和义务是否明确，有没有对学生不利的附加条件等；如果自己的合法权利受到侵害，要留下证据，向当地人力资源和社会保障部门投诉或者报警。

（二）试用期陷阱的识别与防范

试用期陷阱问题已成为就业者在工作中遇到的主要障碍。试用期陷阱主要有用工单位将试用期偷换为实习期，口头约定、不签署劳动合同，以试用期不合格等理由辞退等。

1．要清楚试用期与实习期的区别

试用期是指包括在劳动合同期限内，处于非正式状态下的劳动关系，试用期最长不得超过6个月；实习期是指学生在校期间到单位的具体岗位上参加实践工作的过程，实习期内学生与用工单位没有形成劳动关系。

2．要谨慎选择就业信息

要多方了解用工单位情况，不应盲目选择。

3．要注意劳动合同的签署内容

签订协议时要避免用人单位偷换概念，将试用期说成实习期，以及口头承诺、不与劳动者签订劳动合同等。要了解相关法律法规，加强维权意识，当自身权益受到侵害时，要用法律保护自己的合法权益。

二、安全作业

（一）危险化学品作业安全

1．危险化学品定义

《危险化学品安全管理条例》第三条：本条例所称危险化学品，是指具有毒害、腐蚀、爆炸、燃烧、助燃等性质，对人体、设施、环境具有危害的剧毒化学品和其他化学品。

2．危险化学品分类

依据《危险化学品目录》（2015）《危险货物分类和品名编号》（GB 6944—2012）和其他相关法规标准，危险化学品分为：爆炸品，气体，易燃液体，易燃固体、易于自燃的物质、遇水放出易燃气体的物质，氧化性物质和有机过氧化物，毒性物质和感染性物质，放射性物质，腐蚀性物质和杂类9类。

3．危险化学品的特性

危险化学品之所以有危险、能引起事故甚至灾难性事故，与其本身的特性有关。其主要特性包括易燃易爆性、扩散性、突发性和毒害性等。

4. 防止化学中毒

人体过量或大量接触化学毒性物品，会引发组织结构和功能损害、代谢障碍，引发疾病或死亡。在外界氧气不足、其他气体过多时，会导致呼吸系统发生障碍，进而呼吸困难，甚至导致窒息。中毒的严重程度与剂量有关，中毒按其发生、发展过程，可分为急性、亚急性和慢性中毒。按照中毒源可以分为铅、铁、锌、酚、镉、氨、砷、硒、氰化物等中毒。人员在作业时要注意防止化学中毒和窒息等发生，如发生化学中毒要及时送医，发生窒息时，在医疗人员到来前要把病人移至通风处，保持空气流通，并给予人工呼吸和心肺复苏。

（二）机械作业安全

1. 主要机械伤害类型

机械设备伤害事故是最经常发生的一类安全事故，且事故的伤害程度也比较大。常见的机械伤害形式包括以下几种：

1）机械性伤害：碾压、剪切、挤压、撞击、摩擦、卷绕和刺入等。
2）热源造成的危险：火灾、爆炸、放射热和烫伤等。
3）电气性危险：与充电部分接触、绝缘不良、静电等。
4）不符合安全人机工程学所造成的危险：不健康的姿势、人为错误等。
5）材料所造成的危险：有害物质的刺激、粉尘或爆炸等。
6）放射所造成的危险：低频、高频、紫外线、红外线和X光等。

2. 机械设备的危险部位

1）旋转的凸块和孔处：含有凸块或孔洞的旋转部件是很危险的，如风扇叶、凸轮和飞轮等。
2）接近类型：如锻锤的锤体、动力压力机的滑枕等。
3）旋转的轴：包括连接器、芯轴、卡盘、丝杠和杆等。
4）对向旋转部件的咬合处：如齿轮、轧钢机辐、混合辐等。
5）通过类型：如金属刨床的工作台及其床身、剪切机的刀刃等。
6）单向运动部件：如带锯边缘的齿、磨光机的研磨颗粒、凸式运动带等。
7）旋转部件与滑动之间的转换：如某些平板印刷机面上的机件、纺织机床等。
8）旋转部件和固定部件的咬合处：如辐条轮、飞轮、机床床身、旋转搅拌机和无防护开口外壳搅拌装置等。
9）旋转部件和成切线运动部件间的咬合处：如传动带和带轮、链条和链轮、齿条和齿轮等。

3. 造成机械事故的原因

1）机械的不安全状态：防护、保险、信号等装置缺乏或有缺陷；设备、设施、工具、附件等有缺陷；个体防护用品缺少或有缺陷；生产场所环境不良；操作工序设计不合理、交叉作业过多等。
2）操作者的不安全行为：操作错误、忽视安全、忽视警告造成安全装置失效；使用不安全设备；用手代替工具操作；穿戴不安全装束；无意或未排除故障而接近危险部位。

3）技术和设计上的缺陷：设计错误、制造错误、安装错误、维修错误。

4）教育培训不够：未经培训上岗、操作者业务素质低、不懂安全操作技术、操作技能不熟练、不遵守操作规程等。

5）管理缺陷：劳动管理制度不健全、不合理；规章制度执行不严，有章不循；对现场工作缺乏检查或指导；无安全操作规程或安全操作规程不完善；缺乏监督。

其中前两种为直接原因，后三种为间接原因。

（三）电气作业安全

1. 电气事故与电气安全

所谓电气事故，是指由电流、电磁场、雷电、静电和某些电路故障等直接或间接造成建筑设施、电气设备毁坏，导致人或动物伤亡，以及引起火灾和爆炸等后果的事件。电气事故主要包括触电事故、雷击危害、静电危害、电磁场危害、电气火灾和爆炸，也包括危及人身安全的线路故障和设备故障。

电气安全主要包括人身安全和设备安全两个方面。人身安全是指在从事工作和电气设备操作使用过程中人员的安全；设备安全是指电气设备及其他相关设备、建筑的安全。

2. 常见的触电原因

（1）单相触电　当人站在地面上或其他接地体上，人体的某一部位触及一相带电体时，电流通过人体流入大地（或中性线），称为单相触电。

（2）双相触电　双相触电是指人体同时接触带电设备或带电线路的两相，以及在高压系统中，人体距离高压带电体小于规定的安全距离，造成电弧放电时，电流从一相导体流入另一相导体的触电方式。

（3）跨步电压触电　当带电体接地时有电流向大地流散，在以接地点为圆心，半径20m的圆面积内形成分布电位。人站在接地点周围，两脚之间（以0.8m计算）的电位差称为跨步电压，由此引起的触电事故称为跨步电压触电。

（4）接触电压触电　运行中的电气设备发生接地故障时，接地电流通过接地点向大地流散，将形成以接地故障点为中心、20m为半径的分布电位。此时，若有人用手触及漏电设备的金属外壳，电流便通过人手、人体和大地形成回路，造成触电事故，这种触电称为接触电压触电。

（5）感应电压触电　某些不带电的线路，由于大气变化会产生感应电压；某些停电检修的电气线路和电气设备，由于停电后未挂临时接地线，在大气变化时也会产生感应电压，人体触及这些线路和设备时就会触电，这种触电称为感应电压触电。

（6）剩余电荷触电　剩余电荷触电是指当人触及带有剩余电荷的设备时，带有电荷的设备对人体放电造成的触电事故。

3. 保护接地与保护接零

为了防止触电事故的发生，保护接地与保护接零是主要的保护措施之一，它直接关系到能否保证人身、设备的安全。

（1）保护接地　将电气设备正常运行时不带电而故障情况下可能出现危险的对地电压的金属外壳（或构架）和接地装置之间做良好的电气连接，这种保护方式称为保护接地。

当原本不带电的金属外壳带电时，会具有相当高或等于电源电压的电位，若其未实施接地，则操作人员碰触时便会发生触电；如果实施了保护接地，此时因为金属外壳已经与大地有了可靠而良好的连接，绝大部分的电流则会通过接地体流散到地下。

（2）保护接零 将电气设备在正常情况下不带电的金属部分用导线直接与低压配电系统的零线相连接，这种方式称为保护接零。

在实施保护接零的低压系统中，电气设备一旦发生了单相碰壳漏电故障，便形成了一个单相短路回路。由于回路内不包含工作接地电阻与保护接地电阻，整个回路的阻抗就会很小，因此故障电流势必会很大，就足以保证在最短时间内使熔丝熔断、保护装置或断路器跳闸，从而切断电源，保障人身安全。

（四）高处作业安全

1. 高处作业的概念和分级

根据国家标准，凡在坠落高度基准面 2m 以上（含 2m）有可能坠落的高处进行的作业均称为高处作业。高处作业包括以下两层含义：一是相对概念，即不论在单层、多层或高层建筑物作业，还是在平地，只要作业处的侧面有可能导致人员坠落的坑、井、洞或空间，其高度达到 2m 及以上，就属于高处作业；二是高低差距标准定为 2m，在一般情况下，当人从 2m 以上的高度坠落时，就很有可能造成重伤、残疾甚至死亡。

按照作业高度，高处作业可以分为四个级别：

1）一级高处作业：作业高处在 2~5m 时。
2）二级高处作业：作业高处在 5~15m 时。
3）三级高处作业：作业高处在 15~30m 时。
4）特级高处作业：作业高度大于 30m 时。

2. 高处作业的分类

（1）临边作业与洞口作业 在施工现场，当作业中工作面的边沿没有围护设施或围护设施的高度低于 80cm 时，这类作业属于临边作业。如，在沟、坑槽边，楼层周边，平台或阳台边，屋面周边等地方施工，进行临边作业时的安全防护设施为防护栏杆和安全网。

在施工现场，在建工程上往往存在着各式各样的洞口，在洞口旁的作业称为洞口作业。凡深度在 2m 及 2m 以上的桩孔、人孔、沟槽与管道等空洞边沿上的高处作业都属于洞口作业范围。进行洞口作业时，应根据具体情况采取设置防护栏杆、加盖件、张挂安全网与安装栅门等措施。

（2）攀登与悬空作业 在施工现场，凡借助于登高用具或登高设施，在攀登条件下进行的高处作业，都称为攀登作业。在攀登作业过程中，各类人员都应该在规定的通道内行走，不允许在阳台间与非正规通道登高或跨越，也不能利用壁架或脚手架杆件于施工设备中进行攀登。

在周边临空状态下，无立足点或无牢固可靠立足点的条件下进行的高空作业，称为悬空作业。主要指建筑安装工程施工现场内，从事建筑物和构筑物结构主体及相关装修施工的悬空操作。

（3）操作平台与交叉作业 在施工现场常搭设各种临时性的操作台或操作架，进行各种砌筑、装修和粉刷等作业，可在一定工期内用于承载物料，并在其中进行各种操作的构架式平台，称为操作平台。操作平台分为移动式和悬挑式两种形式。

在施工现场上下不同层次同时进行的高处作业，称为交叉作业。上下立体交叉作业极易造成坠物伤人。

3. 高处作业基本安全要求

1）高处作业的安全技术措施必须列入工程的施工组织设计。

2）高处作业必须逐级进行安全技术教育及交底。

3）搭设高处作业安全设施的人员，必须经过专门培训并考核合格后方可上岗，且应定期进行体检。

4）恶劣天气不得进行露天攀登与悬空高处作业。

5）用于高处作业的防护设施，不得擅自拆除。

6）高处作业防护设施在搭拆过程中应相应设置警戒区并派人监护，严禁上下同时拆除。

7）高处作业应建立落实各级安全生产责任制。

三、应急避险

（一）地震灾害

1. 识别地震前兆

动物异常是地震的前兆，且易于觉察。民间流行这样的俗语：震前动物有预兆，密切监视最重要，骡马牛羊不进圈，鸭不下水狗狂叫，老鼠搬家往外逃，燕子惊飞不回巢，鱼儿惊慌水面跳，冰天雪地蛇出洞。

2. 选择正确的避震位置

1）寻找活命三角区去躲避。活命三角区是指地震发生后，室内的人应该躲在大而坚实的物体旁，这样墙体和梁倒下后能与该物体形成一个三角空间，躲在里面便可避险。

2）家中避震位置。震时家中安全位置卫浴间第一，厨房第二，客厅最危险。

3）千万不要钻进柜子、箱子或汽车里。

3. 求生姿势

标准的求生姿势：

1）脸朝下，头靠墙，两只胳膊在胸前相交，右手正握左臂，鼻梁上方两眼之间的凹部枕在臂上，闭上眼、嘴，用鼻子呼吸。

2）伏而待定，蹲下或坐下，尽量蜷曲身体，降低身体重心。

3）抓住身边牢固的物体，以防身体移位，暴露在坚实物体外而受伤。

4）保护头颈部。

（二）雷击灾害

1. 雷击前的征兆

如果突然感觉身上的毛发竖起来，皮肤感到轻微的刺痛，甚至听到轻微的爆裂声，发出"叽叽"声响，这就是快要被雷电击中的征兆。

2.防雷措施

（1）室内防雷措施

1）一定要关闭好门窗。

2）尽量远离金属门窗、金属幕墙、有电源插座的地方，不要站在阳台上。

3）在室内不要靠近、更不要触摸任何金属管线，包括水管、暖气管、煤气管等。

4）房屋如无防雷装置，在室内最好不要使用任何家用电器，包括电视机、手机、洗衣机、微波炉等，最好拔掉所有的电源插头。

5）特别提醒：在雷雨天气不要洗澡，尤其是不要使用太阳能热水器洗澡。

（2）户外防雷措施

1）雷电天气发生时，应迅速躲入有防雷装置保护的建筑物内，或者很深的山洞里面，汽车内是躲避雷击的理想地方。

2）头顶电闪雷鸣时，如找不到合适的避雷场所时，应找一块地势较低的地方，尽量降低重心和减小人体与地面的接触面积。可蹲下，双脚并拢，手放膝上，身体向前屈。

3）切勿游泳或从事其他水上运动及作业，如在稻田作业。不宜进行户外球类、攀爬、骑驾等运动，尽快离开水面以及其他空旷场地，寻找有防雷设施的地方躲避。

4）在旷野无法躲入有防雷设施的建筑物内时，应远离树木、电线杆、烟囱等高耸、孤立的物体。

5）在空旷场地不要使用有金属尖端的雨伞，不要把铁锹等农具、高尔夫球杆等物品扛在肩上。

6）不宜开摩托车、骑自行车赶路，打雷时切忌狂奔。

（三）溺水急救法

1.游泳遇险时的自救方法

（1）水性不熟　除呼救外，取仰卧位，头部向后，使鼻部可露出水面呼吸。呼气要浅，吸气要深。因为深吸气时，浮力增大，人可浮出水面，此时手臂千万不要随处乱举乱扑，避免身体加速下沉。

（2）水中抽筋　抽筋的主要部位是小腿和大腿，有时手指、脚趾及胃部等部位也会抽筋。

1）游泳时发生抽筋，千万不要惊慌，一定要保持镇定，停止游动，先吸一口气，仰面浮于水面，并根据不同部位采取不同方法进行自救。

2）若因为水温过低而产生小腿抽筋，则可使身体成仰卧姿势，用手握住抽筋腿的脚趾，用力向上拉，使抽筋腿伸直，并用另一条腿踩水，另一只手划水，帮助身体上浮，这样连续多次即可恢复正常。

3）如为大腿抽筋，可同样采用拉长抽筋肌肉的办法解决。

4）两手抽筋时，应迅速握紧拳头，再用力伸直，反复多次，直至复原。如单手抽筋，除做上述动作外，可按摩合谷穴、内关穴、外关穴。

5）上腹部肌肉抽筋，可掐中脘穴（在脐上四寸），配合掐足三里穴，还可以仰卧水里，把双腿向腹壁弯收，再行伸直，重复几次。

劳动教育和职业素养

6）抽过筋后，应换种姿势游回岸边。如果不得不仍用同一游泳姿势，就要提防再次抽筋。

（3）疲劳过度

1）觉得寒冷或疲劳，应马上游回岸边。如果离岸甚远，或过度疲乏而不能立即回岸，就仰浮在水面上以保留力气。

2）举起一只手，放松身体，让对方拯救。不要紧抱着施救者不放。

3）如果没有人来施救，就继续浮在水面上，等到体力恢复后再游回岸边。

夏季防溺水注意事项：不私自下水游泳；不擅自与同学结伴游泳；不到不熟悉的水域游泳；不到无安全设施、无救护人员、无安全保障的水域游泳；不到河、沟、水塘、水坑等危险水域边玩耍嬉戏；学会基本的自我保护。

2. 针对溺水者的施救方法

遇到溺水者，如身边有救生圈、木板、小船、绳索等，要首先利用这些工具进行救援。如果没有这些条件，有救助能力的人可以采取一些救助措施。以下是救援者对溺水者的施救步骤：

1）救援者尽可能脱去衣裤，尤其要脱鞋，迅速靠近溺水者。

2）救护溺水者，应迅速游到溺水者附近，观察清楚位置，从其后方出手救援，用一只手从背后抱住淹溺者头颅，另一只手抓住淹溺者手臂，游向岸边。或投入木板、救生圈、长杆等，让落水者攀扶上岸。救护时应防止被淹溺者紧紧抓住。如被抱住，不要相互拖拉，而应放手自沉，待溺水者松手后，再进行救护。

3）保持呼吸道通畅。迅速将淹溺者置于抢救者的大腿上，头向下，按压其背部使呼吸道和胃内的水倒出；也可以将淹溺者面朝下扛在抢救者肩上，上下抖动而排水；也可抱住其腹部，使其排水。但不可因倒水时间长而延误心肺复苏。

4）进行心脏按压及口对口人工呼吸。

5）给溺水者擦拭，保持体温。

6）尽快联系急救中心或送溺水者去医院。

施救时还应注意：不盲目下水施救，发现险情时相互提醒、劝阻并报告；会正确使用自救方法。

思考训练

1. 简述常见的求职陷阱。如何避免陷入求职陷阱？
2. 如何避免陷入试用期陷阱？
3. 简述造成化学中毒和窒息的原因。
4. 简述机械伤害类型和造成机械事故的原因。
5. 利用教室、操场等身边环境模拟地震发生时的情景。
6. 一个老人在街头突发心脏病，没来得及取出速效救心丸，晕倒在地，请问如何处置？

阅读链接

[1] 谭绍华，吕红.职场安全与健康教育[M].北京：外语教学与研究出版社，2011.
[2] 罗小秋.职场安全与健康[M].北京：高等教育出版社，2014.
[3] 吴访升，陈川.职场安全与健康教育[M].北京：高等教育出版社，2017.
[4] 王志刚，廖建伟.职场安全小故事•事故预防大道理[M].北京：中国言实出版社，2013.

单元二　低碳环保和绿色节能

典型案例

全球变暖正在悄悄改变地球模样

你知道吗？全球变暖正在悄悄改变地球的"模样"。

冰川融化改变地貌，城市在消失？

2019年11月，意大利威尼斯经历了自1872年以来最危险的一周，整个水城被淹没，遭遇了"末日般的破坏"。有研究表明，随着全球气候变暖，威尼斯可能在未来几十年内被全部淹没，彻底消失。

威尼斯的洪水已然退去，但美国阿拉斯加州沿海小镇基瓦利纳的水，却无法退去。因海平面上升，这个小镇的面积正不断缩减。到2025年，这里就会被海水淹没。

人类居住的城市，说淹就淹，说没就没？这一切的罪魁祸首，或许都源于气候变暖导致的南北极地区冰川大量融化。

这些冰川本来安静地"沉睡"在两极，雄壮美丽。但是，气温升高却让它们慢慢融化消逝。冰川融化背后，是气候变暖加速。自20世纪90年代起，北极变暖速度是地球其他地区的两倍。

气候变暖威胁生物栖息地，物种在灭绝！

气候变暖还严重威胁到了北极的象征——北极熊的生存。2019年北极海冰数量显著减少，习惯在浮冰上生活的北极熊，失去了厚厚的冰层，难以捕猎食物。很多饥饿的北极熊被迫去村庄觅食。

同样面临生存威胁的还有万里之外的孟加拉虎和深海中的小丑鱼。

位于恒河三角洲的孟加拉国孙德尔本斯地区，是孟加

拉虎的主要栖息地。由于海面上升，这一地区预计会在2070年彻底消失，这里的孟加拉虎也会随之灭绝。

电影《海底总动员》中可爱的小丑鱼"尼莫"，也正面临威胁。小丑鱼对栖息地相当挑剔，如果它们的自然栖息地珊瑚礁继续受到破坏，在不久的将来，人类或许只能在电影中与它们"见面"。

也有一些生物已经与地球告别。2019年2月，澳大利亚官员正式把珊瑚裸尾鼠从濒临灭绝的物种名录，转移到了灭绝类别。这是第一种因全球变暖而灭绝的哺乳类动物。科学家认为，未来几个世纪，气候变暖可能会毁掉300多种哺乳类动物和鸟类，使更多物种从"濒临灭绝"走向"灭绝"。

全球变暖不仅关系到冰川融化、物种灭绝，也和我们的生活息息相关。多项研究发现，气候变化可能还会导致早产率增加、GDP减少，甚至让智商变低。

一、低碳环保

（一）低碳环保的定义

"低碳"就是指生活作息时所耗用的能量要尽力减少，从而降低碳，特别是二氧化碳的排放量，减少对大气的污染，减缓生态恶化，主要是从节电、节气和回收三个环节来改变生活细节。

低碳环保意指较低（更低）的温室气体（二氧化碳为主）排放。

"低碳生活"作为一种生活方式，先是从国外兴起，可以理解为：降低二氧化碳的排放，就是低能量、低消耗、低开支的生活方式。如今，这股风潮逐渐在我国一些大城市兴起，潜移默化地改变着人们的生活。低碳生活代表着更健康、更自然、更安全，返璞归真地去进行人与自然的活动。

我们应该积极提倡并去实践低碳生活，要从节电、节水、节油、节气这些点滴做起。

转向低碳生活方式的重要途径之一，是戒除以高耗能源为代价的"便利消费"。"便利"是现代商业营销和消费生活中流行的价值观。不少便利消费方式在人们不经意中浪费着巨大的能源。比如，据制冷技术专家估算，超市电耗70%用于冷柜，而敞开式冷柜电耗比玻璃门冰柜高出20%。由此推算，一家中型超市敞开式冷柜一年多耗电约4.8万 kW·h，相当于多耗约19t标煤，多排放约48tCO_2，多耗约19万 L 净水。某地有大中型超市近800家，超市便利店6000家。如果大中型超市普遍采用玻璃门冰柜，顾客购物时只需举手之劳，一年可节电约4521万 kW·h，相当于节省约1.8万 t 标煤，减排约4.5万 tCO_2。在中国，年人均 CO_2 排放量2.7t，但一个城市白领即便只有$40m^2$居住面积，开1.6L车上下班，一年乘飞机12次，碳排放量也会在2611kg。由此看来，节能减排势在必行。

如果说保护环境、保护动物、节约能源这些环保理念已成行为准则，低碳生活则更是我们急需建立的绿色生活方式。

（二）保护环境的意义

1. 保护环境是发展经济的本质要求

在城市存在发展经济尤其是发展工业对居民生活产生不良影响的情况，在农村更是存在破坏自然环境和生态环境的问题。发展经济的目的是为了提高人民群众的生活水平，而发展过程中因破坏环境影响人民生活，违背了发展经济的本意。良好生态本身蕴含着无穷的经济价值，正源源不断创造综合效益，实现经济社会可持续发展。

2020年4月，习近平在陕西考察时强调："人不负青山，青山定不负人。绿水青山既是自然财富，又是经济财富。希望乡亲们坚定不移走生态优先、绿色发展之路，因茶致富、因茶兴业，脱贫奔小康。"

2. 保护环境是可持续发展战略的要求

我们生活的环境，我们的子孙后代也要在这里生活，我们发展经济破坏了环境，有些破坏是无法弥补的，是对子孙后代的犯罪。现在世界各国都已高度重视可持续发展战略的研究，大力发展绿色工业、无公害产业。我国是具有悠久历史和文明的大国，在发展经济过程中更应该重视环境保护，为子孙后代留下美好的生活空间。"取之有度，用之有节"，是生态文明的真谛。倡导环保意识、生态意识，构建全社会共同参与的环境治理体系，让生态环保思想成为社会生活中的主流文化。

2019年4月28日，习近平在2019年中国北京世界园艺博览会开幕式上指示："我们要维持地球生态整体平衡，让子孙后代既能享有丰富的物质财富，又能遥望星空、看见青山、闻到花香。"

3. 保护环境是自然规律的要求

经济发展过程中，如果自然环境受到了严重损害，我们将受到自然的严厉惩罚。重大的洪涝灾害都是破坏环境造成的必然结果。在抗洪救灾中消耗的人力、物力、财力恐怕已超过了牺牲环境的经济发展成果。自然规律是无情的，谁侵犯了它谁将受到它的报复。我们必须高度重视在发展经济过程中保护自然环境和社会环境。

2018年5月4日，习近平在纪念马克思诞辰200周年大会上指出："自然是生命之母，人与自然是生命共同体，人类必须敬畏自然、尊重自然、顺应自然、保护自然。"

4. 解决发展经济与保护环境矛盾的根本出路在于进一步发展经济

"发展是硬道理"，我们不能因为发展经济而放弃对环境的保护，更不能因为以保护环境为由在发展经济问题上畏缩不前。出路还在于发展经济，要加强环境保护意识，开动脑筋。发展经济与保护环境并不是必然矛盾，相反，发展经济应该促进环境保护，广泛发展科技水平高、无公害的绿色工业。经济发展了，国家富强了，生产力发展水平提高了，人们征服自然、改造自然的能力会进一步得到加强，人们不但有能力保护环境，还可以改造环境，将沙漠改造成良田。发展经济是保护环境的出路。

2019年4月28日，习近平在2019年中国北京世界园艺博览会开幕式上强调："面对生态环境挑战，人类是一荣俱荣、一损俱损的命运共同体，没有哪个国家能独善其身。唯有携手合作，我们才能有效应对气候变化、海洋污染、生物保护等全球性环境问题，实现联合国2030年可持续发展目标。"

5. 全社会都应该重视发展经济与保护环境的问题

目前许多地方，存在着牺牲环境而发展经济的情况。这有历史和现实原因，但用发展的眼光看问题，人们会更加深刻认识发展经济过程中保护环境的重要性，我们应该树立环保意识，从战略的高度认识发展经济与保护环境的问题，立足全局、统筹兼顾，在保护好环境的同时大力发展经济，提高人民的生活水平。

2020年3月29日至4月1日习近平在浙江考察时强调，要践行"绿水青山就是金山银山"发展理念，推进浙江生态文明建设迈上新台阶，把绿水青山建得更美，把金山银山做得更大，让绿色成为浙江发展最动人的色彩。

总之，保护环境与发展经济是不矛盾的。发展经济过程中必须注意保护环境，因为污染当然会造成危害。地球是一个循环的世界，其实在地球上没有绝对的废弃物，所有的东西都可以循环利用。

（三）养成低碳环保生活习惯

1）每天的淘米水可以用来洗手、擦家具、浇花等。
2）将废旧报纸铺垫在衣橱的最底层，不仅可以吸潮，还能吸收衣柜中的异味。
3）用过的面膜纸不要扔掉，用它来擦首饰、擦家具表面或者擦皮带，不仅擦得亮还能留下面膜纸的香气。
4）喝过的茶叶渣，把它晒干，做一个茶叶枕头，既舒适，又能帮助改善睡眠。
5）出门购物，尽量自己带环保袋，无论是免费的还是收费的塑料袋，都减少使用。
6）出门自带喝水杯，减少使用一次性杯子。
7）多用永久性的筷子、饭盒，尽量避免使用一次性餐具。
8）养成随手关闭电器电源的习惯，避免浪费用电。
9）尽量不使用冰箱、空调、电风扇，热时可用蒲扇或其他材质的扇子。
10）每天使用传统的发条闹钟，取代电子闹钟。
11）在午休和下班后关掉计算机电源。
12）一旦不用电灯、空调，随手关掉；手机一旦充电完成，立即拔掉充电插头。
13）选择晾晒衣物，避免使用滚筒式干衣机；用在附近公园等适合跑步的空气清新的地方慢跑取代在跑步机上的45min锻炼。
14）用节能灯替换60W的灯泡；不开汽车改骑自行车，或步行。
15）在使用计算机时，尽量使用低亮度，开启程序少些，这样可以节电。
16）如果可以，尽量少看电视。建议多看书，既可节电，也可以增长知识。
17）用剩的小块肥皂香皂，收集起来装在不能穿的小丝袜中，可以接着用。

（四）低碳生活50条准则

1）少用纸巾，重拾手帕，保护森林，低碳生活。
2）每张纸都双面打印，相当于保留下半片原本将被砍掉的森林。
3）随手关灯、开关、拔插头，这是第一步，也是个人修养的表现；不坐电梯爬楼梯，省下大家的电，换来自己的健康。
4）绿化不仅是去郊区种树，在家种些花草一样可以，还无须开车。

模块十 建设职业环境

5）是的，一只塑料袋 5 毛钱，但它造成的污染可能是 5 毛钱的 50 倍。

6）完美的浴室未必一定要有浴缸；已经安了，未必每次都用；已经用了，请用积水来冲洗马桶。

7）关掉不用的计算机程序，减少硬盘工作量，既省电也维护你的计算机。

8）相比开车族来说，骑自行车上下班的人一不用担心油价上涨，二不用担心体重上升。

9）没必要一进门就把全部照明打开，人类发明电灯至今不过 130 年，之前的几千年也过得好好的。

10）考虑到坐公交为世界环境做的贡献，至少可以抵消一部分开私家车带来的优越感。

11）请相信，痴迷皮草那不过是一种返祖冲动。

12）可以这么认为，气候变暖一部分是出于对过度使用空调和暖气的报复。

13）尽量少使用一次性牙刷、一次性塑料袋、一次性水杯……因为制造它们所使用的石油也是一次性的。

14）如果你知道西方一些海洋博物馆里展出中国生产的鱼翅罐头，还会有这么好的食欲吃鱼翅捞饭吗？

15）未必红木和真皮才能体现居家品味；建议使用竹制家具，因为竹子比树木长得快。

16）其实利用太阳能这种环保能源最简单的方式，就是尽量把工作放在白天做。

17）过量肉食至少伤害三个对象：动物、你自己和地球。

18）婚礼仪式不是你憋足劲甩出的面子，更不是家底积累的炫耀。如今简约、低碳才更是甜蜜文明的婚礼。

19）认为把水龙头开到最大才能把蔬菜盘碗洗得更干净，那只是心理作用。

20）可以理直气壮地说，衣服攒够一桶再洗不是因为懒，而是为了节约水电。

21）把一个孩子从婴儿期养到学龄前，花费确实不少，部分玩具、衣物、书籍用二手的就好。

22）如果堵车的队伍太长，还是先熄了火，安心等会儿吧。

23）定期检查轮胎气压，气量过低或过足都会增加油耗。

24）定期清洗空调，不仅为了健康，还可以省不少电。

25）一般的车用 92 号汽油就够了，盲目使用高标号汽油可能既费油，还伤发动机。

26）跟老公交司机学习如何省油：少用急刹，把油门松了，靠惯性滑过去。

27）有些人，尤其是女性，洗个澡用掉四五十升水，洁癖也不用这么夸张。

28）科学地勤俭节约是优良传统；剩菜冷却后，用保鲜膜包好再送进冰箱；热气不仅增加冰箱做功，还会结霜，双重费电。

29）其实空调室外机都是按照防水要求设计的，给它穿外套，只会降低散热效果，而且还费电。

30）洗衣粉出泡多少与洗净能力之间无必然联系，而低泡洗衣粉可以比高泡洗衣粉少漂洗几次，省水省电省时间。

31）洗衣机开强档比开弱档更省电，还能延长机器寿命。

32）电视机在待机状态下耗电量一般为其开机功率的 10% 左右，这笔账算起来还真不太小。

33）如果只用计算机听音乐，显示器尽可以调暗，或者干脆关掉。

34）如果热水用得多，不妨让热水器始终通电保温，因为保温一天所用的电，比一箱凉水烧到相同温度所用的电还要低。

35）洗干净同样一辆车，用桶盛水擦洗只是用水龙头冲洗用水量的 1/8。

36）把马桶水箱里的浮球调低 2cm，一年可以省下 $4m^3$ 水。

37）建立节省档案，把每月消耗的水电煤气也记记账，做到心中有数。

38）买电器看节能指标，这是最简单不过的方法了。

39）实验证明，中火烧水最省气。

40）10 年前乱丢电池还可能是无知，现在就完全是不负责任了。

41）随身常备筷子或勺子，已经是环保人士的一种标签。

42）冰箱内存放物品的量以占容积的 80% 为宜，放得过多或过少，都费电。

43）开短会也是一种节约——照明、空调、音响等。

44）没事多出去走走，"宅"是很费电的。

45）非必要的话，尽量买本地、当季产品，运输和包装常常比生产更耗能。

46）植树为你排放的二氧化碳埋单，排多少，吸多少。

47）衣服多选棉质、亚麻和丝绸，不仅环保、时尚，而且优雅、耐穿。

48）烘干真的没必要，让衣服晒晒太阳，会消毒杀菌。

49）有统计表明：离婚之后的人均资源消耗量比离婚前高出 42%~61%，让我们用婚姻保护地球吧。

50）在行李舱里少放些东西吧，那也是重量，浪费汽油资源，还易被盗。

二、绿色节能

建设绿色校园，是一个永恒的主题，是我国"科教兴国"和"可持续发展"基本战略的具体体现，我们要倡导低碳消费，构建绿色校园，才能确保学生的身心健康成长，确保学校的可持续发展。

绿色校园，有两部分含义：一是环境绿色，二是生活绿色，就是我们所提倡的低碳生活。"不积跬步，无以至千里；不积小流，无以成江海。"树立绿色环保意识，养成低碳生活习惯，首先就要从学生的绿色、环保、低碳意识和行为抓起，才能确保学生的身心健康成长，确保学校的可持续发展。

（一）倡导垃圾分类

1. 垃圾分类的意义

（1）减少环境污染　现代的垃圾含有化学物质，有的会导致人们发病率提升。如果通过填埋或者堆放处理垃圾，即使远离生活场所对垃圾进行填埋，并且采用了相应的隔离技术，也难以杜绝有害物质渗透，这些有害物质会随着地球的循环而进入到整个生态圈中，污染水源和土地，通过植物或者动物，最终影响到人们的身体健康。

（2）节省土地资源　我国目前垃圾的处理方式有两种，一是垃圾填埋，二是垃圾堆放，无论是哪一种，其实质都是将垃圾从一个地方运到另一个地方，仍然占用土地资源。就目前而言，垃圾填埋是最简单也是最方便的处理方式，但是对于未来的发展而言却是极为不利的。

（3）再生资源的利用　垃圾的产生是源于人们没有利用好资源，将自己不用的资源当成垃圾抛弃，这种废弃资源的方式对于整个生态系统的损失都是不可以估计的，垃圾一旦通过填埋或者焚烧的方式处理，想要重新利用就是极为困难的。在垃圾处理之前，通过垃圾分类回收，就可以将垃圾变废为宝，如回收纸张能够保护森林，减少森林资源的浪费；回收果皮蔬菜等生物垃圾，就可以作为绿色肥料，让土地能够更加肥沃。

（4）提高价值观念　垃圾分类是处理垃圾公害的最佳解决方法和最佳的出路。进行垃圾分类已经成为一个国家发展的必然路径。垃圾分类能够使得民众学会节约资源、利用资源，养成良好的生活习惯，提高个人的素质素养。一个人能够养成良好的垃圾分类习惯，那么他也就会关注环境保护问题，在生活中注意资源的珍贵性，养成节约资源的习惯。

垃圾分类是一项功在当代，利在千秋的工程，垃圾分类能够保护珍贵的土地资源，减少环境污染问题，构建绿色环保的社会环境，人们只有养成了垃圾分类的习惯，在生活中意识到节约资源的重要性，才能够不断地提升自我修养，从自身出发，为环境保护做出贡献。此外，垃圾分类还能够促进经济的增长，通过不断地进行垃圾回收利用的技术研究，实现垃圾的"变废为宝"。

2. 垃圾分类标准

2019年11月15日，住房和城乡建设部发布了《生活垃圾分类标志》标准。在该次标准修订中，主要对生活垃圾分类标志的适用范围、类别构成、图形符号进行了调整。相比于2008版标准，新标准的适用范围进一步扩大，生活垃圾类别调整为可回收物、有害垃圾、厨余垃圾和其他垃圾4个大类和11个小类，标志图形符号共删除4个、新增4个、沿用7个、修改4个。

3. 生活垃圾分类标志大类图形符号（表10-1）

表10-1　生活垃圾分类标志大类图形符号

序号	图形符号	含义	说明
1		可回收物	表示适宜回收利用的生活垃圾，包括纸类、塑料、金属、玻璃、织物等
2		有害垃圾	表示《国家危险废物名录》中的家庭源危险废物，包括灯管、家用化学品和电池等
3		厨余垃圾	表示易腐烂的、含有机质的生活垃圾，包括家庭厨余垃圾、餐厨垃圾和其他厨余垃圾等

（续）

序号	图形符号	含义	说明
4		其他垃圾	表示除可回收物、有害垃圾、厨余垃圾外的生活垃圾

注：1. 生活垃圾分类用图形符号的角标不是图形符号的组成部分，仅是设计和制作标志时的依据。
2. 角标不出现在生活垃圾分类标志上。

4. 标志的类别构成（表10-2）

表10-2　标志的类别构成

序号	大类	小类
1	可回收物	纸类
2		塑料
3		金属
4		玻璃
5		织物
6	有害垃圾	灯管
7		家用化学品
8		电池
9	厨余垃圾	家庭厨余垃圾
10		餐厨垃圾
11		其他厨余垃圾
12	其他垃圾	

注：除上述4大类外，家具、家用电器等大件垃圾和装修垃圾应单独分类。"厨余垃圾"也可称为"湿垃圾"，"其他垃圾"也可称为"干垃圾"。

5. 可回收物中的小类标志图形符号（表10-3）

表10-3　可回收物中的小类标志图形符号

序号	图形符号	含义	说明
1		纸类	表示适宜回收利用的各类废书籍、报纸、纸板箱、纸塑铝复合包装等纸制品

(续)

序号	图形符号	含义	说明
2		塑料	表示适宜回收利用的各类废塑料瓶，塑料桶，塑料餐盒等塑料制品
3		金属	表示适宜回收利用的各类废金属易拉罐，金属瓶，金属工具等金属制品
4		玻璃	表示适宜回收利用的各类废玻璃杯、玻璃瓶、镜子等玻璃制品
5		织物	表示适宜回收利用的各类废旧衣物、穿戴用品、床上用品、布艺用品等纺织物

6.有害垃圾中的小类标志图形符号（表10-4）

表10-4　有害垃圾中的小类标志图形符号

序号	图形符号	含义	说明
1		灯管	表示居民日常生活中产生的废荧光灯管、废温度计、废血压计、电子类危险废物等
2		家用化学品	表示居民日常生活中产生的废药品及其包装物、废杀虫剂和消毒剂及其包装物、废油漆和溶剂及其包装物、废矿物油及其包装物、废胶片及废相纸等
3		电池	表示居民日常生活中产生的废镍镉电池和氧化汞电池等

7. 厨余垃圾中的小类标志图形符号（表10-5）

表10-5 厨余垃圾中的小类标志图形符号

序号	图形符号	含义	说明
1		家庭厨余垃圾	表示居民家庭日常生活过程中产生的菜帮、菜叶、瓜果皮壳、剩菜剩饭、废弃食物等易腐性垃圾，简称"厨余垃圾"
2		餐厨垃圾	表示相关企业和公共机构在食品加工、伙食服务、单位供餐等活动中，产生的食物残渣、食品加工废料和废弃食用油脂等
3		其他厨余垃圾	表示农贸市场、农产品批发市场产生的蔬菜瓜果垃圾、腐肉、肉碎骨、水产品、畜禽内脏等，简称"厨余垃圾"

（二）清扫校园

1. 清扫校园道路

校园道路指可提供各类机动车辆和行人行驶（走）的道路。校园道路清洁的内容：清扫各种垃圾、树叶，清捡树枝和废弃物，清拔路沿石缝杂草，清除人行道边上绿化带的树叶杂草，清扫人行道和道路上的灰尘等。具体实施方法有：

1）根据劳动课安排进行分组、分路段、分区域。明确清扫范围，合理安排清理垃圾、树叶等任务。

2）每天采取分时段收集沿路垃圾，做到定时清扫、及时堆放、及时运送，做到不慢收、不漏收。

3）对校园道路进行全面清扫。要做到"六不""三净"。即不花扫、漏扫；不见积水（无法排除的积水除外）；不见树叶、纸屑、烟头；不漏收堆；不乱倒垃圾（一律送到中转站进行分类）；不随便焚烧垃圾。路面净、路尾干净、人行道净。

4）进行路面清扫清洁时，垃圾收集应及时送往中转站分类处理，严禁将垃圾倒在道路两侧绿化带里或随便乱倒，严禁焚烧垃圾。

5）校园路面清扫清洁要做到：晴天与雨天一个样；主干道与人行道一个样；检查与不检查一个样。严禁串岗、脱岗、坐岗等。

2. 清扫生态林（带）

在校内有规划和科学、合理地栽植一些生态林、绿化地和绿篱带是建设美丽校园不可缺少的项目。清洁维护的主要内容有：清捡绿化地和绿篱带内的各种垃圾、大树叶，清捡各种树枝和废弃物，清拔绿化地和绿篱带内杂草，清捡生态树上的干枯树枝并进行合理修剪，科

学艺术地整修绿篱带和花草苗木等。具体实施方法有:

1) 首先用耙子把生态树绿化地、绿篱带地面上的树叶、树枝耙成一堆。

2) 再用捡垃圾的夹子把绿化地、绿篱带里的塑料袋、快餐盒、烟头等夹走。

3) 用大竹扫把清扫生态树、绿化地、绿篱带地面。清理生态树、绿化地、绿篱带地面上的垃圾、树叶、树枝等,把它们送到垃圾中转站,不得随意乱倒或焚烧。

4) 安排人员进行文明督察,对有不文明行为的师生进行劝阻。

(三)清洁美化室内空间

校园的室内空间一般指教室、宿舍、实验室、图书馆、会议室、资料室、档案室、机房、仓库、接待室等,需要清洁美化的地方主要有天花板、墙面、床铺、黑板、门窗、玻璃、桌椅、柜子、讲台和地面等。

1. 清洁室内空间

清洁可采用 5S 模式,即整理(Seiri)、整顿(Seiton)、清扫(Seiso)、清洁(Seiketsu)和素养(Shitsuke)。

(1)整理　区别要与不要的东西,只保留要的东西,撤出不要的东西。清除凌乱根源,腾出空间,创造一个清晰的环境。整理对象主要包括:

1) 抽屉,桌面上的书籍、文件,生活、学习物品。

2) 地面上是否整洁,鞋、板凳、废纸篓等物品是否按要求摆放。

3) 墙上的日历、贴画、广告、地图挂钩等。

4) 柜门、风扇叶是否关好整洁。

5) 物品摆放是否整齐。

6) 阳台地面是否干净,物品摆放是否整齐。

(2)整顿　把要用的东西,按规定位置摆放整齐,并做好标识进行管理。定制存放,实现随时方便取用,减少浪费时间的地方。整顿的主要对象在"场所",物品使用时最大的时间浪费是在"物品寻找时间",在生活中"寻找"花费一定的时间。所以,要想消除"寻找"带来的时间浪费必须做到以下几点:

1) 经整理所留下的需要的东西、物品要定位存放。

2) 依使用频率,来决定放置场所和位置。

3) 物品按规定摆放。

置放的地方有框架、箱柜、塑料篮、袋子等。在放置时,尽可能安排物品的先进先出。尽量利用框架,提高收容率。同类物品集中放置。框架、箱柜内部要明显易见。必要时设定标识注明物品"管理者"及"每日点检表"。

(3)清扫　将不需要的东西清除掉,保持宿舍无垃圾、无污秽。保持环境的整洁干净,稳定设备、设施、环境质量,提高生活、工作质量。清扫的方法主要有:

1) 例行扫除、清理污秽。

2) 调查脏污的来源,彻底根除;确认脏污与灰尘对宿舍生活质量的影响。

3) 在室内要放置垃圾桶或垃圾箱;不需要之物品作废品处理清除掉。

(4)清洁　养成持久有效的清洁习惯,维持和巩固整理、整顿、清扫的成果。清洁的方法主要有:

劳动教育和职业素养

1）值日制度健全，做到有负责人，有轮值表，有值日生。

2）值日生负责每天的卫生工作，做到通风换气、扫地、及时清理垃圾，不得将垃圾扫至床下及门外楼道，注意检查水龙头，关灯锁门。

（5）修养 通过进行上述活动，让每位同学都自觉遵守各项规章制度，养成良好的工作习惯，塑造守纪律的生活场所，营造团队精神，注重集体的力量、智慧。修养实施方法主要有：

1）张贴有关管理制度、公约、警示标语，约束他人的言行。

2）开展文化活动，提高学生的素养。

3）推广文明用语，塑造美好的心灵。

4）各种标准、制度要目视化，让这些标准、制度用眼睛一看就能了解。

2. 美化室内空间

在美化室内时，应充分考虑教室、宿舍、图书馆等充当的角色。如教室的美化应以宽敞、简洁、有朝气为主，宿舍的美化应以温馨、舒适为主。下面以宿舍为例介绍室内美化主要考虑的因素。宿舍的美化原则：

1）简单、大方。宿舍的空间有限，所以在美化宿舍时，没必要放置太多的东西而显得拥挤、杂乱。

2）温馨、舒适。宿舍是放松休憩的地方，在美化时，可考虑烘托一种温馨、舒适的气氛，让宿舍充满家的温暖气息。

3）突出文化气息。宿舍除了会充当休息的场所，有时还会充当学习的场所，所以在布置宿舍时，应充分考虑其色彩、风格，营造一个安静、舒适的学习环境。

思考训练

1. 简述低碳生活的定义。

2. 简述保护环境的意义。

3. 请围绕"低碳环保"制订一个"绿色校园，从我做起"的个人计划，并在生活中执行计划。

阅读链接

[1] 学习强国. 习近平在全国生态环境保护大会上的讲话 [EB/OL].https：//www.xuexi.cn/822625c30f6179b77f8cf8b8d46e0f05/e43e220633a65f9b6d8b53712cba9caa.html，2018-05-18.

[2] 袁国. 新时代劳动教育教程 [M]. 北京：航空工业出版社，2020.

[3] 中共中央文献研究室. 习近平关于社会主义生态文明建设论述摘编 [M]. 北京：中央文献出版社，2017.

[4] 曾斌. 大学生环保意识与行为培养研究 [M]. 北京：中国言实出版社，2015.

单元三　质量意识

> **典型案例**
>
> ### 降落伞的真实故事
>
> 　　这是一个发生在第二次世界大战中期，美国空军和降落伞制造商之间的真实故事。在当时，降落伞的安全度不够完美，即使经过厂商努力改善，使得降落伞制造商生产的降落伞的良品率已经达到了99.9%，应该说这个良品率即使现在许多企业也很难达到。但是美国空军却对此公司说No，他们要求所交降落伞的良品率必须达到100%。于是降落伞制造商的总经理便专程去飞行大队商讨此事，看是否能够降低这个水准。因为厂商认为，能够达到这个程度已接近完美了，没有什么必要再改。当然美国空军一口回绝，因为品质没有折扣。
>
> 　　后来，军方要求改变检查品质的方法。那就是从厂商前一周交货的降落伞中，随机挑出一个，让厂商负责人装备上身后，亲自从飞行中的机身中跳下。这个方法实施后，不良率立刻变成零。
>
> **分析：**
>
> 1. 提高质量，总是有方法的！
>
> 2. 许多人做事时常有"差不多"的心态，对于领导或是客户所提出的要求，即使是合理的，也会觉得对方吹毛求疵而心生不满！认为差不多就行了，但就是很多的差不多，产生了质量问题。
>
> 3. 或许我们应该站在消费者的角度想一想：买回的酵母做的馒头里吃出一根头发，什么滋味！？我们也许会说：10万（或10亿）袋酵母里才有一袋里有一根头发，有什么大惊小怪的。但是对我们来说是十万分之一，对于吃到头发的消费者来说，是100%。试想，如果什么事情只有99.9%的成功率，那么每年有20000次配错药事件；每年有15000名婴儿出生时会被抱错；每星期有500宗做错手术事件；每小时有2000封信邮寄错误。看了这些数据，我们肯定都希望全世界所有的人都能在工作中做到100%。因为我们是生产者，同时我们也是消费者。更重要的是，我们因此而感到每天的忙碌工作是有意义的，而不是庸庸碌碌地只想换一口饭吃。
>
>
>
> 4. 品质没有折扣。

劳动教育和职业素养

一、质量简述

（一）质量的概念

"质量"二字，站在不同的角度，就会有不同的说法，如站在顾客的角度会认为，质量好坏在于产品是否适用和令人满意，而站在生产经销商的角度会认为，质量好坏在于产品是否符合标准。国际标准化组织（ISO）在国际标准 ISO9000 中对质量的定义是：一组固有特性满足要求的程度。

在该定义中，产品质量指产品满足要求的程度、满足顾客要求和法律法规要求的程度。其中顾客要求是产品存在的前提。它不仅是产品和服务，也可以是某项活动或过程的工作质量，还可以是管理体系运行的质量或人以及上述各项的任何组合。

此定义是从"特性"和"要求"两者间关系的角度来描述质量的，即指某种事物的"特性"满足某个群体"要求"的程度，满足的程度越高，这种事物的质量就越高或越好，反之则认为该事物的质量低或差。

（二）质量的特性

1. 性能

它是产品满足使用目的所具备的技术特性，如空调的制冷制热速度等。

2. 寿命

它是产品在规定的工作条件下完成既定功能的总时间，如计算机的使用年限等。

3. 可靠性

它是产品在规定的时间和条件下，完成既定功能的能力，如水力发电机平均无故障工作时间等。

4. 安全性

它是产品保证顾客的身体和精神乃至生命不受到危害，财产不受到损失的能力，如数控机床在故障状态下的自动停车功能等。

5. 经济性

它是产品从设计、制造到使用寿命周期的成本和费用方面的特征。定义中的"要求"是由组织利益相关方，如顾客、股东、雇员、供应商、工会、合作伙伴或社会团体等所提出的明示的、隐含的和必须履行的要求和期望。这里，明示的要求表示规定的要求，如产品购销合同中对于产品性能的规定。隐含的要求是指组织利益相关方的惯例，是不言而喻的、必须履行的要求，如银行对顾客存款的保密性，即使人们没有特别地提出，也是必须保证的。还可以是由法律、法规等强制规定的，如汽车尾气排放必须达到国家标准。

二、质量管理

（一）质量管理的概念

ISO9000，将质量管理定义为：在质量方面指挥和控制组织的协调一致的活动。这些活动通常包括制定质量方针和质量目标、质量策划、质量控制、质量保证和质量改进。

1）质量方针是指由组织的最高管理者正式发布的该组织总的质量宗旨和质量方向，是企业管理者对质量的指导思想和承诺。

2）质量策划是质量管理的一部分，致力于制定质量目标并规定必要的运行过程和资源以实现质量目标。

3）质量控制是质量管理的一部分，致力于满足质量要求的过程。

4）质量保证是质量管理的一部分，致力于提供质量要求会得到满足的信任。

5）质量改进是质量管理的一部分，致力于增强组织满足质量要求的能力。

（二）质量管理发展阶段

1. 质量检验阶段

20世纪前，产品质量主要依靠操作者本人的技艺水平和经验来保证，属于"操作者的质量管理"。后来质量检验交由专门的质量部门，这时叫"检验员的质量管理"，这些都属于产品的事后检验的质量管理方式。

2. 统计质量控制阶段

1924年，美国数理统计学家W.A.休哈特提出控制和预防缺陷的概念。他运用数理统计的原理提出在生产过程中控制产品质量的"6σ"法，绘制出第一张控制图并建立了一套统计卡片。与此同时，美国贝尔研究所提出关于抽样检验的概念及其实施方案，成为运用数理统计理论解决质量问题的先驱，但当时并未被普遍接受。以数理统计理论为基础的统计质量控制的推广应用始自第二次世界大战。由于事后检验无法控制武器弹药的质量，美国国防部决定把数理统计法用于质量管理，并由标准协会制定有关数理统计方法应用于质量管理方面的规划，成立了专门委员会，并于1941—1942年先后公布一批美国战时的质量管理标准。

3. 全面质量管理阶段

20世纪50年代以来，随着生产力的迅速发展和科学技术的日新月异，人们对产品的质量从注重产品的一般性能发展为注重产品的耐用性、可靠性、安全性、维修性和经济性等。在生产技术和企业管理中要求运用系统的观点来研究质量问题。在管理理论上也有新的发展，突出重视人的因素，强调依靠企业全体人员的努力来保证质量。此外，还有"保护消费者利益"运动的兴起，企业之间市场竞争越来越激烈。在这种情况下，美国A.V.费根鲍姆于20世纪60年代初提出全面质量管理的概念。他提出，全面质量管理是"为了能够在最经济的水平上，考虑到充分满足顾客要求的条件下进行生产和提供服务，并把企业各部门在研制质量、维持质量和提高质量方面的活动构成为一体的一种有效体系"。

我国企业实施全面质量管理基本上可以分为以下三个阶段：

1）1979—1989年为全面质量管理的引进和推广阶段。该阶段的主要特点是政府主导自上而下有计划、有重点地在企业引进和推广。1979年，我国发布《优质产品奖励条例》，这是一项开展提高产品质量持久活动的重要举措。

2）1989—1999年为全面质量管理的普及和深化阶段。1992年开展了"中国质量万里行"活动，1993年全国人大通过的《中华人民共和国产品质量法》标志着我国质量工作进一步走上了法制化的道路，1996年国务院发布了《质量振兴纲要》，1999年召开了全国质量会议，会后发布了《国务院关于进一步加强产品质量工作若干问题的决定》。

3）1999年—现在为全面质量管理发展和创新阶段。这一时期，我国许多先进企业确立了质量在企业中的战略地位，通过质量管理使得部分产品质量赶上或超过了发达国家产品的水准，树立了我国的民族品牌。2000年12月，原国家技术监督局颁布了等同采用2000版ISO9000族标准的GB/T19000族标准。2001年，国务院决定，将原国家质量技术监督局和原国家出入境检验检疫局合并，组建了国家质量监督检验检疫总局。同时成立中国国家认证认可监督管理委员会和国家标准化管理委员会。2004年9月，检总局发布了国家标准GB/T 19580—2012《卓越绩效评价准则》和GB/T 19579—2012《卓越绩效评价准则实施指南》。这些工作都极大地推动了我国质量管理工作的开展，提高了我国产品的质量水平。

（三）质量管理的特性

质量管理的发展与工业生产技术和管理科学的发展密切相关。现代关于质量的概念包括对社会性、经济性和系统性三方面的认识。

1. 质量的社会性

质量的好坏不仅是从直接的用户，而是从整个社会的角度来评价，尤其关系到生产安全、环境污染、生态平衡等问题时更是如此。

2. 质量的经济性

质量不仅从某些技术指标来考虑，还从制造成本、价格、使用价值和消耗等几方面来综合评价。在确定质量水平或目标时，不能脱离社会的条件和需要，不能单纯追求技术上的先进性，还应考虑使用上的经济合理性，使质量和价格达到合理的平衡。

3. 质量的系统性

质量是一个受到设计、制造、使用等因素影响的复杂系统。例如，汽车是一个复杂的机械系统，同时又是涉及道路、驾驶人、乘客、货物、交通制度等特点的使用系统。产品的质量应该达到多维评价的目标。费根堡姆认为，质量系统是指具有确定质量标准的产品和为交付使用所必需的管理上和技术上的步骤的网络。

质量管理发展到全面质量管理，是质量管理工作的又一个大的进步，统计质量管理着重于应用统计方法控制生产过程质量，发挥预防性管理作用，从而保证产品质量。然而，产品质量的形成过程不仅与生产过程有关，还与其他许多过程、许多环节和因素相关联，这不是单纯依靠统计质量管理所能解决的。全面质量管理相对更加适应现代化大生产对质量管理整体性、综合性的客观要求，从过去限于局部性的管理进一步走向全面性、系统性的管理。

（四）质量管理案例

2008年三鹿奶粉事件是中国的一起食品安全事故。事故起因是很多食用三鹿集团生产的奶粉的婴儿被发现患有肾结石，随后在其奶粉中被发现化工原料三聚氰胺，该事件导致12892名婴儿住院治疗，104名婴儿症状较重，3名婴儿死亡。

三鹿奶粉事件对企业的质量管理敲响了警钟。从三鹿奶粉事件中我们可以得到以下启示：

1. 质量代表的是一种社会责任

政府有政府的责任，企业有企业的责任，都必须为社会、为自己的所作所为承担责任。

作为一个生产企业就应该诚实守信,依法经营,严格按照标准生产,不掺假,确保生产出来提供给消费者的产品是安全可靠的。"三鹿奶粉事件"使这么多的家庭陷入深深的痛苦,这么多的婴幼儿遭受病痛的折磨,这么多的企业陷入了严重的信用和生存危机,政府和相关企业都应该对此负责。

企业的社会责任感首先是提供安全、有效、质量过硬的产品,绝不能以牺牲人的健康和生命换取企业的利益和经济发展。

2. 质量是企业的生命

产品质量的重要性早已为人所共知,质量就是企业的生命,质量始终是决定企业生存的前提,任何情况下都不能忽视质量问题,否则,必将受到市场的处罚。"齐二药事件"和华源"欣弗事件"曾经给我们敲响了警钟,这次"三鹿奶粉事件"更加印证了"质量就是企业的生命"这句话的含金量。在规范的市场经济条件下,企业之间最主要的竞争之一,就是产品质量的竞争。没有质量,企业就没有市场,企业就会失去生命,就必将会被市场无情地淘汰。这次"三鹿奶粉事件"中,事件的主角三鹿奶制品有限公司,置质量及诚信于不顾,使公司声誉、形象全毁,整个企业名存实亡;伊利、蒙牛、光明等知名企业,由于对质量的放松,在这次"三鹿奶粉事件"中也遭遇了严重的信誉危机,经济损失难以估算;而三元食品等企业却在风浪中经受住了考验。尽管三元是排在伊利、蒙牛之后,名列国内乳制品行业的二线品牌,不管是营业收入还是利润与伊利、蒙牛都不可同日而语,甚至还曾因为连续两年亏损而濒临退市。但三元食品没有因为生存艰难而不择手段,而是几十年如一日严把质量关,在"三聚氰胺"事件中经受住了考验。他们的做法,值得其他奶制品企业借鉴,也值得所有的企业借鉴。

3. 控制好原辅料的质量才能确保产品的质量

原辅料不仅决定产品的质量,而且是产品质量的第一决定因素。众所周知,用不合格或者是质量较差的原辅料是生产不出好产品来的。因此,原辅料的质量控制是极其重要的。如果所使用的原辅料质量都没有保证,如何去保证产品质量?原辅料的质量失控必将给产品留下质量隐患。之前的"齐二药事件"就是因为原辅料出了问题,疏忽了关键原料的质量检验和控制,过于相信供应商的质量承诺,致使冒充丙二醇的原辅料堂而皇之地进入了生产流程,从而生产出了致命的假药。而此次"三鹿奶粉事件"所暴露出来的问题又正是原料——鲜奶出现严重问题。不法商贩在鲜奶中加入三聚氰胺,以提高鲜奶蛋白质的含量,而厂家未能严格控制鲜奶质量,最终酿成大祸。

只有在生产过程中的每个环节,严格按照生产工艺和作业指导书要求进行,才能保证产品的质量;如果忽略过程控制,只靠检验,是不可能保证产品质量的。这是因为,质量检验只能剔除次品和废品,并不能提高产品质量。也就是说,质量控制的重点决不能放在事后把关,而必须放在过程中。因而,企业质量管理体系的架构应从过程控制的战略角度来思考。

三、质量意识

质量管理体系以制度程序形式明确产品研制生产质量保证工作的指导思想和行为依据,通过人机料法环测等要素确保质量管理体系有效运行。在这些要素中,"人"的因素首当其冲,其核心地位显而易见。但在质量管理体系运行中,许多企业更加关注影响企业的核心竞争力的人员能力、设备能力、技术能力、环境建设、检测能力等。仅拥有先进的技术和优良的生产装备,并不能确保生产出优质的产品,不能确保提供满足客户要求的服务。核心竞争力的实现离不开企业人员的行为、人员的意识,意识支配人行为的方向。

（一）质量意识的含义

质量意识是品质控制人员对品质的一种感知度。要做好质量：第一是对产品的熟悉程度,第二是对质量异常的敏感程度,第三是要善于总结。它和制度的区别就在于：质量意识,使有机会犯错的人不愿犯错；质量制度,使想犯错的不敢犯错。

质量意识的提升是教育的问题、制度的问题。品管大师朱兰博士说过：品质,始于教育,终于教育。

（二）质量意识的作用

在 ISO 9001—2015《质量管理体系要求》中,首次将"意识"作为一项独立标准条款,其意义不言而喻。其目的是为了确保企业的人员及其控制下的外来人员（如派遣人员等）均具有相应的质量意识,形成共同的质量价值观,制约和规范员工的质量行为。在质量管理体系运行过程中,质量意识起着重要的影响与制约作用。

1. 质量意识是质量管理工作的灯塔

质量管理体系的运行涉及各个过程、涉及成百上千甚至几万名员工,产品品种成千上万个,如何保证每一个过程质量、产品质量？企业建立质量方针、质量目标,在企业内形成共同的质量价值观,使质量价值观被广大员工理解、认可,以质量第一的核心意识引导员工自觉规范质量行为,实现各项质量任务。

2. 质量意识是质量管理工作的助力器

产品和服务质量是企业生存和发展的根基,随着科技创新高速发展,如何不断改进工艺流程,突破技术瓶颈,努力掌握核心关键技术,赶超世界先进水平？企业员工若没有质量意识,错误的问题重复发生,不合格改进就事论事,缺乏危机意识,缺乏紧迫感,企业的发展将停滞不前。企业员工只有保持市场竞争优胜劣汰的危机与警醒,才能转化为提高产品和服务质量的动力,以精益求精追求卓越的工匠精神助推质量管理水平的提升。

3. 质量意识是质量管理创新的活力源泉

道在日新,艺亦须日新。质量管理体系的运行离不开创新活动,自上而下强力推进要求员工寻找改善点和员工自下而上主动改善的成效截然不同。强力推进改善有时无法达到改善的预期目标,且改善活动持久性差。员工还会在各项改善指标未达成、现场检查问题种种等各项考核中如履薄冰,产生改进创新的消极抵触、懈怠心理；为避免质量考核,还会遇到问题就隐瞒掩盖,埋下质量隐形地雷。

企业应该营造浓厚的改善意识,建立敢于暴露问题的改善机制,鼓励员工不断主动寻找问题,发现不足,采取有效措施。建立以正激励为主、负激励为辅的改善考核模式,让每一位员工敢于正面存在的问题,发挥以问题为导向意识作用,积极改进,从"要我做"向"我要做"转变,收获改进的成就感,以内生动力促进技术创新、管理创新、文化创新,让质量问题无所遁形,让质量管理创新充满活力。

（三）质量意识案例

下面列举几个例子，说明质量意识的重要性。

案例 10-1

扁鹊的质量观

一次周王召见扁鹊说："寡人得知，当今世上你名气最大，还有谁的医术比你高的？"扁鹊说："我家世代为医，论医术我大哥第一，二哥第二，我只能排名最后"。周王不解，"为啥你的名气最大？"

扁鹊答说："我大哥治病，是治病于病情发作之前。由于一般人不知道他事先能铲除病因，所以他的名气无法传出去，只有我们家里的人才知道。我二哥治病，是治病于病情刚刚发作之时。一般人以为他只能治轻微的小病，所以他只在我们的村子里才小有名气。而我扁鹊治病，是治病于病情严重之时。一般人看见的都是我在经脉上穿针管来放血、在皮肤上敷药等大手术，所以他们以为我的医术最高明，因此名气响遍全国。"

分析： 事后控制不如事中控制，事中控制不如事前控制，可惜大多数的事业经营者均未能体会到这一点，等到错误的决策造成了重大的损失才寻求弥补。弥补得好，当然是声名鹊起，但更多的时候是亡羊补牢，为时已晚。

案例 10-2

六只猴子的故事

有 6 只猴子关在一个实验室里，头顶上挂着一些香蕉，但香蕉都连着一个水龙头，猴子看到香蕉，很开心地去拉香蕉，结果被水淋得一塌糊涂，于是 6 只猴子知道香蕉不能碰了。接下来换一只新猴子进去，于是实验室里就有 5 只老猴子和 1 只新猴子，新来的猴子看到香蕉自然很想吃，但 5 只老猴子知道碰香蕉会被水淋，都制止它，过了一些时间，新来的猴子也不再问，也不去碰香蕉。然后再换一只新猴子，就这样，最开始的 6 只猴子被全部换出来，新进去的 6 只猴子也不会去碰香蕉。

分析： 这个故事反映的是培训的重要性和无条件的执行制度。

1) 培训的重要性：把好的经验做好培训，让大家共享，培训好了，可以少犯错误，少走弯路，大家都会向同一个方向，也是正确的方向使力，这样的团队或公司会战无不胜的。

2) 制度就是要无条件执行的。因为制度是经验的总结。不遵守制度是要犯错误或受惩罚的。

案例 10-3

打工男孩的电话

一个替人割草打工的男孩打电话给一位陈太太说："您需不需要割草？"

陈太太回答说："不需要了，我已有了割草工。"

男孩又说："我会帮您拔掉花丛中的杂草。"

陈太太回答:"我的割草工也做了。"

男孩又说:"我会帮您把草与走道的四周割齐。"

陈太太说:"我请的那人也已做了,谢谢你,我不需要新的割草工人。"

男孩便挂了电话,此时男孩的室友问他说:"你不是就在陈太太那割草打工吗?为什么还要打这电话?"

男孩说:"我只是想知道我做得有多好!"

分析:

1) 我认为这个故事反映的是 ISO 的第一个思想,即以顾客为关注焦点,不断地探询顾客的评价,我们才有可能知道自己的长处与不足,然后扬长避短,改进自己的工作质量,牢牢地抓住顾客。

2) 这也是质量管理八项原则中的第 6 条:"持续改进"思想的实际运用的一个例子。我们每个员工是否也可以结合自己的岗位工作,做一些持续改进呢?

3) 不光是营销人员,所有的员工都可以做到让顾客满意。对于营销人员来说这样是可以得到忠诚度极高的顾客,对于我们每个职能部门员工来说,只有时刻关注我们的"顾客(服务对象)",工作质量才可以不断改进。

4) 这也是沟通的问题。一个人想得到公正、客观的评价真的好难。这个故事是否为我们提供了一个好的方法呢?应该算是一种创新吧。

思考训练

企业全体员工质量意识的高低,是决定企业质量水平的关键。那么,怎样测试质量意识呢?这里有 6 道题,每题 20 分,满分 120 的话,你得多少分(表 10-6)?

表 10-6 质量意识问卷

问题	答案	
1. 质量是一种衡量产品优劣的标准,可以用下面的范围来界定:普通、好、非常好	□是	□否
2. 达到质量的经济水准,需要管理层建立可接受的质量水准,来作为工作绩效标准	□是	□否
3. 质量成本就是为做错事所支付的费用	□是	□否
4. 检验和测试工作应属于制造部门,以便能有执行的工具	□是	□否
5. 质量是质量部门的责任	□是	□否
6. 职员的工作态度是缺陷的主要原因	□是	□否

做完这些题,下面读一下答案,看看你对了几道?

1. 否

质量意味着符合要求,这就是它全部的含义。

如果你一开始就把质量跟优美、明亮、尊严、爱或其他东西混在一起的话,你将会发现每个人都有自己的一套。不要谈什么高质量或低质量,要谈符合与不符合。

2. 否

没有所谓"经济质量"这回事，每一次就把工作做对总是比较省钱的。

许多公司采用了采样检验所使用的可接受的质量水平以作为员工工作绩效的标准，因而使员工无所适从。如此一来，每一个工作部门都会允许自己犯若干百分比的错误。其实，真正适当的标准应该是零缺陷的，为什么你要接受少于此的标准呢？人们会根据你所给他们的标准去做的。

3. 对

质量是免费的，不符合要求才会浪费资产。

4. 否

如果你让检验和测试的责任隶属于制造部门，你将不会有正确的缺陷品记录。更重要的是，参与者将得不到他们所需要的培训、纪律和赞赏。由于质量管理人员是在检验员检验之后才核对的，他们将会漏掉10%的缺陷品。

5. 否

质量部门应该担任衡量及报告符合要求与否、要求采取改正行动、鼓励防止缺陷、教导质量改进的职责，并作为整个组织的良心。工作是所有领薪水者的责任。没有人会觉得财务主管应为销售额下降负责，不过你倒可以想想：如果每一个人都能把工作做好的话，公司就根本不需要质量部门了。

6. 否

职员是按照管理层的态度来工作的，如果他们对产品的性能不在乎，那是由于他们感觉到管理层不怎么重视的缘故。

一个没有经验的质量检查员只要跟一位总经理说上 5min 的话，就能大致猜出公司质量水平。职员就像一面镜子，你们看到的反射影像就是你自己。

阅读链接

[1] 中国认证认可协会.质量管理体系审核员 2015 版标准转换培训教材 [M].北京：中国质检出版社，中国标准出版社，2015.